义和团运动研究丛书
主编 胡卫清 刘家峰

义和团战争:媒体与记忆

[英]孔正滔 编

葛 朋 刘家峰 译

山东大学出版社
SHANDONG UNIVERSITY PRESS
·济南·

图书在版编目(CIP)数据

义和团战争:媒体与记忆/(英)孔正滔编;葛朋,刘家峰译. —济南:山东大学出版社,2024.12
ISBN 978-7-5607-8053-5

Ⅰ.①义… Ⅱ.①孔… ②葛… ③刘… Ⅲ.①义和团运动—研究 Ⅳ.①K256.707

中国国家版本馆 CIP 数据核字(2023)第 236895 号

责任编辑　肖世伟
封面设计　王秋忆

义和团战争:媒体与记忆
YIHETUAN ZHANZHENG:MEITI YU JIYI

出版发行	山东大学出版社
社　　址	山东省济南市山大南路20号
邮政编码	250100
发行热线	(0531)88363008
经　　销	新华书店
印　　刷	济南乾丰云印刷科技有限公司
规　　格	720毫米×1000毫米　1/16 17.5印张　260千字
版　　次	2024年12月第1版
印　　次	2024年12月第1次印刷
定　　价	66.00元

版权所有 侵权必究

本丛书得到国家社科基金社科学术社团主题学术活动"义和团运动西文文献的翻译、整理与研究"(21STA037)、山东大学人文社科重大项目"全球史视域中的义和团战争资料整理与研究"、山东大学历史文化学院"双一流"建设项目资助

义和团运动研究丛书前言

19、20世纪之交爆发的义和团运动是影响极为广泛深远的世界性历史事件。这场运动折射出传统中国艰难转型的沉重身影,倾泻了近代农民和流民面对现代世界的特殊情感和方式。大沽口炮台的爆炸声和联军在京畿一带残暴的杀戮、抢劫场景交织在一起,充分暴露了所谓"文明世界"的狰狞。这场运动也成为近代中国民族觉醒的重要标识。

中外学界都高度重视对义和团运动的研究。自20世纪80年代以来,在三次义和团运动国际学术讨论会和2015年第22届国际历史科学大会的推动下,学界逐步突破带有鲜明时代色彩的固有话语模式,就义和团与清政府关系、义和团与近代中国社会、义和团与反侵略战争、义和团与反洋教运动、义和团与传统文化等方面进行深入研究,取得了一系列成果。

不过,对于这一在爆发之时就引起全世界瞩目并且当时主要资本主义国家都卷入其中的重要历史事件,我们对它的世界意义的认识似还有较大的空间,也就是说,学界对于近代中国历史之义和团运动的研究已较为纯熟,而对于近代世界历史之义和团运动的研究仍处于初步的拓展阶段。有关义和团时期的中外关系研究虽在一定程度上弥补了上述缺憾,但相关成果的研究重心仍放在近代中国,从中外、中西的角度或者从东亚国际关系的角度来审视义和团运动,义和团运动研究被限缩在一个相对固定的历史空间。实际上,如果转换视角,从世界历史的角度来认识义和团运动,其中所包含的意义可能远远超出中外关系史的范畴,特定时空下的义和团运动会被赋予完全不同的意义,成为各种独特历史的组成部分或参照物。在这方面,学界尚需更多努力。当人们将视野从近代中国的义和团运动是什么,逐步转向不同国家、不同时期、不同群体以及不同媒介和载体眼中的义和团是什么时,这种研究可能距离作为事件的义和团运动更加遥远,但从历史认知的角度看,这种符号化的义和团却更逼近一种特定的意义真实,同时也赋予义和团运动研究弥久而常新的意义。

在研究重心上,既往研究对义和团运动的起源及发展本身非常重视,而对义和团运动的对立面基督教会对义和团运动的反应、因应方面的研究还不够,存在明显的失衡现象。此外,学界对义和团时期的战争、媒介研究也不是很充分。这些现象已经引起学界的注意,学界开始尝试一些新的研究路径。

史学研究的深入固然要仰赖历史认识的更新和变化,同时也需要新史料的发现和支撑。根据新的学术理念进行史料的发掘和整理,可以为义和团运动开辟新的研究场域。在义和团运动发生120周年的今天,本丛书旨在承继山东大学研究义和团运动的优良学术传统,一方面要推介出版国内外有关义和团的最新研究成果;另一方面要出版有关义和团运动的系统资料,尤其是国内不易获取的西文资料,以供学界参阅。我们欢迎中外学者惠赐大作,共同推进义和团运动研究。

目 录

导 论 ·· 1

仪式和文本:义和团运动的宣传媒体 ································· 14

演绎文本:1900年夏天围困北京的剧本
　　——1857年印度"兵变" ·· 34

义和团战争期间德国士兵通信中的自我辩护策略 ················ 56

作为媒介的议会辩论与媒体
　　——德国帝国议会与法国众议院对义和团战争的讨论 ··· 74

与德国青年媒体中的义和团一起玩 ···································· 93

义和团奖品:《神迹千里》的历史 ······································· 125

银幕上的义和团
　　——《红灯照》(1919)、《北京惊魂记》(1937)和《北京55日》
　　(1963)比较研究 ·· 150

档案中的义和团战争:军事档案的比较研究 ························ 201

参考文献 ·· 229

作者简介 ·· 268

导　论

孔正滔（Thoralf Klein）

19世纪不仅是欧美帝国主义扩张的年代，也是前所未有的全球连通的时代。随着欧美国家在越来越广的范围扩展其统治，并与他们没有直接影响的国家制定贸易条款，互动交流，航运、铁路和电报网络帮助他们把触角伸向地球更偏远的地区。①尽管同样的资本主义经济巩固了扩张与连通这两个进程，但是它们并不总是以相同的速度同时进行，也不是均匀地分布在全球各地。例如，通信基础设施的投资更多集中于"自由贸易帝国主义"（free-trade imperialism）渗透的地区，而不是殖民地领土。②当然，扩张与连通还是紧密地交织在一起的。

战争与新闻制作之间的交集，正是这种联系发挥作用的一个表现。随着西方帝国主义逐渐在全球推进，扩张前线的军事冲突也在快速增加。与此同时，克里米亚战争、1857年印度起义、19世纪八九十年代苏丹地区的英埃战争、美西战争、美菲战争以及布尔战争，这些战争都受到了西方媒体的密切关注——这要归功于电报网络在全球的发展、从大都市派遣

---

① 参看于尔根·奥斯特哈默：《世界的转型：十九世纪的全球史》，普林斯顿：普林斯顿大学出版社，2014（Jürgen Osterhammel, *The Transformation of the World: A Global History of the Nineteenth Century*, Princeton, N.J.: Princeton University Press, 2014），第392—402、712—713页；C. A.贝里：《现代世界的诞生（1780—1914）》，马尔登：布莱克维尔出版社，2004（C. A. Bayly, *The Birth of the Modern World 1780-1914*, Malden, MA: Blackwell, 2004），第119—120、211—212、456—457页。

② 关于电报的这一内容参看德维恩·温塞克、罗伯特·派克：《通讯与帝国：媒体、市场与全球化（1860—1930）》，达勒姆：杜克大学出版社，2007（Dwayne R. Winseck and Robert M. Pike, *Communication and Empire: Media, Markets, and Globalization, 1860-1930*, Durham, N.C.: Duke University Press, 2007），第7页。

的战地记者,以及逐渐发展的摄影技术。①

因为要将发生在地球另一端的事件传递给都市里的受众,复杂的基础设施对于新闻传达的即时感负有部分责任。这些遥远地区的事情能够在情感上吸引受众的另一原因是,西方人(Westerners)积极并密切地参与到这些冲突中,并且可以向他们直接表达同情,尤其是在他们的生命受到威胁的情况下。此外,在受众人群中也存在根本的不同,有些人经历过这些事件,有些人甚至大多数人则是通过媒体来消费(consume)它们:对于后者来说,这些暴力经历近在眼前,每一次都创造出如同作家鲁伯特·弗诺(Rupert Furneaux)所称的"早餐战争"(breakfast war):一场冲突"引发了坐在早餐桌旁的文明世界读者的想象,国际战争记者日复一日地带来了关于攻击与围攻的故事"②。这种消费并不会随着战争的结束而立刻停止,它会以新的形式被重新打包推出,这些形式包含图书、事件重演片(re-enactments)、仪式或者电影。反过来,这些战争成为标志性事件,它们在不同程度上习惯性地被媒体记载,从而被纳入更广泛的集体记忆之中。③某地的冲突使欧洲人(或白人)与非欧洲人(或非白人)产生竞争时,其媒体的论述在很大程度上是意识形态化的,建基于低等而反现代的非"西方"的他者与高等而现代的"西方"之间的二元对立。四十年前,爱德

---

① 相关案例参看乌尔里希·凯勒:《终极景观:克里米亚战争的视觉历史》(新版),纽约:劳特利奇出版社,2013(Ulrich Keller, *The Ultimate Spectacle: A Visual History of the Crimean War*, new ed. New York: Routledge, 2013),第173页;约翰·古奇编:《布尔战争:指南、经历与图像》,伦敦:劳特利奇出版社,2013(John Gooch, ed., *The Boer War: Direction, Experience and Image*, London: Routledge, 2013);迈克尔·霍尔:《新闻学》,斯宾塞·塔克编:《美西战争与美菲战争百科全书:一部政治、社会与军事史》卷1,圣巴巴拉:美国书目中心—历史出版社,2009(Michael R. Hall, "Journalism", in *Encyclopedia of the Spanish-American and Philippine-American Wars: A Political, Social, and Military History*, Vol. 1, ed. by Spencer C. Tucker, Santa Barbara, C.A.: ABC-Clio, 2009),第311—312页。

② 鲁伯特·弗诺:《早餐战争》,纽约:克罗威尔出版社,1958(Rupert Furneaux, *The Breakfast War*, New York: Crowell, 1958),第7页。

③ "标志性事件"的概念与出现主要集中于当代史,参看自茱莉亚·索内文德:《无国界的故事:柏林墙与建构全球标志性事件》,牛津:牛津大学出版社,2016(Julia Sonnevend, *Stories Without Borders: The Berlin Wall and the Making of a Global Iconic Event*, Oxford: Oxford University Press, 2016),第20—23页。这里笔者省略了索内文德讨论的全球影响方面,部分原因是它适用于不同程度的每场战争。

华·萨义德(Edward Said)称这种二元对立为"东方主义"(Orientalism),并给出了著名的解释:东方主义是"采用西方的方式来支配、重构并凌驾于东方"①。"西方"话语中的文化与种族的刻板印象,不仅深深影响了媒体报道战争类事件,还长远地影响了它们的记忆。

以上所有内容同样适应于本书的内容:1900—1901年中国的义和团战争。这场冲突与前文提及的冲突有着许多相似点;其独特之处在于前所未有的多国干预力量(intervention force)在1900年夏天侵略中国,留下了多语言的记录,至今绝大多数的研究尚未解决其多样性;本书亦属于此类。这场冲突的起源、发展与结果都得到了详细的研究,②因此也就没有必要详细重述它们;但是为了给后面的章节提供背景,有必要做一个简短的概括。1898年,义和团运动兴起于山东与直隶两省交界处的武术团体或自卫社团,后来逐渐蔓延到整个华北地区。义和团的仪式及内在信仰,尤其是降神附体和刀枪不入,根源于民间信仰和乡村民俗文化。它最初的目标是教民,整个1899年,拳民杀伤教民、毁坏教堂。1900年上半年,义和团开始把目标对准洋人和洋物如电报线、铁路,这些举动引发了国际军事危机。代表西方列强的外交官要求清廷镇压义和团,而这一要求难以满足。

为了解救在天津和北京的外国人,1900年6月10日,英国海军中将西摩尔(Edward H. Seymour, 1840—1929)率领一支2000余人的国际救

---

① 爱德华·萨义德:《东方主义》(25周年纪念版),纽约,2003(Edward Said, *Orientalism*, 25th anniversary ed. New York: Vintage Books, 2003),第3页。

② 这里笔者只引用了最相关和最近的研究成果,分别是相蓝欣的《义和团战争的起源:一项跨国研究》(Lanxin Xiang, *The Origins of the Boxer War: A Multinational Study*, London: Routledge, 2003),柯文的《历史三调:作为事件,经历和神话的义和团》(Paul A. Cohen, *History in Three Keys: The Boxers as Event, Experience, and Myth*, New York: Columbia University Press, 1997),周锡瑞的《义和团运动的起源》(Joseph W. Esherick, *The Origins of the Boxer Uprising*, Berkeley, C.A.: University of California Press, 1987),罗梅君、余凯思主编的《在中国的殖民战争:1900—1901年义和团运动的失败》(Mechthild Leutner and Klaus Mühlhahn, eds., *Kolonialkrieg in China: Die Niederschlagung der Boxerbewegung 1900-1901*, Berlin: Links, 2007),毕可思、狄德满主编的《义和团·中国与世界》(Robert Bickers and R. G. Tiedemann, eds., *The Boxers, China and the World*, Lanham, M.D.: Rowman & Littlefield, 2007)和大卫·西尔贝的《义和团运动与在华大博弈》(David Silbey, *The Boxer Rebellion and the Great Game in China*, New York: Hill & Wang, 2012)。

援远征军(international relief expedition)向北京进军,宣告列强与清王朝进入事实上的战争状态(de facto state of war)。然而,直到一周后"西方"联合舰队占领大沽炮台,才意味着敌对状态的爆发。6月20日,德国公使克林德(Clemens von Ketteler,1853—1900)在结束外交谈判返回的路上被杀害;一天后,清廷对国内民众颁布上谕,声称现在正处于战争状态。没有一方向另一方正式宣战,其主要原因在于战斗局限在华北尤其是直隶省境内,这使得东南各省督抚置身于战争之外,并与列强签订临时协定。

八国(奥匈帝国、英国、法国、德国、意大利、日本、俄国、美国)的陆军与海军又组织了第二次军力更强的军事远征,到1900年7月中旬就解救了天津的外国人,一个月后又解除了对北京使馆区的围攻。面对战败的事实,清廷逃亡西安,并下令称义和团是非法的,要求官员镇压。在随之而来的混乱时期,联军对"义和团据点"及外国人(主要是传教士)被杀害的地方进行了惩罚性远征。联军部队尤其是德国和法国的增援部队因为入华时间太晚,以至于未能参与北京的解救行动,所以积极参与袭击村庄、处决(或者是由当地官府处决)被指认的义和团民,无情地征用物资。① 在华西方列强军队的举措在不同程度上引发了本国内部激烈的政治讨论。同时,西方列强与中国代表进行了战后谈判。1901年9月7日,清政府签署了屈辱性的《辛丑条约》(Boxer Protocol),条约内容包括处决清廷内支持义和团的官员、禁止武器进口、一系列加强使馆安全的措施以及巨额赔款。这些条款构成西方帝国主义在中国的象征意义上(如果不是物质上)的巅峰。

因此,无须争论义和团战争的历史意义——如同清政府为了应对灾难性的失败提出了一个迟来的但是全面的并在诸多领域相当有效的改革计划。② 其意义不仅被直接参与战争的人注意到,也被那些距离此事或近

---

① 参看古苏珊:《德国殖民战争与军事暴力的背景》,剑桥:哈佛大学出版社,2017(Susanne Kuss, *German Colonial Wars and the Context of Military Violence*, Cambridge, M.A.: Harvard University Press, 2017),第28页,第305—306页注释45。

② 参看汤若杰:《失败的教训:义和团战争后清廷的转变》,《现代亚洲研究》2004年第37期(Roger R. Thompson, "The Lessons of Defeat: Transforming the Qing State after the Boxer War", *Modern Asian Studies* 37, 2004),第769—773页。

或远的人们观察到,而他们的观察又被转化到下一代如何记忆该事件,甚至转化到历史学家如何研究该事件之中。以上大多数内容已经出现在柯文(Paul Cohen)与何伟亚(James Hevia)的开创性作品当中;①但是二人都没有思考过媒体(media)的重要性。相反,本书将媒体视为历史事件与记忆中的关键纽带,将此作为探索义和团战争及其影响的起点。

每一本书都有它的命运,本书亦不例外。本书的大多数文章都首次发表于2009年9月在埃尔福特大学(University Erfurt)召开的"义和团战争与媒体——构建跨国历史事件"(The Boxer War and Its Media-Making a Transnational Historical Event)学术会议上,该会议获得了弗里兹·蒂森基金会(Fritz Tyssen Foundation)的支持,这些文章在会议之后又得到进一步修改。②提摩西·巴瑞特(Timothy Barrett)的文章是很早就涉及媒体历史的论文,最早提交于2001年在伦敦召开的"义和团:中国与世界"学术会议,而古苏珊(Susanne Kuss)的文章是专门为本书撰写的。关于义和团战争媒体视角,在20世纪80年代和21世纪初期仅有一些开创性的研究,如今已经发展为一个令人印象深刻的学术资料库。这通常由一些短篇的文章——期刊论文、著作章节——构成,这些文章大多关注日报或

---

① 参看柯文:《历史三调》;何伟亚:《英国的课业:19世纪中国的帝国主义教程》,第282—347页。
② 关于会议报告,参看 https://www.h-net.org/reviews/showrev.php?id=27525l,登录时间:2018年6月7日。在此感谢以下几位报告论文的同事:克里斯托弗·卡米塞克(Christoph Kamissek)、吕一旭(Lü Yixu)、王栋(Wang Dong)、吴惠芳(Wu Huey-fang)和莱茵哈德·策尔纳(Reinhard Zöllner)。

期刊,①而其他文章则探讨了当时的照片。②在充当公共记忆的媒体当中,

---

① 参看克里斯汀·科尔尼奥:《法国媒体报道中的义和团战争》,《汉学研究》1987年第6卷第2期(Christine Corniot, "La guerre des Boxeurs d'après la presse française", *Études chinoises* 6, no.2, 1987),第73—99页;阿丽亚娜·克努塞尔:《"西方文明"与"黄种野蛮人"之争:英国对义和团运动的认识》,《亚洲研究》2008年第62期(Ariane Knüsel, "'Western Civilisation' against 'Hordes of Yellow Savages': British Perceptions of the Boxer Rebellion", *Asiatische Studien* 62, 2008),第43—83页;克里斯蒂安·梅什费塞尔:《"西方对抗东方之辨":义和团战争期间〈柏林晨报〉中的欧洲图像》,《欧洲专题史》(Christian Methfessel, "'Oxident gegen Orient': Europabilder in der *Berliner Morgenpost* während des Boxerkriegs", *Themenportal Europäische Geschichte*), available at https://www.europa.clio-online.de/essay/id/artikel-3563, 1 January 2009);吕一旭:《德国在华战争:媒体报道与政治迷思》,《德国生活与文学》2008年第61期(Lü Yixu, "Germany's War in China: Media Coverage and Political Myth", *German Life and Letters* 61, 2008),第202—214页;吕一旭:《几乎不存在的战争:〈柏林晨报〉与义和团运动》,米歇尔·佩罗丁、尤尔根·齐默勒主编:《德国殖民主义与国家认同》,伦敦:劳特利奇出版社,2010(Lü Yixu, "The War That Scarcely Was: The *Berliner Morgenpost* and the Boxer Uprising", in *German Colonialism and National Identity*, eds. by Michel Perraudin and Jürgen Zimmerer, London: Routledge, 2010),第45—56页;乌罗什·利普切克:《20世纪初斯洛文尼亚报界对中国义和团运动的解读》,《亚洲研究》2013年第1卷第2期(Uros Lipuscek, "Interpretations of the Chinese Boxer Rebellion in the Slovenian Press at the Beginning of the 20th Century", *Asian Studies* 1, no. 2, 2013),第35—48页;让-雅克·温道夫:《1900—1901年义和团战争期间德国与法国在华远征军的活动:德国与法国行动和观念的比较研究》,博士学位论文,哈根大学,2014(Jean-Jacques Wendorff, "Der Einsatz der deutschen und französischen Expeditionskorps in China während des Boxeraufstandes 1900-1901: Eine vergleichende Studie deutscher und französischer Akteure und Wahrnehmungen", diss. phil. Fern Universität Hagen, 2014),第123—136, 166—190页;关于中国媒体的研究,参见邵雍、王惠怡:《〈申报〉对义和团运动的舆论导向》,中国义和团研究会编:《义和团运动110周年国际学术讨论会论文集》,济南:山东大学出版社,2013,第189—197页。相关研究亦可参看梅勒·蔡格尔:《亚洲和非洲德国殖民战争中的战地记者:目击者、煽动者、同谋者?》,基尔:索里瓦格斯出版社,2016(Merle Zeigerer, *Kriegsberichterstatter in den deutschen Kolonialkriegen in Asien und Afrika: Augenzeugen, Anstifter, Komplizen?*, Kiel: Solivagus, 2016),第309—364页。关于期刊的研究,参见孔正滔:《新教传教士杂志对义和团战争的争论:殉道、团结与正义》,费利西蒂·詹斯、汉娜·阿克主编:《传教与媒体:19世纪传教士期刊政治》,斯图加特:施泰纳出版社,2013(Thoralf Klein, "Protestant Missionary Periodicals Debate the Boxer War: Martyrdom, Solidarity and Justification", in *Missions and Media: The Politics of Missionary Periodicals in the Long Nineteenth Century*, eds. by Felicity Jensz and Hanna Acke, Stuttgart: Steiner, 2013),第187—204页。

② 最重要的有:何伟亚:《复合摄影:曝光义和团时期的中国(1900—1901)》,罗莎琳德·莫里斯主编:《东方摄影:照相机及其在东亚与东南亚的历史》,达勒姆:杜克大学出版社,2009 [James L. Hevia, "The Photography Complex: Exposing Boxer-Era China (1900-1901)", in *Photographies East: The Camera and Its Histories in East and Southeast Asia*, ed. by Rosalind C. Morris, Durham: Duke University Press, 2009],第79—129页;杰罗姆·布尔贡:《淫秽插图的真相:将处决中国人的图片作为历史文献来建构》,安克强、叶文心主编:《视觉中国(1848—1965):历史叙述中的动态与静态图像》,(转下页)

小说(既有当时的也有最新的)①及电影(早期的"新闻片"、事件重演片以

(接前页②)莱顿:博睿出版社,2010(Jérôme Bourgon, "Obscene Vignettes of Truth: Construing Photographs of Chinese Executions as Historical Documents", in *Visualising China, 1845-1965: Moving and Still Images in Historical Narratives*, eds. by Christian Henriot and Wen-hsin Yeh, Leiden: Brill, 2013),第39—91页。亦可参见安德鲁·琼斯:《便携式纪念碑:建筑摄影与近代中国的帝国"形态"》,《姿态》2010年第18卷第3期(Andrew F. Jones, "Portable Monuments: Architectural Photography and the 'Forms' of Empire in Modern China", *Positions* 18, no. 3, 2010),第613—620页。

① 参看杰奎琳·杨:《重写义和团运动:朴笛南姆威尔、白克浩司、梅义升的想象力创造》,《维多利亚通讯》2008年第114期(Jacqueline Young, "Rewriting the Boxer Rebellion: The Imaginative Creations of Putnam Weale, Edmund Backhouse, and Charles Welsh Mason", *Victorian Newsletter* 114, 2008),第7—28页;罗斯·福尔曼:《北京阴谋:杜撰1900年的义和团运动》,《维多利亚文学与文化》1999年第27期(Ross G. Forman, "Peking Plots: Fictionalizing the Boxer Rebellion of 1900", *Victorian Literature and Culture* 27, 1999),第27—48页;孔正滔:《维多利亚时代的中国形象:帝国交织》,剑桥:剑桥大学出版社,2013(Thoralf Klein, *China in the Victorian Imagination: Empires Entwined*, Cambridge: Cambridge University Press, 2013),第98—129页;陈时伟:《英国儿童小说中的中国形象(1851—1911)》,法纳姆:阿什盖特出版社,2013(Chen Shih-Wen, *Representations of China in British Children's Fiction*, 1851-1911, Farnham: Ashgate, 2013),第129—158页;吕一旭:《德国殖民小说中的中国:1900年义和团运动》,《德国生活与文学》2006年第59卷第1期(Lü Yixu, "German Colonial Fiction on China: The Boxer Uprising of 1900", *German Life and Letters* 59, no. 1, 2006),第78—100页;孔正滔:《当代中国小论与德国小说中的义和团:莫言与格哈德·塞弗里德》,《比较批评研究》2014年第11卷第1期(Thoralf Klein, "The Boxers in Contemporary Chinese and German Fiction: Mo Yan and Gerhard Seyfried", *Comparative Critical Studies* 11, no. 1, 2014),第69—88页;孔正滔:《德国人与清朝的衰亡:以莫言的〈檀香刑〉为例》,妮娜·伯曼、克劳斯·穆哈恩、帕特里斯·恩迦南编:《重审德国殖民主义:非洲、亚洲与海洋经历》,安娜堡:密歇根大学出版社,2014(Thoralf Klein, "Germans and the Death-Throes of the Qing: Mo Yan's *The Sandalwood Torture*", in *German Colonialism Revisited: African, Asian, and Oceanic Experiences*, eds. by Nina Berman, Klaus Mühlhahn and Patrice Nganang, Ann Arbor, MI: University of Michigan Press, 2014),第271—283页;洪安瑞:《枪非女人:莫言小说〈檀香刑〉中的性别、暴力与本土主体性》,《中国文学研究前沿》2013年第7卷第4期(Andrea Riemenschnitter, "A Gun Is Not A Woman: Gender, Violence and Local Subjectivity in Mo Yan's Novel *Tanxiang xing*", *Frontiers of Literary Studies in China* 7, no. 4, 2013),第590—616页;孔正滔:《在本土帝国之间展现地方历史:茂腔中的山东义和团运动》,魏格林编:《破碎的叙述:欧洲与东亚的后冷战历史与身份》,莱顿:博睿出版社,2014(Thoralf Klein, "Staging Local History Between Local Empires: Shandong Boxer Resistance as Maoqiang Opera", in *Broken Narratives: Post-Cold War History and Identity in Europe and East Asia*, ed. by Susanne Weigelin-Schwiedrzik, Leiden: Brill, 2014),第165—189页;马丁·罗森斯托克:《中国的过去与现在:格哈德·塞弗里德〈黄风〉中的义和团运动》,沈琴娜、马丁·罗森斯托克主编:《超越他者:德国与近现代东亚的相遇》,纽约:伯格哈恩出版社,2014[Martin Rosenstock, "China Past, China Present: The Boxer Rebellion in Gerhard Seyfried's *Yellow Wind* (2008)", in *Beyond Alterity. German Encounters with Modern East Asia*, eds. by Qinna Shen and Martin Rosenstock, New York: Berghahn, 2014],第115—133页。

及后来的长篇故事片)①,获得了学者最多的关注。其他领域,例如事件重演片和历史遗迹也都获得了初步性的研究。②这些案例研究通常关注一种特定形式的媒介。即使是最接近于义和团战争的综合媒体历史的著作也是如此,甄爱廖(Jane E. Elliott)的《有人为文明而战,有人为祖国而战》③只是把不同形式的媒体放在一起研究,而没有去充实它们之间的内在联系。

在此背景下,本书尝试在研究义和团战争是如何通过文本、视觉和表演媒体被报道、记忆上取得新的突破。④第一,本书超越了对媒体的狭隘定

---

① 关于最重要研究成果的概述,参看孔正滔:《银幕上的义和团——〈红灯照〉(1919)、〈北京惊魂记〉(1937)和〈北京55日〉(1963)比较研究》。

② 参看何伟亚:《纪念碑与记忆:作为争议点的欧柏林学院义和团纪念碑》,陶飞亚、梁元生编:《东亚基督教再诠释》,香港:香港中文大学崇基学院与中国社会研究中心,2004(James L. Hevia, "Monument and Memory: The Oberlin College Boxer Memorial as a Contested Site", in *Dong-ya Jidujiao zai quanshi*, eds.by Tao Feiya and Philip Yuan-sang Leung, Hong Kong: Xianggang Zhongwen Daxue Chong Ji Xueyuan and Zhongguo Shehui Yanjiu Zhongxin, 2004),第487—506页;约翰·哈达德:《狂野的西方转向东方:观众、仪式、布法罗·比尔义和团运动的再生》,《美国研究》2008年第49卷第3—4期(John R. Haddad, "The Wild West Turns East: Audience, Ritual, and Regeneration in Buffalo Bill's Boxer Uprising", *American Studies* 49, nos. 3—4, 2008),第5—38页。

③ 甄爱廖:《有人为文明而战,有人为国家而战:义和团战争再审视》,香港:香港中文大学出版社,2002(Jane E. Elliott, *Some Did It For Civilisation, Some Did It For Their Country: A Revised View of the Boxer War*, Hong Kong: Chinese University Press, 2002)。在笔者看来,甄爱廖的一些基本假设与史料运用存在不足;亦可参看阿丽亚娜·克努塞尔:《"西方文明"与"黄种野蛮人"之争》,第56—57页。最新的研究是让-雅克·温道夫的《1900—1901年中国义和团运动在德国和法国的记忆场所:对所选资料类型进行的比较研究》(Jean-Jacques Wendorff, *Der Boxeraufstand in China 1900/1901 als deutscher und französischer Erinnerungsort: Ein Vergleich anhand ausgewählter Quellentypen*, Frankfurt am Main: Lang, 2016),该书兼具比较视野和包容性,但是它的分析质量参差不齐。

④ 关于表演与媒体之间的关系,参看弗兰克·博世:《历史视野中的事件、表演与媒体》,弗兰克·博世、帕特里克·施密特编:《媒体变迁:18世纪以来的表演、舞台与媒体》,法兰克福:坎普斯出版社,2010(Frank Bösch, "Ereignisse, Performanz und Medien in historischer Perspektive", in *Medialisierte Ereignisse: Performanz, Inszenierung und Medien seit dem 18. Jahrhundert*, eds.by Frank Bösch and Patrick Schmidt, Frankfurt am Main: Campus, 2010),第11—15页。

义,包含许多类型的媒体,这些在过往很少得到研究。因此,迪特琳德·温舍(Dietlind Wünsche)的文章来自她对德国士兵信件的开创性研究①,阐明了军官如何通过寄送给家人的书信与日记来正当化他们在中国的行动。丹尼尔·莫伦豪尔(Daniel Mollenhauer)将议会辩论视为表演媒介的一种;杰夫·鲍尔索克斯(Jeff Bowersox)探究了游戏和玩具、期刊、冒险小说和学校教科书;②古苏珊通过分析档案存储和排序的方法,分析了档案作为媒体的角色。虽然理论的应用程度因个人的文章而不同,构成本书体系的理论作为一种方法可以隐秘地理解历史,是完全中立的。③换句话说,提供了过去事件信息的所有材料在历史学家和过去之间可以看作中立的。同时,媒体视角的不足也得到了充分的考虑,尤其是谈及表演:在承认议会辩论的媒体性和交际维度的同时,莫伦豪尔也努力去理解议会的基本职能是做出政治决策。因此,他认为它们的角色是相互矛盾的,因为它们是"它们自己通过表现形式帮助创造的事件的组成部分"。

第二,本书中的文章探讨了在一个基本的多元环境中各种类型的媒体之间的动态关系。其中一篇关于中国方面的文章特别值得关注:孙立新系统分析了义和团所使用的口头、文本、实物或形体等媒体,以及它们对其特定观众的影响。他认为大多数的人们既不相信也不怀疑义和团的宣传,只是在观望。虽然义和团的信息在有限的时间内拥有影响力,但它未能为运动提供足够的凝聚力,导致运动在事件中崩溃。

尽管没有一篇文章特别关注日报或者期刊出版社,但是还是有许多文章讨论了它们的作用。温舍阐明了在华的德国军官只能通过阅读报纸

---

① 迪特琳德·温舍:《来自中国的战争书信:1900—1901年义和团运动时期德国士兵的认知和解释模式》,柏林:林克斯出版社,2008(Dietlind Wünsche, *Feldpostbriefe aus China: Wahrnehmungs- und Deutungsmuster deutscher Soldaten zur Zeit des Boxeraufstandes* 1900/1901, Berlin: Links, 2008)。

② 关于学校教科书,参看让-雅克·温道夫:《1900—1901年中国义和团运动在德国和法国的记忆场所:对所选资料类型进行的比较研究》,第100—166页。

③ 对这一概念表达最清楚的也许是:法比奥·克里韦拉里、凯·基尔希曼、马库斯·桑德尔、鲁道夫·施莱格尔:《导论:历史的媒介性和媒体的历史性》,孔正滔编:《历史媒体:跨学科视野的历史与媒体》,康斯坦茨:UVK出版社,2004(Fabio Crivellari, Kay Kirchmann, Marcus Sandl and Rudolf Schlögl, "Einleitung: Die Medialität der Geschichte und die Historizität der Medien", in *Die Medien der Geschichte: Historizität und Medialität in interdisziplinärer Perspektive*, eds. by Fabio Crivellari, Kay Kirchmann, Marcus Sandl and Rudolf Schlögl, Konstanz: UVK, 2004),第17—21页。

来理顺他们的行动；另外，如果新闻报道没有符合他们自己所相信的内容，军官面就会写信贬低新闻报道。正如莫伦豪尔所说，德国与法国的议员们惯常地利用新闻界作为信息来源，相反，新闻界则热切地评论议会的辩论。鲍尔索克斯详细说明了期刊如何联结起文本与表演媒体来教育德国青年人什么是义和团战争，并在广泛地向其讲授德国殖民政策目标的同时指出了这种教育的局限性。孔正滔的文章不仅详细解读了故事片本身，还通过制作文件和脚本、新闻稿和其他宣传材料、报纸报道和影评，探究了故事片的制作与影响。

第三，一些文章专注于媒体与时间格外醒目的关系。当然，时间会影响媒体的内容。正如莫伦豪尔所称，德国与法国的议会辩论部分受到预先安排好的时间表的影响：当中国危机展现出来时，德意志帝国国会正在休会期间，尽管法国议会至少在夏天就能批准赴华远征军的军事拨款，但是——和在德国一样——必须等待一项更为基础的辩论，直到秋天才能重新召集议员。

媒体与时间的另一个关系则是历史记忆如何通过媒体传递以理解当下。伊内斯·埃本·冯·拉克尼茨(Ines Eben von Racknitz)和孔正滔解释了使馆区被围困期间被围困者如何借鉴1857年印度起义的记忆来提振公众士气。借鉴莱因哈特·科泽勒克(Reinhart Koselleck)的"期待视域"(horizon of expectation)以及阿斯特莉特·埃尔(Astrid Erll)的"理解的修正"(understanding of remediation)，他们不仅展示了过去的时间如何象征性地成为现在的时间，还充实了传播的渠道。在1900年的北京激活1857年的记忆并不是独有的，也许并不是十分重要的，这都基于储存在个体头脑中并通过口头交流传递的模糊回忆。然而，口头交流扮演了关键角色，实际存在的印刷书籍——历史、目击记录或者诗歌——为集体表演性的回忆提供了物质基础，目的在于鼓舞公共士气。在这件事上，义和团战争（或者更明确的义和团运动）本身就成为一个历史的参照点，这也是孔正滔关于电影的文章中所讨论的一个观点。

不同的文章体现了媒体与时间的另一个重要的关系，那就是事件与记忆之间不断增加的距离(distance)。距离不同于遗忘(oblivion)。正如鲍尔索克斯所强调的，德国青年媒体充分利用了义和团战争的故事性及其充满异国情调的特点。然而，从长远来看，作为冒险小说或者英雄小说的背景，义和团是不能与更传统的北美和非洲的"野蛮人"(savages)相比的,不过他们对于成年人和教育目标还是有着重要的意义。部分依赖个人经验,提摩西·巴瑞特做了相似的研究。巴瑞特以盖落窪(Archibald Glover)的《神迹千里》(*A Thousand Miles of Miracles in China*)为对象,回顾了该书自1903年以来持续出版的历史,解释了特定的一本图书连续版本(不同的出版社)是如何被改编的,以此来适应不同年代读者的阅读趣味、经济状况而不仅仅是他们的历史知识。这些改编包括:出版廉价而"流行"的版本;格式调整、删节;插入照片、地图;随着时间的推移前言体现的视角观点是如何改变的;书评中的广告和引语扩充了图书的信息,超过了图书有限的历史内容。由于这些改变,该书甚至得以留存到数字时代。孔正滔的文章在分析电影的时候运用了历史的四个维度:首先,电影与过去的历史有联系;其次,每一部电影都展现了不同历史时期的电影技术;再次,每一部电影都依赖随历史演变的叙述模式与文化模板;最后,每一部电影都是在特定历史背景下制作的。

第四,一些文章采用了比较的视野。巴瑞特的文章含蓄地体现了历时性的对比,同时列举了同一文本的不同版本。孔正滔则运用了折中的历时性和跨国性的视野,因为他所分析的三部故事片(两部来自美国、一部来自德国)制作于不同的历史时期,来自不同的国家。鉴于纳粹的电影与好莱坞十分相似,因此最开始制作时的具体情景比国家情况更能反映这种差异也就不足为奇。尽管每部电影传达了矛盾的有时是完全自相矛盾的信息,但是对于中国和中国人来说,这些电影都体现了许多陈词滥调和刻板印象以及深层的种族主义。

在具有跨国比较特点的两篇文章中,莫伦豪尔具体探究了德国议会与法国议会对义和团战争反应的相似点与不同点。莫伦豪尔认为,两国的左派、右派和中间派在评估议会的作用、干涉中国的起因及长期目标以及军队犯下的暴行等问题上存在许多一致之处。尽管存在特殊的(idiosyncratic)主题(如德国皇帝的"个人统治"、法国的天主教护教权),但是主要的差异在于两国议会所视义和团战争的相对重要程度。在德国,这被视为第一要务(部分是因为国内政治问题),而法国议会和公众表现得更冷漠。①相关的西方国家对义和团战争的研究尚未得到充分重视,莫伦豪尔梳理了它们内部之间和相互之间的断层。②

然而,古苏珊的文章提供了一个最为广泛的跨国分析,探究了德国、法国、英国和美国的军事档案。古苏珊采用后现代批评的方法——档案既不完整也不公正,实际上往往与权力结构和官僚利益联系在一起,正如菲利普·穆勒(Philipp Müller)所称的"国家的神秘领域"③,利用各个国家的存档方法,追溯了关于军事远征中国的档案之间的关系。政府组织原则如联邦制度和中央集权制度,官僚主义传统(如来源排序 vs. 主题排序),有时个体政治决策(例如英国陆军部委托印度事务部负责中国远征事务)影响了档案资料保存于何处,如何被分类和管理。古苏珊称,管理档案的不同方法更使得历史学家未能充分理解义和团战争作为一项跨国活动的特点,其短期目标是执行"西方定义的全球行为规则"。古苏珊最后提出了一些实用性建议,以更好利用众多的跨国档案材料。

---

① 对于当代公共意见与后来的记忆的关系,让-雅克·温道夫也有相似的讨论,参看孔正滔:《1900—1901年义和团战争期间德国与法国在华远征军的活动》,第486-487、504-505页;孔正滔:《1900—1901年中国义和团运动在德国和法国的记忆场所》,第170-171页。

② 对此的初步评论,参看戈尔德·卡明斯基:《义和团运动:被揭穿的神话》,维也纳:勒克尔出版社,2000(Gerd Kaminski, *Der Boxeraufstand-entlarvter Mythos*, Vienna: Löcker, 2000),第208—211页。

③ 菲利普·穆勒:《档案馆中的兰克:历史研究的隐喻和条件》,塞巴斯蒂安·乔布斯、阿尔弗·鲁特克编:《令人不安的历史:历史学中的档案与叙述》,法兰克福:坎普斯出版社,2010(Philipp Müller, "Ranke in the Lobby of the Archive: Metaphors and Conditions of Historical Research", in *Unsettling History: Archiving and Narrating in Historiography*, ed. by Sebastian Jobs and Alf Lüdtke, Frankfurt am Main: Campus, 2010),第113页及全书各处。对于档案的批评,参看安·劳拉·斯托勒:《档案的影响:认知焦虑与殖民常识》,普林斯顿:普林斯顿大学出版社,2009(Ann Laura Stoler, *Along the Archival Grain: Epistemic Anxieties and Colonial Common Sense*, Princeton, N.J.: Princeton University Press, 2009),第17—54页;克雷格·罗伯逊:《导论:思考档案,书写历史》(Craig Robertson, "Introduction: Thinking about Archives, Writing about History"),克雷格·罗伯逊编:《媒体历史与档案》,阿宾顿:劳特利奇出版社,2011(*Media History and the Archive*, ed. by Craig Robertson, Abingdon: Routledge, 2011),第1—3页。

重视媒体在报道和记忆义和团战争的广度,①探究多元媒体背景下不同类型媒体之间的动态,追溯媒体与时间之间的关系以及明确的比较研究——所有这些视角对于义和团战争媒体历史及其记忆更加系统化地发展至关重要。从这个角度来说,本书展现了未来研究的方向。

结束了漫长而艰巨的过程,我想通过表达谢意作结。感谢本书各位作者在诸多不利条件下耐心与完美的配合;感谢弗里兹·蒂森基金会对会议的赞助;感谢罗梅君(Mechthild Leutner)和乌尔里希·冯·德·海登(Ulrich van der Heyden)将本书收入进关于殖民历史的系列丛书"殖民主义和后殖民主义视角"(Kolonialismus und postkoloniale Perspektiven),最后感谢弗里德里克·斯特芬(Friederike Steffen)、塞巴斯蒂安·迪齐奥尔(Sebastian Diziol)和斯特凡·艾克(Stefan Eick)仔细阅读了本书全部书稿。

---

① 关于对20世纪初媒体的一些有趣的思考,参看埃斯彭·伊特伯格:《作为历史事件和媒体报道的1911年征服南极》,《媒体历史》2014年第20卷第2期(Espen Ytreberg, "The 1911 South Pole Conquest as Historical Event and Media Ensemble", *Media History* 20, no. 2, 2014),第177—178页。

仪式和文本：义和团运动的宣传媒体

孙立新

　　义和团运动发源于直隶省和山东省交界处，初为各地反洋教民间组织的分散活动，后汇集成大规模的社会政治运动。它在1900年春夏之际席卷中国北方大部地区，旬月间就动员了四五十万民众参加。义和团民烧教堂、杀教民、屠教士、拆铁道、砸电杆、毁洋货、围攻外国使馆并与八国联军展开了殊死拼搏，但很快又在清政府和外国列强的联合镇压下惨遭失败。

　　义和团运动的迅速发展和旋即失败固然与当时的政治、经济和社会背景有密切联系，但也与义和团自身的组织、动员和斗争方式紧密相关。

　　对于义和团的宣传媒体，中外学者虽经常提及，但迄今为止未见专门的论述。而在已有的相关论述中，关于义和团宣传的社会影响的报道和评论也相当笼统。至于它们与义和团运动迅速传播和最终失败的关系，更有必要进行深入探讨。

　　本文首先在前人研究的基础上，对义和团宣传的类别加以归纳整理，然后以仪式和文本为重点，进一步分析义和团宣传的主要内容及其产生的社会效果，力图比较精确地说明这一宣传鼓动工作对整个运动产生的积极和消极影响。不当之处，敬请方家教正。

一、义和团宣传媒体的分类

　　大体说来，义和团的宣传媒体包括口头的、物化的、形体的和文本的四大类别，但这并不意味着它们迥然有别、截然不同，更多的时候是各种类型混合使用，并且其使用的频率和方法也是随着时间和地点的变化而变化的。

　　口头的宣传媒体主要包括口号、名号、歌谣、演说和传言等形式。有的口号和歌谣既被口头传唱也被书写到旗帜和石碑等器物上,或者被写入揭帖和传单中,形成了多种类型的相互交叉。

物化的宣传媒体主要是指服装、旗帜、石碑及其他具有宣传功能的物品。有的旗帜仅由特定质料、形状、颜色、花边或饰穗构成,是纯器物性质的宣传媒体。有的旗帜则书写着某种口号或名号,构成物化的、口头的和文本的宣传媒体的结合。而石碑等器物上也往往刻有文字,同样属于混合型宣传媒体。

形体的宣传媒体主要是指义和团民的武术演练及其相关仪式,如吞符、念咒、烧香、叩头等。这些仪式有时是为实现某一要求而实施的一整套连续动作;前者为后者做准备,而后者则是前者的最终结果。有时也可以分开进行,分别服务于某种特定的目的。仪式的举行往往配以口头的解说,在此,形体宣传与口头宣传也合而为一。

文本的宣传媒体主要是指用于散发和张贴的揭帖,如启事、告白、团规、戒条等,但也可泛指所有书写有文字的宣传品,如笔录下来的口号、歌谣、咒语、乩语、坛谕、诗歌、对联和碑文等。其内容有的仅见于书面形式,有的则来自口头传播,也属于多种类型的混合。

从时间和地域关系来看,义和团的宣传最初主要是借助口头、物化和形体诸媒体进行的,其内容也比较简单、质朴。这是因为义和团运动起源于农村地区,无论义和团运动的组织者和领导者,还是义和团所要直接影响和动员的受众,大都为农民,其知识文化水平都比较低下,既不可能也没有必要采用高深的理论和高雅的礼仪。相反,宣传越是平易近人、通俗易懂,其影响力和效果就越大、越明显。

然而,随着运动从农村向城市发展,义和团的宣传方式也发生了显著变化。此时,除了继续运用口头、物化和形体诸宣传媒体外,种类繁杂的文本也得以大规模采纳了。不仅如此,仪式的演练也越来越带有表演性和戏剧性色彩,文字的表达更是变得越来越文雅、玄妙、深奥。盖在此时,不仅有不少失意的文人墨士加入义和团队伍,而且义和团的宣传受众也多为受教育程度较高的城市居民、政府官员和王公贵族了。华丽动人的辞章和光怪陆离的表演,既可以掩饰义和团民的卑微、粗陋,又可以博得上流社会的赞叹、认可。

由此可见,义和团的宣传鼓动绝不是一蹴而就的,而是一种动态的、经历了从低级到较高级的发展演变过程的社会实践。为了达到社会动员的目的,义和团的组织者颇费了一些心机,他们开展的种种宣传活动都是有预谋、有计划的。

二、仪式和文本

义和团的宣传媒体虽然有口头的、物化的、形体的和文字的四大类别,但其中又以充满宗教神秘主义色彩的吞符、念咒等仪式和广泛流传的揭帖、告白等文本最引人注目。这些仪式和文本集中体现了义和团宣传的形式和内容,对于研究义和团运动的兴起和发展具有不可替代的意义。

(一)仪式

义和团是由山东、直隶各地的民间拳会组织汇合而成的,这些组织原本都是以练拳习武、健身自卫为宗旨。随着反洋教斗争的大规模开展,它们也普遍采纳了主要由大刀会和神拳创造的金钟罩①法术,试图通过吞符、念咒、烧香、叩头等仪式,"降神附体",迅速练成"刀枪不入"之体,或者借用神力,焚烧教堂,打击敌人。②同时,这些法术和仪式也被视作动员民众参加战斗的重要手段。

"降神附体"实际上就是中国民间巫术活动的一个变种。从事这种活动的巫师,大都宣称可以通过念咒、叩头、烧香等礼仪,"求请"某位神灵降临尘世,附在某人身上,使人作神语、行魔法,决疑排难。由于相信降神附体能使人获得"神将助力"的奇功妙效,一些习武者便模仿巫师创制了诸如神拳之类的拳种并广泛推广。③

最初,义和团大都是在秘密或半秘密状态下进行操练的,所练的主要是"刀枪不入"之功,其降神仪式也十分简单,所请的神大都是民间流行神话故事和小说戏曲中的人物,如秦琼、罗成、关公、程咬金、杨戬、孙膑、马武、张飞、孙悟空等。④谁附体就用谁的武器。如秦琼善用宝剑,凡是请来

---

① 也称"铁布衫""无影鞭""红灯罩"等。
② 据说,在1899年正定府大佛寺会议后,赵三多采纳河间一位李姓人的意见,决定联络静海、青县一带的"铁布衫",学习"降神"、"请神"或"上法"等法术和仪式。此后,武术演练便与"降神附体"正式结合起来,成为义和团普遍使用的战斗技艺和宣传媒体。
③ 参看张鸣:《华北农村的巫觋风习与义和团运动》,《清史研究》1998年第4期;[美]柯文:《历史三调:作为事件、经历和神话的义和团》,杜继东译,南京:江苏人民出版社,2000,第96—100页。
④ 参看蒋楷:《平原拳匪纪事》,中国新史学研究会主编:《义和团》(一),上海:神州国光社,1951年,第354页;1965年12月26日王庄区马场周歧山口述,路遥主编,苏位智、陆景琪、刘天路副主编:《山东大学义和团调查资料汇编》下册,济南:山东大学出版社,2000,第1075页。

秦琼附体的人,大都习练剑术。①其大体过程是:先烧一道符,然后就着水把纸灰吞咽下去,不一会便声称神来了,眼发直,嘴里冒白沫,全身乱抖,拿起武器就操练。有时坐在屋里,平地一窜就到了屋外,顺手一刀便把扣在地上的碗劈成两半。②

义和团拳师们宣称,一旦练成"刀枪不入"之身,无论什么样的精良武器都无可奈何。他们还经常当众表演排砖、排刀、排枪的功夫。如用头碰石碑、用刀砍手臂、用枪尖刺肚子。表演的人把辫子缠起来,袒胸露臂,挥刀砍肚子,一砍一道白印。再把棍子放到肩膀上,连砍数刀,棍子断了,肩膀不流一滴血。③也有用铡刀铡的,连铡几下也不当事儿。④

有时也在临战前集体举行降神活动:"如欲赴某村讹抢,则分送传单,先期征召。迨齐集后,逐一吞符诵咒,焚香降神,杂逻跳舞。为首者指挥部署,附会神语,以诳其众,临阵对敌。"⑤

等到进入县城、州府以及天津、北京等大城市,义和团不仅开始公开设坛练拳,而且也大张旗鼓地演练起"降神附体"仪式。而在此时,义和团的"降神附体"仪式陡然繁杂起来,演变为焚香、跪拜、掐诀等一整套比较固定的程序和声色俱厉的情绪表演。"习武前,焚纸香,磕头触地,掐诀。所谓掐诀是两手都从小指起挨次攀压成m状,然后面向东南双手一揖,默念咒语:'东南山请师父,下山教徒弟,上八仙,下八仙,中八仙,虎豹神,虎恶神,南海观世音。'念毕即喘大气,瞪眼睛,跺脚"。⑥而在施展"法火"时,"众团民面向东南躬身,名曰'上法'。登时形色改变,拧眉瞪目,力携千斤,声音喘呼,似忿怒之状。遂手执宝剑或掏剑诀,先向前后左右非奉教

---

① 参看1965年12月26日王庄区马场周歧山口述,路遥主编,苏位智、陆景琪、刘天路副主编:《山东大学义和团调查资料汇编》下册,第1075页。

② 参看1960年2月14日夏津县南屯王子兰口述,路遥主编,苏位智、陆景琪、刘天路副主编:《山东大学义和团调查资料汇编》上册,济南:山东大学出版社,2000,第539页。

③ 参看1960年2月14日夏津县南屯王子兰口述,路遥主编,苏位智、陆景琪、刘天路副主编:《山东大学义和团调查资料汇编》上册,第539页。

④ 参看1965年12月12日茌平县小桑公社赫庄赫继业口述,路遥主编,苏位智、陆景琪、刘天路副主编:《山东大学义和团调查资料汇编》下册,第831页。

⑤ 故宫博物院明清档案部编:《义和团档案史料》上册,北京:中华书局,1979,第93页。

⑥ 中国社会科学院近代史研究所《近代史资料》编辑组编:《义和团史料》(下),北京:中国社会科学出版社,1982,第972—973页。

这家四面指画,火即不能延及四邻。然后各举点着高香一般,在欲烧之房前跪齐……叩头碰地,口中似念咒语,将手中之香向房内抛掷。立时火发"①。

所请的神更是五花八门,除了"野史演义书中之人",还包括佛道两教众多神祇,如洪钧老祖、黎山老母、托塔天王、汉钟离、张果老、何仙姑、王禅、杨戬、哪吒等等。甚至连咸同年间的大学士祁寯藻也成为待请之神了。②而降神附体之人的言谈举止则恰似在舞台演戏一般:"俄而拳众蜂拥至,人数约在三四千以外,前行者八人,自称八仙……甲曰:'吾乃汉钟离大仙是也;'乙继声曰:'吾乃张果老大仙是也。'……拐仙并摇兀作跛势,仙姑则扭捏为妇人态……装腔弄态,全是戏场科白。"③这实际上反映了义和团在进入城市后面对政府官员和文化知识水平较高的城市居民既感自卑又故作文雅的矫饰心态。

义和团拳师们自称"能避枪炮,从来火器不能伤身","以刀斫皮肉而不伤"④;"能以细索坠百斤之石,更能以飞刀放丈外之火"⑤;"善用遁法,山岭城垣不能阻挡","无论相离千数百里,此处焚表呼唤,彼处立时便知,人亦顷刻而至,比电报尤速";"能避敌人枪炮,团民用手一指,对阵枪炮即不过火,不能发声"。此外,还有"御邪"之法,"令各家用红布缝作小口袋,内装朱砂、绿豆、茶叶等物,或钉门头上,或带身上"。⑥"又取十八岁以下至十二岁以上之闺女,身穿红布衣履,手执红巾一,手持一小红灯笼者,名曰红灯罩。"⑦"言能上法后,用手扇一煽,便能起空驾运至半空,若大红星者。或一煽而大炮自闭不响,或一煽而轮船在海中自烧,或一煽而城楼坚固石

---

① 仲芳氏:《庚子记事》,中国社会科学院近代史研究所编:《庚子记事》,北京:中华书局,1978,第12页。

② 参看[日]佐原笃介、浙东沤隐同辑:《拳事杂记》,中国新史学研究会主编:《义和团》(一),第238页。

③ 吴永:《庚子西狩丛谈》,中国新史学研究会主编:《义和团》(三),上海:神州国光社,1951,第387—389页。

④ 袁昶:《乱中日记残稿》,中国新史学研究会主编:《义和团》(一),第345—346页。

⑤ [日]佐原笃介、浙东沤隐同辑:《拳事杂记》,中国史学研究会主编:《义和团》(一),第244页。

⑥ 仲芳氏:《庚子记事》,中国社会科学院近代史研究所编:《庚子记事》,第12—13页。

⑦ 袁昶:《乱中日记残稿》,中国新史学研究会主编:《义和团》(一),第346页。

室俱焚。"①

为了证明其言不虚,义和团拳师也让其徒弟当众表演武功,并且为这些武功增添了许多戏剧武打动作,以增强其感染力和宣传力。有目击者记述道:义和团拳师"诱十数龄之童子,教其阖睛念咒,面南三揖。该童子即仰卧地上,移时跃然而起,自报姓名,要皆前朝英杰也。报毕,即作拳式,往来舞蹈。或持竹竿秋楷木梃等物,长者以当长枪大戟;短者以当双剑单刀,各分门路,支撑冲突,势极凶悍,几于勇不可当"②。或者说:"将曙,则习拳及以刀击身,其状如醉迷,无定式,谓之上神。神附体,则枪炮刀戟不能伤也。"③他们"随意举利刃自刺,至于刃曲锋折,而肤肉迄无稍损"④,甚至年龄不过十岁的两幼孩也敢"袒而试刀,自砍十余刀,砰訇有声,皮不伤"⑤。

这些鼓吹和表演一方面是为了鼓舞团民的战斗意志和必胜信念,另一方面也是为了扩大运动的声望,争取广大民众的支持。可以想见,目睹此情此状之人肯定会留下十分难忘的印象。

义和团"到处教人入伙"。为了吸引人们入团,义和团拳师极力宣称:"欲学者并不难;其法即念咒烧纸烧香,凉水润身,手足伸缩,一日即可成功。"⑥或者说:"其学法画符,请神附体,一夜即成。"⑦然而,义和团的"神术"只是"小用效,大用则不效"⑧。每次出征,与敌人真枪实弹地交战,总是会有不少团民伤亡,对此一些义和团拳师不得不以"学而未成"为托词,强调久练才能"功候满足"⑨。此外,习练者还必须虔诚敬神,顶礼膜拜;只

---

① 袁昶:《乱中日记残稿》,中国新史学研究会主编:《义和团》(一),第346页。

② [日]佐原笃介、浙东沤隐同辑:《拳事杂记》,中国新史学研究会主编:《义和团》(一),第239页。

③ 李超琼:《庚子传信录》,中国社会科学院近代史研究所《近代史资料》编辑组编:《义和团史料》上册,北京:中国社会科学出版社,1982,第208页。

④ 吴永:《庚子西狩丛谈》,中国新史学研究会主编:《义和团》(三),第386页。

⑤ 艾生:《拳匪纪略》,中国新史学研究会主编:《义和团》(一),第460页。

⑥ [日]佐原笃介、浙东沤隐同辑:《拳事杂记》,中国新史学研究会主编:《义和团》(一),第238页。

⑦ 艾生:《拳匪纪略》,中国新史学研究会主编:《义和团》(一),第444页。

⑧ 艾生:《拳匪纪略》,中国新史学研究会主编:《义和团》(一),第460页。

⑨ 或谓:有神附体需三个月。管鹤:《拳匪闻见录》,中国新史学研究会主编:《义和团》(一),第470页;刀枪不入则需一百零三天。艾生:《拳匪纪略》,中国新史学研究会主编:《义和团》(一),第460页。

有心诚才能"上法"。再者,举凡烟火、酒肉、钱财、女色等,都是可能导致"神术"破败的忌物,习练者不能贪财、不能吃荤、不能近女色,更不许"抢藏人物"。①这些规定虽然具有浓厚的迷信色彩,但也在一定程度上规范了义和团的行为,使之成为"秋毫不犯"②正义之师,受到民众的好评和敬重。

同样,义和团作法者在焚烧教堂和教民房屋,向敌人发起进攻时,也往往会破绽百出、久攻不下。对于此类"神术"失灵的情形,义和团多以有人不信神佛或有"秽物"冲撞来解释。为维护"神术"的尊严,保障宣传的效果,义和团每逢采取重大举措都会下达坛谕,或者"令家家向东南叩头";或者"令各家烧香点灯,贴红纸条,不准睡";或者命"用红布写'义和团之神位'张之门首";或者"传令各家,将烟囱用红纸蒙严,不许动烟火,不许茹荤,三更时在院中向东南方上供馒头五个,凉水一碗,铜钱百文,行三拜九叩礼"④。甚至严禁妇女入市、立门外、下炕、梳头、缠脚,⑤要求各家将"粪桶倒置,插纸花于上"⑥。这些要求虽然近于荒唐,但目的非常明确,这就是号召民众行动起来,积极协助义和团辟邪灭洋。

(二)文本

相比于义和团的其他宣传媒体,书面形式的宣传品出现得比较晚,但遗留下来的却最多。文本所记述的大都是早就通过口头加以传播的东西,但因出现的时间较晚,并且经过多次加工、润色,文本所表达的思想更加系统和全面。文本的出现不仅反映了义和团运动从农村向城市的扩展,而且也反映了文人墨客越来越多的参与,由此也可看到义和团运动的发展和壮大。

据记载,1898年3月底直隶大名府考童生时,大刀会就趁机散发过揭帖。⑦1899年正定大佛寺会议后,山东冠县义和团首领阎书勤也炮制了一

---

① 参见袁昶:《乱中日记残稿》,中国新史学研究会主编:《义和团》(一),第346页。
② [日]佐原笃介、浙东沤隐同辑:《拳事杂记》,中国新史学研究会主编:《义和团》(一),第250页。
③ 仲芳氏:《庚子记事》,中国社会科学院近代史研究所编:《庚子记事》,第84、87、102、104页。
④ 刘孟扬:《天津拳匪变乱纪事》,中国新史学研究会主编:《义和团》(二),上海:神州国光社,1951,第11页。
⑤ 参看佚名:《天津一月记》,中国新史学研究会主编:《义和团》(二),第147页。
⑥ 管鹤:《拳匪闻见录》,中国新史学研究会主编:《义和团》(一),第475页。
⑦ 参看陈振江、程歗:《义和团文献辑注与研究》,天津:天津人民出版社,1985,第5页。

份白纸揭帖,并向周围各村散发,后来流传于顺直鲁晋等义和团运动高潮地区或中心地区。该揭帖名为《神助拳》,是一张专门为宣传而作的揭帖,先后出现了多个版本,成为义和团运动当中最著名、最为流行的书面宣传材料。①这一揭帖宣示了义和团运动爆发的原因、义和团运动的思想凭借、义和团运动的打击对象和斗争手段、义和团运动的目的和理想。可以说这一揭帖是义和团运动的纲领性文件,它在推动义和团运动的兴起和发展中所起的作用在当时是最大的。②

然而,更多的文本还是在义和团进入天津、北京等大城市后才出现的。据说,庚子二月,"天津通城贴有匿名揭帖,煽惑人民,杀害洋人。并定于三月初一日起事,攻打外国租界"③。差不多同一时间,北京城内也出现了大量义和团揭帖。"义和团匪潜来京师,凡遇教堂,则遍粘招贴,谓三月杪当与教堂为难云云。"④1900年5月21日,英国驻华公使窦纳乐在致外交大臣的报告中说:"义和团的武装部队已逐渐逼近北京。""在(北京的)通街大道惹人注目之处更是出现了许多排斥外国人的揭帖。"⑤

在这些文本中,义和团首先痛斥了西方基督教传教士的罪恶,谴责他们"在各地传邪教"⑥,"以外教邪术迷人"⑦,"不敬神佛忘祖先","男无伦,女行奸"。⑧或者说:"天主教并耶稣教堂,毁谤神圣,上欺中华君主,下压中

---

① 陈振江、程獻:《义和团文献辑注与研究》,第30—35页;张守常:《再说〈神助拳,义和团〉揭帖》,中国义和团研究会编,苏位智、刘天路主编:《义和团运动一百周年国际学术讨论会论文集》上册,济南:山东大学出版社,2002,第81—82页。

② 张守常:《再说〈神助拳,义和团〉揭帖》,中国义和团研究会编,苏位智、刘天路主编:《义和团运动一百周年国际学术讨论会论文集》上册,第81页。

③ [日]佐原笃介、浙东沤隐同辑:《拳乱纪闻》,中国新史学研究会主编:《义和团》(一),第108页。

④ [日]佐原笃介、浙东沤隐同辑:《拳乱纪闻》,中国新史学研究会主编:《义和团》(一),第111页。

⑤ 王崇武译:《英国档案馆所藏有关义和团运动的资料》,《近代史资料》1954年第2期;陈振江、程獻:《义和团文献辑注与研究》,第15页。

⑥ 《北京西城义和团揭帖(北京)》,陈振江、程獻:《义和团文献辑注与研究》,第14页。

⑦ 《马兰村坎字团晓谕(京郊宛平县)》,陈振江、程獻:《义和团文献辑注与研究》,第27页。

⑧ 张守常:《再说〈神助拳,义和团〉揭帖》,中国义和团研究会编,苏位智、刘天路主编:《义和团运动一百周年国际学术讨论会论文集》(上),第81页。

华黎民,神人共怒,人皆缄默。"①"邪教不敬神佛,不焚香,不遵佛法,欺压我大清太甚。"②义和团还把当时华北广大地区久旱不雨的自然灾害视为洋教亵渎神灵而招致老天降下的惩罚,指出:"天无雨,地焦干,全是教堂遮住天。"③"天主、耶稣教,欺神蔑圣,不遵佛法,怒恼天地,收起雨泽。"④

然而,义和团并不是只反对传教士,他们往往把所有洋人看作招致祸乱的罪魁。"混乱扰攘均由洋鬼子招来,彼等在各地传邪教、立电杆、造铁路,不信圣人之教,亵渎天神,其罪擢发难数。""今天不下雨,乃因洋鬼子捣乱所致。"⑤洋人的胡作非为搞得中国"国不泰而民不安,怒恼天庭"⑥,使"神也怒,仙也烦,一同下山把道传"⑦。

在许多文本中,义和团号召人们奋起反抗洋人"无法无天之行为"⑧,明确指出:只有"扫除外国洋人,像〈才〉有细雨"⑨,"扫平洋人,才有下雨之欺〈期〉"⑩,或者说"消灭洋鬼子之日,便是风调雨顺之时"⑪。

不仅如此,义和团还进一步把斗争矛头指向了本国统治集团中的洋务派和改革派,明确表示:"最恨合约(指不平等条约)一误,致皆党鬼殃

---

① 包士杰辑:《拳时上谕·杂录》,中国新史学研究会主编:《义和团》(四),上海:神州国光社,1958,第149页。

② 《关帝降坛谕之一(北京)》,陈振江、程歗:《义和团文献辑注与研究》,第107页。

③ 张守常:《再说〈神助拳,义和团〉揭帖》,中国义和团研究会编,苏位智、刘天路主编:《义和团运动一百周年国际学术讨论会论文集》(上),第82页。

④ 《增福财神李告白(北京)》,陈振江、程歗:《义和团文献辑注与研究》,第22页。

⑤ 《北京西城义和团揭帖(北京)》,陈振江、程歗:《义和团文献辑注与研究》,第14页。

⑥ 《马兰村坎字团晓谕(京郊宛平县)》,陈振江、程歗:《义和团文献辑注与研究》,第26页。

⑦ 张守常:《再说〈神助拳,义和团〉揭帖》,中国义和团研究会编,苏位智、刘天路主编:《义和团运动一百周年国际学术讨论会论文集》(上),第82页。

⑧ 《大刀会揭帖(直隶大名)》,陈振江、程歗:《义和团文献辑注与研究》,第5页。

⑨ 《增福财神李告白(北京)》,陈振江、程歗:《义和团文献辑注与研究》,第22页。

⑩ 《圣谕增福财神扎(天津)》,陈振江、程歗:《义和团文献辑注与研究》,第41页。

⑪ 《北京西城义和团揭帖(北京)》,陈振江、程歗:《义和团文献辑注与研究》,第14页。

民；上行下效兮,奸究〈宄〉道生。中原忍绝兮,羽翼洋人；趋炎附势兮,四畜同群。"①他们借用玉皇大帝之口吻,声称"上帝今有七怒:一怒庆王天主翁,二怒钦差袁奸雄,三怒助洋鸿章李,四怒将军裕不忠,五怒聂姓提督死的苦,死后还得流〈留〉骂名,六怒贼子通洋保国会,不久落头归阴城,七怒变〈遍〉地［人］死一多半,闰月秋时是大乱"②。

后来,在"后党"人士载漪等的煽动下,义和团甚至扬言要杀"一龙二虎三百羊",宣称"愿得一龙、二虎头"。③"一龙"是指光绪皇帝；"二虎"一为奕劻,一为李鸿章。此主张耸听一时,但并非整个义和团运动的口号。义和团揭帖中虽有"上帝降神兵,扶保真君主,挪位让真龙"等反清倾向,但更为普遍的宣传则是"洋鬼子,尽除完,大清一统靖江山"等扶清主张。④

义和团把自己的灭洋斗争说成是得到上天的支持、是符合甚至代表天意的。他们声称:"今上帝大怒,免去雨雪,降下八万神兵,教传义和团神会,特借人力,扶保中华,逐去外洋,扫除别邦鬼象之流"⑤或者说:"今以上天大帝垂恩,诸神下降,赴垣设立坛场,神传教习子弟,扶清灭洋,替天行道,出力于国家而安社稷,佑民于农夫而护林坊,否极泰来之兆也。"⑥义和团"非是邪,非白莲,独念咒语说真言。升黄表,敬香烟,请来各洞众神仙。神出洞,仙下山,附着人体把拳玩"⑦"凡义和团所在之地,都有天神暗中保护。"⑧

这显然是用宗教迷信来为自己进行辩护。不仅如此,他们还通过公

---

① 《刘伯温碑文之一(北京)》,陈振江、程歗:《义和团文献辑注与研究》,第80—81页。

② 《上帝有七怒》(天津),陈振江、程歗:《义和团文献辑注与研究》,第42页。

③ 参看王火选辑:《义和团杂记》,《近代史资料》1957年第1期,第17页。

④ 参看徐绪典:《义和团源流刍议》,齐鲁书社编辑部编:《义和团运动史讨论文集》,济南:齐鲁书社,1982,第107页。

⑤ 《玉皇示梦庆王奕劻之一(京津等地)》,陈振江、程歗:《义和团文献辑注与研究》,第18页。

⑥ 《马兰村坎字团晓谕(京郊宛平县)》,陈振江、程歗:《义和团文献辑注与研究》,第26页。

⑦ 张守常:《再说〈神助拳,义和团〉揭帖》,中国义和团研究会编,苏位智、刘天路主编:《义和团运动一百周年国际学术讨论会论文集》(上),第82页。

⑧ 《北京西城义和团揭帖(北京)》,陈振江、程歗:《义和团文献辑注与研究》,第14页。

布团规和法纪的方式,声称:"义和团,义者仁也,和者礼也。仁礼和睦乡党,道德为本,务农为业。"它"以公为公,按法办理,不准徇私为己。如有私情,神目如电,察示无私,轻罚重法,决不宽宥……遵依佛教,不准公报私仇,以贫〈富〉压贫,依强凌弱,以是为非"①。这就进一步强调了义和团组织的严肃性和正义性。

义和团还在许多文本中用神秘的话语,描绘了一个充满恐怖、灾异和动乱的年代,如"不久刀兵滚滚,军民有灾"②;"大劫临头,只在今秋,白骨重重,血水横流"③;"今年人死七分"④;"庚子年上刀兵起,十分大灾死七分"⑤;等等。这种"劫变"观念在社会上造成一种动荡不安的气氛,同时也就在一部分群众中造成一种紧张、惶恐和避祸趋福的心理。

世道大乱,只有入坛从善、齐心灭洋才能挽救劫难,这是义和团在众多文本中宣传的另一个重要思想。他们借玉皇大帝之口,"今告尔三界人士,必须万众一心,必须精练义和团拳术,然后才得熄天怒。凡义和拳一经练通,逢三二或九九,或逢九九及三三,便是妖魔遭劫之时"⑥。只有习拳入坛才能灭鬼子、消灾劫,"吾等俱练习义和神拳,保护中原,驱逐洋寇,截杀教民,以免生灵涂炭"⑦。"佛门义和团,上能保国,下能安民。"⑧

除此之外,义和团还广泛散发揭贴、告白、通告,号召平民百姓用请神咒、烧香、挂红灯、禁烟火、约束妇女出行等方式配合战斗或者消灾避劫。例如,在攻打西什库教堂时,直隶新城周姓义和团团民(时为北京西四牌楼砖塔胡同某坛口的大师兄)便张贴告示:"今为西什库洋楼无法可破,特

---

① 《马兰村坎字团晓谕(京郊宛平县)》,陈振江、程歗:《义和团文献辑注与研究》,第27页。
② 《增福财神李告白(北京)》,陈振江、程歗:《义和团文献辑注与研究》,第22页。
③ 《某仙师乩语之一(北京)》,陈振江、程歗:《义和团文献辑注与研究》,第97页。
④ 《关帝坛谕之二》,陈振江、程歗:《义和团文献辑注与研究》,第98页。
⑤ 《关帝坛谕之二》,陈振江、程歗:《义和团文献辑注与研究》,第101页。
⑥ 《北京西城义和团揭帖(北京)》,陈振江、程歗:《义和团文献辑注与研究》,第14页。
⑦ 《义和拳告白(北京)》,陈振江、程歗:《义和团文献辑注与研究》,第21—22页。
⑧ 《增福财神李告白(北京)》,陈振江、程歗:《义和团文献辑注与研究》,第22页。

请金刀圣母、梨山老母,每日发疏三次,大功即可告成。再者,每日家家夜晚挂红灯一个时辰。京城内可遍为传晓。"①

顺天府属各州县义和团进京后也散发揭帖:"洋鬼子治〈制〉造纸人、纸马,害中国庶民。仙传叫各家每坟头上插香一柱,由十二至十四晚章烧香三夜。"又"传得洋鬼子摆下镇物,着弟子传于各处,叫妇女不许出门,由十四至二十紧忌如六日"②。

阴历六月二十二日(1900年7月18日),义和团坛内又传出山东总团乩语一张,声称:"洪钧老祖降坛云:年年有七月七日,牛郎会亲之日。众民传到此日之夜,家中老少,不论男女,全要用红布包头,灯烛不止,向东南方三遍上香叩首,一夜不须安眠。如若不为者,牛郎神仙能降坛,亦不能救众民之难。传到十五日亦为此。自八月初一日,众民不须饮酒,如若饮酒,一家老少必受洋人之害。九月初一日、初九日为日之首,初九日为重阳之日,必将洋人剪草除根。众民不须动烟火,如若不遵者,闭不住洋人之火炮。至十五日,众神仙归洞。此三〈四〉日:七月初七日、十五日至九月初一日、初九日,不须动烟火。"③

而为避免洋人在井中下毒,义和团要求民众"昼夜不准动烟火,吃饭渴〈喝〉千万忌此三日。洋人下三日毒药无可治"云云。④此外,针对传教士和教民在居民家门上抹药、在井中下毒害人等传言,义和团在不少揭帖的篇末开列了由乌梅、杜仲、毛草等草药配成的解毒药方。

为尽可能迅速、广泛地传播各种文本,义和团还利用人们的迷信和恐惧心理,积极推行"待人自传"文本传播方法。他们在许多揭帖末尾附有"见字速传一张,免一家之灾;传十张,免一村之灾";"传一张能免一家之灾,传十张免一方之灾"或"传三张,免一家之灾;传十张,免此方四邻之灾"等鼓励、诱惑文字,或"如见不传,必受刀头之罪";"见而不传,性命难保";"谁要不传,刀砍嘴子"等威胁、恐吓文字。⑤其用意就是用免祸祈福作

---

① 《新城义和团通告(北京)》,陈振江、程歗:《义和团文献辑注与研究》,第24页。
② 《义和团五月十一晚上坛(北京)》,陈振江、程歗:《义和团文献辑注与研究》,第109页。
③ 《洪钧老祖降坛谕之一(北京)》,陈振江、程歗:《义和团文献辑注与研究》,第112页。
④ 王火选辑:《义和团杂记》,《近代史资料》1957年第1期,第10页。
⑤ 陈振江、程歗:《义和团文献辑注与研究》,第108、112页。

为一种社会和团体的压力,迫使人们接受和"顺从"。

三、介于信与不信之间的社会反应

世人记述说,对于义和团的宣传,"愚民皆深信之"①,以至于"一人倡之,众人和之,举国若狂"②。义和团宣传的"神术""法力"更是一唱百和,不胫而走,众人"信而奉之,倩为御侮计"③。不仅"乡人无不乐从"④,京城民众也"信从甚挚"⑤。"官无论大小,民无论男妇,大概信者十之八,不信者十之二。"⑥

这些说法不能说完全不对,但很笼统,不足以说明社会各界对义和团宣传的复杂多样的心理,而且此种观点至今仍多被沿用,很少有人对它进行反思。

实际上,义和团宣传刚一出现就遭到了一些人的仇视和反对。

例如,吴桥知县劳乃宣就认为"义和拳一门,乃白莲教的支流……其为邪教,形迹显然",并向朝廷献策说:"将其实系邪教,久奉明禁缘由,显为揭破,严切禁止,如有犯者,必定执法严惩,决不由事调停,稍加姑息。"⑦

1899年出任山东巡抚的袁世凯也视义和团为土匪,坚决主张镇压。甫一上任,他就"试拳匪妖术,不验,斩之以徇",然后出示晓谕,严令禁止,并派遣官兵到处追踪、逮捕和惩罚义和团首领。⑧

而在以慈禧太后为首的清廷实权派对义和团实行"主抚"政策并准备对八国联军宣战时,总理衙门大臣袁昶和吏部侍郎许景澄甚至甘冒性命危险誓死相谏。他们在庚子五月二十二日联名上奏《请亟图补救之法以

---

① [日]佐原笃介、浙东沤隐同辑:《拳事杂记》,《中国近代史资料丛刊》编委会编:《义和团》(一),第241页。

② 鹿完天:《庚子北京事变纪略》,中国新史学研究会主编:《义和团》(二),第434页。

③ 管鹤:《拳匪闻见录》,中国新史学研究会主编:《义和团》(一),第467页。

④ 袁昶:《乱中日记残稿》,中国新史学研究会主编:《义和团》(一),第347页。

⑤ [日]佐原笃介、浙东沤隐同辑:《拳事杂记》,中国史学研究会主编:《义和团》(一),第240页。

⑥ 刘孟扬:《天津拳匪变乱纪事》,中国新史学研究会主编:《义和团》(二),第7页。

⑦ 劳乃宣:《义和拳教门源流考》,中国新史学研究会主编:《义和团》(四),第438、439页。

⑧ 参看柴萼:《庚辛纪事》,中国新史学研究会主编:《义和团》(一),第303页。

弭巨患疏》，反复强调义和团"实系白莲教余孽"，其"妖术全不可信"，"而其匪首广树党羽，久蓄逆谋，妄称明裔煽乱，其为邪教乱民，实已明白昭著"。①

封疆大吏张之洞、刘坤一、李鸿章等也视义和团为"会匪"，坚决主张镇压。义和团焚毁芦保铁路后，张之洞致电朝廷：义和团"借闹教而作乱，专为国家挑衅"，"实系会匪，断非良民"，"按律亦当格杀勿论，应准官军开枪轰击"。②稍后，刘坤一会同张之洞电请朝廷"明降谕旨，定计主剿"③。李鸿章也向朝廷指出："非自清内匪，事无转机"，要求慈禧"宸衷独断，先定内乱，再弭外侮。"④

文人学士当中，坚决反对义和团的则有管鹤、恽毓鼎、刘孟扬、鹿完天等人。管鹤记述道："拳匪自谓刀剑不入者，能于大众试之。用利刀自砍数十起落，无毫发伤，众皆咋舌称羡。不知此系运用气力，江湖卖艺技者多能之，无足为奇。且刀砍不入者，割之则入，刺之亦入，况无烟火药钢皮子弹耶。"⑤其他人也指出义和团"挟其邪术，煽惑愚民，其说极为不经"⑥，"凡所云率荒诞可笑"⑦，或者说"上法焚表，闭枪炮，钝刀剑，妖言惑众"⑧。

在舆论界，《申报》《国闻报》《同文沪报》《中外日报》等影响较大的报刊也都是鄙视和仇恨义和团的。《国闻报》即言："如义和团之不学无术，而竟此行彼效，以为神奇，莫是过焉，亦可怪已。其所谓神奇者，咒语也……夫咒语亦多矣，其怪诞至不可解读则有之，而夹杂不通，粗浅可鄙，似咒非咒……实令人掩耳捧腹之不暇，而况信乎？并闻其传此咒也曰，最易成就

---

① 袁昶和许景澄：《请亟图补救之法以弭巨患疏》，杨家骆主编：《义和团文献汇编》(四)，台北：鼎文书局，1973，第159页。
② 故宫博物院明清档案部编：《义和团档案史料》上册，第112页。
③ 金家瑞、林树惠辑：《有关"东南互保"资料》，中国新史学研究会主编：《义和团》(三)，第327页。
④ 顾廷龙、叶亚廉主编：《李鸿章全集(三)·电稿三》，上海：上海人民出版社，1987，第936页。
⑤ 管鹤：《拳匪闻见录》，中国新史学研究会主编：《义和团》(一)，第490页。
⑥ 恽毓鼎：《庚子日记》，中国社会科学院近代史研究所编：《庚子记事》，第48页。
⑦ 刘福姚：《庚子纪闻》，中国社会科学院近代史研究所《近代史资料》编辑组编：《义和团史料》(上)，第222—223页。
⑧ 鹿完天：《庚子北京事变纪略》，中国新史学研究会主编：《义和团》(二)，第434页。

者童男女,先画地作圈,令其作三揖毕,闭目僵立,授者提耳念念有词,未几仆,仆尔起,则任意挥拳,无可名目,不仆摈弃不教,授之之法尽如此。日久自精熟,造于极境,至刀火不能伤。谲哉!创此法之人也,将以愚天下人,而杀天下人也。"①

这些人之所以排斥和否定义和团宣传、反对义和团运动,自然是与仇视农民革命的政治态度有密切联系,但还有一点,那就是义和团的宣传验而不灵。袁昶和许景澄在庚子六月中旬联名上奏的《请速谋保护使馆维持大局疏》中指出:"当匪徒初攻使馆时,莫不谓旦夕便可铲除,董福祥且屡以使馆尽毁告矣,今已二十余日,洋兵死者寥寥,而匪徒骸骼,遍于东交民巷口,平日妖言惑众,自诩能避枪炮之术,而今安在。夫以数万匪徒,攻四百余洋兵所守之使馆,至二十余日之久,犹未能破,则其伎俩亦可概见。"②

江西道监察御史郑炳麟也上奏痛陈义和团不足恃:"天下事得诸耳闻,不若得诸目睹者之尤足凭。臣寓东单牌楼二条胡同,与帅府相近,庙内有义和团四五十人练习刀棍;月之十六日午刻,实来洋兵,将义和团杀毙无遗,此其未可深恃者一也。义和团专与教民为仇,城内焚毁教民房屋,延及平民者不少,前门外大栅栏一带焚烧铺户三千余家,市廛林立,尽成焦土,其仇岂独在奉教之人乎?此其未可深恃者二也。月之二十一日,臣早间出城,行至天桥,实来义和团五六十人,头缠红布,腰系红带,手执刀棍,半皆无识童子,无知乡愚,观之几同儿戏,奚足御敌;此其未可深恃者三也。义和团专假神符之力,煽惑人心,岂无一二久炼者,能闭枪炮刀矛之属,然必俟神皆附体,始悍然不顾,若神去其体,则瞑然罔觉,军情瞬息万变,此其未可深恃者四也。我朝严禁邪教,嘉庆年间,天理八卦教几至酿成大祸,幸将匪首林清拿获,永绝根株。此次义和团分坎卦乾卦等字,安知非八卦教之余孽?且有邪术,即有破法,邪不侵正,破之最易;此其未可深恃者五也。约举五端,可知大略。"③

实际上,最不相信义和团神术的恐怕还是故意制造虚假宣传的人。

---

① 王其榘辑:《有关义和团舆论》,杨家骆主编:《义和团文献汇编》(四),第174—175页。
② 袁昶、许景澄:《请速谋保护使馆维持大局疏》,杨家骆主编:《义和团文献汇编》,第163页。
③ [日]佐原笃介、浙东沤隐同辑:《拳事杂记》,中国新史学研究会主编:《义和团》(一),第296—297页。

他们自己很清楚,要真正学会坐功运气,练成"刀枪不入",并非一朝一夕之事,但为了宣传和影响群众又不得不采取弄虚作假、欺人耳目的手段。例如,在向观众展示其"刀枪不入"的神术时,先把棉花籽偷偷地装进枪里,再让人往自己身体上射击。用棉花籽当然打不进肉里去。①而在宣传"关帝显灵"时,则预先把一块冰偷放在关帝塑像的头上,等到天热冰化水湿札巾后,就宣扬关帝出汗了。再把猪血涂在关帝所持青龙偃月刀上,宣扬关帝帮助杀贼了,于是"烧香人络绎不绝"。②凡此种种作弊手法绝不在少数,始作俑者自然心知肚明,只是不能讲而已。他们似乎可谓"众人皆醉我独醒"的"智者",并且与前述一类排斥义和团宣传者的政治立场截然不同,他们实际上是以指虚为实、假戏真做的虚假宣传作为斗争策略。

然而,我们也不能因此便得出结论,即义和团的宣传根本没有被真正相信过。恰恰相反,坚定不移地信奉义和团宣传者大有人在。这一点既可以从一些义和团民虔诚敬神行为,也可以从其勇敢作战、不怕牺牲的大无畏精神中明显看出。

时人记述道:"其在坛中,以敬神为主,晨起入坛,须向神叩首,演习者须向神叩首,出巡须向神叩首,归坛须向神叩首。一饮一食,皆须向神叩首,晚亦如之。其叩首以多为贵,以响为要。其有坛为砖地,每一叩首,隆隆之声,震于远迩。"③这种虔敬态度不能不说是真诚信仰的自然流露。

而在攻打森罗殿时,"他们也没个心眼,光着膀子硬给人家拼,为了抢东西,不怕死,那些冒失青年孩子更硬,要不还死不了那么些的。他们叫官兵打死很多,横竖像谷个子一样,一个一个在那里。义和团死了有1200人,死有一半"④尽管说是为了抢东西才不怕死的,也不能排除对"刀枪不入"宣传的真正相信。时人评论说:"拳民死于教,死于兵,死于法,无不视死如归。"⑤

---

① 参看1965年12月24日临邑县宿安公社张家林村张维田、张文治口述,路遥主编,苏位智、陆景琪、刘天路副主编:《山东大学义和团调查资料汇编》下册,第1093—1094页。

② 参看杜某:《庚子日记》,中国社会科学院近代史研究所《近代史资料》编辑组编:《义和团史料》(下),北京:中国社会科学出版社,1982,第565页。

③ [日]佐原笃介、浙东沤隐同辑:《拳事杂记》,中国新史学研究会主编:《义和团》(一),第270页。

④ 1960年2月12日炉坊公社大芝坊村任于口口述,参看路遥主编,苏位智、陆景琪、刘天路副主编:《山东大学义和团调查资料汇编》下册,第974页。

⑤ 艾声:《拳匪纪略》,中国新史学研究会主编:《义和团》(一),第447页。

更可悲的是,有人因为自信刀枪不入,竟敢以身试之。有位叫王锡彤的地方官记录了这样一件事:"有滑县人投局求见,自云能避枪炮。余告岑观察曰:'此义和拳来试探也,试以快枪击之。'观察曰:'甚善。'明日集官绅于局,传亲兵擎快枪,呼作法者来。曰:'汝能避枪炮乎?'嗷叫曰:'能。'曰:'能,将试尔何如?'因袒其胸口,念念有词。亲军二人瞄准击之,呼訇一声,作法人倒地死矣。"①

对于这些铁杆信仰者来说,即使法术失灵,他们也不会轻易放弃信仰,不会疑法术本身的功效,而更多地是认为自己练习得不够"精熟",或者指责敌人用"镇物"进行破坏。

据平原县令蒋楷记述:张泽、魏奉宣等义和团民"自谓刀剑不能伤,枪炮不能入。试之有断臂者,洞胸者,然以为其术之不精也,练如故"②。

这种思想看似蒙昧、无知、非理性,但在中国传统文化和民间宗教中却根深蒂固,它们对塑造义和团神术的崇拜和信仰者自然发挥了重要作用。更何况在当时国家民族危机日益严重、平民百姓遭受洋人和教民欺压日甚一日的特殊环境下,一心期望扶清灭洋但又别无所恃的人,很有可能会对义和团宣传产生原教旨主义的迷恋。

除了这些"上智"心目中的所谓"愚民",还有一些王公贵族、高官显宦也对义和团的神术笃信不疑。

协办大学士刚毅、端郡王载漪、承恩公崇绮、大学士徐桐、礼部尚书启秀、庄王载勋、直隶总督裕禄和原山东巡抚毓贤等人,在目睹义和团的"神术"之后,都"交口"称赞。③他们"极言团民义勇可恃"④,盛赞义和团忠勇可恃,认为"义民可恃,其术甚神,可以报雪仇耻"⑤,"可恃一战"⑥。徐桐"平日以讲章为学问,以制艺为词章,晚年学道,惟日乎太上感应篇,以此坐煽

---

① 王锡彤:《河塑前尘(选录)》,中国社会科学院近代史研究所《近代史资料》编辑组编:《义和团史料》(上),第421页。

② 蒋楷:《平原拳匪纪事》,中国新史学研究会主编:《义和团》(一),第354页。

③ 参看佚名:《综论义和团》,中国社会科学院近代史研究所《近代史资料》编辑组编:《义和团史料》(上),第159页。

④ 杨典诰:《庚子大事记》,中国社会科学院近代史研究所编:《庚子记事》,第80页。

⑤ 李希圣:《庚子国变记》,中国新史学研究会主编:《义和团》(一),第13页。

⑥ 刘孟扬:《天津拳匪变乱纪事》,中国新史学研究会主编:《义和团》(二),第20页。

庸人,猎致时誉,拳匪既起,以太上老君等说,与其素旨相合,则誉之不去口。朝议时,竭力护匪,谓一举铲夷,实为数千年来第一快事"。他还赠大师兄一联,云:"创千古未有奇闻,非左非邪,攻异端而正人心,忠孝节义,只此精神未泯;为斯世少留佳话,一惊一喜,仗神威以寒夷胆,农工商贾,于今怨愤能消。"①

正是在这种有恃无恐的心理驱使下,他们极力排斥异己,鼓动慈禧太后对八国联军宣战,最终导致了中国与东西方列强同时作战的局面。

然而,无论坚信不疑者还是绝对不信或坚决反对者,都属于少数,绝大多数的人则是将信将疑、半信半疑。而这些人恰恰是义和团宣传所要影响和可能争取到的主要对象。

义和团所到之处都发布告示,争取人们参加义和团,与敌人进行斗争,至少要求他们协助配合义和团的战斗。虽然对义和团宣传"未知真伪",但出于各种各样的动机,不少人,特别是那些平日受洋人和教民压迫深重的农民,积极响应,参加了义和团。而更多的人,即使未亲自参加,在执行义和团的命令方面也丝毫不敢怠慢。

如杜某某日得一传单,上书咒语"乌嘛希,祖哆布祖拉",并要求得到咒语的人"闭气枪,行走念,不许出声"。他虽然心怀疑虑,但在巧月朔日,因义和团讲吃素"能避火炮",他也吃素,并且在日记中写道:"此日京中多半吃素。"②

从杜某的记述中可以看出,尽管人们不能断定义和团宣传的真伪,但还是不敢不遵、不敢不从。于是,"街上小儿带琐,红穗;男子用红辫绳;妇女髻上用红布";"骡马拴红布条"。③而当"义和团民传知各户,每晚门首各点红灯一个,以助神道灭洋之举"时,"大街小巷,夜间如火龙"。④

这些人的行为可谓社会心理学中的"从众行为"。从众行为就是在某种社会压力下,个人盲目地接受外界的影响,采取与大多数人一致的行动,大体上有点类似"随大流"。但从众并非意味着个人完全丧失主见,实际上这是在半信半疑的情况下所能采取的唯一的消极防御措施。

---

① 柴萼:《庚辛纪事》,中国新史学研究会主编:《义和团》(一),第313—314页。

② 杜某:《庚子日记》,中国社会科学院近代史研究所《近代史资料》编辑组编:《义和团史料》(下),第566页。

③ 杜某:《庚子日记》,中国社会科学院近代史研究所《近代史资料》编辑组编:《义和团史料》(下),第565—566页。

④ 杨典诰:《庚子大事记》,中国社会科学院近代史研究所编:《庚子记事》,第12页。

但与铁杆信仰者不同,他们期望义和团的宣传能通过实践得到验证,一旦验证不了或者遭遇挫折就会彻底失望,不复拥护,甚至树倒猢狲散。

杜某后来发现,"近来董军受伤者甚众,义和团被伤更多,不如从先英勇"。到七月十一日,"闻回兵进京,义和团被伤阵亡一百四名,散者更多,西河沿所存无几"。七月十六日,"洋人在都城埋地雷。义和团不能披法,十去其九";七月二十一日,"义和团大败,包头、带子抛弃满地。旗兵死伤无数"。①

还有目击者说:"殆至联军入都,犹是炮也,炮则毙命矣;犹是刀也,刀则入肉矣。前此之狐假虎威,焚表上法,避枪避炮者,今则抱头鼠窜矣。"②

作为清廷最高决策人物的慈禧太后最初并不信任义和团,她主要是在端郡王载漪等王公贵族和李莲英的影响下,出于谋略而对义和团采取支持态度的。她在向各省督抚解释"宣战"之由来时明确说道:"此次义和团民之起,数月之间,京城蔓延已遍,其众不下十数万,自兵民以至王公府第,处处皆是,同声与洋教为仇,势不两立。剿之,则即刻祸起肘腋,生灵涂炭。只可因而用之,徐图挽救。奏称信其邪术以保国,亦不谅朝廷万不得已之苦衷矣。"③

正因为慈禧太后战志不定,围攻使馆长达两个多月未果。当时外人躲藏的使馆和北堂,共有473名外国平民(其中男子245名,女子149名,儿童79名),外国卫兵451名,还有数千名中国教民。④它们虽然拥有比较精良的枪炮和坚厚的掩体,但与人数众多的武卫军、虎神营、神机营以及义和团众相比,毕竟太弱了。然而,由于慈禧太后密令荣禄等"暗中救全",所以使馆虽被长期围攻却最终得以保全。

综上所述,不难发现,义和团运动的组织者和领导人在宣传鼓动方面的确煞费苦心,绞尽脑汁。通过使用来自宗教仪式、武术、小说戏曲、野史演义以及深受普通民众欢迎的神话故事的素材,他们创制了口头的、器物的、形体的和文字的宣传媒介,狂热地传播源于民间宗教诸神的"刀枪不

---

① 杜某:《庚子日记》,中国社会科学院近代史研究所《近代史资料》编辑组编:《义和团史料》(下),第566—568页。

② 鹿完天:《庚子北京事变纪略》,中国新史学研究会主编:《义和团》(二),第434页。

③ 故宫博物院明清档案部编:《义和团档案史料》上册,第187页。

④ 参看[美]马士:《中华帝国对外关系史》第3卷,张汇文等译,北京:商务印书馆,1960,第240页。

入""以细索坠百斤之石""以飞刀放丈外之火"的法术,旨在动员社会各界加入或支持义和团,抵御"邪教"——基督教,灭绝"洋人"——西方人,捍卫清王朝。更有甚者,随着义和团运动从农村地区扩展到城市,义和团的宣传方式也发生了显著变化,不仅启事、告白、团规、戒条等文字书写的宣传品大量增加,而且武术演练也越来越具表演性,言辞更变得越来越华丽、神秘、深奥。然而,各种各样的宣传并没有超越传统框架。它们在农村有着巨大的影响力,却没有为城市居民普遍接受。从宣传的内容看,最为打动人心的是义和团"扶清灭洋"的宣言。至于义和团所宣扬的"神力"和"法术",大多数民众心怀疑虑,等待证明。在运动的早期阶段,普通民众特别是经常与西方传教士和中国教徒发生冲突的乡村居民尚能积极踊跃地投奔"神将"的麾下,"入坛从善、齐心灭洋"。但当义和团宣传的法术无法验证或者遭遇挫折,那些原本为义和团宣传主要争取对象的半信半疑者立即就丧失信心,不复拥护,一哄而散。

由此可见,义和团的宣传鼓动虽然可以在一定时期内产生巨大影响,但其凝聚力是十分脆弱的。一旦神奇的预言没有兑现,无边的法力露出破绽,人们就会动摇,甚至会走向反面。义和团的迅速崛起和旋即失败在很大程度上也是其充满宗教迷信的落后宣传媒体的必然结果。

演绎文本:1900年夏天围困北京的剧本
——1857年印度"兵变"

伊内斯·拉克尼茨(Ines Eben von Racknitz)
孔正滔(Thoralf Klein)

  除了军事远征之外,有几种情况影响了被围困平民的境况。其中最重要的情况之一就是在持续的危险威胁之下,人们的心态降低至极端消极,这对于那些并不积极参与战斗的平民来说尤为突出。人们根本不知道这种状况会在何时结束、如何结束,也不清楚围困会和平解决还是以失败告终,更不了解失败会带来怎样的结果。由于许多人都在猜测事件的未来走向与个人命运,因而日常生活的正常节奏被打断。维持秩序以及为男人、女人和儿童获取食物和健康保护成为主要关注的问题,使人们不再考虑死亡和屠杀的令人不快的想法,这些活动在紧张情况下占据了大部分时间。然而,同样重要的是,必须在围困中保持公众士气(public morale)。这里的"公众士气"指的是赋予明显无望的情况以意义,这可以通过确定适当的先例和参考框架来实现。

  1900年6月21日至8月14日的"北京55天"也是如此。当时清军在非正规武装义和团的支持下围攻位于首都北京的外国使馆区。在围困期间,来自不同国家的几百名西方人——工程师、传教士、使馆人员,其中包括149名妇女和79名儿童——全都聚集在使馆区。随着8月14日使馆区被解除围困,大量关于围困亲历者的日记、报告和记录问世。①

  伯特伦·伦诺克斯·辛普森(Bertram Lennox Simpson,1877—1930),笔名是朴笛南姆威尔(B. L. Putnam Weale),是中国海关的年轻官员,他

---

① 相关外文参考文献和出版物,参看狄德满:《外文论著目录》,苏位智、刘天路编:《义和团研究一百年》,济南:齐鲁书社,2000,第623—775页。

关于围困的回忆录表明此次动乱很像"印度兵变"(Indian Mutiny)。①正如克瑞斯·贝里(Chris Bayly)所揭示的,使馆区内外的英国人在理解义和团战争(Boxer War)时将其置于先前动荡的背景下,视作大英帝国历史的新篇章,并且很快就把它和1857年印度起义(Indian Uprising)相提并论。②然而,有必要指出,这样一种理解并不是一种后见之明。在被围困期间,使馆区的英国围困者利用"兵变"(Mutiny)作为脚本(script)来理解他们的困境。如此一来,一些美国人也加入了他们。尽管他们在中国的利益和政策上存在分歧,英国人和美国人还是倾向于把他们视作一体,都是盎格鲁-撒克逊人——这是关于义和团战争的回忆录、期刊和图书的主题。一名亲历者——美国社会名流玛丽·胡克·史密斯(Mary Hooker née Condit Smith, 1876—1918)——声称:"英国人和美国人[在北京]几乎就是一个民族。"③这种团结使他们远离"欧洲大陆的人",这些大陆人普遍被

---

① 参看朴笛南姆威尔:《庚子使馆被围记》,纽约:多德与米德出版社,1910(B. L. Putnam Weale [=pseudonym of Bertram Lennox Simpson], *Indiscreet Letters from Peking*, New York: Dodd, Mead and Company, 1910),第370页。关于此书最新的批评,参看杰奎琳·杨:《重写义和团运动:朴笛南姆威尔、白克浩司、梅义升的想象力创造》,《维多利亚通讯》2008年第114期(Jacqueline Young, "Rewriting the Boxer Rebellion: The Imaginative Creations of Putnam Weale", *Victorian Newsletter* 114, 2008),第7—28页。杨对朴笛南姆威尔所谓"目击者报告"的真实性提出怀疑,对于本文来说,这一点是次要的。

② 参看C. A. 贝里:《义和团运动与印度:全球化的迷思》,毕可思、狄德满编:《义和团·中国与世界》,拉纳姆:罗曼和利特菲尔德出版社,2009(C. A. Bayly, "The Boxer Uprising and India. Globalizing Myths", in *The Boxers, China, and the World*, eds. by Robert Bickers and R. G. Tiedemann, Lanham, M.D.: Rowman and Littlefield, 2007),第147—155页。亦可参见阿斯特莉特·埃尔:《通过时间、空间与文化来记忆:预设、修正与印度士兵大起义》,阿斯特莉特·埃尔、安·里格尼编:《调整、修正与文化记忆的动力》,柏林:德古意特出版社,2009(Astrid Erll, "Remembering across Time, Space, and Cultures: Premediation, Remediation and the 'Indian Mutiny'", in *Mediation, Remediation, and the Dynamics of Cultural Memory*, eds. by Astrid Erll and Ann Rigney, Berlin: de Gruyter, 2009),第110页。

③ 玛丽·胡克:《幕后的北京》,伦敦:约翰·莫里出版社,1911(Mary Hooker, *Behind the Scenes in Peking*, London: John Murray, 1911),第96页。在该书中,玛丽经常提及自己的昵称"波莉"(Polly),并结合她的娘家姓氏。1901年2月,她嫁给了理查德·斯图尔特·胡克(Richard Stewart Hooker)。

认为酗酒、无能而胆小怕事。①

因此，在义和团战争期间，印度起义发挥了"期待视阈"（horizon of expectation）的作用，此处借用了莱因哈特·科泽勒克（Reinhart Koselleck）的术语。正如科泽勒克所说："可以预期到人们会在将来重复并确认自己的经历。"②考虑到这一点，本文使用的"脚本"这一术语具有双重含义：一方面，它指的是文本中的实际文字，是真实的历史或亲历者的叙述、戏剧或诗歌，因此是一种媒体——传播、储存人类的经验和想象力；另一方面，应该通过隐喻来理解，它揭示了过去事件是如何通过提供可能的结果来帮助理解当前发生的事情。内置于可能场景中的过去事件提供了榜样（role models）以及这些榜样似乎暗示了规定的行动方式。在使馆被围困期间，问题是大英帝国的臣民，或更广泛地说一个具有盎格鲁－撒克逊血统的人，应该如何面对不利的环境。在被围困的北京，英国人（以及美国人）的"公众士气"能从"兵变"中学习到什么呢？依靠过去的经验，什么样的行为符合盎格鲁－撒克逊白人？正如我们所看到的，令这些问题变得尤为重要的原因中，有两个（并非一个）结果截然相反的历史先例。

通过研究1900年夏天围困北京期间媒体对兵变的引用，我们将会说明阿斯特莉特·埃尔（Astrid Erll）所称的"预设"（premediation）与"修正"（remediation）的过程。埃尔使用的这些术语指的是，一方面，已有的媒介可以为理解当下的经历提供模范；另一方面，已有的故事也在不断地被改写与重述。③但是，埃尔的研究聚焦于一个特定的事件（巧合的是只限于

---

① 参看戴安娜·普雷斯顿：《围困北京：义和团运动的故事》，伦敦：康斯特布尔出版社，1999(Diana Preston, *Besieged in Peking: The Story of the Boxer Rebellion*, London: Constable, 1999)，第4页。

② 莱因哈特·科泽勒克：《未来与过去：论历史时间的语义学》，基斯·特赖布译，纽约：哥伦比亚大学出版社，2005(Reinhart Koselleck, *Futures Past: On the Semantics of Historical Time*, trans. by Keith Tribe, New York: Columbia University Press, 2005)，第261页。关于媒体事件中"期待视野"的重要意义，参看孔正滔：《媒体事件与传教期刊：以义和团战争为个案》，《教会历史》2013年第82卷第2期(Thoralf Klein, "Media Events and Missionary Periodicals: The Case of the Boxer War", *Church History* 82, no.2, 2013)，第400、402页。

③ 参看阿斯特莉特·埃尔：《通过时间、空间与文化来记忆：预设、修正与印度士兵大起义》，第111页。这可以视作其早期著作的英文概要，原书名为《预设—修正：殖民与后殖民时代对印度起义的展现（从1857年至今）》，特里尔：科学出版社，2005 [*Prämediation-Remediation: Repräsentationen des indischen Aufstands in kolonialen und post-kolonialen Medienkulturen (von 1857 bis zur Gegenwart)*, Trier: Wissenschaftlicher Verlag, 2005]。

"印度兵变"本身),我们的研究将会关注于"兵变"这一事件是如何通过媒体传播和行动再现进入另一个事件,即围困北京使馆区。

与受困于北京使馆区的人们一样,外部观察家在报刊的相关文章中同样以印度做类比。① 然而,本文的关注点在于受困者,主要原因有两个:第一,被困人员的日记与回忆录有助于深刻理解直接卷入事件的参与者是如何利用"兵变"来理解他们周围所发生的事情的。第二,也是更重要的是,这些言论通常很简洁但缺乏精确性,这使得它们仅仅是简单的事实记录;但是它们确实记录了关于印度起义的记忆是通过一定的媒介渠道传播的,展现了这些媒体是如何在被围困期间被获取、阅读以及演绎的。而新闻报道通常不会强调这些传播渠道。本文所依赖的一些亲历者记录的出版带有后见之明,因此必须将其视为另一种媒体折射(media refraction);通常很难分辨出他们在多大程度上对其原始记录做了修饰。然而,从同时期的记录中可以找到足够的证据来证明它们通常是真实的。

记忆"兵变"

毫无疑问,对维多利亚时代的移民来说,1857年印度"兵变"是一次集体性的惨痛经历,在各种媒体的无数次重述下,兵变又复活了。同时,它也为英国帝国主义在19世纪八九十年代(即1900年中国事件的前期)的扩张奠定了基础,它通常是一个净化的版本(cleansed version),令人毛骨悚然、反感不悦的内容被删除。② 这场叛乱(rebellion)——绝大多数的印度军队与印度百姓参与其中——传播到英国社会后掀起了惊涛骇浪,原因有很多。英国人不仅惊讶于爱好和平并愿意按照欧洲模式进行改变的

---

① 关于外部观察家描述"兵变"的分析,参看《帝国主义的不安全感:1900年夏天围困北京及西方媒体对其的报道》("Insecurities of Imperialism: The Siege of Peking and its Aftermath in the 'Western' Press, Summer 1900"),《无助的帝国主义:帝国的失败、激进化与暴力》,弗莱堡,2010年1月14—16日(*Helpless Imperialists: Imperial Failure, Radicalization, and Violence*, Freiburg, Germany, 14 to 16 January 2010),第95—97页。

② 克里斯托弗·赫伯特:《无情的战争:印度兵变与维多利亚创伤》,普林斯顿:普林斯顿大学出版社,2008(Christopher Herbert, *War of no Pity: The Indian Mutiny and Victorian Trauma*, Princeton, N.J.: Princeton University Press, 2008),第53—57页。

民族竟然会造反(insurrection)，还因为帝国臣民的忘恩负义和背叛而感到愤怒。起义被残酷镇压后，舆论转向强调英国人和印度人之间的文化差异，而不是像1857年前那样讨论印度人的可教育性。①就像1900年中国的战争被称为"义和团叛乱"(Boxer Rebellion)——对谁的反叛则一直受到人们的疑问，印度起义被重新命名为"兵变"，有着一种强烈的道义谴责的意味。一方面，印度人反抗其殖民宗主国可以被视作英国统治在道义和实践上的双重失败；另一方面，人们普遍认为对不利情况的掌控可以展现真正的英国人性格(British character)。②以上两个方面促成了第三点：因为习以为常的殖民关系在短时间内被颠覆，人们在种族和性别幻想中发现了印度叛乱分子的残虐淫暴、白人妇女儿童在危难中的坚贞勇敢。女性及其身体日渐成为殖民计划与种族秩序中日益重要的标志。③

　　这些普遍的考虑无疑激发了受困于北京的英国人(和其他盎格鲁—撒克逊人)的想象。然而，更重要的是，"兵变"由一系列能够引起直接类比的剧烈围攻组成；从帝国历史的这些标志性事件中，使馆区的守卫者可以吸取教训来应对眼下的困境。当然，英国人在1857年对德里的围攻、对莫卧儿王朝及其末代皇帝的毁灭，不能轻易地被作为类比对象，因为这些展现了"正常的"(normal)帝国状态——白种欧洲人发动进攻而印度人

---

① 托马斯·R.梅特卡夫：《印度统治者的意识形态》，剑桥：剑桥大学出版社，1994(Thomas R. Metcalf, *Ideologies of the Raj*, Cambridge：Cambridge University Press, 1994)，第43—52页；珍妮·夏普：《帝国寓言：殖民文本中的女性形象》，明尼波阿利斯：明尼苏达大学出版社，1993(Jenny Sharpe, *Allegories of Empire*：*The Figure of Woman in the Colonial Text*, Minneapolis, M.N.：University of Minnesota Press, 1993)，第58页。

② 关于前者，参看唐·兰德尔：《1857年秋天：制造印度"兵变"》，《维多利亚文学与文化》2003年第31卷第1期(Don Randall, "Autumn 1857：The Making of the Indian 'Mutiny'", *Victorian Literature and Culture* 31, no. 1, 2003)，第6—7页；关于后者，参看高塔姆·查克拉瓦蒂：《印度兵变与英国想象》，剑桥：剑桥大学出版社，2005(Gautam Chakravarty, *The Indian Mutiny and the British Imagination*, Cambridge：Cambridge University Press, 2005)，第107页。

③ 参看珍妮·夏普：《帝国寓言：殖民文本中的女性形象》，第4页；C.克莱弗：《围困中的家庭：1857年勒克瑙之围中的英国女性和帝国危机》，《女性写作》2001年第8卷第1期(C.Klaver, "Domesticity under Siege：British Women and Imperial Crisis at the Siege of Lucknow, 1857", *Women's Writing* 8, no. 1, 2001)，第26页。

被困都城来守卫。①在坎普尔(Kanpur)和勒克瑙(Lakhnau)——在英国人的记忆中则分别被铭记为Cawnpore、Lucknow——的围攻当中,这种情况被扭转,英国人发现自己成了长期围困的受害者。

两起事件戏剧性的不同结果具有深远的影响。在坎普尔事件中,大约1000名英国居民(其中有400名妇女儿童)从1857年5月中旬一直抵抗到6月底,坚持了大约一个半月。在意识到无力继续抵抗后,他们向起义军(insurrectionist)领导人那那·萨希伯(Nana Sahib,1824—1857)投降,条件是必须保障英国人安全撤至阿拉哈巴德(Allahabad)。英国人一离开坎普尔并登上位于恒河的船只,许多士兵和平民就被满怀恨意的在英军服役的印度土兵(sepoys)杀害。200多名妇女儿童侥幸存活,但是她们被带回城市并囚禁在比比哈屋(Bibighar,一种印度军官包养情妇的房屋),只是一个月后就被残忍杀害,原因可能是此时一支英国救援军正在逼近。②在英国人的记忆中——尽管实际的亲历者寥寥,但英国人是唯一留下详细记录的人,坎普尔大屠杀(Massacre of Cawnpore)以及相关的强奸、酷刑与谋杀等故事,被夸大渲染为土著失信和背叛的符号,也成为英国男性在为帝国服役时保护妇女儿童的符号。

然而,在勒克瑙,被围困的英国人及忠诚的印度人在1857年5月30日目睹了第一次短暂的暴力冲突后,在居住地坚持抵抗长达87天(从6月30日到9月25日),直到被救援的远征军救出。这只远征军由1000名苏格兰高地(Highlander)士兵组成,指挥官是亨利·哈弗洛克(Henry Havelock,1795—1857)爵士和詹姆斯·乌特勒姆(James Outram,1803—1863)爵士。11月,第二支更强大的部队进入勒克瑙,最终英国人占据了优势。英勇故事中也存在一些不足:一开始英军指挥官亨利·劳伦斯(Henry Lawrence,1806—1857)爵士宁愿在新征服的地区保存兵力也不

---

① 关于此次围攻,参看威廉·达尔林普尔:《最后的莫卧儿王朝:1857年德里的陷落》,伦敦:布鲁姆什伯里出版社,2006(William Dalrymple, *The Last Mughal: The Fall of Delhi, 1857*, London: Bloomsbury, 2006);亦可参看亲历者记录的合集,马哈茂德·法洛魁编:《围困:来自1857年德里的声音》,伦敦:企鹅出版社,2012(Mahmood Farooqui, ed., *Besieged: Voices from Delhi 1857*, London: Penguin, 2012),尤其是导论第1—10页。

② 关于坎普尔事件,参看鲁德兰舒·穆克吉:《暴力幽灵:1857年坎普尔大屠杀》,新德里:企鹅出版社,1998(Rudrangshu Mukherjee, *Spectre of Violence: The 1857 Kanpur Massacres*, New Delhi: Penguin, 1998)。

愿动用自己的部队来保护平民撤离,从而使妇女、儿童陷于危难之中。此外,过分美化的"第一次救援勒克瑙"(First Relief of Lucknow)的行动事实上并未解除围困,反而增加了被困者的数量,增加了保护和供给的难度。尽管存在这些问题和最初的挫折,但总的来说,这一事件还是在乐观的气氛中结束,因此比坎普尔大屠杀更适合提振公众士气。①

这两起事件以及整体的叛乱已经成为大英帝国知识(lore)中的成例(canon)。战斗冲突仍旧发生的1858年,关于"兵变"的目击者记录乃至历史著作就开始编纂。并非所有的作品都对叛乱分子充满种族主义的敌意、仇恨;一些作品确实对英国在起义前后的所作所为进行了严厉批评。②但这些都是证明规则的例外情况。总体而言,早期研究印度起义的历史学家试图污蔑叛乱者是野蛮残酷且背信弃义的,并将其和英国人的威武不屈、道德优越相比较。关于坎普尔和勒克瑙的围攻,查尔斯·鲍尔(Charles Ball)的《印度兵变史》在叛乱被镇压不久即出版,书中包括图表和可怖的描述、插图,既有印度人的嗜血野蛮,也有英国人的苦难遭遇,更重要的是英国抵抗者的英雄主义。③乔治·布鲁斯·马勒森(George Bruce Malleson,1825—1898)的《孟加拉军队的兵变》一书同样于1858年问世,对他来说,在坎普尔的失败"形成了一个场景来展现[英国]民族性

---

① 参看D.S.理查德兹:《坎普尔与勒克瑙:关于两场围攻的传说》,巴恩斯利:笔与剑出版社,2007(D. S. Richards, *Cawnpore and Lucknow: A Tale of Two Sieges*, Barnsley: Pen & Sword Military, 2007);C.克莱弗:《围困中的家庭:1857年勒克瑙之围中的英国女性和帝国危机》,尤其是第25—27页。

② 参看克里斯托夫·赫伯特:《无情的战争:印度兵变与维多利亚创伤》,尤其是第64—68页和第163—182页。

③ 例如,可以参看惠勒(Wheeler)将军的女儿抵抗强奸者的传说故事,收录于查尔斯·鲍尔:《印度兵变史:对印度士兵起义的详细描述,或倾向于促使英帝国团结的重大军事事件的简明历史》,伦敦:印刷与出版公司,1858(Charles Ball, *The History of the Indian Mutiny: Giving a Detailed Account of the Sepoy Insurrection in India: and A Concise History of the Great Military Events Which Have Tended to Consolidate British Empire in Hindostan*, London: Printing and Publishing Company, 1858),第340、344—345页和第380页的插图。本书难以对"兵变"早期史学的大部分内容进行了全面而又详细的讨论,并揭示出其不同之处。相关内容可参看克里斯托夫·赫伯特:《无情的战争:印度兵变与维多利亚创伤》,第134—204页;亦可参看查高塔姆·克拉瓦蒂:《印度兵变与英国想象》,第19—44页。

格(national character)中最突出的品质"①。他指出,不仅职业军人而且大量的毫无军事背景的志愿者都有能力面对敌人的疯狂进攻坚守住防御据点。马勒森后来又和约翰·凯(John Kaye,1814—1876)爵士一起撰写了一部关于"兵变"的"标准维多利亚历史",在1888—1889年首先出版了六卷以及较短的单卷本。②托马斯·莱斯·福尔摩斯(Thomas Rice Holmes,1855—1933)的《印度兵变和伴随平民的骚乱的历史》在1883—1898年发行了五版,同样将"坎普尔的悲剧"和它的"可怕的杀戮""无情的屠杀",与哈弗洛克进入勒克瑙时所伴随的"胜利""狂喜""同情""欢呼"做了对比。③在义和团战争期间,这些著作都能看到,正如乔治·奥托·特雷维扬(George Otto Trevelyan,1838—1928)的《坎普尔》首次出版于1865年,到19世纪90年代已经再版多次。与大多数历史学家倾向于采纳外部视角不同,特雷维扬透过被围困者的视角来观察事件,宣称:"这场悲惨冲突的故事如此令人心痛,以至于战争史上没有一件事能比得上;男人从未像这样决心满满地去抵抗如此严重的冲击。"特雷维扬能识别(distinguished)出这些幸运的男人,他们能够为自己的生命而战,而妇女甚至在大屠杀之中就被判定为"被动杀戮"(passive carnage)的对象,因为她们在被围攻期间没有抵抗就遭到戕害。④

---

① G.B.马勒森:《孟加拉军队的兵变》,伦敦:博斯沃斯和哈里森出版社,1858(G. B. Malleson, *Mutiny of the Bengal Army*: *An Historical Narrative. By one who has served under Sir Charles Napier*, London: Bosworth and Harrison, 1858),第141页。更多具体内容参看本书第141—142页。

② 转引自克里斯托夫·赫伯特:《无情的战争:印度兵变与维多利亚创伤》,第194页。关于两卷本的合订本,参看G.B.马勒森的前言,《约翰·凯与G.B.马勒森说印度兵变史》第1卷(重印版),韦斯特波特:格林伍德出版社,1971(*Kaye's and Malleson's History of the Indian Mutiny*, Reprint ed. Westport, C.T.: Greenwood Press, 1971),第7—8页。约翰·凯的《兵变的历史》在1875—1876年单独发行,马勒森的原版本则是在1878—1880年发行。亦可参看G.B.马勒森:《1857年印度兵变》,伦敦:希利出版社,1891(G. B. Malleson, *The Indian Mutiny of 1857*, London: Seeley & Co., 1891)。

③ T.R.E.福尔摩斯:《印度兵变和伴随平民的骚乱的历史》(第5版),伦敦:麦克米伦出版社,1898(T. R. E. Holmes, *A History of the Indian Mutiny, and of the Disturbances Which Accompanied It among the Civil Population*. 5th ed. London: Macmillan & Co., 1898.),第242—243、309—310页。

④ 参看乔治·特雷维扬:《坎普尔》(第4版),伦敦:麦克米伦出版社,1894(Sir George Trevelyan, *Cawnpore*. 4th ed. London: Macmillan & Co., 1894),第101—102页。

官方历史记录通常是冷静严肃的,关于围攻坎普尔和勒克瑙的私人记录能填补一些空白;这些私人记录偏向于被围困的英国人,并能激起对被围困者命运的强烈的同情心。① 例如,凯瑟琳·巴特鲁姆(Katherine Bartrum)在勒克瑙围城时就失去了丈夫和独子——她的书中充满了对他们的回忆,她引领读者经历了配给、疾病、痛苦、焦虑和悲伤的个人旅程。② 莫布雷·汤姆森(Mowbray Thomson,1832—1917)是少有的坎普尔大屠杀的幸存者,他把自己的书献给"无助的英国无辜者[……],他们死于坎普尔军队的残酷屠杀中"③。他在书中的一段文字里记录了战斗中死亡的妇女(和男人)的人数,"恐怖的例子到处都是,但绝不是一长串的悲痛和不幸的总结。"④ 然而,恐怖的屠杀更衬托了汤姆森自己的逃生故事。

首先,除了对一手经历进行叙事并将之媒介化(mediatising)外,这些目击者的记录经常被小说家借鉴,他们经常将回忆录、信件或历史作品中的整段内容融入其中。坎普尔与勒克瑙的围攻在快速标准化的"兵变小说"(Mutiny novel)中占有突出地位。⑤ 1897年,一位文学评论家指出了这种小说题材持续流行的原因,它可以很容易地被转移到关于印度崛起的其他类型的文学记录(包括非虚构的)中。

---

① 亲历者记录的摘选可参看詹姆斯·赫威特编:《印度兵变纪实》,雷丁:鱼鹰出版社,1972(James Hewitt, ed., *Eye-witnesses to the Indian Mutiny*, Reading: Osprey, 1972),关于坎普尔的内容见第79—123页,关于勒克瑙的内容见第127—162页。

② 凯瑟琳·巴特鲁姆:《一名寡妇对勒克瑙围攻的回忆》,伦敦:尼斯贝特出版社,1858(Katherine Bartrum, *A Widow's Reminiscences of the Siege of Lucknow*, London: Nisbet & Co., 1858)。对于该书及其他资料的分析,参看C.克莱弗:《围困中的家庭:1857年勒克瑙之围中的英国女性和帝国危机》。

③ 莫布雷·汤姆森:《坎普尔的故事》,伦敦:本特利出版社,1859(Mowbray Thomson, *The Story of Cawnpore*, London: Bentley, 1859),卷首。

④ 莫布雷·汤姆森:《坎普尔的故事》,第110—111页。关于具体内容,参看第99—110页。关于汤姆森逃跑的事情,参看第160—198页。

⑤ 我们将会简单谈及这一类型的文本,因为它们在1900年的北京并未发挥太重要的作用。对这类文本的分析以及案例研究,参看阿斯特莉特·埃尔:《预设—修正:殖民与后殖民时代对印度起义的展现(从1857年至今)》,第156—173页;C.克莱弗:《印度兵变与英国的想象》,第105—126页;对此内容帮助较少的是克里斯托夫·赫伯特对狄更斯的讨论,参看克里斯托夫·赫伯特:《无情的战争:印度兵变与维多利亚创伤》,第205—238页。

勇气与英勇、残忍与背叛、剧痛与坚忍、无尽的复仇与刻骨的仇恨随处可见,而从约翰·劳伦斯(John Lawrence)耗尽旁遮普(Punjab)的最后一名士兵、最后一枚卢比,仅凭自己和下属的力量就能维持其统治,到最卑微的欧亚文员弃笔从戎,当时的人们可以看到他们身上有某种巨大的东西,这让人想起比我们自己更古老、更强大的时代。①

评论家特别指出,"兵变"期间"吸引作家的是妇女儿童的遭遇,这令英国陷入疯狂"②。

考虑到对"兵变"的发掘兴趣,我们就不会奇怪对此次事件的修正还包括戏剧(stage)。印度叛乱分子被镇压不久就出现了第一批情景剧(melodramas),接着出现了更多的舞台剧。③按照惯例,剧本中有两到三名英国士兵,有时还包括妇女儿童,他们镇定而英勇地面对失败和陷落的威胁。转败为胜的模式经常被应用,关于"兵变"的情景剧包含了事件的几个方面——包括英军围攻德里,很大一部分内容是以此为摹本建立的。随着时间的推移,有一部戏剧在众多戏剧中脱颖而出,那就是《杰西·布朗》(*Jessie Brown*)。该剧的编剧是爱尔兰裔美国人迪翁·鲍西考尔特(Dion Boucicault)——这是狄奥尼索斯·拉德纳·伯瑞斯科特(Dionysius Lardner Boursiquot,1820—1890)的笔名。该剧讲述了"兵变"事件中流传最久的一个故事,即苏格兰姑娘杰西·布朗的事迹。她在勒克瑙之围结束之际宣告了救援军的到来,因为只有她听到了哈弗洛克风笛的声音。围绕这一传说,布乔创作的故事中不仅有珍妮(Jenny)本人,还有她的英国男伴(很有可能是苏格兰人或者爱尔兰人),面对那那·萨希伯的死亡威

---

① 希尔达·格雷戈:《小说中的印度兵变》,(爱丁堡)《布莱克伍德杂志》1897年第 161 期 (Hilda Gregg, "The Indian Mutiny in Fiction", *Blackwood's Edinburgh Magazine* 161, 1897),第219页。

② 希尔达·格雷戈:《小说中的印度兵变》,(爱丁堡)《布莱克伍德杂志》1897年第161期,第218页。

③ 参看阿斯特莉特·埃尔:《预设—修正:殖民与后殖民时代对印度起义的展现(从1857年至今)》,第112—128页。

胁,他们全都行为高尚、无所畏惧。①更重要的是,该剧于1858年在纽约华莱克剧院首演,然后才进入英国,使美国观众对他们横跨大西洋的英国远亲的苦难有所了解。

最后,诗歌同样是记忆"兵变"的重要媒介。尽管许多诗歌赞扬了起义中沦陷的帝国英雄,但也有一些专门谈及坎普尔和勒克瑙的两次围攻。②关于"兵变"的所有抒情诗歌(lyrical treatments)中最负盛名的就是《保卫勒克瑙》(The Defence of Lucknow),作者是1850年获"桂冠诗人"称号的丁尼生(Alfred Lord Tennyson, 1809—1892),这首诗将会在下文详细解读。此外,至少还有两首诗在北京被围困期间为人们所熟知,一首是约翰·格林利夫·惠蒂尔(John Greenleaf Whittier, 1807—1892)的《逃出勒克瑙》(The Pipes of Lucknow),另一首是美国人罗伯特·洛厄尔(Robert T. S. Lowell, 1816—1891)的《解救勒克瑙》(The Relief of Lucknow),第二首诗称得上是另一个跨大西洋团结的象征。这两首诗都被收录进了阿尔弗雷德·迈尔斯(Alfred Miles)的《必背诗选》(Successful Recitations),该诗选在使馆区被围困后即问世。正如编者所称,这本诗选收集了既"生动如画"(picturesque)又"动人心魄"(dramatic)的诗篇,它们经受住了时间的考验,并受到公众的欢迎。同时,迈尔斯鲜明地表达了自己的拳拳爱国之心:"英国的历史波澜壮阔,英国的儿女引以为傲。"③毫无疑问,这与广

---

① 迪翁·鲍西考尔特:《杰西·布朗;或者,解救勒克瑙:三幕剧(改编自印度土兵起义中的一事件)》,纽约:法语出版社,出版年份不详[Dion Boucicault, *Jessie Brown; or, The Relief of Lucknow: A Drama in Three Acts (Founded on an Episode in the Indian Rebellion)*, New York: French, n. d.]。关于此剧的分析解读,参看阿斯特莉特·埃尔:《预设—修正:殖民与后殖民时代对印度起义的展现(从1857年至今)》,第128—146页;普鲁吉特·比哈利·穆克哈吉:《杰西在勒克瑙的梦想:帝国中心对异议、歧义与阶级的普遍纪念》,《历史研究》2008年第24期(Projit Bihari Mukharji, "Jessie's Dream at Lucknow: Popular Memorializations of Dissent, Ambiguity and Class in the Heart of Empire", *Studies in History* 24, 2008),尤其是第80—88、93—100页。穆克哈吉认为这部剧关于英国的帝国计划充满了矛盾与讽刺,而鲍布西考特将那那·萨希伯(这是他有时在舞台上扮演的角色)描绘成"东方的他者"而非淫荡的贵族。这再次说明这些都与本文的论点无关。

② 相关综述参看阿斯特莉特·埃尔:《预设—修正:殖民与后殖民时代对印度起义的展现(从1857年至今)》,第147—156页。

③ 参看阿尔弗雷德·迈尔斯:《必备诗选》,伦敦:鲍斯菲尔德出版社,1901(Alfred Miles, "Preface" "Foreword", *Successful Recitations*, London: Bousfield, 1901), http://www.gutenberg.org/files/17378/17378-8.txt. 访问日期:2017年8月31日。

大公众对这些诗歌的看法是一样的。

通过媒体化用(appropriating)"兵变":北京,1900年夏天

19世纪末期,大英帝国面临全球范围内的紧张态势,这也一定是北京英人社区的熟悉话题。大英帝国在世界各地的代理人(agents)通过《泰晤士报》(*Times*)或者其他报刊如《伦敦新闻画报》(*Illustrated London News*)来了解帝国其他地方发生的事情。并且,那些与大英帝国有关联的人具有很强的流动性。对于英国士兵、外交官或者记者来说,从非洲移动到印度或者中国然后回到英国,这都是寻常之事。①这不仅增强了人们对帝国中其他地方发生的危机的意识,帝国的绝大部分知识包括"兵变"的内容同样在整个帝国口口相传。

鉴于1900年南非发生的冲击性事件,位于北京的"西方人"可能有一个模板(model),那就是几乎同时期的布尔战争(Boer War,1899—1902),尤其是1900年5月17日马弗京(Mafeking,今称梅富根)的英国驻军遭到围攻,而此时北京的态势也日趋严重。一周后,也就是1900年5月24日,英国驻华公使窦纳乐(Claude MacDonald,1852—1915)爵士在使馆内举办了一场聚会,宾客们不仅祝贺了维多利亚女王的生日——这是聚会的官方名义,还祝贺英军解救了南非城镇。②尽管义和团战争与布尔战争同时发生,但是英国在南非面对的困境并未给他们在中国遭遇的冲突提供现成的借鉴。一方面,布尔战争缺乏相同的种族基调,而这将现在的中国事件与过去的印度事件相连接,由此布尔战争难以成为种族和文化上的"他者"。另一方面,尽管新闻界详细报道了布尔战争,但是这场战争并未

---

① 参看大卫·兰伯特、艾伦·莱斯特编:《大英帝国的殖民地生活:19世纪的帝国事业》,剑桥:剑桥大学出版社,2006(David Lambert and Alan Lester, eds., *Colonial Lives across the British Empire: Imperial Careering in the Long Nineteenth Century*, Cambridge: Cambridge University Press, 2006);大卫·兰伯特:《关于帝国传记概念的反思——以英国为例》,《历史与社会》2014年第40期(David Lambert, "Reflections on the Concept of Imperial Biographies: The British Case", *Geschichte und Gesellschaft* 40, 2014),第22—41页。

② 参看戴安娜·普雷斯顿:《围困北京:义和团运动的故事》,第45页;相蓝欣:《义和团战争的起源:一项跨国研究》,伦敦:劳特利奇出版社,2003(Lanxin Xiang, *The Origins of the Boxer War: A Multinational Study*, London: Routledge Curzon, 2003),第209—210页。

渗透到社会上的各个层面和角落;相反,印度兵变已经成为大英帝国记忆的一块基石。此外,长期以来英属印度就是在华英国人实践和认知的模范,并且提供了一部分参考语汇。①

1900年夏清廷与列强的冲突达到顶点,此时印度兵变尤其是对坎普尔和勒克瑙的围攻成为在京英国人的认知框架。只是从一开始不清楚哪个脚本——一个是乐观的,另一个是悲观的——适合作为当前情势的类比对象。在前文提及的5月24日聚会上,义和团运动及其攻击外国人的消息已经人尽皆知,但是只有法国公使毕盛(Stephen Pichon, 1857—1933)表达了愤怒和担忧,在两天后的公使团会议上他再次表达了同样的情绪。相反,窦纳乐与其他公使依旧平静,丝毫没有意识到威胁正在逼近。②5月底6月初,外国人社区中的焦虑情绪日益增长。美国传教士贾博慕贞(Mary Porter Gamewell, 1848—1906)记录道:"中国人说明天就是消灭在京所有外国人的日子!"③

5月底加强使馆区防卫后,6月10日,英国海军将领西摩尔(Edward Hobart Seymour, 1840—1929)爵士为解救被围困的使馆率领联军进行了一次不成功的远征,一个星期后联军占领了大沽。一系列事件后,事态逐渐走向失控。6月19日,清廷向外国使馆发出最后通牒,要求所有外国人在6月20日下午4点前离开北京,并承诺将他们安全护送到沿海地区,矛盾由此达到顶点。列强外交官对事态的评估有所不同。法国与美国的公使希望遵守中国的照会并离开北京。德国公使克林德(Clemens von Ketteler, 1853—1900)坚持留在使馆区,因为他坚信如果西方人选择相信中国人可疑的好意,那么他们将会被杀害。然而,大多数外交官还是同意离开北京,并向总理衙门转达了自己的要求。更多的外国人则同意克林德的看法,认为使馆区更加安全。正如英国使馆的翻译学生许立德

---

① 参看毕可思:《导论》,毕可思、狄德满编:《义和团·中国与世界》,拉纳姆:罗曼和利特菲尔德出版社,2007(Robert Bickers, "Introduction", in *The Boxers, China and the World*, eds. by Robert Bickers and R. G. Tiedemann, Lanham, M.D.: Rowman & Littlefield, 2007),第17页。

② 参看朴笛南姆威尔:《庚子使馆被围记》,第13页;相蓝欣:《义和团战争的起源:一项跨国研究》,第199—202页。

③ 转引自柯文:《历史三调:作为事件、经历与神话的义和团》,纽约:哥伦比亚大学出版社,1997(Paul Cohen, *History in Three Keys: The Boxers as Event, Experience, and Myth*, New York: Columbia University Press, 1997),第159页,第346页注释40。

(William Meyrick Hewlett,1876—1944)所称:"公使团召开了会议;我们所有人都反对离开北京,因为我们想起了坎普尔的陷阱……"①就在中国官员迟迟没有回复外国公使要求的时候,克林德就带着一名翻译去了总理衙门,但在返回使馆的时候被一名中国士兵杀害。②

克林德公使的遇害及随后做出的部署防御的决定实际上已经排除了坎普尔式的解决方案,在坎普尔英国奋勇抗争但是最终投降。正如许立德评论道,"坎普尔"这个印度城市的名字已经成为"东方人"(Oriental)背叛的代名词。对历史先例的参考,加剧了"西方人"对清政府的不信任,这有可能影响公使们后续的行动方针。另外,不考虑清廷的实际政策——其意见的纷歧有可能解救被围困者,③坎普尔的记忆还暗示,一旦做出支持武装抵抗的关键决定就不可以再投降。很明显,守卫者选择了勒克瑙的方式,在知道西摩尔联军已经向北京开进的情况下,④他们必须等待外

---

① 许立德:《北京使馆被围日记》(William Meyrick Hewlett, *Diary of the Siege of the Peking Legations, June to August 1900*, n. p.: Editors of the Harrovian, 1900),第11页。在其后来的回忆录《在华四十年》(*Forty Years in China*, London: Macmillan, 1943)中,许立德认为窦纳乐怀疑"东方人承诺的真实性"(第18页)。这一点已经在最近的研究中有所体现,参看戴安娜·普雷斯顿《围困北京:义和团运动的故事》,第66页;大卫·西尔贝:《义和团运动与在华大博弈》,纽约:希尔和王出版社,2012(David Silbey, *The Boxer Rebellion and the Great Game in China*, New York: Hill & Wang, 2012),第79—80页。

② 参看多米尼克·诺瓦克:《德国公使克林德之死》,罗梅君、余凯思编:《在中国的殖民战争:1900—1901年义和团运动的失败》,柏林:林克斯出版社,2007(Dominik Nowak, "Der Tod des deutschen Gesandten Clemens von Ketteler", in *Kolonialkrieg in China: Die Niederschlagung der Boxerbewegung 1900-1901*, eds. by Mechthild Leutner and Klaus Mühlhahn, Berlin: Links, 2007),第111—117页;相蓝欣:《义和团战争的起源:一项跨国研究》,第331—350页。

③ 参看孔正滔:《以文明为名的惩罚远征:中国义和团运动(1900—1901)》,孔正滔、弗兰克·舒马赫编:《殖民战争:帝国主义的军事暴力研究》,汉堡,2006 [Thoralf Klein, "Straffeldzug im Namen der Zivilisation: Der 'Boxerkrieg' in China(1900-1901)", in *Kolonialkriege: Studien zur militärischen Gewalt im Zeichen des Imperialismus*, eds. by Thoralf Klein and Frank Schumacher, Hamburg: Hamburger Edition, 2006],第155—156页。

④ 参看窦纳乐1900年6月11日从北京发给索尔兹伯里侯爵的电报,《1900年围困北京使馆》,伦敦:文书局,2006(*The Siege of the Peking Embassy 1900*, London: The Stationery Office, 2000),第41页。

义和团战争

媒体与记忆

部的救援；万一救援失败，就要战斗至死。因此，围攻勒克瑙就成为北京被围困者所想的头等大事。

在被围困的最初几天里，守卫者为了巩固阵地全力以赴。然而，在繁重的体力劳动中，有些人还思考了他们所经历的事情的更广泛的意义。因此，在6月29日，也就是被围困的第10天，玛丽·史密斯在日记中写道：

> 构筑防御工事相当重要，繁重的工作持续不停。男人们数小时都在做体力劳动。女人们每天要制作成千上万的沙袋，在医院帮工，在艰苦的情况下使本就匮乏的配给能够坚持更多的日子并令人们满意。院子里唯一不需要从事特别工作的壮丁就是公使。这里没有脑力劳动，而他们中有些人并不适合干体力活。
>
> 英国使馆的图书馆是一栋完整的建筑，偶尔会有一些好奇的人去馆内查阅资料，并与其他围困和屠杀相比较，看看此次围困在历史上处于什么地位。最相近的悲惨的围困应该是发生在勒克瑙，在勒克瑙不同种族的人被困在居住区，为了期待中的哈弗洛克指挥的苏格兰高地人的救援而殊死抵抗，宁可饿死也不投降，否则坎普尔投降的命运也将降临到他们头上。我们知道中国的满洲统治者与印度兵变的领导者莫卧儿人（Great Mogul）都是部落民族（tribal family）。但是，德里的国王一直试图恢复他的权力，然而慈禧太后没有借口来发动战争，与文明世界的所有国家开战。①

这段文字因内涵丰富而引人注目。首先，它说明使馆区的守卫者清楚地意识到他们的抗争将会载入史册。当然，考虑到这些作品的出版时间与其所描述的事件发生时间存在的跨度，玛丽·史密斯的日记和下文将要讨论的其他资料都是带着后见之明书写或者修改而成。然而，这些资料与其他无可置疑的资料（如救援远征期间士兵的书信日记）一起，展现了对当下事件的历史重要性的认识。②第二，日记内容说明了被围困者如何积极寻找历史先例和类似事件，而且高级外交官似乎更倾向于这种"脑力劳动"。第三，他们如此行事不仅依赖于对帝国知识的口头传播，他们还从藏书丰富的英国使馆图书馆里四处翻寻，这是帝国记忆的物质和知识上的双重宝库。尽管与印度起义有关的历史记录是最有可能的参考来

---

① 玛丽·胡克：《幕后的北京》，第84页。
② 参看本书中迪特琳德·温舍的文章《义和团战争期间德国士兵通信中的自我辩护策略》。

源,但不幸的是,他们并未说明确切找到了什么。第四,他们在寻找信息的时候似乎发现了最明显的类似事件,那就是勒克瑙之围。这种修正不单单是"思考"(thinking)的结果,还涉及谈话交流。因为玛丽·史密斯的记录表明她并不熟悉历史先例,而只是通过别人对此有所了解,别人也是把记录的信息转述给她。

此外,饶有趣味的是,对玛丽·史密斯来说,勒克瑙和坎普尔代表硬币的两面:抵抗意味着一场生死搏斗,而投降无异于被屠杀。她甚至声称,勒克瑙的守卫者是在充分了解坎普尔事件后采取了行动。为了使类比更加充分,北京使馆区的守卫者同样被描述成不同种族的人。此外,她还提到了族系关系,正如她所称,清朝皇帝与莫卧儿皇帝在种族上是一样的[这很明显是一个误解,因为通古斯满人在欧洲的确被称作"鞑靼"(Tatars),但是与突厥—蒙古(Turko-Mongolic)系的鞑靼毫无关系]。[1]总而言之,也许是因为是美国人,玛丽·史密斯明显不认为莫卧儿帝国末代皇帝巴哈杜尔·沙二世(Bahadur Shah II,1775—1908)是叛乱的罪魁祸首,是英国人将其定为兵变的祸首,先是审判然后将其放逐到了缅甸。[2]巴哈杜尔·沙二世被错误地判定为叛乱的祸首(也许起义是打着他的旗号,但是他并未实际参与),玛丽·史密斯同情他为恢复权力所做的努力。但是,这里有一个相反的类比:与莫卧儿帝国皇帝地位相当的慈禧太后却没有这样的正义(right),因此她也就无法得到"西方人"的同情。

在被围困的时候,至少还有另外两件事情引发被困者与"兵变"做比较,并进行了相似的重温。第一件事就是贾博慕贞记录的发生于8月13日的事情,第二天联军就胜利进入北京城。那是女传教士一起缝纫的场景,其中一位大声朗读着"关于围攻勒克瑙的英文书籍"。这本书是"一位英国外交官夫人"提供的,她把"她的图书馆"(可能指的是私人而非使馆的图书馆)提供给传教士使用,希望每个人都能阅读英文书籍。这在当时

---

[1] 关于莫卧儿王朝的起源,参看斯蒂芬·F. 戴尔:《八重宫的花园:巴布尔与中亚帝国的文化(1483—1530)》,莱顿:博睿出版社,2004 [Stephen F. Dale, *The Garden of the Eight Paradises: Babur and the Culture of Empire in Central Asia, Afghanistan and India (1483-1530)*, Leiden: Brill, 2004],第15—17页。关于满洲(Manchus)的名称与起源,参看帕梅拉·凯尔·克罗斯利:《满洲人》,牛津:布莱克维尔出版社,2002 (Pamela Kyle Crossley, *The Manchus*, Oxford: Blackwell, 2002),第1—8页。

[2] 参看威廉·达尔林普尔:《最后的莫卧儿王朝:1857年德里的陷落》,第427页。

肯定是最慷慨的,因为那个时候人们要确保自己财物不丢失的唯一方法就是从不离手。①

朗读者经常被其他人打断,人们把1857年的围困与1900年北京的事件进行了比较:

> 以前我们经常谈论这惊人的围困,思考当我们遭遇类似的经历时是否会面临相似的考验或者怜悯。所以,现在我们有机会来比较一番。当一个人朗读时,其他人常常会打断她,他们以熟悉的名字来重新命名故事中的人物或地方——"为什么是少校康格(Conger,美国公使)或者窦纳乐爵士",或者"称之为通州或者津门"。历史从未像这样有趣。②

参考文献同样是实物的纸质文本,但在这种情况下,它的出现融合了以前的口头交流。我们不知道当时他们正在阅读哪类书,也许是上文提及的关于"兵变"的某一历史记录或者一手报告。朗读具有双重意义:它确证了基于帝国口头传统的先前的对话,并通过一种真实的方法予以强化,由此吸引了听众,促进了与朗读者的互动,增强了演绎(performance)的效果。比从玛丽·史密斯记录中摘录的这些文字更具冲击性的是,与事件所确立的历史性和标志性地位相比较,被围困的盎格鲁—撒克逊人面对悬而未决的命运陷入了深思。这不是简单地鼓舞士气,因为历史先例提供了相似的"考验"和"怜悯"。类似事件的重要性显而易见:围攻勒克瑙在1900年的北京有了对应的人物和场所。同时,对"历史"的参考可能再一次带有事后之见的色彩,但是这种参考却隐含地定义了过去的经验。过去的经验掌握着通往未来的钥匙,因此本质上是"有趣的",也证明了围攻使馆区的历史意义。

另一起事件则是发生在围攻初期的6月27日,杰出的汉学家翟理思

---

① 参看狄文爱德:《在围困的日子里:北京围困期间美国妇女与儿童的个人经历》,纽约:雷维尔出版社,1903(Ada Haven Mateer, *Siege Days: Personal Experiences of American Women and Children During the Peking Siege*, New York: Revell, 1903),第376—377页。苏珊娜·霍伊称,此书的出借者是英国使馆中文秘书的妻子伊丽莎白·科伯恩(Elizabeth Cockburn)。详见苏珊娜·霍伊:《1900年北京围困中的妇女》,牛津:妇女史出版社,2000(Susanna Hoe: *Women at the Siege: Peking 1900*, Oxford: Women's History Press, 2000),第262、380页。

② 狄文爱德:《在围困的日子里:北京围困期间美国妇女与儿童的个人经历》,第377页。

(Herbert A. Giles,1845—1935)之子、英国年轻的外交官翟兰斯(Lancelot Giles,1878—1934)"阅读了丁尼生的《围攻勒克瑙》("Siege of Lucknow"[原文如此]),并做了适当的评论"。①这些文字表明文本(text)——大概是桂冠诗人作品的选集或者合集——再次以实物出现。在北京使馆区被围困期间,丁尼生的诗歌及其引用既说明了英国的自我形象,也说明了北京的守卫者从帝国历史中寻求到的灵感。与贾博慕贞所描述的全女性的场景相比,翟兰斯的描述更加中肯,这一定是绝大多数或完全是男性的聚会,这些男人都是参与守卫战斗的人。之所以这样说,是因为都知道翟兰斯积极参与了使馆区的战斗。②

《保卫勒克瑙》("The Defence of Lucknow")共有七小节,所有的结尾都是叠句"茫茫苍穹,国旗飞扬"(但是根据每节的内容略有不同)。③国旗的意象在第一小节占据主导地位,有时是"英格兰的旗帜",有时是"不列颠的旗帜";此外,它还是大英帝国的象征。一个经常出现的主题是在勒克瑙被围困的英国人的苦难经历,士兵、妇女和儿童遭到饥饿或者疾病的死亡威胁,期待着援军到来。这首诗本身是对詹姆斯·乌特勒姆同时期回忆录的修正。面对无所不在的死亡——在第二小节"死亡"的指代不少于七行,这首诗将劝诫与忍耐联系在一起,那就是"永不投降,我命你死守阵地!"④如此疾呼的责任感由于两个因素被加强,第一个因素是意识到了这是残酷的你死我活的斗争,也就是坎普尔-勒克瑙二分法的另一个变体;第二个因素是对妇女和儿童的关注最终导致了一场噩梦:

> 儿童和妻子/如果老虎无意中跳进山沟/
> 每个男人战死阵地/敌人必将杀戮无遗/
> 与其落入敌人之手,不如死于爱人之手!

---

① 参看C. C. A.卡尔科(C. C. A. Kirke),1900年6月27日日记,转引自毕可思:《导论》,毕可思、狄德满编:《义和团:中国与世界》,第16页。卡尔科是英国使馆的翻译生。

② 参看翟兰斯:《北京使馆之围日记》,珀斯:西澳大利亚大学出版社,1970(Lancelot Giles, *The Siege of the Peking Legations: A Diary*, ed. by Leslie R. Marchant, Perth: University of Western Australia Press, 1970),第114页。

③ 引自《丁尼生诗歌全集》,波士顿:霍顿·米夫林出版社,1898(*The Complete Poetical Works of Tennyson*, Boston: Houghton Mifflin, 1898),第470—472页。

④ 感谢阿斯特莉特·埃尔在其书中所作的分析,参看阿斯特莉特·埃尔:《预设-修正:殖民与后殖民时代对印度起义的展现(从1857年至今)》,第154—155页。

被围困的"西方人"必须杀死自己的妻子和孩子而不使之落入"野蛮的"敌人之手,这种观点与印度起义中的性别和性观念密切相关。早期的一个例子是克里斯蒂娜·罗塞蒂(Christina Rossetti)的《在占西的圆塔,1857年6月8日》(In the Round Tower at Jhansi, June 8, 1857),该诗写于1857年,然后在1862年发表。据同时期的报纸所载,这首诗描绘了英国殖民官斯基恩(Skene)和妻子的最后时光,为了避免被俘虏,斯基恩枪杀了妻子然后自尽。①正如上文资料所表明的,"兵变"被镇压后的几年里,大规模强奸成为起义的关键标志。然而,在丁尼生的《保卫勒克瑙》中,可怕的景象从一开始就被削弱,丁尼生乐观地称它"只是过去的耳语"。1900年,这样的幻想仍旧存在部分"西方人"心中,1900年7月中旬有关媒体报道了一些谣言,称使馆区经历了悲惨的最后一战。《泰晤士报》向读者宣称男人们在战斗中死去,"西方的"妇女、儿童则在他们的尸体上被屠杀(很明显淡化了性的意味),但是其他报纸则暗示欧洲妇女确实遭到了强奸。②尽管使馆区的亲历者记录并没有清楚地说明,但是我们还是能猜到丁尼生的诗歌表达了他们的恐惧。

　　此外,《保卫勒克瑙》为1857年的勒克瑙和1900年夏天的北京的情况提供了许多相似的处境。当使馆区的守卫者焦急地等待西摩尔联军时,勒克瑙的人们也在怀疑他们等待的拯救者哈弗洛克是否会"受阻,或者失败,或者遇难"。同时,这首诗称支持英国人的"印度兄弟"是"皮肤黝黑而心地善良之人,他们和我们一起战斗,忠诚但稀少",而北京的中国教民和欧洲人一起经历了围困。被围困者中有3000多名中国教民,他们分散在使馆区和北堂。在"西方"亲历者撰写的记录中,中国教民大部分都被边缘化。正如英国使馆官员尼格尔·奥利芬特(Nigel Oliphant,1874—1918)

---

　　① 参看威廉·迈克尔·罗塞蒂编:《克里斯蒂娜·乔治娜·罗塞蒂诗集》,伦敦:麦克米伦出版社,1904(The Poetical Works of Christina Georgina Rossetti, ed. by William Michael Rossetti, London: Macmillan & Co., 1904),第332页。相关具体内容与历史背景,参看阿斯特莉特·埃尔:《预设—修正:殖民与后殖民时代对印度起义的展现(从1857年至今)》,第148—149页。她将此诗喻为"最后一战的抒情版本"(阿斯特莉特·埃尔:《预设—修正:殖民与后殖民时代对印度起义的展现(从1857年至今)》,第149页),考虑到性别关系和性暗示,这有点避重就轻。

　　② 参看《泰晤士报》(Times)1900年7月17日,第9页;参看《目睹北京大屠杀》,《洛杉矶时报》1900年7月20日("Saw the Peking Massacre", Los Angeles Times, 20 July 1900),第2页;《北京大屠杀的更多恐怖细节》,《纽约时报》1900年7月20日("More Awful Details of Peking Massacre", New York Times, 20 July 1900),第2页。

记载道:

> 我们不会把中国教民记录在伤亡名单中,尽管有很多人为我们辛勤工作、死于敌人的枪弹,死的时候就像得了天花的绵羊。①

丁尼生的诗的第四小节试图解释为什么英国人能够坚持下去:

> 我们人数虽少,但都是堂堂正正的英国人,
> 我们听指挥,能服从,有耐力,
> 我们每一个人都在战斗,驻军似乎充满希望……

这里列举了英国人的特质,这些特质是能够坚持抵抗数次进攻的能力、优越性、纪律性和忍耐力,这些都属于集体,却因为个人的勇气与责任感而得到加强。这一切都为1900年被困北京的盎格鲁—撒克逊人提供了榜样。在这首诗中,英国人的顽强和勇敢确实占据主导地位,这使勒克瑙的守卫者能够长期坚持以等到救援军到来:

> ……得救了! 我们得救了! 是你吗? 是你吗?
> 勇猛的哈弗洛克拯救了我们,仁慈的上帝拯救了我们!
> "坚守十五天!"但是我们坚守了八十七天!
> 茫茫苍穹,国旗飘扬。

我们不知道翟兰斯在阅读丁尼生的诗歌时其"恰当的评论"是什么。在其围困日记中,他却称:"令人奇怪的是,此次围攻与丁尼生描绘的对勒克瑙的围攻有着诸多相似之处。丁尼生诗歌的一半内容与此处情形十分吻合。"②这表明翟兰斯很可能和贾博慕贞等女性缝纫传教士一样,他在6月27日的演绎将文本视作一个中介,以此来发现当前处境与1857年情势的相似之处。只是此时听众的反应不得而知。但是,很显然,勇气、抵抗与忍耐这些美德一定吸引了位于北京的盎格鲁—撒克逊人,因为他们似乎要明知不可为而为之。在这样一种万分艰难的情势下,历史先例似乎提供了心理慰藉,帮助人们克服深层的恐惧。当使馆被解围后,翟兰斯拍摄了一张照片,并写下丁尼生的一句诗"茫茫苍穹,国旗飘扬",此时他一

---

① 尼格尔·奥利芬特:《1900年夏天使馆围困日记》,纽约:朗曼与格林出版社,1901(Nigel Oliphant, *A Diary of the Siege of the Legations During the Summer of 1900*, New York: Longmans, Green & Co., 1901)第66页。

② 翟兰斯:《北京使馆之围日记》,第140页。

定感受到了某种宽慰。①

这说明在被围困的那些焦急的日子里,使馆区的人们一直在期待(refer to)"兵变"似的胜利。在围攻被解除的几个月后,经历丰富的美国传教士丁韪良(William Alexander Parsons Martin)做了一次演讲,以《杰西·布朗》的传说回顾了被解救前夕的情况:"我们听到墙外传来的机关枪的声音,枪声从未如此甜美。就像哈弗洛克指挥的苏格兰高地人的乐队一样,阵阵风笛声传入勒克瑙被围困的人的耳中。"②这一类比已经相当充分;解救外国使馆属于乐观的剧本(optimistic script)。现在,北京使馆被围困可以长久留存在"西方人"的记忆中了。

结 论

到1900年,1857年印度起义作为不可磨灭的经典事件已经深植于大英帝国记忆。四十多年过去了,历史著作、亲历者记录、小说、戏剧以及诗歌重新塑造了这一事件,为帝国各地的人们提供了榜样。它绝对不是一种没有矛盾的统一叙述,而是根据情况的不同,它的各种情节可能会提供不同的经验教训。很明显,围攻坎普尔与围攻勒克瑙带来的截然相反的两种结果——一方是杀戮与死亡,一方是解救与存活——提供了不同的"期待视域"。在1900年夏天的北京,当时的情况决定了两种叙述中的哪一种最终会占据上风。当清廷向位于首都的西方公使们发出著名的最后通牒时,"兵变"的记忆似乎并未阻止英国、美国等国的大多数公使倡议撤离使馆区。如果有的话,坎普尔事件则被提及,以批评公使们的政策。

等到德国公使克林德遇害后,公使们才决定留在使馆并加强武装防卫。正是从这时起,对勒克瑙的围攻及其随后的解救为使馆区的守卫者提供了脚本。从媒体史的角度来看,重要的是勒克瑙不是简单地被用作

---

① 照片收藏于澳大利亚国立大学,《吉尔斯·皮克福德集》(Giles Pickford Collection), https://digitalcollections.anu.edu.au/bitstream/1885/43452/3/30840124102002_2.1.1-2.jpg,访问日期:2016年1月16日。参看毕可思:《导论》,毕可思、狄德满编:《义和团·中国与世界》,第16页。

② 丁韪良:《围困北京:起因与结局》,《美国地理协会公报》1901年第30卷第1期(W. A. P. Martin, "The Siege in Peking: Its Causes and Consequences", *Bulletin of the American Geographical Society* 33, no. 1, 1901)。该演讲没有确切的发表日期。

模糊的转喻,这与上述提到的坎普尔相反。在英国或者美国撰写和出版的历史图书、亲历者记录和诗歌(也许还有戏剧)的实物副本都能在北京的"西方人"图书馆中找到,这些媒介现在提供了围攻的细节。而重要的是能够收集历史先例的细节并将其与当前情况的有关方面进行认真的比较。这些额外的评论为"修正"增添了特殊的意味,提高了演绎的质量。

不论参考的这些作品是虚构的还是非虚构的,在危难情形下它们一直支撑着自豪与顽强的英国人。他们因坚韧勇敢、斗志昂扬、永不妥协、吃苦耐劳而被称赞,这些都被视作英国人的民族精神(美国人在这方面很快就和英国人结盟,自我宣称属于盎格鲁-撒克逊人。)尽管最近学术界探究了所讨论的文本有含混不清和隐藏的矛盾之处,[①]人们渴望从文中发现1900年那个炎热又血腥的夏天的信息是简单直白的。尽管缺乏细节,已知的记录表明朗读或者阅读确实提振了被围困者的"公众士气"。当然,追寻帝国历史并不是唯一的安慰方法。例如,传教士通过阅读《圣经》、吟唱赞美诗来获得慰藉,其他人还会演唱爱国歌曲。[②]但是,帝国知识特别是围攻勒克瑙无疑是重要的参考,通过"修正"勒克瑙事件来了解正在发生的事情。

总之,1900年的义和团战争成为帝国故事中独特而成功的一篇,其"冒险奇遇"已经通过虚构以及非虚构的方式被重新讲述。但是,一开始由印度兵变引发的主题和模式发挥了引导作用。在中国以及英国殖民地和领土的帝国主义环境下,大都市的媒体为帝国代理人提供了榜样,帮助他们塑造自我、应对艰险。

---

① 此处提及的作品主要是克里斯托夫·赫伯特的《无情的战争:印度兵变与维多利亚创伤》和高塔姆·查克拉瓦蒂的《印度兵变与英国想象》。

② 参看戴安娜·普雷斯顿:《围困北京:义和团运动的故事》,第141页。

义和团战争期间德国士兵通信中的自我辩护策略

迪特琳德·温舍(Dietlind Wünsche)

军事档案和私人藏品中收录的书信日记表明,1900年对中国的干涉明显刺激了传记的出现。这和其他时期的战争一样,比如两次世界大战,甚至是教育水平较低的士兵也会和家人有着数不清的书信往来。①事实上,德国士兵在中国的一年多时间里,在日常工作中进行了大量的写作活动。一名士兵称:"我在中国期间写下了我这一辈子要写的书信和明信片。"②这绝对具有代表性。远征军还在向中国行军的途中,一名士兵就惊讶地发现:"太奇怪了,小伙子们竟然写了这么多信!"③

---

① 关于两次世界大战中的书信的更多内容,参看伯恩德·乌尔里希:《目击者:战前与战时德国的战地书信(1914—1933)》,埃森:克拉特克斯特出版社,1997(Bernd Ulrich, *Augenzeugen: Deutsche Feldpostbriefe in Kriegs-und Nachkriegszeit 1914-1933*, Essen: Klartext, 1997);克拉拉·洛弗勒:《二战退伍士兵的书信:关于战争主观现实的研究》,班贝格:WVB出版社,1992(Klara Löffler, *Aufgehoben-Soldatenbriefe aus dem Zweiten Weltkrieg: Eine Studie zur subjektiven Wirklichkeit des Krieges*, Bamberg: WVB, 1992)。

② "... so viele Briefe und Karten wie von China aus hatte ich bisher in meinem ganzen Leben nicht geschrieben." 莱茵布雷希特(Reinbrecht),未刊资料(unpublished curriculum vitae),私人收藏,第10页。

③ "Merkwürdig, wie viel Briefe die Kerle schreiben!" 朱利叶斯·费尔(Julius Fehl)日记。转引自格哈德·菲尔、雷娜特·菲尔编:《德国人去中国?在义和团战争中拥有一支重型榴弹炮连队:1900—1902年德国远征中国的朱利叶斯·费尔日记》,汉堡:科维克出版社,2002(Gerhard and Renate Fehl, eds., *The Germans to the Front? Mit einer Batterie schwerer Haubitzen im Boxerkrieg: Ein Tagebuch der Deutschen Expedition nach China 1900-1902 von Julius Fehl*, Hamburg: Kovač, 2002),第23页。

参加东亚远征军(East Asian Expeditionary Corps),奉命在华战斗,这些都成为这些德国士兵生命中特殊且不凡的经历。在他们看来,正如一名士兵所说,这次事件称得上是"世界历史的一部分"[①]。另一名士兵则用更强烈的语言表达了相同的印象,认为自己直接卷入了"世界历史上的第一流事件(first-rate chapter)"[②]。在回国后,一些士兵刊印了大量关于前线的自传笔记和回忆录,这些文本通常会根据他们的日记和信件进行修改,有时也会将其作为小说,以此来长久地保存和传播他们非凡的经

---

① 鲁道夫·吉尔:《中国之行:1900/1901年远征的经历和印象》,慕尼黑:林道尔出版社,1903(Rudolf Giehrl, *China-Fahrt: Erlebnisse und Eindrücke von der Expedition 1900/01*, Munich: Lindauer, 1903),第20页。

② "Hier erlebten wir doch einen weltgeschichtlichen Moment ersten Ranges als unmittelbar Betheiligte." 利奇洛(Richelot)1900年7月5日日记,德国弗莱堡联邦档案馆军事档案室(Bundesarchiv/Militärarchiv Freiburg, Germany,下文简称BA/MA),N 151/2。

历。① 然而，很大一部分自传作品并未出现在公众的视野中，因此直到最近才被研究者注意到。然而，与研究新闻报道和官方档案不同，对传记资料的研究使历史学者可以直接、无约束地（uncensored）了解当事人对事件的理解与评价。作为私人第一手记录的书信、日记，不仅说明到底发生了什么，而且说明了个人行动背后所带有的意图和考虑。

本文探究了来自东亚远征军的军事通信（military correspondence），重点是收藏于慕尼黑的巴伐利亚州中央档案馆（Bavarian Central State Archive）的巴伐利亚军官卡尔·冯·沃尔门尼奇（Carl von Wallmenich）的

---

① 参看鲁道夫·吉尔：《中国之行》；乔治·莱斯纳：《第四东亚步兵团第八连乔治·莱斯纳中尉日记的摘录》，《巴伐利亚战争和军队历史的代表人物》，1902（Georg Leisner, "Aus dem Tagebuch des Leutnant Georg Leisner der 8. Kompagnie 4. ostasiatisches Infanterieregiment", *Darstellungen aus der Bayerischen Kriegs-und Heeresgeschichte*, 1902），第113—152页；冯·穆仑菲尔斯：《东亚第一步兵团第二营在华经历》，上海：德意志出版社，1902（von Mühlenfels, *Die Erlebnisse des II. Bataillons 1. Ostasiatischen Infanterie-Regiments in China*, Shanghai: Deutsche Druck-und Verlags-Anstalt, 1902）；阿尔弗雷德·冯·穆勒：《中国的动乱和联军的战斗》，柏林，1902（Alfred von Müller, *Die Wirren in China und die Kämpfe der verbündeten Truppen*, Berlin: Verlag der Liebelschen Buchhandlung, 1902）；保罗·施利珀：《我在中国的战争经历：西摩尔联军》，明登：科勒尔出版社，1902（Paul Schlieper, *Meine Kriegserlebnisse in China: Die Expedition Seymour*, Minden: Köhler, 1902）；乔治·弗里德里希：《龙骑兵在中国和其他战役的回忆》，柏林：雷默尔出版社，1904（Georg Friederici, *Berittene Infanterie in China und andere Feldzugs-Erinnerungen*, Berlin: Reimer, 1904）；爱德华·冯·霍夫迈斯特：《从东到南：远足和心情》，海德堡，1907（Eduard von Hoffmeister, *Aus Ost und Süd: Wanderungen und Stimmungen*, Heidelberg: Winter, 1907），该书记录了"中国之旅"（China Voyage）。但是联军其他国家的出版物也说明了这不是德国特有的现象，他们在自传战争报告中也强调了这场战争的至关重要性。参看H. B. 沃恩：《圣乔治与中国龙》，埃奇韦尔：阿莱克修斯出版社，2000（H. B. Vaughan, *St. George and the Chinese Dragon*, Edgware: Alexius, 2000）；弗里德里克·A. 沙夫、彼得·哈林顿编：《1900年的中国：亲历者的叙述》，伦敦，2000（Frederic A. Sharf and Peter Harrington, eds., *China 1900: The Eyewitnesses Speak*, London: Greenhill Books, 2000）；杨雅楠：《庶民眼中的义和团：一位印度士兵对中国和世界的描述（1900—1901）》，毕可思、狄德满编：《义和团·中国与世界》，拉纳姆：罗曼和利特菲尔德出版社，2007（Anand A. Yang, "(A) Subaltern's Boxers: An Indian Soldier's Account of China and the World in 1900-1901", in *The Boxers, China and the World*, eds. by Robert Bickers and R. G. Tiedemann, Lanham, M.D.: Rowman & Littlefield, 2007），第43—64页。

书信,沃尔门尼奇是一名中校,隶属于第二东亚步兵旅第四步兵团。[①]可能没有一个军团能和第四步兵团相比,其活动在私人资料中得到广泛记载。已出版的中尉吉尔(Giehrl)的日记和未出版的中尉冯·特罗施克(von Troschke)、中尉韦斯特迈耶(Westermayer)的传记笔记,都收藏于弗莱堡(Freiburg in Breisgau)的德国联邦档案馆军事档案室(Military Archives Section of the German Federal Archives)。这三位军官都隶属于第四步兵团。

所在部队在柏林整编成旅后,沃尔门尼奇于1900年8月3日乘坐"腓尼基"(Phoenicia)号蒸汽船离开德国,并在9月24日抵达大沽。登陆之后,第四步兵团最初在天津驻扎了几个星期,然后才到达省城保定并在那里度过冬天。1901年6月底,沃尔门尼奇离开中国,8月初回到德国,结束了一年的远征。

在随后的分析中,本文将着重介绍沃尔门尼奇的一个特别之处,那就是他在反思自己和战友的行为时带有明显的倾向。[②]在通信中,沃尔门尼奇并未局限于描述特定事件和行动,还积极地用评论和基本证据来充实自己的记录。通常来说,他的目的是为自己的行动和周遭发生的事情进行解释和辩护。这些辩护的尝试通常伴有下面的语句:"就我而言,在重新考虑过整个事件的基础上,我发现这项工作没错。"或者是"我认为我是有道理的,因为……"[③]不管是有意还是无意,沃尔门尼奇经常性地进行这些论争,为的是强调某些(certain)行动的合法性(legitimization)。

沃尔门尼奇为什么如此明确地必须用事实支持个体行动?他的真实

---

① 关于沃尔门尼奇的个人信件研究,可参看迪特琳德·温舍:《来自中国的战地书信:1900—1901年义和团运动时期德国士兵的认知和解释模式》,柏林:林克斯出版社,2008(Dietlind Wünsche, *Feldpostbriefe aus China: Wahrnehmungs-und Deutungsmuster deutscher Soldaten zur Zeit des Boxeraufstandes 1900/1901*, Berlin: Links, 2008)。然而,我没有囊括连续的手写书信即下文所称的书信日记(letter diary)。关于资料引用的说明:沃尔门尼奇所有的书信日记、个人信件和明信片都保存于巴伐利亚州档案馆(Bayrisches Hauptstaatsarchiv,以下简称 BayHStA),HS2344。只标明日期的资料指的是书信日记。相反,个人信件则会标注"明信片/信件,年月日"。

② 下文中我们会发现这种自我辩护的做法不局限于沃尔门尼奇,但是这种做法在他的通信中经常出现。

③ "Wenn ich nun die ganze Geschichte nochmals betrachte, so kann ich die Unternehmung von meiner Seite nicht für fehlerhaft finden..." or "Hierzu hielt ich mich berechtigt, da..." 沃尔门尼奇1901年3月26日日记。

动机是什么？在下文中，为了探寻这些问题，首先会根据书信作者的文字来重构作者的特定观念(perception)和思考过程，然后将这些发现与作者叠加的(superimposed)正当化策略做一比较。如此，我们将获得义和团运动中的德国军队内部结构的启发性见解，并且能够证实在华的德国远征军从外部呈现出比内部实际存在的更为统一的战线。

我们首先要重点关注沃尔门尼奇的通信。这些资料主要是未刊印的手稿(manuscript)和私人信件和明信片。连续的手稿都是直接寄给一个人或者一组收信人的，而私人信件和明信片都是按照名字寄给不同的家庭成员。和其他战友一样，一启程沃尔门尼奇就开始定期地写报告，但是到了后期就不再频繁动笔了。他的私人信件通常有十多页，而且隔几天就写。这种形式的"通信"属于单独条目(individual entries)，所以被不定期地汇总起来然后多次邮寄给他的家人。据推测，汇总后的信件打算在更多的亲戚中散发。其他士兵在寄送日记短文(diary passages)时也遵循这种方法。例如，军官利奥波德·冯·特罗施克(Leopold von Troschke)、亚瑟·兰格(Arthur Langlet)、威廉·里特·冯·里布(Wilhelm Ritter von Leeb, 1876—1956)要求自己的父母把书信在其他家庭成员中传阅。①卡尔·弗里德里希·皮斯托里乌斯(Karl Friedrich Pistorius)同样要求母亲把自己写的日记在传阅给"那些给身处东亚的我写信和明信片的人"，并要求她"收集散失的日记"并在他回国后给他。②

沃尔门尼奇的书信一直都没有地址，结尾也都是简短且一样的问候语以及他名字的首字母"C"，这些书信明显地在信件和日记这两种形式中变换，因此本文将所有的资料称作"书信日记"(letter diary)。沃尔门尼奇一直坚持写作，直到结束在华一年的生活；在这期间，他一共留下了134页 A4 纸大小的内容。

从现象学的角度，沃尔门尼奇书信的主题重点就能使我们判定作者的心态(mentality)和态度(attitudes)。和其他军官的战地书信一样，他的

---

① 参看迪特琳德·温舍：《来自中国的战地书信：1900—1901年义和团运动时期德国士兵的认知和解释模式》，第54—55页。

② "…daß diese Blätter in Form von Sammelbriefen bei allen denen herumgehen, die mir liebe Briefe und Karten nach dem fernen Ostasien gesandt haben. [...] Dich, liebe Mutter bitte ich, diese losen Blätter zum Schluß zu sammeln und mir nach meiner Rückkehr wieder auszuhändigen."皮斯托里乌斯(Pistorius)，书信日记(抄本)，私人收藏，第24页。

书信中有三个代表性的要点,作者将注意力转向他的通信者(correspondent)、主题(subject matter)或者他自己。①事实要素(factual element)或主题占据了沃尔门尼奇记录的大部分,其主要关注点在于准确而详细地记录军事进程。自登陆中国伊始,沃尔门尼奇的书信日记一大部分就是详细描述其兵团的活动,有时是采买物资,更多时候则被称作惩罚性远征,而在其他时候则是毫无目的地将部队从一个地方转移到另一个地方。他的观察通常带有军事日志的特征;他列举了时间、天气、行军路线、路程、部队编制、武器、道路状况、地形、营房(quarters)、供给、运输问题等。②沃尔门尼奇只记录了两次与中国军队的大规模交战,详细描写了交战状况——战地行动、双方交火、战略思考都被事无巨细地记录下来。某次,他也曾停止描述,意识到"不是每个人都觉得这有趣",但他随即调整过来,声称:"这些事情意义重大。"③但是,如果考虑到收件人也就是他的家人,那么这些对军事进程的详细描述的确会使人感到惊奇。人们能感觉到他对这些事件的重视以及他对战争的自我认知(self-conception)。他清楚地表明了自己的军官身份,具有高度成熟的职业道德。托付给他的每项任务都使他感到自豪,并在信中详细地介绍了执行情况。但是,很明显,他不认为反思这场武装干涉(intervention)的政治和社会背景是自己的责任。他的信中回避了这些主题,只有一个例外,那就是他批评了传教士的在华活动。

沃尔门尼奇和大多数战友一样,对战争充满了热情。在威廉二世(Wilhelm Ⅱ)皇帝——他在大大小小的各种场合呼吁德国士兵们发动无情的报复行动——言简意赅(pithy)演讲的刺激下,④在媒体和退伍军人组

---

① 对于非虚构书信的样式与作用,参看霍斯特·贝尔克:《文学使用形式》,杜塞尔多夫:贝塔斯曼大学出版社,1973(Horst Belke, *Literarische Gebrauchsformen*, Düsseldorf: Bertelsmann Universitäts-Verlag, 1973),第142—144页。

② 沃尔门尼奇还留有一份不完整的军事日志,参看BayHStA, HS2314。

③ "Ich habe diese Traingeschichte, die wohl nicht jedermann interessieren wird, so ausführlich behandelt, weil diese Sachen von großer Wichtigkeit sind."沃尔门尼奇1901年1月8日日记。

④ 参见迪特琳德·温舍:《来自中国的战地书信:1900—1901年义和团运动时期德国士兵的认知和解释模式》,第197—199页。关于各种帝国演讲的全集,参看迈克尔·A.奥布斯特编:《德皇威廉二世的政治演说》,帕德博恩:舍宁出版社,2011(Michael A.Obst, ed., *Die politischen Reden Kaiser Wilhelms II.*, Paderborn: Schöningh, 2011),第201—209页。

织——这些组织在士兵出征时欢呼雀跃——军事热情的煽动下,新的"英雄们"因渴望战斗而乘船前往中国。绝非仅仅是激增的民族热情促使沃尔门尼奇和他的战友志愿参加东亚军团;这其中也存在十分多样的个人动机。除了对冒险和旅行的渴望,主要还是提高军事职业在威廉德国(Wilhelmine Germany)的社会威望和地位,这一点相当诱人。①在实践中实现理想、获得晋升同样激励了士兵。一开始,军官们就热切地等待着每一次战斗的机会,因为如果不和敌人相遇,就无法获得期待中的荣耀与升迁。和许多同僚一样,沃尔门尼奇偶尔会在没有得到命令的情况下率队单独行动,为的是找寻敌人——不论是义和团民还是清国士兵。②他生动地评论了一场这样的行动,该行动促使他们和清国士兵发生了小规模战斗:

> 五十个人参加此次远征行动肯定足够了,但是我想尽可能地让更多的人有机会参加,所以从每个连队抽调士兵,组成了一个48人的排,归一名军官指挥。我则亲自指挥四个排,因为我也想至少开几枪。③

沃尔门尼奇接着为自己的行动辩护:"我认为自己有权这样去做,因为

---

① 参看迪特琳德·温舍:《来自中国的战地书信:1900—1901年义和团运动时期德国士兵的认知和解释模式》,第183—184页。要进一步了解普鲁士—德国军队在威廉二世时期的崇高社会地位,参看托马斯·尼佩代:《德国历史(1866—1918)·卷2·民主之前的权力状态》(Thomas Nipperdey, *Deutsche Geschichte 1866-1918*, vol. 2, *Machtstaat vor der Demokratie*, Munich: Beck, 1992),第230—238页;汉斯—乌尔里希·韦勒:《德国社会历史·卷3·从1848年革命到第一次世界大战(1849—1914)》,慕尼黑:贝克出版社,1995(Hans-Ulrich Wehler, *Deutsche Gesellschaftsgeschichte*, vol. 3, *Von der "Deutschen Doppelrevolution" bis zum Beginn des Ersten Weltkrieges*, *1849-1914*, Munich: Beck, 1995),第873—885页。

② 在整个义和团战争期间,士兵们对敌人的概念并不精确。参看迪特琳德·温舍:《来自中国的战地书信:1900—1901年义和团运动时期德国士兵的认知和解释模式》,第307—319页。

③ "Es hätten 50 Mann für die Expedition gewiss ausgereicht; da ich aber doch möglichst vielen Leuten Gelegenheit geben wollte, daran theilzunehmen, so bestimmte ich von jeder Kompanie einen Zug zu 48 Mann unter einem Offizier. Das Kommando über die 4 Züge übernahm ich selbst, da ich hoffte, es würde wenigstens ein klein wenig geschossen werden."沃尔门尼奇1901年1月16日日记。

根据条约,中国人应该撤出直隶到长城这一地区。"①现在来看,他并不认为自己的行动是"一个错误;事实上,这是巨大成功的一个原因。的确没有人反对它。"② 很明显,至少一开始,军队对这种进攻方式就提出了批评。

和战友们一样,沃尔门尼奇十分羡慕同僚的每一次任务,他们更有"运气"与敌人遭遇交战。在沃尔门尼奇的情况下,很明显没有任何军官希望其他军官"成功"。由于和自己的上级爱德华·冯·霍夫迈斯特(Eduard von Hoffmeister,1852—1920)上校因为竞争持续争吵,沃尔门尼奇花了整整一页信纸和自己的家人详细讨论了这一事情。

对战斗的渴望、对交战的憧憬使沃尔门尼奇及其战友或多或少忽略了正在进行的和平谈判,抱着战争状态的幻想不放。③事实上,义和团运动在几周内就被有效镇压了,武装冲突——这一渴望已久的对德国军事效率和士兵勇气的"试金石"——连续几个月都未能出现。结果,士兵们很快就发觉他们丧失了"军事挑战的机会"这一心理动力。在德国人中,失望感尤其严重,因为除了一部分海军陆战队外,绝大多数士兵未能参加解救被围困的北京使馆的行动。此时陆军兵团依旧在前往中国的征程中,京津地区的关键性战役结束后他们才到达中国。

结果,德国军队早期的兴高采烈很快就变为沮丧失意和激进地"厌倦中国"(China-weariness)。到1900年冬,沃尔门尼奇在一张给母亲的明信片中写道:"我们没有动摇,而是沉浸在一种严肃的中国崇拜中……我

---

① "Hierzu hielt ich mich berechtigt, da ja die Chinesen die Provinz Tschili, also bis an die Mauer, vertragsgemäß geräumt haben mussten." 沃尔门尼奇1901年3月26日日记。

② "Wenn ich die ganze Geschichte nochmals betrachte, so kann ich die Unternehmung von meiner Seite nicht für fehlerhaft finden; sie gab vielmehr den Anlass zu großem Erfolg. Es sagt jetzt auch niemand noch etwas dagegen." 沃尔门尼奇1901年3月26日日记。

③ 关于八国联军入侵中国的概述,参看古苏珊:《德国殖民战争与军事暴力的背景》,剑桥:哈佛大学出版社,2017(Susanne Kuss, *German Colonial Wars and the Context of Military Violence*, Cambridge, M.A.: Harvard University Press, 2017),第13—24页;孔正滔:《以文明为名的惩罚性远征:中国义和团运动(1900—1901)》,孔正滔、弗兰克·舒马赫编:《殖民战争:帝国主义的军事暴力研究》,汉堡,2006(Thoralf Klein, "Straffeldzug im Namen der Zivilisation: Der 'Boxerkrieg' in China(1900-1901)", in *Kolonialkriege: Studien zur militärischen Gewalt im Zeichen des Imperialismus*, eds. by Thoralf Klein and Frank Schumacher, Hamburg: Hamburger Edition, 2006),第153—163页。

从没想到这次远征会变成一场惨败。"①在写信给家人时,沃尔门尼奇和他的同僚不否认德国媒体传递的消息并不总是与现场的事实相符,也不否认报纸经常把与当地人的小规模冲突夸大为激烈的战斗。在得知和平条约已被中国谈判代表原则上接受后,沃尔门尼奇立刻发泄了自己的不满:

> 昨天我们被告知中国皇帝已经同意并签署了和平条约。我依旧希望这不是真的,我还期待着至少再一次遇到中国士兵。如果不这样的话,我们必会满脸羞愧地回到家中。②

事实上,沃尔门尼奇一定是听信了谣言。和平条约的基本框架是由中国谈判代表直隶总督李鸿章在1901年1月16日同意的。然而,关于和平条约具体内容的谈判则一直持续到1901年9月初,最终缔结签署的是包含十二项条款的《辛丑条约》(*Boxer Protocol*)。③然而,沃尔门尼奇的反应也确实展现了士兵的动机,在军事干预的初期阶段,他们的动机和德国普通民众一致,但是由于长时间与世隔绝,开始脱离政治目标与公众期待。在私人通信中,远征军成员的实际动机浮出水面。这些书信和日记揭示了士兵的头脑中战争并未结束,哪怕是1901年1月初联军与清政府已经开始正式的和平谈判。

1901年的1月底和4月,沃尔门尼奇想要和中国士兵发生更大武装

---

① "Aber wir rühren uns nicht, sind vielmehr in eine feierliche Chinesenanbetung versunken …dass diese Expedition ein solches Fiasko machen würde, habe ich freilich nicht vorausgesehen."沃尔门尼奇,战地明信片,1900年12月13日。

② "Gestern wurde ganz bestimmt erzählt, dass der Friede abgeschlossen und vom Kaiser von China unterzeichnet sei. Ich hoffe immer noch, dass es nicht wahr ist und dass ich wenigstens ein einziges Mal chinesische Soldaten zu sehen bekomme. Man muss sich ja sonst schämen, nach Hause zu kommen."沃尔门尼奇1901年1月8日日记。

③ 关于这场持久的和平谈判,参看约翰·S.凯利:《被遗忘的会议:1900—1901年在北京的谈判》,维也纳:德罗兹出版社,1962(John S. Kelly, *A Forgotten Conference: The Negotiations at Peking 1900-1901*, Geneva: Droz, 1962);尼尔斯·P.彼得森:《作为帝国主义干涉结果的〈辛丑条约〉》,古苏珊、伯恩德·马丁编:《德意志帝国与义和团运动》,慕尼黑:法律出版社,2002(Niels P. Petersson, "Das Boxerprotokoll als Abschluß einer imperialistischen Intervention", *in Das Deutsche Reich und der Boxeraufstand*, eds. by Susanne Kuss and Bernd Martin, Munich: Iudicium, 2002),第229—244页;乔治·莱纳与莫妮卡·莱纳:《奥匈帝国与中国的义和团运动》,因斯布鲁克:研究出版社,2002(Georg and Monika Lehner, Österreich-Ungarn und der "Boxeraufstand", *in China*, Innsbruck: Studienverlag, 2002),第439—519页。

冲突的愿望最终实现，因为中国人两次越过长城附近的占领线。沃尔门尼奇满怀自豪地报告了此事："在我看来，我已经忘了开枪射击和子弹呼啸的声音。"而行动的成功是属于他的，因为他指挥了特遣队并让中国人遭受了惨重的损失。①同时，他还在信中抱怨，尽管家人给他寄送了桂冠，德国皇帝授予他三等红鹰勋章，但是他的成就并未得到充分承认。与报纸报道相反，他在1901年6月17日所称的他的交战是"唯一重要的事情；其他的都是无关紧要的"②。

在直隶省的这些遭遇战中，沃尔门尼奇对战争的态度是相当明确的（unequivocal）。和他的许多战友一样，沃尔门尼奇认为中国因杀害德国公使已经违反国际法，因此中国应该被视为不适用国际战争公约的"不文明国家"。这很可能也是其他将领的观点，至少在战争初期他们是这么认为的。德皇威廉二世在1900年7月27日发表了臭名昭著的"匈奴演说"（Huns Speech），演讲对象正是部分东亚远征军（以及针对军官的各类演说），其主旨就是要无限制地使用暴力，演讲直接提高了军队各阶层的战斗意志。③在"匈奴演说"中，威廉二世直白地宣称：

> 面对敌人你们必须战胜他们！不要同情他们！不要接受战俘！……就像一千年前的匈奴人那样……获得了至今依旧如雷贯耳的名声。同样，你们可以让德国在中国也获得这样的名声，让中国人永远不敢蔑视德国人！④

---

① "Was nun mich persönlich anbetrifft, so machte das Schießen und Pfeifen der Kugeln gar keinen Eindruck auf mich."沃尔门尼奇1901年3月26日日记。

② "Dieses Gefecht war das einzig bedeutende; die anderen waren nichts."沃尔门尼奇，书信，1901年6月17日。

③ 关于"匈奴演说"的真实性与发表问题，参看迪特琳德·温舍：《来自中国的战地书信：1900—1901年义和团运动时期德国士兵的认知和解释模式》，第69—72、193—201页。

④ 转引自克里斯托弗·M.克拉克：《德皇威廉二世》，哈罗：培生教育集团，2000（Christopher M. Clark, *Kaiser Wilhelm II*, Harlow: Pearson Education, 2000），第169页。这段资料在克拉克的版本中并未标注。此次演讲的编辑历史十分复杂，最新版本参看奥布斯特特编：《德皇威廉二世的政治演说》，第201—209页，此书包含了至少五个版本的演讲。对此的分析解读，参看孔正滔：《论"匈奴演说"（1900）》，尤尔根·齐默勒编：《德国殖民历史的纪念场所》，法兰克福：坎普斯出版社，2013[Thoralf Klein, "Die Hunnenrede (1900)", in *Kein Platz an der Sonne: Erinnungsorte der deutschen Kolonialgeschichte*, ed. by Jürgen Zimmerer, Frankfurt am Main: Campus, 2013]，第164—176页。

这些演讲的影响在德国士兵的"匈奴书信"(Huns Letters)中得到证实,这些书信很多都是写于中国战争的最初的几个星期里(即1900年夏季),随后就首先刊登在当地报纸上,稍后就更系统地刊登在社会民主党(Social Democratic)和左派自由主义者(Left Liberal)的报纸上。① 这些信件对于德国(以及其他联军)的暴行直言不讳。

"匈奴书信"和许多其他保存于档案中而未出版的信件,都为这些演说的影响提供了书面证据。战地信件中引用了大量的帝国规训(exhortation)与德皇演讲,这说明士兵们强烈地接受了威廉二世的格言并将其作为在中国战场上的准则而铭记于心。② 到1901年2月,沃尔门尼奇仍旧希望能够参与一次重要的军事活动;在信中,他以德皇的言论作为暗示:"希望我们这次能拔剑出鞘,把这座城市夷为平地。"③这可以追溯到德皇对北京德国公使被杀的愤怒,他明确要求把北京"完全摧毁,夷为

---

① 德国议会就"匈奴书信"发生了激烈争论,参看乌特·维兰特、迈克尔·卡施纳:《德国帝国议会关于德国在华战争的辩论:奥古斯特·倍倍尔与"匈奴书信"》(Ute Wielandt and Michael Kaschner, "Die Reichstagsdebatten über den deutschen Kriegseinsatz in China: August Bebel und die 'Hunnenbriefe'"),古苏珊·伯恩德·马丁编:《德意志帝国与义和团运动》,第183—201页;弗兰克·博施:《威权国家的边界? 帝国中的媒体、政治和丑闻》,思文·奥利弗·穆勒、科尼利厄斯·托普编:《争议中的德意志帝国》,哥廷根:范德霍克和鲁普莱希特出版社,2008(Frank Bösch, "Grenzen des Obrigkeitsstaates? Medien, Politik und Skandale im Kaiserreich", in *Das deutsche Kaiserreich in der Kontroverse*, eds. by Sven Oliver Müller and Cornelius Torp, Göttingen: Vandenhoeck & Ruprecht, 2008),第136—152页。

② 参看迪特琳德·温舍:《来自中国的战地书信:1900—1901年义和团运动时期德国士兵的认知和解释模式》,罗梅君、余凯思编:《在中国的殖民战争:1900—1901年义和团运动的失败》,柏林:林克斯出版社,2007(Dietlind Wünsche, "Feldpostbriefe aus China: 'Jeden [sic!] Zehnten mindestens den Kopf ab in den aufrührerischen Gegenden'...", in *Kolonialkrieg in China: Die Niederschlagung der Boxerbewegung 1900-1901*, eds. by Mechthild Leutner and Klaus Mühlhahn, Berlin: Links, 2007),第164—172、156—161页。

③ "Hoffentlich machen wir dieses Mal Ernst und machen die Stadt dem Erdboden gleich." 沃尔门尼奇1901年2月20日日记。

平地"①。

和许多战友一样,沃尔门尼奇毫不同情中国人,支持"严酷对待"他们。当时流行着欧洲"优等种族"(master race)比非欧洲民族优越的观点,沃尔门尼奇的思想和行为也受到这一观点的影响。刻板的观念将中国视为道德堕落之地,技术、政治与思想都落后,这一观念与上面的态度相结合。沃尔门尼奇象征性(symbolically)地羞辱了那些不屈从于他的中国人。例如,他曾要求一名"反抗的"(recalcitrant)的清朝官员亲吻他的靴子。唯一一次违背自己的意愿是为了遵守将军埃米尔·冯·莱瑟尔(Emil von Lessel,1847—1927)的命令,他在进入乡村之前"被强烈要求友好地对待中国人"。②据沃尔门尼奇称,在此之前莱瑟尔就告诉他这是瓦德西(Alfred Graf von Waldersee,1832—1904)——德国陆军元帅,后被任命为在华联军总司令——的要求,要友好地对待中国平民,但是中国军人和义和团民则要击毙。③

确实,许多德国士兵的战地信件表明,到1900年底指挥将领竭尽全力地约束部队,保护平民免受暴力伤害。根据1898年12月的军事法律公约,此时德国军队在军事法庭审判中要为自己的行为负责——这一政策自公布起生效,但是一直未能得以实施。这些变化多半是因为德国元帅瓦德西职位的提升,左翼和中左翼政党在1900年11月的议会辩论中对侵害平民的暴力行为大加批评。

然而,沃尔门尼奇及其战友着重表达了对战争行为变化的不满。沃尔门尼奇宣称人们不会相信"中国人应该像欧洲人一样得到友善的对待",接着他又称赞俄国人、日本人、英国人和法国人,他们没有让自己受

---

① 约翰尼斯·勒普索斯、阿尔布雷希特·门德尔松·巴托迪、弗里德里希·蒂姆编:《欧洲各国内阁的大决策(1871—1914):外交部外交档案集》卷16,柏林:帝国出版社,1924(Johannes Lepsius, Albrecht Mendelssohn Bartholdy and Friedrich Thimme, eds., *Die Große Politik der europäischen Kabinette, 1871-1914: Sammlung der diplomatischen Akten des Auswärtigen Amtes*, vol. 16, Berlin: Deutsche Verlags-Gesellschaft für Politik und Geschichte, 1924),第4页。亦可参看伯恩德·马丁:《1900年6月20日德国公使克林德遇害与义和团战争升级》(Bernd Martin, "Die Ermordung des deutschen Gesandten Clemens von Ketteler am 20. Juni 1900 in Peking und die Eskalation des Boxerkrieges"),古苏珊、伯恩德·马丁编:《德意志帝国与义和团运动》,第89页。

② "Als ich mich bei Lessel abmeldete, legte er mir wieder eine rücksichtsvolle Behandlung der Chinesen ans Herz." 沃尔门尼奇1901年1月8日日记。

③ 沃尔门尼奇1900年10月15日日记。

到这样的束缚。①相似的言论也出现在几乎所有德国军官的信件中,如皮斯托里乌斯(Pistorius)称德国人的行动方针是"感情用事的人道主义"(sentimental humanitarianism)。②皮斯托里乌斯称日本人和俄国人比我们知道"如何更好地和中国人(Chinese bunch of dogs)打交道"。③在联军中普遍存在一种印象,那就是其他国家对待中国人的行为要远比自己更加暴力;但是这些言论的目的是通过批评他人为自己的行为辩解。④然而,在这个案例中,愤怒的军官因为失败指责了自己的军事长官,这些军事长官包括第二东亚步兵旅指挥官少将威廉·冯·克特勒(Wilhelm von Kettler,1846—1928)、德国远东远征军指挥官中将莱瑟尔,他们都受到了大多数的批评。沃尔门尼奇及其战友发现他们对待中国人的态度太温和、太让步、太宽容。在给母亲的一封信中,沃纳·冯·施陶芬贝格(Werner Freiherr Schenk von Stauffenberg,1878—1904)抱怨说:"每个人都对这里事态的发展和将领们感到愤怒。"⑤在信中,他着重描写了士兵们的愤怒:

> 我可以告诉你我们现在全都感受到了无与伦比的愤怒和失望。莱瑟尔和凯特勒的所作所为都比愚蠢的"日耳曼·迈克尔"(German Michael)⑥有过之而无不及;军官们仅仅因为履行职责就受到了军事法庭的审判,十几名士兵被关进了监狱;中国人、法国人、美国人和俄

---

① 沃尔门尼奇1901年3月26日日记。士兵们普遍喜欢将自己的行动和其他国家的进行比较。关于德国与法国自传资料的比较研究,参看让-雅克·温道夫:《德国与法国对中国1900—1901年义和团运动的记忆场所:根据选定资料群体进行的比较》,法兰克福:朗出版社,2016(Jean-Jacques Wendorff: *Der Boxeraufstand in China 1900/1901 als deutscher und französischer Erinnerungsort: ein Vergleich anhand ausgewählter Quellengruppen*. Frankfurt a. M.: Lang, 2016)。

② "Humanitätsdusel."皮斯托里乌斯,未刊书信日记(抄本),私人收藏,第37页。

③ "... wie man mit dem Hundepack von Chinesen umspringen muss." 皮斯托里乌斯,未刊书信日记(抄本),私人收藏,第37页。

④ 参看孔正滔:《以文明为名的惩罚远征:中国义和团运动(1900—1901)》,第171—172页。

⑤ "Alles ist hier wütend über den Gang der Dinge und unsere Generäle." 施陶芬贝格(Stauffenberg),书信,1900年12月15日,BayHStA, HS 3163。

⑥ 圣米歇尔(St. Michael)是德国和日耳曼民族的具象化,也是德国的守护神,经常被用来讽刺头脑简单的人;参看托马斯·沙罗塔:《德意志的米歇尔:一个国家符号和刻板印象的历史》,奥斯讷布吕克:费伯出版社,1998(Thomas Szarota, *Der deutsche Michel: Zur Geschichte eines nationalen Symbols und Autostereotyps*, Osnabrück: Fibre, 1998),第27页。

国人就那么骑在我们头上;一名将军(克特勒)在远征时随身带着玫瑰香水和紫罗兰香皂;在巡逻中受伤的军官被指控看到了幽灵,而克特勒在他的帐篷外面安排了四名警卫;他给了一名清朝官员几件丝绸长袍——这名官员所辖城市最近被军队和义和团民占领,只是因为这名官员向克特勒抱怨我们德军拿走的东西太多了;他绕着整座城市走了一圈,因为这名官员称不能打开城门;他要求一名炮兵上尉在行军中尽可能地减少破坏,因为当地人是如此和善……为了祖国的利益,我将感激有人能朝着这些将领的头上开一枪。我也听说国内的报纸对这里发生的事情有所了解。这将是一场可怕的骚乱,而德国军队的声望也将一落千丈。我要告诉你,我和成千上万的其他士兵坐在一起,无所事事、闷闷不乐而又身不由己,只能愤怒而又羞愧地干瞪眼,这对于每一个对祖国怀有热情的人来说都不是好事。很显然,我们使这场远征违背了自己的初衷。一言以蔽之——可怜。只是想让您了解一下这里的整体氛围。①

---

① "Von hier kann ich Dir mitteilen, daß bei uns allen eine ganz beispiellose Wut und Depression herrscht, daß Lessel und Kettler den dummen Deutschen Michel in einer Weise darstellen, die jeder Beschreibung spottet, daß Offiziere, die nichts weiter als ihre Pflicht thun, vor das Kriegsgericht kommen und Mannschaften zu Dutzenden in's Zuchthaus wandern; daß Chinesen und Franzosen, Amerikaner und Russen uns auf den Kopf spuken [sic!], daß ein General (Kettler) auf einer Expedition sich mit Rosenwasser und Veilchenseife parfümiert und Offizierpatrouillen, die angeschossen wurden der Geisterseherei beschuldigt, während er beständig 4 Posten vor seinem Zelt hat, daß er einen Mandarin, in dessen Stadt eben noch Truppen u. Boxer waren, seidene Gewänder schenken läßt, weil der sich beklagt, unsere Truppen hätten zu viel genommen, daß er um eine Stadt herum geht, weil ihm der Mandarin sagt, er könne die Thore nicht öffnen, und daß er einem Artillerie Hauptmann [sic!] befiehlt, beim Auffahren möglichst wenig Flurschaden zu machen, die Leute seien so freundlich [...]. Im Interesse des Vaterlandes wäre ich jedem dankbar, der solchen Führern eine Kugel vor den dummen Kopf schösse. Nun ich höre ja, daß die Zeitungen bei uns bereits die Mehrheit ahnen. Es wird einen furchtbaren Sturm geben und das Prestige der Deutschen Armee wird gewaltig sinken. Ich kann Dir sagen, es ist kein schönes Gefühl, wenn man noch Begeisterung für sein Vaterland im Herzen hat, hier zu sitzen, unthätig mit tausend andern ohnmächtig knirschen und grollen und zusehen müssen, wie Schande auf Schande sich häuft. So haben wir denn den Rachezug gegen uns selbst geführt. Mit einem Wort: erbärmlich. So, das soll Dir nur eine Ahnung geben, von der allgemeinen Stimmung." 施陶芬贝格,书信,1900年12月24日,BayHStA, HS 3163。

正如这封信所揭示的,军官们或多或少遵循了1900年秋季后将领们制定的条例。但是,当下属违反条例时军官们不愿意去执行条例,甚至会隐瞒违规行为。沃尔门尼奇就称:

> 一到晚上士兵就四处杀戮中国人。万幸的是没有士兵被抓到。根据现行的军事条例,如果它在中国也像在欧洲一样被执行的话,那么这些士兵将会受到严厉的处罚。①

沃尔门尼奇对那些无法适应德国战争行为变化的士兵表示同情:

> 我们的人无法快速适应这一形势的变化,这是可以理解的,因为他们早就被德皇劝诫要毫不留情,已经知晓了中国人的暴行,也曾在天津看到了其他国家士兵的所作所为。②

事实上,在整个战争中,士兵与将领们之间出现了分歧:士兵充满野心,而将领们试图以或多或少的人道方式推进战争。然而,应该注意到,这种保持更大克制的做法主要适用于平民。而对于军事上的敌人,"不要同情他们!不接受俘虏!"这一口号仍旧适用。因此,逃亡的中国士兵们被追赶数公里,遭到无情的射击;这给中国军队造成了极大的损失。③

军官们巧言令色,为自己缺乏严格执行纪律条例的热情开脱。其中之一就是回顾了最初的动员大会,要求他们毫无怜悯地开赴战场;沃尔门尼奇自鸣得意地问道:"德皇所说的'毫不留情'将会变成什么?"④和大多

---

① "Hier und da wurde in der Nacht ein Chinese von den Soldaten todtgestochen; glücklicherweise gelang es nie, einen Soldaten zu erwischen; denn bei der bei uns bestehenden Bestimmung, dass das Militärstrafgesetzbuch auch in China ebenso angewandt werden soll wie in Europa, hätten diese Leute eine unverdient hohe Strafe bekommen." 沃尔门尼奇1901年3月26日日记。

② "Dass unsere Leute diesen Stimmungswechsel nicht so rasch mitmachen konnten, nachdem sie zuerst vom Kaiser aufgefordert worden waren, kein Pardon zu geben, nachdem man ihnen von chinesischen Greuelthaten erzählt hatte, und nachdem sie in Tientsin das Benehmen der Soldaten anderer Nationen gesehen hatten, ... war wohl begreiflich." 沃尔门尼奇1901年3月26日日记。

③ 参看迪特琳德·温舍:《来自中国的战地书信:1900—1901年义和团运动时期德国士兵的认知和解释模式》,第209—211页。

④ "Was wird nun mit dem Worte des Kaisers:'Kein Pardon'?" 沃尔门尼奇1900年9月2日日记。

数战友一样,沃尔门尼奇也认为其他国家的军队在对待中国人时更加残暴,所以在他看来没有理由要求德国军队在战争中"更仁慈"。另一个开脱的方法就是指出军队内部的通讯问题和命令混乱。例如,令沃尔门尼奇感到恼火的是,因为中国人拒绝向德军提供食物、车辆和牲畜,所以他就以剪辫子、殴打的方法惩罚他们;而莱瑟尔却要他为这些行为负责。他抱怨称自己并未收到恰当的行动指令。沃尔门尼奇总结称:"我不认为我的处罚是残酷或者不公的;即使是现在,经过深思熟虑后我也不会采取不同的行动。"①

此外,沃尔门尼奇还试图庇护手下的士兵,他们苛刻地对待平民,甚至不经审判就处决中国人。据他说,这种不当行为的原因在于对法律了解不足。根据沃尔门尼奇的说法,涉及外国人(在当时情况下即为中国人)的刑事诉讼的相关条例已于1900年夏季颁行。条例规定:

> 背叛德国军队的外国人,一经发现即可以战争习惯对待之,即立即开枪还击;如果不是这种情况,应在军事法庭提起诉讼。②

这一条例是军队开拔之前发给团参谋部的,但是沃尔门尼奇称由于事务繁忙,他和冯·霍夫迈斯特(von Hoffmeister)上校都没有机会阅读。在将军们传唤冯·霍夫迈斯特上校解释枪杀一名村民事件后,他们才第一次阅读了条例,但显然没有进一步的结果。军官们在前往中国的漫长旅程中是否有足够的时间阅读条例,对沃尔门尼奇来说无关紧要。

最后一个使个人行为正当化的方法,在沃尔门尼奇战友笔记中比在他自己的作品中表现得更明显。许多军官赞同采取强硬的态度,理由是中国人可能无法理解德国的法律惯例而应根据他们的法律做出判罚,而中国的法律在欧洲人看来是残酷和野蛮的。沃尔门尼奇的同僚阿诺德·勒奎斯(Arnold Lequis,1861—1949)认为:"被征服的民族显然不应该按照德国律

---

① "Ich glaube nicht, dass ich mit meinem Urtheil grausam oder ungerecht war, wenigstens würde ich es auch jetzt nach reiflicher Überlegung nicht anders machen." 沃尔门尼奇1900年12月29日日记。

② "In dieser Verordnung heißt es nun, dass gegen Ausländer, wenn sie bei einer verrätherischen Handlung gegen die deutschen Truppen auf frischer That ertappt werden, nach dem Kriegsgebrauch zu verfahren ist, d. h. dass sie ohne Weiteres erschossen werden, dass dagegen, wenn dies nicht der Fall ist, ein kriegsgerichtliches Verfahren gegen sie einzuleiten ist." 沃尔门尼奇1901年1月8日日记。

法,就应该按照他们自己的标准来处理。"①在另一个场合,勒奎斯称:

中国人向来只对残酷行为有印象,正如李鸿章所称,受他惩罚的地方鸡犬不留。他们认为我们的友善无足轻重,我们很快就会看到结果。②

这向他们提供了流行的观点使行为合法化,从而避免对自己的行为负责。

我把这种现象称作合法化(legitimisation)策略的叠加,指的是通过同时采取多种合理化(rationalisation)的方法来为自己辩护。以沃尔门尼奇为例,语用论证(pragmatic arguments)如完成任务的必要性就辅以转移责任(指责命令含混、指示矛盾)和貌似合法的手段。这一正当化策略能否产生期待的效果,此处无法详细讨论。

在介绍完沃尔门尼奇对义和团战争的看法和他的具体论证与正当化策略后,我将回到最初提出的一些问题并进行总结。是什么促使沃尔门尼奇不断为自己的行为辩护?是内疚还是家人的批评?后者是不太可能的,因为沃尔门尼奇会直接受到通信人的指责并做出回应。

沃尔门尼奇和其他人的战地书信中有着许多提示,自我辩护的重要性是由另一种媒介(medium)——报纸引起的。在德国报纸头版,在华战争暂时取代了更早爆发的布尔战争。③从一开始,德国报纸就详尽地报道

---

① "... dass unterjochte Völker nach ihrer eigenen Auffassung behandelt werden müssen. Nur nicht nach dem deutschen Gesetzbuch."勒奎斯,书信,1901年2月10日。BA/MA,FM/N 38/3。

② "Dem Chinesen imponiert nur Grausamkeit und wo er straft, bleibt, wie Li hung tschou [sic!] sagt, kein Hund und kein Hase am Leben. Unsere Güte halten sie für Schlappheit und werden wir wohl bald die Erfolge merken."勒奎斯,书信,1900年11月14日。BA/MA,FM/N 38/3。

③ 参看彼德·哈林顿:《新闻摄影与布尔战争:伦敦周末画报》,伦敦:劳特利奇出版社,2013(Peter Harrington, "Pictorial Journalism and the Boer War: The Illustrated London Weeklies", in *The Boer War: Direction, Experience and Image*, ed.by John Gooch, London: Routledge, 2013),第237、240页;孔正滔:《宣传与批评:媒体的作用》,罗梅君、余凯思编:《在中国的殖民战争:1900—1901年义和团战争的失败》,柏林:林克斯出版社,2007(Thoralf Klein, "Propaganda und Kritik: Die Rolle der Medien", in *Kolonialkrieg in China: Die Niederschlagung der Boxerbewegung 1900-1901*, eds.by Mechthild Leutner and Klaus Mühlhahn, Berlin: Links, 2007),第173页。

了在华军队的进程和政治发展,报纸的部分消息来自特地派往前线的战地记者。相反,尽管这些报道在时间上有很大的延迟性,但是前线的实际参与者(即士兵)还是会兴趣满满地阅读。几乎所有士兵的书信都表明他们十分渴望拿到订阅的报纸。联军内部之间的信息交流是相当缺乏的,参与战斗的人们只能通过报纸来获知直隶其他地区正在发生什么,或者已经发生了什么;在直隶地区的军事干预是受到限制的。①

军官们还特别想知道他们在不同的远征中取得的成就是否得到了"合理承认"(properly acknowledged)。几乎所有的军官都在自己的信中反复提到了这类报纸报道。正如前文所说,1900年11月议会辩论的纪要几乎刊登在了所有的报纸上,纪要内容包括对华军事干预的意义特别是对德军行动方面的争议性讨论。德国舆论所展现的愤怒使得军事将领以及所有参与军事干预的人员都承受了巨大的压力。②与先前的假设相反,很可能是前线将领们为应对公众批评而在军队中执行了更加严格的纪律。然而,军官们只是勉强遵守了新的规定,因为这些新规有损军官们参加远征的个人目标——在偏远的战区提高声望。他们原则上一直支持发动一场不受国际或者德国的军事法律约束的侵略性战争。

研究像沃尔门尼奇等远征参与者的未刊书信,削弱了德国远征军团结协作的形象。媒体和他们对待德国社会批评声音的态度,在加速内部分裂方面发挥了重要作用。围绕远征军行动(proceedings)的批评与争论并不会使德国军官改变对先前作战方式的态度,但是这些批评争论的确让军官们意识到,尽管远离祖国,但是他们的一举一动都被注视着,而他们必须正视针对他们的批评。对于沃尔门尼奇来说,公共舆论和媒体态度造成了内部的分裂,他不得不为自己辩护的做法正体现了这一点。

---

① 参看迪特琳德·温舍:《来自中国的战地书信:1900—1901年义和团运动时期德国士兵的认知和解释模式》,第30、175—176、225页。

② 参看乌特·维兰特:《德国帝国议会关于义和团战争的辩论》(Ute Wielandt, "Die Reichstagsdebatten über den Boxerkrieg"),罗梅君、余凯思编:《在中国的殖民战争:1900—1901年义和团战争的失败》,第164—172页。遗憾的是,由于缺少家人的回信,我们很难最终确定这些辩论是否对家庭成员产生了影响。因为父母对德皇"海上布道"(Seepredigt)有些沮丧,一名军官对他们进行了批评,并劝慰他们是误解了德皇的演说。参看勒奎斯,书信,1900年10月30日,BA/MA, FM/N 38/3。

作为媒介的议会辩论与媒体
——德国帝国议会与法国众议院对义和团战争的讨论

丹尼尔·莫伦豪尔(Daniel Mollenhauer)

1900年9月,德国著名的讽刺杂志《简单》(*Simplicissimus*)刊登了帝国议会最新的"会议纪要"(stenographic record),内容主要是讨论了在中国的战争。时任外交大臣伯恩哈德·冯·比洛(Bernhard von Bülow,1849—1929)——几星期后被任命为帝国首相——呼吁议员们要有爱国之心,敦促他们投票赞成在东亚的军事远征;一名报纸记者喃喃自语道:"第二个俾斯麦!"不同党派的发言人有以下几位,天主教中央党(Catholic Centre Party)的恩斯特·李伯尔(Ernst Lieber, 1838—1902)称将支持政府的动议(motion),条件是任命更多的随军神父;社会民主党领导人奥古斯特·倍倍尔(August Bebel, 1840—1913)高呼支持义和团,称义和团起义(uprising)是一种"自卫行为",并承诺德国的社会主义者很快也会向他们学习,发动战争来反对资本主义;保守派卡尔·冯·斯图姆-哈尔伯格(Carl Ferdinand Freiherr von Stumm-Halberg, 1836—1901)代表实业家克虏伯发言,称克虏伯正面临对华武器出口崩溃的困扰,感到有必要为可怜的工业家要求赔偿。最后,带有民族主义色彩的泛德意志协会(Pan-German League)领导人恩斯特·哈塞(Ernst Hasse, 1846—1908)带着所有议员(除了社会民主党议员)高唱国歌,会议就此结束。①

---

① 参看特拉普(笔名):《德国帝国议会中的中国战争》,《简单》1900年9月18日(Tarup [pseudonym], "Der chinesische Krieg im Deutschen Reichstage", *Simplicissimus*, 18 September 1900),第206页。重印本参看罗梅君、余凯思编:《在中国的殖民战争:1900—1901年义和团运动的失败》,柏林:林克斯出版社,2007(Mechthild Leutner and Klaus Mühlhahn, eds., *Kolonialkrieg in China: Die Niederschlagung der Boxerbewegung 1900-1901*, Berlin: Links, 2007),第164页。

当然,《简单》这份"会议纪要"完全是虚构的,因为1900年9月并未召开帝国议会,而其引用的"发言"就更是一种反讽。但是,通过进一步考察,我们会发现作者也并不完全是胡说,两个月后确实召开了帝国议会,而代表不同政党发言的议员与《简单》中列举的代表十分相近。这些议员提出的论点更是与伪造的帝国议会会议纪要中的内容毫无区别。

作为媒体的议会——议会与媒体

《简单》的恶作剧——讽刺杂志的作者想象了一场议会辩论——引出了本文的核心问题:议会与媒体之间的相互联系、互动与依存。媒体尤其是报纸为在议会内的官方政治辩论做好了准备;它们提供了必要的消息以及主要的解释(interpretation)模式。①更多时候,议会的辩论是晚于激烈的报界讨论的;报界提出的论点将会被议员采纳。尤其是到19世纪末20世纪初,众多议员既是政客又是记者。在法国,许多日报与特定的政党、团体、派系有着直接的联系,甚至一些知名人士也参与其中,突出的例子有19世纪七八十年代的莱昂·甘必大(Léon Gambetta,1838—1882)与《共和报》(La République),19世纪90年代中期的乔治·克里蒙梭(Georges Clemenceau,1841—1882)与《正义报》(La Justice)、1895年德雷福斯事件(Dreyfus affair)后左拉与《震旦报》(L'Aurore)。②这些联系也影

---

① 参看安德雷斯·毕方:《作为政治国家象征的帝国议会:议会与公众(1867—1890)》,洛萨·加尔编:《俾斯麦时期的政府、议会与公众》,帕德博恩:舍宁出版社,2003(Andreas Biefang, "Der Reichstag als Symbol der politischen Nation: Parlament und Öffentlichkeit 1867-1890", in Regierung, Parlament und Öffentlichkeit im Zeitalter Bismarcks, ed.by Lothar Gall, Paderborn: Schöningh, 2003),第23—42页。

② 参看约尔格·雷奎特:《新闻行业:19世纪新闻行业的出现与发展以及国际比较视野中的德国》,哥廷根:范德霍克和鲁普莱希特出版社,1895(Jörg Requate, Journalismus als Beruf: Entstehung und Entwicklung des Journalistenberufs im 19. Jahrhundert. Deutschland im internationalen Vergleich, Göttingen: Vandenhoeck & Ruprecht, 1995),第87—91页;关于甘必大、克里蒙梭与报纸的关系,参看约翰·伯里:《甘必大与第三共和国的建立》,伦敦:朗曼出版社,1973(John P. T. Bury, Gambetta and the Making of the Third Republic, London: Longman, 1973),第304—310页;杰罗姆·格雷维:《机会主义者的共和国(1870—1885)》,巴黎:佩林出版社,1998(Jérôme Grévy, La République des opportunistes: 1870-1885, Paris: Perrin, 1998),第150—170页;杜罗塞尔:《克里蒙梭》(Duroselle, Clemenceau),第145—155页。

响到更广泛的公众群体对议会辩论的接受程度——在议员/编辑的介入下,报纸提供了广泛而翔实的报道内容。但是即使不是这种情况,议会辩论仍在日报中占据主要地位。比如,《时报》(Le Temp)每天刊登法国众议院和参议院议程纪要。在德国,关于议会辩论的消息也在时政刊物中占据了重要地位,自1848年革命以后这些辩论就成为公开的。[1]这就意味着报界帮助议会做了宣传。议会要想对社会产生影响,必须通过报纸或杂志将其辩论与社会上更广泛的圈子联系起来,即使报刊采用了漫画式(caricature)或者讽刺式(satire)的手段来宣传。

议会在多大程度上扮演了媒体的角色,这一问题尚有争议。当然,自19世纪初叶议会就成了新兴的公共舆论(public sphere)的一部分。与新兴的现代报界和自由主义协会一起,它致力于提高公共事务的透明度并作出公开讨论,反对政府和当局的"暗箱操作"(arcane practices)。[2]而议会又和其他媒体一起促使已发生的事情转变为具有明确定义、特定意义的"事件";议会辩论有助于在重要与不重要之间划定界限。另外,议会又不能被轻视为只能定义和代表政治/历史事件的角色。作为政治决策的重要机构,议会同样是政治体系中不可或缺的要素。通过支持或抨击政府的政策、通过或否决议案,议会成为政治运作的一部分并对事件的进程有着直接影响。也许有人会说,议会扮演了一个矛盾的甚至有些自相矛盾的角色,因为它们构成了自己通过代表方式帮助创造的事件的一部分。

所以,如何确定作为媒体的议会的明确特点(characteristic)和特定价值(value)?首先,议会辩论有一套规范的程序,这就使政治问题(之前可能在其他类型的媒体中进行过辩论)变得程式化和仪式化。作为机构,议会的运作遵循一个有着明确定义的法律框架。议员必须遵守特定法规规定的内部议事规则,他们必须遵守议会内部的等级制度以及成文或者不

---

[1] 参看安德雷斯·毕方:《权力的另一面:俾斯麦体系中的帝国议会与公众(1871—1890)》,杜塞尔多夫:德罗斯特出版社,2009(Andreas Biefang, *Die andere Seite der Macht: Reichstag und Öffentlichkeit im "System Bismarck" 1871-1890*, Düsseldorf: Droste, 2009),第66—96页。

[2] 参看托马斯·麦卡锡:《导论》,尤尔根·哈贝马斯:《公共领域的结构转型》,剑桥:麻省理工学院出版社,1991(Thomas McCarthy, "Introduction", in Jürgen Habermas, *The Structural Transformation of the Public Sphere: An Inquiry into a Category of Bourgeois Society*, trans. by Thomas Burger, Cambridge, M. A.: MIT Press, 1991),第11页。

成文的行为规范。①为了就特定问题发表政治声明,这些问题需要纳入议会议程(或者有意排除议程);此外,这些发言有着规定的格式,比如质询(interpellation)、提问(question)、立法建议(proposition of laws)等。

其次,与印刷媒体不同,在议会里不同的党派和意见都是直接面对面的。议会提供了一个对话交流的论坛,但是以一种相当仪式化的方式进行——如果只考虑"经典"的诘问或者集体离场以示抗议。这种互动的一种更为"文明"的变化是两个或者多个政党的最杰出代表之间相当"经典"的唇枪舌剑。

最后,也可能是最重要的一点,对于所有的政治问题来说,议会辩论是声望的来源:当一个政治话题进入议会议程的时候,这意味着该问题已经获得某种"官方"认可。在所有的现代民主制度中,议会是一个官方的公共辩论的"竞技场",是一个政治(通常是民族的)团体的舞台;传统上,将一个新的问题或政治话题纳入议会议程是政治动员的重要目标。

考虑到以上三点,本文将分析在义和团战争期间法国和德国议会是如何作为媒体发挥作用,又是如何与媒体互动的。笔者首先会按时间顺序论述两国关于中国远征的议会辩论。在法德两国,对此的辩论存在明显的不同。在德国,帝国议会议员已经离开柏林去度暑假,此时中国发生了围攻使馆区的事件。6月12日,常规的议会会议已经结束;直到11月中旬帝国议会才重新开会,此时在京津地区的主要军事行动已经结束。围攻北京使馆区的高潮、向中国派遣远征军的决定、与联军"西方"政府的外交协商以及大量的军事战斗,这些都发生于议会由于实际原因无法开会的时候。②德国议员的这种长期沉默是由不利的环境造成的,这与11月14日帝国议会重新开会后对义和团战争的重视形成了鲜明对比。在新

---

① 关于"规则"(rules)的详细分析,参看托马斯·莫格尔:《魏玛共和国的议会文化:公共领域的政治传播、象征性政治和帝国议会》,杜塞尔多夫:德罗斯特出版社,2002(Thomas Mergel, *Parlamentarische Kultur in der Weimarer Republik: Politische Kommunikation, symbolische Politik und Öffentlichkeit im Reichstag*, Düsseldorf: Droste, 2002)。

② 在德意志帝国,只有皇帝有权力召开帝国议会临时会议,但是威廉二世和他的政府官员都没有这样做——这与威廉二世在11月14日帝国议会常规会议上的开幕演讲不同。参看《帝国议会辩论纪要:第十届议会第二次会议(1900—1902)》卷1(*Stenographische Berichte über die Verhandlungen des Reichstags, X. Legislaturperiode, II. Session 1900/1902*, vol. 1, Berlin: Norddeutsche Verlagsanstalt, 1901),1900年11月14日会议,第1—2页。

任首相比洛发表了关于几个月前政府行动的简短开幕演说后,与东亚战争相关的辩论连续进行了五天;社会民主党领导人奥古斯特·倍倍尔的第一次演说就持续了两个多小时,演讲内容占满了官方速记的十五页纸。①

在法国,事情相当不同,因为议会会期(session)直到7月中旬才结束。6月20日,外交部长泰奥菲勒·德尔卡塞(Théophile Delcassé,1852—1923)先向议员们通报了关于中国情势的国际谣言(rumours),7月10日,众议院在不讨论的情况下全票通过了为镇压义和团运动提供巨额资金的提案,部长就与此事相关的问题做了回答。②然而,严格来说,这可能会误导对"议会辩论"的讨论:直到会议结束,有关中国事态的消息仍然不确定,以至于在解决中国问题的不同政治方法之间无法形成激烈的对抗。议会议员和政府官员试图抑制非官方新闻经由可疑(或者是由有创造力的记者发明)的渠道传布欧洲。在第一阶段,议会是谣言与官方消息共存之所(官方消息也并没有可靠的基础),同时又是可以公开发表爱国宣言的地方。

11月,法国议会重新开会,而几天后一场一般性辩论才在柏林举行。但是,与德国议员不同,法国议员并没有一上来就讨论战争;相反,他们先花了两周的时间就外交部的预算进行辩论,然后才讨论战争问题。奇怪的是,就在同一天,德国帝国议会也讨论了中国问题,所以这两个讨论几乎是同时进行的。

在接下来的几个月里,德法两国议会针对不同的问题展开了辩论,但是这些辩论都没有由军事远征引发的辩论重要。应该注意到,大多数辩论都是议会的"例行程序"(routine),尤其是关于预算的辩论;议员们仅是偶尔对中国事务的具体方面提出问题,或是直接向有关的部长或政府官员提问,而且这种情况在法国比在德国更普遍。③也许有人会说,对义和团运动

---

① 参看《帝国议会辩论纪要:第十届议会第二次会议(1900—1902)》卷1,1900年11月19日会议,第20—36页。

② 参看《法兰西共和国官方公报:第七届众议院议会辩论》(*Journal officiel de la République française, 7e législature: Débats parlementaires-Chambre des députés*, Paris: Imprimerie du Journal officiel, 1900—1901),1900年6月21日会议,第1554—1556页;1900年7月2日会议,第1731—1732页;1900年7月5日会议,第1820—1821页;1900年7月7日会议,第1869—1873页;1900年7月10日会议,第1934页。

③ 参看《众议院议会辩论》,1900年11月29日会议(关于中国战争参战人员的军事勋章问题);1900年12月27日会议(关于预算,补充贷款);1901年6月3日会议(关于法国军队撤离中国的问题);1901年7月1日会议(预算,补充贷款)。《帝国议会辩论》卷2,1901年3月15—16日会议(撤军);卷4,1902年1月8—14日会议(征用天文仪器)。

的镇压以及对中国政府和民众的"惩罚性"行动的讨论从议会议程中消失。这些陈旧的意见一次又一次地被交换讨论,但是辩论中没有增加新的方面。议会对中国事务的冷漠,与其他媒体尤其是报界的持续兴趣形成了鲜明对比,报界报道了军事事件,其政治和外交影响一直持续到第二年。

在这些辩论中,媒体扮演了什么角色?显然,从一开始,作为东亚战争公开辩论的后来者,议员必须严重依赖印刷媒体传播的消息。11月议会重新开会的时候,议员们可以回顾至少六个月来媒体对战争的全面报道。① 在很大程度上,议会辩论可以视作对报界辩论的一种评论或者总结:所有发言的议员都有一份报纸剪报,认真研究了对手的文章。相关例子有民族自由党(National Liberal)的恩斯特·巴塞尔曼(Ernst Bassermann,1854—1917)为了反驳奥古斯特·倍倍尔对殖民主义的抨击,引用了社会民主党"修正主义者"的某些文章,他们呼吁软化党内的反殖民主义。② 左翼自由派德国自由党领导人尤尔根·里希特(Eugen Richter,1838—1906)批评政府在暑假不召集帝国议会以对临时贷款进行投票,首相冯·比洛则

---

① 媒体对战争的报道,整体研究参看孔正滔:《宣传与批评:媒体的作用》,罗梅君、余凯思编:《在中国的殖民战争:1900—1901年义和团运动的失败》(Thoralf Klein,"Propaganda und Kritik: Die Rolle der Medien," in *Kolonialkrieg in China*: *Die Niederschlagung der Boxerbewegung 1900-1901*, eds. by Mechthild Leutner and Klaus Mühlhahn, Berlin: Links, 2007),第173—180页;关于德国媒体,参看吕一旭:《德国在华战争:媒体报道与政治神话》,《德国生活与文学》2008年第61卷(Yixu Lü, "Germany's War in China: Media Coverage and Political Myth", *German Life and Letters* 61, 2008),第202—214页;吕一旭:《〈柏林晨报〉与义和团运动》,米歇尔·佩罗丁、尤尔根·齐默勒编:《德国殖民主义与国家认同》,纽约:劳特利奇出版社,2011("The War That Scarcely Was: The 'Berliner Morgenpost' and the Boxer Uprising", in *German Colonialism and National Identity*, eds. by Michel Perraudin and Jürgen Zimmerer, New York: Routledge, 2011),第45—56页。有关法国媒体对战争报道的研究比较少,马尔科姆·卡罗尔经典著作中甚至都没有提及,参看马尔科姆·卡罗尔:《法国公共舆论与外国事务(1870—1914)》,纽约:世纪出版公司,1931(Malcolm E. Carroll, *French Public Opinion and Foreign Affairs, 1870-1914*, New York: The Century Co., 1931)。但是,也可参看克里斯蒂娜·科尼奥特:《法国媒体对义和团战争的报道》,《汉学研究》1987年第6卷第2期(Christine Corniot, "La guerre des Boxers d'après la presse française", *Études chinoises* 6, no. 2, 1987),第73—99页;孔正滔:《批评八国联军侵华:法德两国的左翼报纸(1900—1901)》,中国义和团研究会编:《义和团运动110周年国际学术讨论会论文集》,济南:山东大学出版社,2012,第820—834页。

② 参看《帝国议会辩论纪要》卷1,1900年11月20日会议,第44—45页。

引用了尤尔根·里希特的一篇文章来反驳称召集临时会议是不必要的。①在法国，社会主义派议员马塞尔·森巴特(Marcel Sembat, 1862—1922)在谴责战争期间的屠杀与劫掠的时候，引用的文章主要来自带有民族主义色彩的日报《祖国报》(La Patrie)和与政府关系密切的自由派报纸《时报》。②这种引用参考的机制并未局限于一国之内。德国帝国议会议员似乎也知道《时报》的文章赞扬了在华德国士兵的模范纪律。③相反，民族主义者露西恩·米勒沃伊(Lucien Millevoye, 1850—1918)怀疑法国军队参与了欧洲军队在中国的屠杀和掠夺，森巴特为反驳他，称自己引用的文章都来自最新的"俄国报界"。④显然，关于欧洲军事合作的辩论可以利用现存的跨国公共舆论。

当然，议会与印刷媒体的互动最为突出的例子是在华的法德士兵寄送给国内亲人或者报纸的书信，这些书信揭示了他们在中国烧杀淫掠的行为。在德国，这些书信被称为"匈奴书信"，这很明显源于德皇对德国远征军的演讲，在演讲中德皇激励士兵以野蛮的匈奴人为榜样。⑤有趣的是，这些信件大多数首先刊载于当地报纸，这些报纸并不都和左翼政党有联系。但是，左派将书信转变为政治武器。夏季，社会民主党机关报《前进报》(Vorwärts)开始收集并以连载的方式刊登这些书信；这使这些书信在全国范围内受到关注。帝国议会的辩论反映了这一突出地位：倍倍尔充分依靠这些信件来证明在中国欧洲人才是真正的野蛮人。他公开朗读了一些内容惊人(spectacular passages)的书信，这成为辩论的高潮；他在朗读时经常被人打断，在辩论备忘录中多次出现来自左派的"听听"、"非常

---

① 参看《帝国议会辩论纪要》卷1,1900年11月20日会议,第61页。
② 参看《众议院议会辩论》,1900年11月19日会议,第2149页。
③ 参看《帝国议会辩论纪要》卷1,1900年11月20日会议,第67页。
④ 参看《众议院议会辩论》,1900年11月20日会议,第2175页。
⑤ 关于这些书信及其在德国媒体的发表,参看乌特·维兰德、迈克尔·卡施纳:《德国帝国议会关于德国在华战争的辩论：奥古斯特·倍倍尔与"匈奴书信"》,古苏珊、伯恩德·马丁编:《德意志帝国与义和团战争》,慕尼黑：法律出版社,2002(Ute Wielandt and Michael Kaschner, "Die Reichstagsdebatten über den deutschen Kriegseinsatz in China: August Bebel und die 'Hunnenbriefe' ", in *Das Deutsche Reich und der Boxeraufstand*, eds.by Susanne Kuß and Bernd Martin, Munich: Iudicium, 2002),第183—201页；迪特琳德·温舍:《来自中国的战地书信：1900—1901年义和团运动时期德国士兵的认知和解释模式》,柏林：林克斯出版社,2008(Dietlind Wünsche, *Feldpostbriefe aus China: Wahrnehmungs-und Deutungsmuster deutscher Soldaten zur Zeit des Boxeraufstandes 1900/1901*, Berlin: Links, 2008),第68—72页。

真实"以及更普遍的是"起哄"和"煽动"。①倍倍尔的那些在右派和政府的反对者为了证明这些书信的虚假性而不断努力——否认其真实性,怀疑其精确性,或者解释这属于心理上的"炫耀"。②在法国,德国的"匈奴书信"(和士兵寄送给国内报纸杂志的其他书信)也频繁地出现在众议院的辩论中。保守派人士阿贝·勒米尔(Abbé Lemire, 1853—1928)神父也提出了与帝国议会相同的观点用来反驳。为了维护传教士,维护保护传教士的士兵,他批评那些对士兵的指控所依据的"那些信件既不知道作者,也不知道来源",并指责那些刊登相关消息的报纸完全是为了商业利益,为的是"吸引关注并使刊物更加有趣"。③

帝国议会与众议院关于义和团战争的辩论

现在我们要仔细观察两个议会是如何处理战争问题的。下文不会按照时间顺序详细地回顾这些辩论。④相反,下文将展现不同政党发言人提出的基本论点。正如我们将会看到的,两国辩论的基本流程十分相似,但是在一些案例中,辩论中的特定政治条件和国家背景都是显而易见的。辩论的"共同之处"可以归纳为以下五个方面。

第一方面是在德法两国,关于中国事务的辩论使两国议员借此重申议会有权参与制定影响深远的外交政策。在柏林和巴黎,两国政府都因没有召开议会临时会议而受到批评。尽管两国的制度背景有所不同,⑤但

---

① 参看《帝国议会辩论纪要》卷1,1900年11月19日会议,第33—34页。在法国,马塞尔·森巴特在11月19日第一次讨论中国事务的时候就提及了"匈奴书信";到一个月后众议院第二次辩论的时候,他就广泛引用了已刊或未刊的士兵书信,参看《众议院议会辩论》,1900年12月27日会议,第3008—3011页。关于倍倍尔与森巴特论点的比较研究,参看孔正滔:《批评八国联军侵华》,第831—833页。

② 参看《帝国议会辩论纪要》卷1,1900年11月220日会议,第48页(巴塞尔曼),第52页[冯·列维佐(von Levetzow)],第64页[冯·卡多夫(von Kardorf)]。

③ 《众议院议会辩论》,1900年12月27日会议,第3016页。

④ 关于德国辩论按时间顺序的总结,参看乌特·维兰德:《德国帝国议会对义和团战争的辩论》(Ute Wielandt, "Die Reichstagsdebatten über den Boxerkrieg"),罗梅君、余凯思编:《中国的殖民战争:1900—1901年义和团运动的失败》,第164—172页。

⑤ 在德国,宣战与媾和的问题基本上是政府特权的一部分;但是,议员能够行使自己的权力编制预算;在没有帝国议会投票的情况下,对华远征缺乏宪法上的合法性。在法国,根据1875年宪法,决定战争与和平的权力属于议会(*Loi sur le rapport des pouvoirs publics*, 1875年7月16日,第九款)。

是基本论点都是一样的:外交政策与其他领域的政策需要得到选举产生的国民代表的批准,而不应该由政府独断专行。

第二个方面涉及殖民主义及其辩护:在中国的战争——即使这场战争与占领或者控制他国领土无关——使殖民主义的支持者与反对者都借此来重申他们的基本理念。奥古斯特·倍倍尔明确地阐述了对帝国主义的批判。在他看来,西方列强对中国的渗透,帝国主义对中国主权和领土完整的破坏,造成了中国的动乱局势。倍倍尔认为,1897年秋强占胶州后,德国的殖民主义者似乎忽视了他们追寻的"优势地位"(place in the sun)同样是其他国家的权利。① 另外,法德两国右翼或者民族自由党议员断言对外扩张是"天赋"(natural)之权,尽管他们也承认在中国的正式扩张事实上并不在议程中。丹尼斯·柯尚(Denys Cochin,1851—1922)是自由派君主制主义者,他这样总结殖民主义者的信条(credo):

> 科学和文明的进步以及由这些进步所造成的工业生产过剩产生了以下影响:[……]欧洲不得不超越其先前的疆界,扩张到非洲和亚洲。这是一个必要的过程,我再说一遍,在我看来讨论它的实用性完全是愚蠢的。②

在帝国议会,民族自由党领导人恩斯特·巴塞尔曼称"文化上占优势地位的国家希望把自己的影响范围扩张到劣等民族",这是自然法则,"追溯历史我们就会发现这一点"。③

战争的直接原因和开战责任是辩论的第三个方面;这些问题的答案决定了西方军队的远征是不是合法的自卫行为。两国的社会主义者发言人是唯一没有指责义和团或中国政府的,并列举了一系列挑衅行为——

---

① 参看《帝国议会辩论纪要》卷1,1900年11月19日会议,第25页。

② "L'immense essor des sciences, les progrès de la civilisation, la surproduction du travail européen qui en résulte font que le monde n'est pas trop grand pour l'Europe et que l'Europe doit fatalement déborder sur le monde de l'Afrique et de l'Asie. (Applaudissements) C'est une œuvre nécessaire et, je le repète, il me paraît tout à fait inutile d'en discuter l'opportunité."《众议院议会辩论》,1900年11月20日会议,第2173页。

③ "Soweit wir zurückblicken können, war das Bestreben kulturell höher stehender Nationen, ihre Einflußsphäre auszudehnen auf niedriger stehende Völker. (...) Das ist die Entwicklung, wie wir sie in der Geschichte verfolgen können."《帝国议会辩论纪要》卷1,1900年11月20日会议,第44页。

1897—1898年德国强占胶州湾,1900年6月中旬占领大沽炮台,倍倍尔和森巴特都将这些视为直接的侵略行为。对于其他的发言人来说,联军的职责是守卫和解救他们的外交官和其他平民,镇压"叛乱的"(rebellious)义和团,要求中国政府提供确切的赔偿,这些似乎是不证自明的。通过许可义和团的越轨行动,中华帝国违反了所有国际公约,并违背了国际法中最为神圣的原则。甚至尤尔根·里希特——帝国议会中左翼自由党的领袖——也承认鉴于中国违背国际法,惩罚性远征是"完全必要的"(unbedingte Nothwendigkeit)。① 保守主义者与民族主义者的言辞更加强硬:德国的"国家尊严"(national honour)(恩斯特·巴塞尔曼之语)被侵犯。德国采取了强硬的应对之举,没有表现出丝毫软弱的迹象。保守派的阿尔伯特·冯·列维佐(Albert von Levetzow,1827—1903)就声称,因为中国人民和中国政府的错误行为,德国的尊严、声誉和利益都被侵害;为了对抗这些"野蛮"行径,德皇和联军必须坚决予以反击。②

长期战争的目标以及西方国家的全球战略是第四个方面,同时又与前文提到的几个方面密切相关。此处所关注的不是"文明"、"落后"或者"野蛮"国家,而是国家利益。对于这一点,两国的议会展现出不同的分歧,社会主义者不再是唯一的批评者。不可否认,帝国议会的一些议员如泛德意志协会领导人恩斯特·哈塞赞扬了政府的行动,因为在他看来,他们朝着"世界政策"(Weltpolitik)又迈出了一步。但是,一些总体上赞同殖民主义正当性的议员,尤其是一些支持对华采取惩罚性措施的议员,对国外的军事行动都有所保留并多有怀疑。弗里德里希·冯·拜尔(Friedrich von Payer,1847—1931)是来自符腾堡的自由派议员,宣称他和他的政治盟友都决定支持对中国采取有限的惩罚行动,但是绝不会接受任何朝着"世界政策"发展的举措。③ 同样,德国议员——不论是社会主义者、左

---

① 参看《帝国议会辩论纪要》卷1,1900年11月20日会议,第52页。
② 参看《帝国议会辩论纪要》卷1,1900年11月20日会议,第50页。
③ "Sollten wieder irgendwelche Anzeichen dafür auftauchen, dass unsere derzeitige offizielle Politik nicht eine in sich abgeschlossene und auf Selbstständigkeit Anspruch machende sondern nichts anderes sein soll als ein kleines Bruchstück der großen beabsichtigten Weltpolitik (…), dann werde ich meinem grundsätzlichen Protest gegen diese Weltpolitik durch ein grundsätzliches Nein den entschiedensten Ausdruck verleihen."《帝国议会辩论纪要》卷1,1900年11月22日会议,第75页。

翼自由派,还是隶属于天主教中央党甚至一些属于保守派的政党——都批评政府官员和皇帝的带有激进色彩的公共声明。①对于法国议员来说,他们认可了政府自我控制和严守防御的立场。②在议会中,议员们反对长期战争和更进一步的军事目标,因为这将破坏西方列强之间的团结。

第五个方面是,在所有关于战争的辩论中,最为突出的就是西方军队犯下的战争罪行。当然,这是一个关键性问题,因为整场战争被称作"文明"对抗"野蛮",而战争双方角色的划分相当清楚:文明国家为国际法而战斗,尊重现有条约、贸易自由和工业发展,而"野蛮"国家杀害无辜的男女孩童——他们都是受到国际法保护的群体——发动宗教战争来打压基督教民,反对现代性。这是一幅由保守主义者和民族主义者来守护的黑白图画,但是两国的左翼人士则指出西方联军采取了诸多不人道的措施,力图撕毁这幅图画。应该再次注意到,两国的中间派议员(在德国是自由派和天主教党派,在法国则是温和的共和党人)试图捍卫自己的立场,宣称战争罪行是不可接受的,但是避而不谈对西方军队的谴责。

在德国和法国看似明显相似情况的背后,我们也能找出重要的不同之处。其中一些不同是两国远征的特殊情况所致。首先是普鲁士陆军元帅瓦德西(Alfred Graf von Waldersee,1832—1904)被任命为联军总司令。③当然,此次外交任命的背景在两国议会中都被讨论:这能被看作德国

---

① 参看《帝国议会辩论纪要》卷1,1900年11月19日会议,第20页(李伯尔)。

② 德尔卡塞在第二次的辩论中做了发言,《众议院议会辩论》,1900年11月20日会议,第2177—2180页。积极回应参看丹尼斯·柯尚所作的发言:"我非常希望(……)我们坚持这些温和、合理的条件,这些条件使整个世界都团结起来,而不是对其进行修改。[Je voudrais bien que (…) ces conditions modérées, raisonnables, auxquelles tout le monde s'est rallié, je voudrais bien que nous nous y tenions et que nous ne les laissions pas modifier.]"《众议院议会辩论》,1900年11月20日会议,第2174页。

③ 关于此次任命及其背景,参看安妮卡·蒙博尔:《威廉、瓦德西与义和团运动》,安妮卡·蒙博尔、威廉·迪斯特编:《德皇威廉二世在德意志帝国中角色的新研究》,剑桥:剑桥大学出版社,2003(Annika Mombauer, "Wilhelm, Waldersee, and the Boxer Rebellion", in *The Kaiser: New Research on Wilhelm II's Role in Imperial Germany*, eds. by Annika Mombauer and Wilhelm Deist, Cambridge: Cambridge University Press, 2003),第91—118页。

外交上的一次胜利？德国民族主义者认为是胜利。①任命一位德国将军担任联军总司令是明智的吗？法国社会主义者马塞尔·森巴特，他在法国众议院的民族主义者同僚、德国帝国议会左翼自由党议员都认为不是。②另外，瓦德西的虚荣、离开德国前接受的采访，以及民族主义立场的报纸对其任命的大肆报道，都在帝国议会议员尤其是自由主义党派和天主教党派中引发不满，这在法国众议院则是不存在的。③更加突出的一个例子则是德皇臭名昭著的"匈奴演讲"，7月27日，威廉二世在不来梅港（Bremerhaven）发表"匈奴演讲"，德国士兵由此出发前往中国。④多年来一直着迷于"黄祸"（yellow peril）的威廉二世，用强硬的言辞呼吁士兵为遇害的欧洲人尤其是被杀的德国驻华公使克林德（Clemens Freiherr von Ketteler）

---

① 参看《帝国议会辩论纪要》卷1，1900年11月20日会议，第47—48页（巴塞尔曼），第65页（冯·卡多夫）。

② 参看《众议院议会辩论》，1900年11月19日会议，第2150页（森巴特）；1900年11月20日会议，第2174页（柯尚）。《帝国议会辩论纪要》卷1，1900年11月20日会议，第53页（里希特）。

③ 参看《帝国议会辩论纪要》卷1，1900年11月19日会议，第19页（李伯尔），第32页（倍倍尔）；1900年11月20日会议，第53页（里希特）。瓦德西的虚荣，尤其是他对拍照的渴望，偶尔被德国和国外的漫画家讽刺，参看《闪光灯下的瓦德西》，《简单》1900年7月17日（"Graf Waldersee im Feuer"，*Simplicissimus*，17 July 1900），头版；《总司令瓦德西推动中国战争》，《芝加哥每日论坛报》1900年8月26日（"Commander Waldersee's Progress to the Chinese War"，*Chicago Daily Tribune*，26 August 1900），第4页。

④ 关于"匈奴演说"的内容及其出版情况，参看迈克尔·A.奥布斯特：《"一国之主"：作为政治演说家的德皇威廉二世》，帕德博恩：舍宁出版社，2010（Michael A. Obst，"*Einer nur ist Herr im Reiche*"：*Kaiser Wilhelm II. als politischer Redner*，Paderborn：Schöningh，2010），第223—254页；伯恩德·塞斯曼：《威廉二世的匈奴演说：1900年7月27日德皇在不来梅演说的文字批评和解释性评论》，《历史杂志》1976年第222卷（Bernd Sösemann，"Die sog. Hunnenrede Wilhelms II：Textkritische und interpretatorische Bemerkungen zur Ansprache des Kaisers vom 27. Juli 1900 in Bremerhaven"，*Historische Zeitschrift* 222，1976），第342—358页；孔正滔：《论1900年匈奴演说》，尤尔根·齐默勒编：《德国殖民历史的纪念场所》，法兰克福：坎普斯出版社，2013（Thoralf Klein，"Die Hunnenrede（1900）"，in *Kein Platz an der Sonne*：*Erinnerungsorte der deutschen Kolonialgeschichte*，ed. by Jürgen Zimmerer，Frankfurt am Main：Campus，2013），第164—176页。

"报仇"。威廉二世声称,一定要毫不留情、不留活口。① 类似说法仅在法国偶尔提及,却是德国帝国议会辩论的一个主要议题,因为这与君主的宪法角色(constitutional role)、凸显"个人统治"(persönliches Regiment)②、随意干涉外交政策密切相关。不仅是左翼议员,其他立场的一些议员也批评了德皇要求复仇的口号——即使是和"野蛮"之敌作战,基督教国家也不应如此行事。③ 自由主义党派和社会主义党派发言人接着讨论了德皇在帝国宪法体制中的地位。尤尔根·里希特甚至宣称感受到了"专制之风"(a wind of absolution),因此要求进行制度改革(constitutional reform),尤其是实施全面的责任内阁制(ministerial responsibility),从长远来看这将促成议会制政府(parliamentarian government)的建立。④ 在德国,辩论更多围绕中国暴力与战争暴行而不是人权和文明进行;讨论涉及政权本身的性质问题,因为国家元首煽动了暴行(或者至少是这么做了)。

相反,法国也有特定的讨论。如果说两国的左翼政党对在华传教士角色的批评都是司空见惯的⑤,那么法国的反教权主义(anticlericalism)要

---

① "Kommt Ihr vor den Feind, so wird derselbe geschlagen! Pardon wird nicht gegeben! Gefangene werden nicht gemacht! Wer Euch in die Hände fällt, sei Euch verfallen. Wie vor tausend Jahren die Hunnen unter ihrem König Etzel sich einen Namen gemacht, der sie noch jetzt in Überlieferung und Märchen gewaltig erscheinen läßt, so möge der Name Deutscher in China auf 1000 Jahre durch euch in einer Weise bestätigt werden, daß es niemals wieder ein Chinese wagt, einen Deutschen scheel anzuschauen." 这是《德国西北报》(*Nordwestdeutsche Zeitung*)刊载的版本,重印于迈克尔·A. 奥布斯特编:《威廉二世政治演说精选集》,帕德博恩:舍宁出版社,2011(Michael A. Obst, ed., *Die politischen Reden Kaiser Wilhelms II.: Eine Auswahl*, Paderborn: Schöningh, 2011),第201—209页;此次演讲至少有五个不同的版本,参看本书第201—209页。

② 对于个人统治(persönliches Regiment)辩论的总结,参看伊莎贝尔·V. 赫尔:《个人统治》,约翰·C.G. 罗尔编:《威廉二世在德国历史上的地位》,慕尼黑:奥尔登伯格出版社,1991(Isabel V. Hull, "Persönliches Regiment", in *Der Ort Kaiser Wilhelms II. in der deutschen Geschichte*, ed. by John C. G. Röhl, Munich: Oldenbourg, 1991),第3—23页。

③ 参看《帝国议会辩论纪要》卷1,1900年11月19日会议,第19页(李伯尔);1900年11月20日会议,第54页(里希特);1900年11月22日会议,第73页(冯·拜尔);1900年11月23日会议,第114—115页(倍倍尔)。

④ 参看《帝国议会辩论纪要》卷1,1900年11月20日会议,第60页。

⑤ 倍倍尔和里希特批评传教士导致了义和团战争;天主教[巴赫姆(Bachem)]、保守的新教[斯托克(Stoecker)]则是奋起力争。

比德国更加猛烈。阅读法国议会辩论的会议纪要,我们就会发现对战争的辩论不过是抨击天主教的新借口。例如,在关于中国事务的一般性辩论中,社会主义党派议员维克多·德让特(Victor Dejeante,1850—1927)称基督教的"不宽容"是引发当前战争的"主要原因",并提议取消对亚洲传教士的所有政府补贴。①一提到传教活动,法国议员就热情高涨,而德国议员中就不存在这种情况。

但是,两国主要的不同是远征中国在国家政治话语背景下的全局性问题。在德国,关于中国远征的辩论得益于对德国的世界政策、在其他帝国主义列强中"优势地位"的激烈而有争议的讨论。这一争论始于19世纪90年代中叶,德国决定建设一支庞大的海军,1898年备受争议的《海军法案》重新推动了争论的发展。②其次,就在义和团运动爆发两年前,德国强占胶州,并向清政府租借该地。③这当然增强了德国对中国问题的敏感性;至少是令人怀疑德国租借胶州促成了义和团战争的爆发,因为胶州邻近义和团运动的起源地。④也许更重要的是,远征中国很容易与国内政治

---

① 参看《众议院议会辩论》,1900年11月21日会议,第2181页。在德让特对传教士进行抨击后,就是众议院中右翼的"惊呼"(exclamations)和极左翼高喊"太棒了"(Très bien)。这一动议以322票对150票被否决。有趣的是,许多激进的共和党人作为执政的多数党成员投了赞成票,而德尔卡塞则投了反对票。

② 参看康纳德·卡尼斯:《俾斯麦与世界政策:德国外交政策(1890—1902)》,柏林:学会出版社,1997(Konrad Canis, *Von Bismarck zur Weltpolitik*: *Deutsche Außenpolitik 1890-1902*, Berlin: Akademie-Verlag, 1997);沃尔克·伯格哈恩:《提尔皮茨计划:威廉二世时期国内危机战略的产生和衰落》,杜塞尔多夫:德罗斯特出版社,1971(Volker Berghahn, *Der Tirpitz-Plan*: *Genesis und Verfall einer innenpolitischen Krisenstrategie unter Wilhelm II*, Düsseldorf: Droste, 1971)。

③ 关于胶州,参看余凯思:《在"模范殖民地"胶州湾的统治与抵抗:1897—1914年中国与德国的相互作用》,慕尼黑:奥尔登伯格出版社,1997(Klaus Mühlhahn, *Herrschaft und Widerstand in der "Musterkolonie" Kiautschou*: *Interaktionen zwischen China und Deutschland, 1897-1914*, Munich: Oldenbourg, 2000);罗梅君、余凯思编:《"模范殖民地"胶州:德意志帝国在中国的扩张:1897—1914年德中关系资料汇编》,柏林:学会出版社,1997(Mechthild Leutner and Klaus Mühlhahn, eds., *"Musterkolonie Kiautschou"*: *Die Expansion des Deutschen Reiches in China*: *Deutsch-chinesische Beziehungen 1897 bis 1914-Eine Quellensammlung*, Berlin: Akademie-Verlag, 1997)。

④ 受到德国强占胶州的刺激,法国与其他欧洲列强一样也强硬地在中国获得了租借地。但是,法国租借的广州湾位于南方,远离义和团运动爆发之地。

争议联系在一起。正如前文所说,主要的原因是"匈奴演讲",这为讨论德皇在德国政治中的角色奠定了基础,这是德意志帝国半议会制半君主制政体中一个至关重要且仍未解决的问题。

德国帝国议会1900年11月的辩论反映了这一情况。中国问题位于政治议程首位,所有政党和议员都意识到了这一点。这不仅体现在前文所说的辩论中,也表现在发言人的选择上。传统上,在帝国议会的开幕辩论中,所有政党都由其党魁来代表,在这一案例中也是如此。倍倍尔代表社会民主党,里希特和冯·拜尔代表在野的左翼自由党,巴塞尔曼代表执政的民族自由党,李伯尔代表天主教中央党,威廉·冯·卡多夫(Wilhelm von Kardorff, 1828—1907)代表保守党,阿道夫·斯托克(Adolf Stöcker, 1835—1909)代表反犹太主义的小党派,这些都是广为人知的党派领袖,他们慎重地代表党派发言。这一官方背景使议员言论和党派媒体之前发表的言论有所不同。结果,公共舆论密切关注帝国议会关于义和团战争的一言一行。不仅在德国,甚至在法国,报纸广泛报道了这些发言并做出评论。①在前一天倍倍尔严厉批评了帝国主义列强尤其是德国后,"胜者"("The winner")成为《前进报》的头版头条。②显然,议会与印刷媒体之间的互动十分完美。

在法国,情况则完全不同。与德国辩论相比,法国发言者的名单就略显逊色:当然,马塞尔·森巴特是社会主义党派的领导人之一,该党派最出名的领导人是让·饶勒斯(Jean Jaurès, 1859—1914)和茹尔·盖得(Jules Guesde, 1845—1922),他们在1898年暂时失去了议员席位。③相似地,丹尼斯·柯尚是保守右翼最为杰出和最具代表性的议员之一④,露西恩·米勒沃伊是出了名的民族主义者,并且自1889年起担任议员。⑤但是,他们都

---

① 例如,《德国帝国议会对中国事务的讨论》("Les affaires de Chine au Reichstag"),《时报》1900年11月21日,第1页。

② 参看《前进报》1900年11月24日,第1页。

③ 关于森巴特,参看丹尼斯·勒费布夫雷:《马塞尔·森巴特:1914年之前的共济会社会主义》,巴黎:法国共济会,2011(Denis Lefebvre, *Marcel Sembat: Le socialisme maçonnique d'avant 1914*, Paris: Edition maçonniques de France, 2001)。1914年,森巴特代表社会党参加了联合政府(union sacrée government)。

④ 和森巴特一样,柯尚在1915年担任联合政府部长一职。

⑤ 关于米勒沃伊,参看贝特朗·乔利:《法国民族主义者的传记和地理词典(1880—1900)》,巴黎:冠军出版社,1998[Bertrand Joly, *Dictionnaire biographique et géographique du nationalisme français (1880-1900)*, Paris: Champion, 1998],第284—288页。

代表在野党。共和党实际上并未参与辩论,外交部长德尔卡塞独自一人为政府方针进行辩护,而支持内阁的多数党议员并不觉得有义务(或者没有必要)去帮助他。显然,执政的共和党对于在中国的战争感到不安,认为此次远征可能对新形成的左翼多数党构成威胁。森巴特提出了一些论点——此次远征违背了人道主义、违反了宪法,政府支持传教士——在极左共和党人中也十分流行;他们中的很多人可能还记得曾在19世纪80年代竭力反对殖民扩张。①但是,中国战争是否值得政府参与?答案是否定的。当辩论集中于军事远征的时候,这些议员——最著名的可能就是卡米尔·佩莱坦(Camille Pelletan,1846—1915)——和社会主义少数派在不重要的一些问题上要么弃权,要么投票赞成,因为他们知道这不会威胁到执政的多数党。但是,更多的时候他们保持沉默。

几个月后,保罗·亨利·德埃斯图内莱斯(Paul Henri d'Estournelles,1852—1924)给出了议员对中国问题缺乏兴趣的有趣证据。德埃斯图内莱斯是一名前外交官,代表法国参加了1899年的海牙和平大会,自1895年起担任众议院共和党议员。他称得上是我们今天所说的专家,在有关中国战争的辩论中发挥了重要作用。很长时间里,他一直大力呼吁要警惕"黄祸"——欧洲人和亚洲人之间即将发生经济和政治冲突。②1900年和1901年,德埃斯图内莱斯一直将议会作为展示自己政治主张的舞台,在辩论中发言,并正式质询外交部长德尔卡塞的东亚长期战略。德埃斯图内莱斯的论点与本文关系不大;但是,需要指出的是,他一直在抱怨其议员同僚表现出的漠不关心。例如,1901年底,他说:"你说你听不到我的声音。请允许我说我已经习惯了。我从来没有能够一边谈论中国一边获得议会的关注。议会的关注点与中国事务是两件事情,永远不可能放

---

① 关于反对殖民扩张,参看查尔斯-罗伯特·阿吉隆编:《法国反殖民主义(1871—1914)》,巴黎:法国大学出版社,1973(Charles-Robert Ageron, ed., *L'anticolonialisme en France de 1871 à 1914*, Paris: Presses Universitaires de France, 1973); 克劳德·利奥祖:《从16世纪至今法国反殖民主义的历史》,巴黎:阿曼德·科林出版社,2007(Claude Liauzu, *Histoire de l'anticolonialisme en France du XVIe siècle à nos jours*, Paris: Armand Colin, 2007)。

② 关于埃斯特尔内莱斯,参看洛朗·巴塞罗:《保罗·德·康斯坦(1909年诺贝尔和平奖获得者)与持续的欧洲理念的表达》,巴黎:拉玛棠出版社,1995(Laurent Barcelo, *Paul d'Estournelles de Constant (Prix Nobel de la Paix 1909). L'expression d'une idée européenne*, Paris: L'Harmattan, 1995)。

在一起。"①

我们不能肯定德埃斯图内莱斯就是对的；德尔卡塞回答说他错了，而且没有哪个问题像这一问题一样被彻底讨论。然而，德埃斯图内莱斯的抱怨也是有迹可循的。法国报界对议会辩论的接受，进一步暗示了法国公众普遍的漠不关心，因为令人惊讶的是，报纸对此毫无相关报道。辩论后的第二天，《时报》——该报一直对国际事务和殖民政策十分关注——在第3页对辩论做了简单概括且未做任何评论，但是该报第二天在头版详尽报道、评论了德国帝国议会关于义和团战争的辩论。②其他报纸亦是如此，不论是激进的共和党的《震旦报》，还是保守派的《高卢报》(Le Gaulois)，抑或是无党派的《晨报》(Le Matin)，都认为无须评论波旁宫议员们的辩论。③其他内政问题乃至南非布尔领导人、南非共和国总统保罗·克留格尔(Paul Kruger，1825—1904)访问巴黎，都得到高度关注；而议员们讨论的在中国的军队暴行和传教士的"罪行"几乎无人关注。该如何去解释这种冷漠？

在法国，关于殖民扩张的基本问题在19世纪80年代引发了激烈争论，随着时间的推移，这一问题已经不能令公共舆论和政治团体感到兴奋。只有社会主义者一直在阻止法国右翼的殖民政策，然而自由共和党人和众多的保守党派都认可有必要在海外建设一个"大法兰西"(greater

---

① "On me dit qu'on ne m'entend pas. Qu'il me sois permis de faire observer que j'y suis habitué. Je n'ai jamais pu parler des affaires de Chine et trouver la Chambre attentive; l'attention de la Chambre et les affaires de Chine, cela fait deux."《众议院议会辩论》，1901年11月18日会议，第2221页。

② 参看《外交事务预算》("Budget des affaires étrangères")，《时报》1900年11月20日，第3页；《德国帝国议会对中国事务的讨论》("Les affaires de Chine au Reichstag")，《时报》1900年11月21日，第1页。

③ 更令人惊讶的是，《震旦报》(L'Aurore)刊登了士兵书信以谴责远征期间的屠杀与掠夺。参看孔正滔：《批评八国联军侵华：法德两国的左翼报纸(1900—1901)》，中国义和团研究会编：《义和团运动110周年国际学术讨论会论文集》，第820—834页。德穆兰所写的一篇短文简单提及了德尔卡塞对传教士的维护，与其说是因为对中国事务感兴趣，不如说是因为提供了一个批评国内反教权主义的机会。参看德穆兰：《时事评论》，《高卢报》1900年11月21日(L. Desmoulins，"Ce qui se passe"，Le Gaulois，21 November 1900)，第1页。

France)。①此外，对于殖民事业，法国人已经转向非洲；1898年夏，英法两国的殖民部队在南苏丹爆发了冲突，该事件被称为法绍达事件（Fashoda Incident），时过两年仍旧留存于每个人的心中。对于那些想要批评殖民暴力的人来说，被称作"中非—乍得使命"（Colonne Voulet-Chanoine）的暴行——一场1899年发生在乍得的凶残远征——比之于在中国的多国战争是一个更好的机会，而且此事件在众议院中获得了更多关注。②在法兰西帝国野心勃勃的整体背景下，中国明显位于次要地位。

更重要的是国内政治环境。1900年，法国仍旧深陷于德雷福斯事件的泥淖，君主制派、民族主义者和狂热天主教徒对自由共和政体发起了联合攻击。③1899年，勒内·瓦尔德克—卢梭（René Waldeck-Rousseau, 1846—1904）组建了新政府，新政府以左翼共和党人和温和社会主义者为主，其成立的目的就是处理德雷福斯事件。军队改革（军队对民族主义反叛者相当同情）、狂热主义、政教分离，最后也是相当重要的社会改革，都是政治议程中的主要议题。④到1900年11月法国众议院再次开会的时候，这些问题仍旧是重点。早些时候，勒内·瓦尔德克—卢梭在图卢兹（Toulouse）发表了一个纲领性讲话，在讲话中他重点讲述了未来几个月政府工作的重点——教会、社会改革、军队，但是对于在中国的战争只字

---

① 关于这些辩论，经典研究可参看拉乌尔·吉拉德特：《法国殖民主义（1871—1962）》，巴黎：圆桌出版社，1972（Raoul Girardet, *L'idée coloniale en France de 1871 à 1962*, Paris: Table Ronde, 1972）。

② 关于法绍达事件，参看爱德华·贝伦森：《法绍达、德雷福斯与让—巴蒂斯特·马尔尚的神话》，《耶鲁法国研究》2007年第111卷（Edward Berenson, "Fashoda, Dreyfus, and the Myth of Jean-Baptiste Marchand", *Yale French Studies* 111, 2007），第129—145页；关于科洛纳·武莱·沙诺尼（Colonne Voulet Chanoine），参看伯特兰德·泰斯：《杀手的踪迹：非洲心脏地带的殖民丑闻》，牛津：牛津大学出版社，2009（Bertrand Taithe, *The Killer Trail: A Colonial Scandal in the Heart of Africa*, Oxford: Oxford University Press, 2009）。

③ 关于德雷福斯事件的最新研究，参看露丝·哈里斯：《德雷福斯：政治、情感与世纪丑闻》，纽约，2010（Ruth Harris, *Dreyfus: Politics, Emotion, and the Scandal of the Century*, New York: Metropolitan Books, 2010）。

④ 关于德雷福斯事件结果的政治背景，参看玛德琳·雷贝里奥：《激进的共和国？（1898—1914）》，巴黎：塞伊出版社，1975（Madeleine Rebérioux, *La République radicale? 1898-1914*, Paris: Seuil, 1975）。

未提。① 考虑到这一点,时人可能就不会惊讶于法国议员比德国议员更不愿意去讨论中国议题。

结　语

正如上文所分析的,关于战争的辩论,德法两国议会在时间、结构和内容上存在许多相似之处。然而,在这背后对义和团危机的认识以及随之而来的西方列强的军事远征则存在重大不同。在德国,报界和议会共同把传义和团战争当作政治事件来宣传,其重要性与德国最重要的内外政策相关。对中国事件的政治讨论,在德国帝国议会得到极大关注,而在法国众议院似乎很少有人关注。这并不意味着法国公众对中国的事情不关心,报界对战争的详细报道说明并非如此。② 但是议员不愿意或者不能赋予义和团战争特定的意义,使其成为关乎国家未来命运的至关重要的事件。不是因为法国在远征中不重要,也不是因为法国士兵较少参与屠杀和其他战争罪行,而是因为国内环境和政体的不同使法国在这一问题上与德国迥异。

---

① 参看《勒内·瓦尔德克-卢梭在图卢兹》("M. Waldeck-Rousseau à Toulouse"),《时报》1900年10月30日,第1—2页,该文包含其所作的演讲。

② 早在众议院辩论的几天前,《时报》就在特别增刊中刊登了法国驻华公使毕盛(Stephen Pichon)的报告,内容是北京的西方使馆遭到围攻。参看《北京使馆区遭遇围攻(6月19日—8月15日):法国驻华公使毕盛的报告与记录》("Le siège des legations de Pékin du 19 juin au 15 août: Rapport et journal de M. Pichon, Ministre de France"),《时报》增刊1900年11月10日,第1—2页。这份报纸关于中国事务的消息每天都在更新。

与德国青年媒体中的义和团一起玩

杰夫·鲍尔索克斯(Jeff Bowersox)

1900年或者1901年,位于拉芬斯堡(Ravensburg)的奥托·迈尔(Otto Maier)出版公司(即现在的 Ravensburger AG,仍然是全球知名的游戏制造商)希望在最近发生于中国北方地区的军事冲突中占得商业优势。因此,该公司和设计师米拉(M. Mila)一起开发了《新中国游戏》(Neues China-Spiel,见图1),但是这一产品一直处于策划阶段。①因为这一产品从未进入市场,也没有留下说明或者规则,我们对于如何玩游戏、如何获胜都一无所知。但是留存下来的资料展现了事件及其背景的震撼与复杂,仿佛又使我们回到了当时的德国。

图1 《新中国游戏》向儿童介绍熟悉的新闻报道中不同的角色和环境
资料来源:拉芬斯堡档案馆提供。

---

① M.米拉的"新中国游戏"(1900),拉芬斯堡档案馆。如今该游戏仅存的痕迹就是盒盖的景色和棋盘。感谢档案馆的罗兰·埃因霍兹(Roland Einholz)慷慨提供了游戏的复制品。

游戏里面有一些专门关于义和团战役的视觉参考，这些图片十分有趣；而受众只有持续关注新闻报道才能熟悉这些细节。白河（Beihe River，今称海河）入海口的大沽炮台——第五行中飘扬着德国海军旗帜的图片——是进入天津和北京的门户，在1900年6月17日被联军占领，但是德军在此次战役中并未发挥重要作用。① 位于左上的"勃兰登堡"战舰（SMS Brandenburg）是德国第一艘远洋战舰，1897年参与了德国强占胶州湾②，因此标志着德国新的"世界政策"（Weltpolitik）的推行。③ 该战舰同样运载德国陆军元帅瓦德西（Alfred von Waldersee）——位于第五行的人物图片——及其部队在1900年9月抵达中国。这个时间到达中国对于作战来说已经太晚，但是对于占领城镇、组织劫掠以及随之而来的凶残报复来说则是相当及时的。④ 位于瓦德西旁边的就是著名的中国外交官李鸿

---

① 参看下文"伊尔蒂斯"（Iltis）炮艇的纪念活动。

② 拼写说明：中文名称使用标准的汉语拼音来翻译。如果当代拼写有助于理解来源，则这些拼写将遵循方括号中的拼音版本。以胶州（Jiaozhou）为例，本文遵循标准惯例对地理名称采用拼音音译，同时将德国殖民地拼写为Kiaochow（传统的英语拼写，德语拼写为Kiautschou）。

③ 参看康拉德·卡尼斯：《从俾斯麦到世界政策：1890—1902年德国外交政策》，柏林：学术出版社，1997(Konrad Canis, *Von Bismarck zur Weltpolitik: Deutsche Außenpolitik 1890-1902*, Berlin: Akademie-Verlag, 1997)，第223—276页。

④ 关于德国军事行动的描述以及对其暴行原因的不同解释，参看何伟亚：《远征：瓦德西领导下的联军》，罗梅君、余凯思编：《在中国的殖民战争：1900—1901年义和团运动的失败》，柏林：林克斯出版社，2007(James L. Hevia, "Krieg als Expedition: Die alliierten Truppen unter Alfred Graf von Waldersee-", in *Kolonialkrieg in China: Die Niederschlagung der Boxerbewegung 1900-1901*, edited by Mechthild Leutner and Klaus Mühlhahn, Berlin: Links, 2007)，第123—134页；迪特琳德·温舍：《来自中国的战地书信：1900—1901年义和团运动时期德国士兵的认知和解释模式》(Dietlind Wünsche, "Feldpostbriefe aus China: 'Jeden [sic!] Zehnten mindestens den Kopf ab in den aufrührerischen Gegenden...'")，罗梅君、余凯思编：《在中国的殖民战争：1900—1901年义和团运动的失败》，第153—161页；古苏珊：《德国殖民战争与军事暴力的背景》，剑桥：哈佛大学出版社，2017(Susanne Kuss, *German Colonial Wars and the Context of Military Violence*, trans. by Andrew Smith, Cambridge, M.A.: Harvard University Press, 2017)，第13—36页；伯恩德·马丁：《士兵的激进与杀戮：1900年义和团战争在华德国海军第一营、第二营的行为》，《军事历史杂志》2010年第69期(Bernd Martin, "Soldatische Radikalisierung und Massaker. Das deutsche Erste und Zweite Seebataillon im Einsatz im 'Boxerkrieg' in China 1900", *Militärgeschichtliche Zeitschrift* 69, 2010)，第221—241页。

章——因1896年出访欧美诸国以及坚持西化而为人所知,他的中文名字图片位于第一行。他反对义和团和朝廷中义和团的同情者,签订了结束战争的和平协定,其中的条款都是有利于列强的。位于第二列帆船旁边的应该是一座普通的中国牌坊,但是也可能是想象的为纪念德国公使克林德(Clemens von Ketteler)男爵建造的纪念牌坊,克林德于1900年6月20日遇害,这给了德国出兵的借口。①

对于许多年轻的德国人来说,这些图片中有很多他们是不了解的,因此和当时许多游戏一样,《新中国游戏》的规则简单介绍了事件背景与主要角色。但是,更多的普通图片体现了设计者是如何构建这场冲突的。愤怒的义和团手持刀剑步枪,扮演了攻击性、非理性以及敌人的角色,但是玩家不需要害怕。身着崭新而独特制服的有序的德国人隶属于东亚远征军,准备好了去迎接挑战。对于中国人来说,这场对抗的结果是显而易见的:房屋被毁,妇女受辱,儿童丧亲,旗帜被夺,士兵被俘,军队惨败。

除了一些图片具有的特殊性外,这个游戏产品没有其他令人惊讶之处。很明显,奥托·迈尔投机性地希望在这一发生于异国的刺激而戏剧性的事件中取得先机。毕竟许多人对中国战争充满期待,认为这是新近统一的德国发动的第一次大规模战争,是恢复1870—1871年神话般辉煌岁月的机会,这一辉煌时期已在俾斯麦时代的分裂中消失。②此外,对于许

---

① 关于纪念碑的建设及其在中国民族主义叙事发展中的地位,参看余凯思:《在赔偿与民族耻辱之间:〈辛丑条约〉与中国民族主义的兴起》,古苏珊、伯恩德·马丁编:《德意志帝国与义和团运动》,慕尼黑:法律出版社,2002(Klaus Mühlhahn, "Zwischen Sühne und nationaler Schande: Die Sühnebestimmungen des Boxerprotokolls 1901 und der Aufstieg des chinesischen Nationalismus", in *Das Deutsche Reich und der Boxeraufstand*, eds. by Susanne Kuß and Bernd Martin, Munich: Iudicium, 2002),第262—268页。关于克林德之死,参看多米尼克·诺瓦克:《德国公使克林德之死》(Dominik Nowak, "Der Tod des deutschen Gesandten Clemens von Ketteler"),罗梅君、余凯思编:《在中国的殖民战争:1900—1901年义和团运动的失败》,第111—117页。

② 参看吕一旭:《德国殖民小说中的中国:1900年义和团运动》,《德国生活与文学》(Yixu Lü, "German Colonial Fiction on China: The Boxer Uprising of 1900", *German Life and Letters* 59:1, 2006),第98—99页。关于1870—1871年诸多事件中国家统一概念的喜人成就,参看阿隆·孔菲诺:《作为地方隐喻的国家:符腾堡、德意志帝国与国家记忆(1871—1918)》,教堂山:北卡莱罗纳大学出版社,1997(Alon Confino, *The Nation as a Local Metaphor: Württemberg, Imperial Germany, and National Memory, 1871-1918*, Chapel Hill: University of North Carolina Press, 1997),尤其是第27—96页。

多人来说,中国战争使列强联合起来捍卫现代文明。参与者可以代表年轻的德国第一次真正获得"优势地位"。①由此人们可以合理地证明,《新中国游戏》是一种宣传媒介,为的是证明这一有争议的军事行动是一种爱国或者殖民主义的责任。当然,这款游戏的独家关注点是非同寻常的,甚至到了夸张的地步,那就是德国军队以一己之力打败了敌人。也许有人会认为《新中国游戏》体现的是潜藏于德国人心中但长期被夸大的反华情绪的一次集中释放。②

然而,《新中国游戏》中的众多图画表明,除了商业投机、爱国主义和殖民诋毁之外,游戏中还体现了其他内容。游戏中的彩色图画与义和团直接相关的不足三分之一;大多数图画所展现的中国显然与叛乱相左。中国社会的阴暗面——具体表现在盘子中的死狗、老鼠和昆虫上——在一种对独特文化特征的刻板描述(staid survey)中添加了一个轻松的音符。位于底部的半身像图画为民族志提供了"类型",但各种典型的中国事物既体现了流行的中国风(chinoiserie),又凸显了不可否认的中华文明传统。③此外,和游戏的标题一样,盒盖田园风格的装饰也没有体现游戏

---

① 在这方面,德国人的立场与英国人不同,英国人在中国的势力范围已经建立并且更加广泛,殖民地"叛乱"的历史也更长(尤其是在1857年),这使许多人联想到英国统治的脆弱性。这种焦虑解释了英国青年作家比德国作家更热衷于将义和团战争主题化。参看罗斯·G. 福尔曼:《中国与维多利亚想象:交织的帝国》,剑桥:剑桥大学出版社,2013(Ross G. Forman, *China and the Victorian Imagination: Empires Entwined*, Cambridge: Cambridge University Press, 2013),第98—129页。

② 参看李长克(音译):《1890—1930年德国文学中的中国小说》,雷根斯堡:罗德尔出版社,1992(Changke Li, *Der China-Roman in der deutschen Literatur 1890—1930: Tendenzen und Aspekte*, Regensburg: Roderer, 1992),第7—24、42—44、52—55页;罗梅君:《"贝佐普费特·海登":义和团和中国人的照片》("'Bezopfte Heiden': Zeitgenössische Bilder von Boxern und Chinesen"),罗梅君、余凯思编:《在中国的殖民战争:1900—1901年义和团运动的失败》,第186—191页。

③ 值得注意的是,对中国时尚的鲜明品味并不一定反映了与中国的真诚合作。例如,横幅上的汉字似乎用的是一个世纪前甚至更早时候的字体。关于中国烹饪习惯的当代认知,参看张震寰(音译):《作为欲望和想象力的中国:1890—1945年德国娱乐文学中的中国形象研究》,雷根斯堡:罗德尔出版社,1993(Zhenhuan Zhang, *China als Wunsch und Vorstellung: Eine Untersuchung der China-und Chinesenbilder in der deutschen Unterhaltungsliteratur 1890—1945*, Regensburg: Roderer, 1993),第102—104页。

板上的混乱情况。当垃圾静静地在河面漂过时,穿着考究的清朝官员、气质优雅的妇女、装备良好的士兵,这些形成了和谐的互动。

我们该如何看待这样一个新闻时事、爱国示例、冒险人物、民族细节的有趣并列?这样一个不重要的产品能更好地帮助我们理解德国人对义和团和中国的态度?下文将介绍1914年之前将青年人作为目标受众的不同媒体是如何展现中国与义和团运动的,以此回答这些问题。本文探究了玩具和游戏以及它们在玩具制造商、商店目录、当代评论或者回忆录中留下的印记。本文同样研究了青年小说和部分流行和有影响力的青年期刊:主流的中产阶级男女性杂志《忠诚的同志》(*Der gute Kamerad*/*The Faithful Comrade*)、《友谊圈》(*Das Kränzchen*/*The Friendship Circle*),天主教中产阶层的《常春藤蔓》(*Efeuranken*/*Ivy Branches*)以及《天主教宣教》(*Die katholischen Missionen*/*The Catholic Missions*)的青年副刊,基督新教的《青年信使》(*Der Jünglings-Bote*/*The Youth-Messenger*)——目标读者为工人阶层,1904年更名为《灯塔》(*Der Leuchtturm*)、《前进!》(*Aufwärtss!*/*Forwards!*,目标读者为中产阶层)、《致我们亲爱青年的宣教报》(*Missionsblatt für unsere liebe Jugend*/*Mission Paper for Our Dear Youth*),社会主义者的《工人-青年报》(*Arbeiter-Jugend*/*Worker-Youth*)。①这些报刊集中反映了一种特殊的多元性(plurimediality),这大约开始于19、20世纪之交。也就是说,技术上的变化以及商业市场使文本、视觉和资料表现实现了新的组合(combinations)。生产者可以通过将彩色插图或者写实图片与耸人听闻的叙述或者科学细节进行混合搭配,激发想象并传达真实。而且,他们第一次能够向大众提供价格合适的产品,这推动了新的流行文化类型去挑战文化精英的权威。正如我们将要看到的,这一新的商业环境为生产者提供了前所未有的灵活性,促使文化仲裁者(cultural arbiters)对市场施加新的限制。

本文从两个基本前提出发。第一个基本前提是商业媒体从最早期的

---

① 关于这些出版物的更多信息及其相互关系,参看杰夫·鲍尔索克斯:《帝国时代德国人的崛起:德意志青年与殖民文化(1871—1914)》,牛津:牛津大学出版社,2013(Jeff Bowersox, *Raising Germans in the Age of Empire: Youth and Colonial Culture in Germany, 1871-1914*, Oxford: Oxford University Press, 2013),第119—164页。

时候就对塑造德国人对世界的认知至关重要。这些商品不仅反映了流行的、科学的或者政治的话语,还挑战并重构了"权威"或者"官方"的知识,以此来达到各种各样的目的。确实,教育者和宣传者发现他们不得不适应大众文化的日益兴盛。更确切地说,商业文化的发展鼓励了欧美在中国及全球各地扩张的特定殖民框架,而教育者和宣传者对这种文化的干预使殖民框架不证自明。①

第二个基本前提采用了一个音乐上的隐喻,那就是这一时期德国的"中国话语"(Chinese discourse)如同复调(polyphonic),尽管受到强有力的排华情绪(sinophobic melody)的支配,但是仍然包藏持久的亲华倾向(sinophilic countermelody),有时是调和的(consonant),有时则是矛盾的(dissonant)。②多种共存的演奏(interpretations)提供了各种各样的抓包,借此,生产者将其拼凑成不同的共振组合——正如《新中国游戏》的插图,

---

① 参看大卫·夏尔洛:《广告帝国:德意志帝国中的种族与视觉文化》,剑桥:哈佛大学出版社,2011(David Ciarlo, *Advertising Empire: Race and Visual Culture in Imperial Germany*, Cambridge, M.A.: Harvard University Press, 2011),第13—14页;约翰·菲利普·肖特:《神灯帝国:德国社会与殖民主义》,伊萨克:康奈尔大学出版社,2012(John Phillip Short, *Magic Lantern Empire. Colonialism and Society in Germany*, Ithaca, N.Y.: Cornell University Press, 2012)。

② 一般而言,从13世纪到启蒙运动,对中国的普遍钦佩在欧洲占主导地位。从18世纪末开始,关于中国的负面描述不断涌现,直到镇压义和团使许多人相信中国的长期衰落可能即将结束,这种变化才变得更加明显。参看科林·麦克拉斯:《西方的中国形象》(新版),牛津:牛津大学出版社,1999(Colin Mackerras, *Western Images of China*, revised edition, Oxford: Oxford University Press, 1999),第11—79页;方维规:《德国文学中的中国形象(1871—1933):对比较想象学的贡献》,法兰克福:朗出版社,1992(Weigui Fang, *Das Chinabild in der deutschen Literatur, 1871—1933: Ein Beitrag zur komparatistischen Imagologie*, Frankfurt am Main: Lang, 1992),第75—145页;英格丽·舒斯特:《榜样和扭曲的形象:德国文学中的中国和日本(1773—1890)》,柏林:朗出版社,1988(Ingrid Schuster, *Vorbilder und Zerrbilder. China und Japan im Spiegel der deutschen Literatur 1773—1890*, Bern: Lang, 1988);张震寰(音译):《作为欲望和想象力的中国:1890—1945年德国娱乐文化中的中国形象研究》,第254—262页。

以此接近并教导受众(audiences)。①重视这一多样性有助于我们理解生产者如何传播与适应刻板印象，如何去应对市场对其创造力(creativity)的限制。针对年轻人的产品，不可避免地牵扯到在现代全球化的时代关于德国民族前途的广泛讨论，也就是德国的国际地位是否会上升，还是德国国力所依赖的工业现代化最终会贻害子孙？

从这两个基本前提出发，我们将阐明德国青年媒体对义和团令人迷惑的利用。在改变人们对中国的看法、鼓励人们更广泛地关注德国殖民主义方面，这场战争无疑至关重要；在这场战争期间及战争结束后，更加积极的中国人形象开始占据主导，尤其是那些在德国保护下(tutelage)的人们的心中。同时，这场战争本身以及弥漫于德国媒体的负面描述，在针

---

① 最彻底的表述，参看乔治·斯坦梅茨：《魔鬼的笔迹：殖民前与德国对青岛、萨摩亚群岛与西南非的殖民》，芝加哥：芝加哥大学出版社，2007(George Steinmetz, *The Devil's Handwriting: Precoloniality and the German Colonial State in Qingdao, Samoa, and Southwest Africa*, Chicago: University of Chicago Press, 2007)，第361—507页。亦可参看罗梅君：《德国对中国和中国人的看法》，郭恒钰编：《从殖民到合作：德中关系史研究》，慕尼黑：密涅瓦出版社，1986(Mechthild Leutner, "Deutsche Vorstellungen über China und die Chinesen", in *Von der Kolonialpolitik zur Kooperation. Studien zur Geschichte der deutsch-chinesischen Beziehungen*, ed. by Kuo Heng-Yü, Munich: Minerva Publikation, 1986)，第401—404页；科林·麦克拉斯编：《亲华与反华：西方的中国观》，牛津：牛津大学出版社，2000(Colin Mackerras, ed., *Sinophiles and Sinophobes: Western Views of China*, Oxford: Oxford University Press, 2000)，尤其是第xxv—xxvi页；吕一旭：《德国在华战争：媒体报道与政治神话》，《德国生活与文学》2008年第61卷第2期(Yixu Lü, "Germany's War in China: Media Coverage and Political Myth", *German Life and Letters* 61:2, April 2008)，第202—214页；方维规：《德国文学中的中国形象(1871—1933)》，第19—35页；张震寰(音译)：《作为欲望和想象力的中国：1890—1945年德国娱乐文化中的中国形象研究》，第105页。关于中国和中国人的范围，参看罗梅君：《德国对中国和中国人的看法》，第411—419页；张震寰(音译)：《作为欲望和想象力的中国：1890—1945年德国娱乐文化中的中国形象研究》，第27—57页；方维规：《德国文学中的中国形象(1871—1933)》，第17—19页。

对年轻人的产品中只有少量体现。①对抗义和团的战斗使生产者有机会去更新以及重新包装关于中国的熟悉的刻板印象,但是很少有厂商详细介绍战争细节。正如笔者所说,奇幻的义和团是残忍而落后的,专心于破坏欧洲人和欧洲的现代性,属于耸人听闻(sensationalised)的角色,这突破了青年媒体相当重要的(respectable)底线。批评家在审查青年媒体中发挥了重要作用,如果生产者希望避免批评家的愤怒,就必须增加具有丰富性和教育性的内容来平衡异域风情或者惊世骇俗内容的吸引力。②此外,围绕战争的政治争论使许多生产者面向广大的受众,以避免潜在消费者的流失。如果中国具有冒险的可能性——这曾让美洲、非洲和印度的平原、沙漠和丛林在青年媒体中相当流行,那么也许值得冒这个带有争议的风险,但是中国古老而明显的文明极大地限制了这一假设对年轻人的吸引力。结果,只有那些热衷于促进爱国主义或者基督教团结的人才会认

---

① 关于义和团战争时期中国的负面描述,参看基索·吉姆:《剧院和远东》,法兰克福:朗出版社,1982(Kisôn Kim, *Theater und Ferner Osten*, Frankfurt am Main: Lang, 1982),第171—185页;李长克(音译):《1890—1930年德国文学中的中国小说》,第7—42页;方维规:《德国文学中的中国形象(1871—1933)》,第213—219页。关于更多当代以来复杂化或者挑战刻板印象的有限努力,参看英格丽·舒斯特:《德国文学中的中国和日本(1890—1925)》,第147—186页;罗梅君:《德国对中国和中国人的看法》,第427—430页;克里斯蒂安·C.京特:《前往亚洲:1900年前后德国文学中的文化陌生人》,慕尼黑:法律出版社,1988(Christiane C. Günther, *Aufbruch nach Asien: Kulturelle Fremde in der deutschen Literatur um 1900*, Munich: Iudicium, 1988);方维规:《德国文学中的中国形象(1871—1933)》,第145—212页;基索·吉姆:《剧院和远东》,第197—233页。

② 像奥托·迈尔的游戏制作商们的做法说明了这一点。他们大多出售各种教育材料,并在大多数产品中加入教学内容,既是为了推销它们在课堂上的潜在用途,也是为了避免被指控为粗俗的哗众取宠。赫尔穆特·施瓦兹、马里恩·费伯编:《游戏制作商:J.W.斯皮尔和索恩——游戏工厂的历史》,纽伦堡:蒂姆尔斯出版社,1997(Helmut Schwarz and Marion Faber, eds., *Die Spielmacher: J. W. Spear & Söhne-Geschichte einer Spielefabrik*, Nuremberg: Tümmels, 1997),第7、12—13、36页;奥托·伦德尔等编:《拉芬斯堡奥托·迈尔出版社(1883—1983):百年出版事业》,拉芬斯堡:奥托·迈尔出版社,1983(Otto Rundel et al., *Otto-Maier-Verlag Ravensburg 1883-1983: Hundert Jahre Verlagsarbeit*, Ravensburg: Otto Maier, 1983),第32—35、62—133页;安德里亚斯·波利茨:《奥托·迈尔出版社百年史(1883—1993)》,拉芬斯堡:奥托·迈尔出版社,1983(Andreas Pollitz, *1883-1993: Hundert Jahre Otto Maier Verlag Ravensburg*, Ravensburg: Otto Maier, 1983),第59—70页。

为参与战争及其冒险是有用的。①

一旦对华北事件的兴奋被海外其他冲突消息所取代，情况就更加如此。对于异域殖民冒险活动的争议越来越少、设定越来越多样，这持续地将义和团战争的故事范围缩小，局限于庆祝德国过往的军事成就，以及基督徒面对惨烈苦难而牺牲与团结的故事。对德国民众来说，一个"新中国"——更少的争议和更多的讨好，充斥着教育性"真实"——就这样在玩具和刊物中占据了主导地位。这一"新中国"更多地被视作一个被殖民的角色，一个德意志帝国和现代性中温顺而又多样的主题。②考察与中国的这种不断变化的交往，可以说明殖民文化世界观是如何在大众文化出现之初产生和传播的。这不但使我们不必减少宣传工作或意识形态的解释性框架，而且也使我们不再忽视年轻人从殖民地角度看待更广阔世界的宽泛意义。

作为殖民教育和娱乐的中国

中国在德国的形象不能被孤立地考虑，而必须在更广泛的世俗教育背景下探讨，这一世俗教育体现在大众商业文化和大众教育领域内。世纪之交的德国年轻人前所未有地能够触及这个世界。不论是玩具、故事、课程，还是观光休闲场所，如动物园、展览馆或者电影院，抑或是日益覆盖城市街景和家庭储藏室的广告，年轻人都被其中所描绘的遥远国度和人民所淹没。这些描述中嵌入了文明和种族的等级体系，支撑了欧美在全球范围内影响力的当代扩展。这些等级体系不仅提供了方便且有利可图的参考框架，而且使针对青年休闲和教育领域的新的大众市场成为论坛，供人们讨论德国在动荡不安而竞争激烈的全球秩序中的地位。③

在这个市场中工作的各色人等发现殖民框架对于娱乐和教导德国年轻人特别有用，尤其是因为它已经被证明能够高度适应多种多样的目的。

---

① 对这一概括来说，有一个值得注意且相当重要的例外，那就是廉价小说的主体依赖最轰动和最怪诞的演讲。由于缺少现存文本，很难评估这些小说对中国和义和团战争的使用程度。但是，值得注意的是，这些小说在很大程度上并没有受到下面所述压力的影响。相关标题和当代批评评论，参看李长克（音译）:《1890—1930年德国文学中的中国小说》，第22—24页；基索·吉姆:《剧院和远东》，第177、265页。

② 参看大卫·夏尔洛:《广告帝国：德意志帝国中的种族与视觉文化》，第211页。

③ 参看杰夫·鲍尔索克斯:《帝国时代中德国人的崛起：德意志青年与殖民文化（1871—1914）》，尤其是第1—17页，该部分内容做了更深入的调查。

商业生产者渴望挖掘并塑造德国年轻人对异国情调的公认的兴趣,这些异国情调中充满了奇奇怪怪的生物(creatures)。生产者简化、夸大并且经常创造性地改编相貌、人种和地理上的差异。这样的做法使他们能够抓住路人的眼球,提供戏剧张力,讨好那些希望了解他们相关优势的受众。那些具有改革意识的评论家见证了大众文化的诞生,对这些努力既厌恶又兴奋。批评家谴责"垃圾与污秽"不负责地吸引着人类最基本的本能,而另一些则成为商业娱乐工具,充分激发了年轻人的想象力。尽管如此,更精确地描绘一个不受统治的殖民世界所带来的奇迹和刺激,可能会产生以学生为中心的更有效的指导,并最终引导年轻人成为生产性公民(productive citizenship)。①这一呼吁不仅被教育工作者采纳,而且也被那些希望减少依赖利润的生产者以及正在寻找新的途径来接近目标受众的积极分子接受。②

所有这些参与者依赖殖民地的速记(shorthand),这些速记容易识别、具有广泛的吸引力并且易于获得。由于这些原因,速记同样相当灵活以便于部署来支持最广泛的项目,既有最令人讥诮的暴利牟取,也有最高尚无比的教书育人;既有爱国主义的动员,也有国际社会主义的团结。结果是产生了一系列关于文明民族与野蛮民族之间的殖民假设,这些假设存在普遍的关联性,并被塑造成世界上最广泛的竞争视野及其对德国的意义。可以说,消费者、生产者、批评家和激进主义者之间活跃的互动,将非欧洲世界变成殖民驯化与幻想的目标,从而自然地实现了帝国主义的扩张,这比起国家政权及其盟友各种塑造公共舆论的活动都要更加有影响力。③

围绕义和团战争的大肆宣传是广泛发展的重要催化剂,并极大地扩

---

① 参看卡斯帕·马赛、沃尔夫冈·卡舒巴编:《垃圾与美物:1900年的流行文化》,科隆:伯劳出版社,2001(Kaspar Maase and Wolfgang Kaschuba, eds., *Schund und Schönheit: Populäre Kultur um 1900*, Cologne: Böhlau, 2001);科里·罗斯:《媒体与现代德国的构建:从帝国到第三帝国的大众传播、社会与政治》,牛津:牛津大学出版社,2008(Corey Ross, *Media and the Making of Modern Germany: Mass Communications, Society, and Politics from the Empire to the Third Reich*, Oxford: Oxford University Press, 2008),第61—116页。

② 确实,各种激进主义者将消费市场变成为德国民族未来而战的舞台,这些圈层(教育者/企业家/活动家)之间的界限明显是模糊的。这种激进主义者的努力始终掩盖了乌托邦式的主张,即消费者文化可以完全超越现有的社会分化。

③ 约翰·菲利普·肖特着眼于阶级的产生,从不同的角度分析了殖民主义在德国文化中的作用。参看约翰·菲利普·肖特:《神灯帝国:德国社会与殖民主义》。

大了德国青年媒体对中国的关注。长期以来,中国就在德国年轻人的世界教育中发挥作用,尽管随着时事的变化有所起伏。当然,在两次鸦片战争期间,中产家庭报纸和青年杂志,锡制士兵和其他玩具已经使中国人成为充满异国情调的典型角色,充斥德国年轻人的想象世界,至少这些人能够负担得起这些东西。①尽管大多数中国象征物品所引起的只是异域想象,但是公众关注转向中国时它们也可以传达一些尖锐的观点。例如,松讷贝格县(Sonneberg)玩具制造商路易斯·林德纳父子公司(Louis Lindner and Sons)在19世纪中叶生产的一款玩具,表面上直指中国的迷信,也许更隐晦地指出了对外国人的敌意;这个玩具是一名中国人满脸惊恐地看着眼前从罐头中钻出的魔鬼。②

19世纪后半叶,当厂商开始将全体年轻人视作大量教育和商业产品的目标群体时,中国人在现代性扩张的故事中越来越多地被塑造成对抗者的角色,他们有时令人钦佩,但是更多的时候是遭人鄙视。③作为权威知识的基本来源,地理教科书从世界贸易扩张的角度描述了世界历史。欧洲居于领导地位,而中国这一古老但不断衰落的文明仍然处于封闭的状

---

① 关于中国标志性错误,参看张震寰(音译):《作为欲望和想象力的中国:1890—1945年德国娱乐文化中的中国形象研究》,第27—34页。

② 路易斯·林德纳父子公司(Louis Lindner & Söhne),《图画书》(约1850年),No.4502,德国松讷贝格玩具博物馆(Deutsches Spielzeugmuseum Sonneberg 下文简称DSS)SV2a。关于文学方面的例子,参看著名的青年作家弗里德里希·格斯塔克(Friedrich Gerstäcker,1816—1872)1847年的著述,该文向年轻读者介绍了中国人的勤奋以及他们胸怀大志,乐于接受专制等级制度的意愿。参看方维规:《德国文学中的中国形象(1871—1933)》,第14—16页。

③ 关于玩具和青年文学产业的发展,参看大卫·D.哈姆林:《工作与游戏:德国玩具的生产与消费(1870—1914)》,安娜堡:密歇根大学出版社,2007(David D. Hamlin, *Work and Play: The Production and Consumption of Toys in Germany, 1870-1914*, Ann Arbor, M.I.: University of Michigan Press, 2007);布莱恩·甘讷维:《德意志帝国的玩具、消费与中产阶级的童年(1871—1918)》,法兰克福:朗出版社,2009(Bryan Ganaway, *Toys, Consumption, and Middle-class Childhood in Imperial Germany, 1871-1918*, Frankfurt am Main: Lang, 2009);海克·霍夫曼:《现代教育:新兴大众消费社会中德国玩具业的行业写照》,博士学位论文,图宾根大学,1998(Heike Hoffmann, "Erziehung zur Moderne: Ein Branchenportrait der deutschen Spielwarenindustrie in der entstehenden Massenkonsumgesellschaft", doctoral thesis, Eberhard-Karls-Universität Tübingen, 1998);雷纳·维尔德编:《德国儿童和青少年文学史》,斯图加特:麦茨勒出版社,1990(Reiner Wild, ed., *Geschichte der deutschen Kinder-und Jugendliteratur*, Stuttgart: Metzler, 1990)。

态,其顽固性限制了整个世界的发展。①商业期刊通常直接取材于教科书,给这种信息增加了许多变化。一些宗教杂志如新教的《青年信使》(Der Jünglings—Bote)以及《天主教宣教·青年副刊》(Die katholischen Missionen. Beilage für die Jugend)等刊物,鼓吹欧洲传教士及其少数的中国教民是道德现代化的使者,强调农民在儒家和佛教精英的迫害下深受无知、排外思想的影响。②流行的中产女孩杂志《友谊圈》(Das Kränzchen)聚焦于妇女和女孩——无法接受教育以及被迫缠脚,她们是中国拒绝现代化的受害者。③尤其是甲午中日战争之后,出版界经常用"封闭的"中国

---

① 19世纪七八十年代,德国学校的学生开始学习包括中国在内的欧洲以外的世界。更多研究参看杰夫·鲍尔索克斯:《帝国时代中德国人的崛起:德意志青年与殖民文化(1871—1914)》,第54—80页。关于教科书中关于中国图画例子的说明,参看阿尔弗雷德·基尔霍夫编:《H.A.丹尼尔高中地理教科书》(第36版),哈雷:魏森豪斯出版社,1873(Lehrbuch der Geographie für höhere Unterrichtsanstalten von Prof. Dr. H. A. Daniel, ed.by Alfred Kirchhoff, 36th edition, Halle an der Saale: Waisenhaus, 1873),第91页;E.厄尔曼编:《塞德利茨舍地理·版本B·小学地理》(第21版),布雷斯劳:赫特出版社,1873(E. v. Seydlitz'sche Geographie, Ausgabe B: Kleine SchulGeographie, ed.by E. Oehlmann, 21st edition, Breslau: Hirt, 1892),第118页;阿尔弗雷德·基尔霍夫:《普鲁士学校地理教学的有效目标》,哈雷:魏森豪斯出版社,1893(Alfred Kirchhoff, Erdkunde für Schulen nach den für Preußen gültigen Lehrzielen, II. Teil: Mittel-und Oberstufe, Halle an der Saale: Waisenhaus, 1893),第137页。

② 关于布道站和中国新兵的定期报告或者故事,参看《中国传教士寓言》,《青年信使》["Gleichnis eines chinesischen Predigers", Der Jünglings-Bote 41:8 (1887)],第72页;《李海亚如何成为基督徒》,《青年信使》1891年第44卷第26期("Wie Li-Hoi-tsya ein Jünger Jesu Christi wurde", Der Jünglings-Bote 44:26, 1891),第204页;《从海门》,《天主教宣教·青年副刊》1877年第5期("Aus Hai-Men," Die katholischen Missionen. Beilage für die Jugend 5, 1877),第17—24页;《在中国》,《天主教宣教·青年副刊》1899年第17卷("Im Reiche der Mitte", Die katholischen Missionen. Beilage für die Jugend 17, 1899),第3—4、7—8、11—12、15—16、19—20、22—24页;《沉船》,《天主教宣教·青年副刊》1887年第26卷("Die Schiffbrüchigen", Die katholischen Missionen. Beilage für die Jugend 26, 1887),第1—24页。

③ 《用茶》,《友谊圈》1889/1890年第2卷第32期("Beim Thee", Das Kränzchen 2:32, 1889/1890),第435、440页;《日本女孩》,《友谊圈》1892/1893年第5卷第22期("Japanisches Mädchen", Das Kränzchen 5:22, 1892/1893),第308页;《中国女子的脚》,《友谊圈》1895/1896年第8卷第32期("Chinesische Damenfuß", Das Kränzchen 8:32, 1895/1896),第446页;《日本儿童的生活》,《友谊圈》1898/1899年第11卷第34期("Über das japanische Kinderleben", Das Kränzchen 11:34, 1898/1899),第477页。

和"开放的"日本做对比,来强化其更广泛的叙述。

德国和欧洲在现代世界中扮演着先进者的角色,而中国也适合作为它们的指导对象,但是作为一个虚构设定,中国却没有那么吸引人。尽管有著名作家卡尔·梅(Karl May,1842—1912)创作的中国小说,但是青年小说的作者更多关注的是美洲、非洲和南亚的平原、丛林和沙漠,而很少关注更加"发达"且缺乏冒险性的中国(Middle Kingdom)。[1]1897年德国强占胶州湾——表面上是对山东省内两名德国天主教神父被杀的回应,使中国更强有力地进入了德国人的视野。由于外国影响而逐渐紧张的状态,加之乡村中对新教徒和动乱的特殊关注,使作家和出版商有了新的且鼓舞人心的故事来迎合既定的文学流派。如此一来,他们就可以把中国介绍给德国年轻人了。

尽管不是第一位,但使中国成为冒险场景的最为野心勃勃和政治化的尝试来自保罗·林登伯格(Paul Lindenberg,1859—1942),他是著名的编辑、记者,还是历史与战争小说家和游记作家。在小说《弗里茨·沃格尔桑:德国船员在胶州的冒险》一开始,林登伯格就使用了成长故事(coming-of-age)的模板,里面充斥着中国的异域情调、人种学细节、爱国主义教导,并宣传了文明德国新获得的殖民地的价值。[2]土匪强盗、挨饿的士兵、迷信的道士、思想封闭的官员以及由他们教唆挑动而带来的混乱,这些不仅提供了叙事张力,还构成了对弗里茨的考验,使他从懵懂无知的船舱侍者成长为意志坚强的水兵。在冒险受限的情况下,弗里茨则是通过一个仁慈的德国家庭、一位高贵的中国教民和一位破落的美国传教士来了解中国。他们告诉弗里茨,中国的问题不在于内在的落后,而是自私自利的精英让老百姓陷入贫困与迷信之中。中国领导层为了保护自己的地位而短视,没有看到中国很早就开始停滞不前,徒然地使贫困弱小者陷

---

[1] 卡尔·梅的中国小说只是他众多作品的一小部分,相关研究参见张震寰(音译):《作为欲望和想象力的中国:1890—1945年德国娱乐文化中的中国形象研究》,第106—125页;李长克(音译):《1890—1930年德国文学中的中国小说》,第56—62页;方维规:《德国文学中的中国形象(1871—1933)》,第145—174页;英格丽·舒斯特:《德国文学中的中国和日本(1890—1925)》,第57—58页。

[2] 参看保罗·林登伯格:《弗里茨·沃格尔桑:德国船员在胶州的冒险》,柏林:杜姆勒出版社,1899(Paul Lindenberg, *Fritz Vogelsang: Abenteuer eines deutschen Schiffsjungen in Kiautschou*, Berlin: Dümmler, 1899)。相关分析参见李长克(音译):《1890—1930年德国文学中的中国小说》,第64—67页。

入困境。他们迫害任何被外国思想吸引的人,因此中国人不能欣赏或感激德国人带来的进步。胶州湾被德国强占后,当地居民也就相应地摆脱了原有的限制,并很快就对随之而来的改善——焕然一新的基础设施,安定有序的社会环境,欣欣向荣的经济发展——感到满意。弗里茨亲自参与、见证了对胶州湾的占领与发展,由此充满了爱国主义的使命感,也进而完成了自己的成长之旅。①

受时事的启迪,林登伯格的小说检验了中国是否适合作为冒险之地以及向读者灌输爱国主义和基督信仰的工具。他试图将教育、娱乐和政治融为一体,然而这并未直接成功。但是《弗里茨·沃格尔桑》在两次出版发行中总共印刷了一万册,这个数量是相当可观的,与之相关的书评也是多样的。埃米尔·森布里茨基(Emil Sembritzki, 1869)是一位殖民主义者,同时也是一名评论家,他在自己的文学批评指南中就称赞林登伯格的冒险具有写实般风格,在人物对白中又融入了教科书风格的训诫。尽管有教育性的内容,但是德高望重的改革家乔治·埃伦特(Georg Ellendt, 1840—1908)仍然斥责这是一个不合时宜的耸人听闻的冒险故事,并且建议学校图书馆将其剔除。②

这些矛盾的评论有助于我们理解生产者面临的环境,他们很快就着手利用义和团运动,但是对于描绘义和团民又相当谨慎(wary)。为何在大多数青年媒体对一切骚乱的起因——义和团民——视若无睹的情形下中国还能变得广为人知呢?答案就是消费市场的发展带来了广泛的申诉与处罚争议。那些意在广泛受众的生产者必须注意拉拢批评家和潜在消费者,这意味着他们不得不采取最为普遍的刻板印象和无争议的事实。一些人和林登伯格一样目标受众较少,所以能够生产一些训诫更深刻、刻

---

① 故事的结尾是被海盗俘虏的弗里茨逃了出来并挫败了海盗突袭德国军队的计划。

② 参看埃米尔·森布里茨基编:《殖民地的朋友:德国殖民地流行文学批判指南》,柏林:科罗尼和海马特基金会,1912(Emil Sembritzki, ed., *Der Kolonialfreund: Kritischer Führer durch die volkstümliche deutsche Kolonial-Literatur*, Berlin: "Kolonie und Heimat" Verlagsgesellschaft, 1912),第130页;乔治·埃伦特:《按水平和科学分类的高等学校学生图书馆目录》(第4版),哈雷:魏森豪斯出版社,1905(Georg Ellendt, *Katalog für die Schülerbibliotheken höherer Lehranstalten nach Stufen und nach Wissenschaften geordnet*, 4th ed. Halle: Waisenhaus, 1905),第xxxiv页。埃伦特对林登伯格的小说没有任何不同的看法。

画更敏感和故事更惊悚的玩具,也更普遍愿意犯险冒犯政治对手和商业文化批评家。但是,所有人都在努力解决一个核心难题——如何使中国变得易于理解和生动有趣,而在这一任务中义和团体现的冒险价值微乎其微。

有效地利用(Deploying)义和团

就像所有涉及德国人的军事行动一样(很多都没有),义和团战争几乎很快就出现在各种青年媒体上。抓住受众对中国一知半解这一特点,生产者将已有的熟知细节放入现有的媒体和版本中,大多数产品都以无可争议的教育使命为诉求,这补充了主流的殖民地现代化叙事。

成套的锡铁士兵被亲昵地称作"锡报纸"(newspapers in tin),因为它们在事件发生几周内就出现在了货架上。这些锡铁士兵可能是德国年轻人对义和团的第一印象。[①] 对于玩具制造商来说,依靠薄利多销来击败竞争对手,生产速度远比细节精确重要。因此,他们储备、回收模具以充分利用任何新事件:在19世纪参与鸦片战争的中国人物被迫用来参与反对义和团,那些参加早先战争(克里米亚战争、普法战争和各种殖民战争)的欧洲人物也纷纷再现。如此一来,像威廉·海因里希森(Wilhelm Heinrichsen)等手工业者能够快速生产非常实惠的套装玩具,这些玩具进入儿童(主要是男孩)游戏室和教室,在这些地方被视作对教育的补充,因而相当重要。[②] 玩具制造商还可以通过更新细节来提高玩具的价值,并收取适当的费用。纽伦堡(Nuremberg)的雷斯(M.Ress)玩具厂出产了一款玩具《中国战争》(*The War in China*),售价高达4.5马克。玩具内有50个40毫米高的士兵、一座"中式房屋"、一艘"巨大的现代战船"以及围墙等。

---

① 参看艾哈德·施劳多尔夫:《包装盒中的每日主题:锡人与当代历史》,赫尔穆特·施瓦兹编:《游行作品:来自纽伦堡和弗尔特的锡像》,纽伦堡:蒂姆勒出版社,2000(Erhard Schraudolph, "Tagesthemen aus der Spanschachtel-Zinnfiguren und Zeitgeschichte", in *Paradestücke*: *Zinnfiguren aus Nürnberg und Fürth*, ed. by Helmut Schwarz, Nuremberg: Tümmels, 2000),第54页。

② 关于游戏的性别与教学,参看布莱恩·甘讷维:《德意志帝国的玩具、消费与中产阶级的童年(1871—1918)》,第15—16、40—64页;大卫·D.哈姆林:《工作与游戏:德国玩具的生产与消费(1870—1914)》,第23—28、38—55页。

根据公司目录,令冲突变得特别有趣的是"7个国家"(原文如此——作者注)参与了此次冲突,每一个国家都有其代表性的旗帜;军队模型中的一些士兵甚至穿着"他们崭新的热带地区制服"①。

不论是回收还是制造新的,这些套装玩具并不能解释事件,而是将它们置于长时期的民族(national)冲突的历史当中,这些冲突中又夹杂着含混不清的人种细节。尽管孩子们和玩具玩耍时的方式可能与生产者期待的不一样,这些玩具的最终目的还是要进行军事活动教育,并带有支持最终胜者的细微偏见。玩具还体现了对中国军事改革的普遍误解,像这套玩具里的士兵就装备了陈旧的中式武器,还有很多受伤、逃跑或者投降的人物。②

棋盘游戏则因为有文字介绍更能说明事件及其来龙去脉。尽管如此,大多数玩具或游戏仍然只关心在事件过程中去指引游戏者,并辅以熟悉的关于中国的刻板印象。和锡铁士兵一样,游戏使冲突和中国的失败

---

① 八国联军中有一国已经遗失,但是从颜色来看分不清楚是哪一国。纽伦堡玩具厂雷斯,约1902年,11,DSS SV83。关于其他玩具厂商生产的类似玩具,参看克劳斯·格泰斯编:《德国儿童房间中的冒险、流浪和殖民梦想:两个世纪以来的锡制人物(由流行冒险文学补充说明)》,特里尔:GM出版社,1989 [Klaus Gerteis, ed., *Abenteuerlust, Fernweh und koloniale Träume in deutschen Kinderzimmern: Zinnfiguren aus zwei Jahrhunderten (ergänzt durch populäre Abenteuerliteratur)*], Trier: GM-Press, 1989,第35页;赫尔穆特·施瓦兹编:《游行作品:来自纽伦堡和弗尔特的锡像》,第61、105页;《儿童房间的殖民历史》,苏黎世:锡人博物馆,1994(*Kolonialgeschichte im Kinderzimmer. Ein Gang durch die Geschichte des 19. Jahrhunderts im Rahmen der Wechselausstellung des Zinnfiguren Museums Zürich von September 1994 bis August 1995*, Zürich: Zinnfiguren Museum, 1994),第11页。

② 关于中国军事改革以及外国的看法,参看海克·弗里克:《义和团与清军》,罗梅君、余凯思编:《在中国的殖民战争:1900—1901年义和团运动的失败》(Heike Frick, "Die Boxer und die kaiserlichen Armeen der Qing-Regierung", in *Kolonialkrieg in China: Die Niederschlagung der Boxerbewegung 1900-1901*, eds. by Mechthild Leutner and Klaus Mühlhahn, Berlin: Links, 2007),第96页。更多研究参看甄爱廖:《有人为了文明,有人为了国家:重审义和团战争》,香港:香港中文大学出版社,2002 (Jane E. Elliot, *Some Did It for Civilisation, Some Did It for Their Country: A Revised View of the Boxer War*, Hong Kong: Chinese University Press, 2002)。

都顺理成章,并提供了一个全球框架去了解德国的参与。①国际社会对义和团运动的兴趣为德国玩具制造商提供了千载难逢的机会,借此吸引早已熟悉"德国制造"玩具的外国市场。但是,德国人强调国际合作也使他们有机会巧妙地强调德国在世界舞台上扮演的重要角色。②

例如,莱比锡的哈特曼沃尔夫公司(Hartmann & Wolf)就试图利用游戏《征服北京与解救公使》(*Die Eroberung von Peking und die Befreiung der Gesandten*)(见图2)来表现义和团新奇性与国际性的吸引力从而获利。③一份1900年11月的广告宣传这一游戏"时髦!教育性!新颖!",指出该游戏包含了"中国战争的最新事件"。④该游戏还附有五种语言的说明书。这一游戏遵循了教育性"战争"或者"旅行"游戏的标准模式。玩家选择成为"解救"八国中的一国,每一个国家都由一艘锡铁战船和一面彩色旗帜代表;通过掷色子来决定谁将第一个到达北京,从而解救被困的公使。因为设置了停止地点来凸显战争的实际进程,所以游戏比赛也变得复杂。每个国家都从棋盘上的不同位置出发,俄国和法国从大连湾,德国、奥地利、意大利从胶州湾,英国从威海卫,美国从芝罘(今烟台),日本从长崎;每个国家都通过各自的海路航线到达大沽炮台,而在沿着铁路线前行时必须根据相应的色子点数来行进。那些不幸直接走到"障碍"地点的国家必须后退几步再重新开始,这些"障碍"地点有天津、北仓和杨村。

---

① 《新中国游戏》确实是个例外,它在某种程度上忽略了其他大国的参与。所有这些游戏以及对年轻人的广泛报道都忽略了盟友之间的紧张关系,参看胡滨:《义和团运动期间帝国主义列强在华的矛盾和斗争》,《中国历史研究》1987年第20卷第3、4期(Bin Hu, "Contradictions and Conflicts among the Imperialist Powers at the Time of the Boxer Movement", *Chinese Studies in History* 20:3/4, 1987),第156—174页;何伟亚:《远征:瓦德西领导下的联军》(James L. Hevia, "Krieg als Expedition: Die alliierten Truppen unter Alfred Graf von Waldersee"),罗梅君、余凯思编:《在中国的殖民战争:1900—1901年义和团运动的失败》,第132页。

② 对德国全球领导权的宣称通常指向阿尔弗雷德·冯·瓦德西,他的正式职务是联军总司令。爱国评论员对于这一点相当自豪。关于德国锡制玩具制造商在为非国内观众量身定制国际活动的展示时采取的策略,参见艾哈德·施劳多尔夫:《包装盒中的每日主题:锡制人物与当代历史》,第56—61页。

③ 参看《征服北京与解救公使》,莱比锡:哈特曼和沃尔夫出版社,1900(*Die Eroberung von Peking und die Befreiung der Gesandten*, Leipzig: Hartmann & Wolf, 1900)。感谢迪特·门森坎普(Dieter Mensenkamp)提供的私人收藏的复制品。

④ 参看1900年11月24日《周报》(*Die Woche*)中的广告。

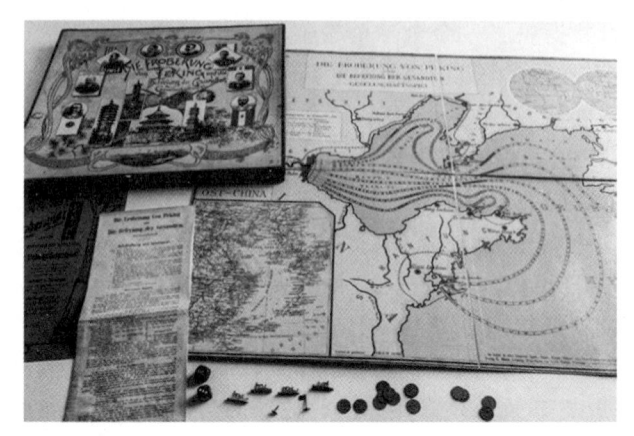

义和团战争

媒体与记忆

说明:这款游戏旨在让玩家在重演冲突中的重要时刻,而方框则以殉道者的风格描绘了公使。

图2 《征服北京与解救公使》游戏概览

资料来源:迪特·门森坎普(Dieter Mensenkamp)提供。

要想结束游戏就得通过掷色子到达北京。游戏的关注点只局限于解救公使——他们被印在盒盖四周上,就像卫道士一样保护中国传统(宝塔等),使其免受中国巨龙的伤害,游戏将武装干涉(intervention)精练为一个简单的故事:卑劣的行为为国际入侵提供了理由,而这种入侵最终必然会实现其目标。[①] 为吸引教育工作者,推销者还宣称该款游戏有助于增强地理意识。[②] 与普遍的旅行和战争游戏一样,庞大、真实而生动的地图在棋盘中占据主要地位,这不仅为行动提供了背景,而且带来了学术权威的光辉。

"征服北京"和普遍的游戏和玩具一样,全局观(big picture)仍旧不明确或不完整。各种印刷媒体可以提供有关冲突及其后果的更明确的解释,但值得注意的是义和团经常缺席,只不过是隐含的存在而已。这一点在天主教杂志《常春藤蔓》上一点也不奇怪,因为该杂志很少会提及时事;但是在1900年和1901年却收录了两篇报道,涉及中国的教育和儿童不幸

---

① 在媒体报道中,公使们通常被视为"罹难"的殉道者和"围困"的受害者,他们期待着"解放"。正如这篇文章中就大力描绘了公使们的这些形象,参看《驻华外交使团》,《新闻画报》1900年7月26日("Das diplomatische Corps in China", *Illustrirte Zeitung*, 26 July 1900),第123—124页。

② 1900年11月24日《周报》中的广告。

的生活,并和日本进行了对比。①更令人惊讶的是主流的中产阶级男性报纸《忠诚的同志》,该报不断报道时事新闻,并且十分依赖殖民地世界提供冒险性和教育性资料。《忠诚的同志》对于义和团战争期间的中国资料做了最为全面的调查:关于著名地标的图片和国际文章,在中国的日常生活,德国士兵和海军陆战队为异国环境所做的准备工作以及德国殖民者在中国领地上取得的成就。有一些是关于冲突本身的摄影报道,主要是定期的战场照片和被俘义和团民的照片。当然,这些都暗示了义和团的落后以及装备先进、纪律严明的联军必将胜利。②但是,总体上这些图像在出版时未附上详细的评语,而刊印一张中国有序稳定的图片,这与可以引发读者兴趣的动荡不安是不符的。③相似地,当报纸编辑要印刷设定为在中国发生的纯虚构故事的时候,他们不会选择义和团战争。相反,他们选择的故事描述了19世纪60年代中国平民遭受的剥削。对义和团形象的矛盾态度令编辑们感到好奇,他们曾在19世纪八九十年代将广受欢迎而又充满争议的卡尔·梅推向公众,并毫无顾忌地虚构了南非和非洲西南部的战争。④

---

① 参看K. R.:《在华学习》,《常春藤蔓》1899/1900年第10卷第17期(K. R., "Gelehrsamkeit in China", *Efeuranken* 10∶17,1899/1900),第267页;奥古斯特·冯·佩奇曼:《中国和日本儿童的生活》,《常春藤蔓》1900/1901年第11卷第15期(Auguste von Pechmann, "Kinderleben in China und Japan", *Efeuranken* 11∶15,1900/1901),第232—235页。

② 关于德军与中国义和团的对比,可参看《忠诚的同志》1899/1900年第14期(*Der gute Kamerad* 14,1899/1900),第621页;《忠诚的同志》1900/1901第15期(*Der gute Kamerad* 15,1900/1901),第240页。

③ 关于街道场景,参看《从中国来》,《忠诚的同志》1899/1900年第14期("Aus China", *Der gute Kamerad* 14,1899/1900),第608—610页。这些图像通常伴随着一些有关城市生活的细节,图像来自保罗·古德曼:《中国的夏天:旅游图册》,法兰克福:吕特尔和勒宁出版社,1899(Paul Goldmann, *Ein Sommer in China*∶ *Reisebilder*, Frankfurt am Main∶ Rütten & Loening, 1899)。

④ 参看弗朗茨·泰勒:《宏丽》,《忠诚的同志》1900/1901年第15期(Franz Teller, "Hung-Li", *Der gute Kamerad* 15,1900/1901);安德斯·范·斯特拉登:《调度员》,《忠诚的同志》1899/1900年第14期(Andries van Straaden, "Der Depeschenreiter", *Der gute Kamerad* 14,1899/1900);理查德·肖特:《公交司机》,《忠诚的同志》1903/1904年第18期(Richard Schott, "Der Buschläufer", *Der gute Kamerad* 18,1903/1904)。

尽管如此,仍有一些特殊的案例说明了如何利用义和团战争来娱乐德国年轻人并进行更多有针对性的教导。以新教青年杂志《青年信使》为例,该报在偶尔提及事件进程时刊登了鲁道夫·罗姆(Rudolf Röhm)的一封信,在信中他论述了自己对义和团运动的看法。尽管中国各地都有暴力事件发生,但是罗姆称自己在当地官员的支持下游历一直很顺利。最后由于中国官员也无法保护他不受暴力影响,罗姆就逃离了。一旦逃离,他便开始理解许多传教士向海边逃离时承受的"巨大苦难和危险"。中国教民也忍受着"难以形容的折磨和痛苦",他自豪地声称只有少数人放弃了他们的信仰。教民们尽管也被追捕和虐待,但是信仰依旧坚定,没有躲藏起来并且帮助那些逃离暴行的人。其中有成千上万的人付出了高昂的代价,用鲜血印证了他们对上帝的热爱。但是,从这一苦难之中,上帝将会兴建一个"干净纯洁的"教会,表明"即使在'中国'殉道者的鲜血也将成为教会的种子"。罗姆写这封信的目的就在于此:重述中国的混乱以激励德国教徒奉献与团结。如果传教士和中国教民能够忍受住如此考验并变得更加坚强,那么国内的读者也可以从对自己(可能是程度较低的)考验中获得勇气。①

如果说关于基督徒奉献的故事是理解义和团运动的恰当工具,那么关于爱国主义的故事就属于另一种。一些面向青年人的作家借机将这些事件戏剧化。无须诧异的是,保罗·林登伯格在小说续集中将弗里茨·沃格尔桑送上了前线,但是他还有许多像奥托·费尔辛(Otto Felsing,1854年至约1920年)那样的模仿者。② 1901年出版的费尔辛的《格特·扬森的

---

① 参看鲁道夫·罗姆:《中国来信》,《青年信使》1901年第54卷第5期(Rudolf Röhm, "Brief aus China", *Der Jünglings-Bote* 54:5, 1901),第38—39页。亦可参看《杨氏兄弟与义和团》,《天主教宣教·青年副刊》1901/1902年第30期("Die Brüder Yang und die Boxer", *Die katholischen Missionen. Beilage für die Jugend* 30, 1901/1902)。

② 参看艾格尼丝·哈德:《对抗黄龙》,比勒费尔德:贾尔哈根和克拉辛出版社,1900(Agnes Harder, *Wider den Gelben Drachen*, Bielefeld: Velhagen & Klasing, 1900);保罗·林登伯格:《弗里茨·沃格尔桑1900年在中国的战争冒险》,柏林:蒂姆勒出版社,1901(Paul Lindenberg, *Fritz Vogelsangs Kriegsabenteuer in China 1900*, Berlin: Dümmler, 1901);尤金·冯·恩茨贝格:《龙之后裔》,柏林:丁豪普特出版社,1901(Eugen von Entzberg, *Drachenbrut*, Berlin: Dünnhaupt, 1901);卡尔·塔内拉:《普力马在天津》,莱比锡:赫特出版社,1902(Karl Tanera, *Aus der Prima nach Tientsin*, Leipzig: Hirt, 1902)。

中国之行：一个年轻德国人的旅行和战争经历》在写作风格上与林登伯格十分相似，将中华大地的异国风情、据称真实的冒险生活、带有明显偏向的教育资料杂糅进一个成长故事中。① 两个人的故事情节相似：一个在华的德国轮船服务员相继遭遇海盗、间谍、中国官员和叛乱者等麻烦，之后为战争作出自己的贡献——赢得了德皇的称赞，并最终决定加入海军。教育性的意图也是相似的：格特的悲惨经历将教育男孩和女孩了解中国的状况，以帮助他们了解德国为提高国际地位所做的努力。②

格特的故事并非简单地全盘贬低中国人，而是利用巧妙的策略将其建构为从属主题。③ 主人公遭遇了不可信任的中国人，这说明了他们的仇外心理。但是，格特的成年伙伴将这一错误归咎于中国人对满洲统治者的屈服以及英法两国在19世纪对中国的高压。保罗（Paul）是一名中国教民，被格特从义和团民手中救了下来，由此成为盖特的好伙伴。这说明了救赎（redemption）的可能性，这就如同不同的中国人能分辨出外国人中的"好人"与"坏人"。换句话说，费尔辛寻求一个可以在冲突结束后恢复原状的核心。他的终极目标就是在德国的领导下强行恢复秩序，消除中国文明衰落引发的不理性暴力，打破中国人顽固偏狭的观念——这使中国人无法欣赏西方文明的益处。一旦摆脱迷信和专制并走向文明，中华民族必将崛起并屹立于世界民族之林。这一结果必会受到欢迎，但该意见也会有所保留。费尔辛认为他的书将使德国年轻人全面了解中国，而他们需要包容这一经济上的"黄祸"。④

和林登伯格早期的小说一样，费尔辛的爱国主义赞歌也受到两极评价。批评家称费尔辛笨拙地插入了说教内容，以及他通过"难以置信和牵

---

① 参看奥托·费尔辛：《格特·杨森的中国之行：一个年轻德国人的旅行和战争经历》，慕尼黑：莱曼出版社，1901（Otto Felsing, *Gert Janssens China-Fahrten: Reise und Kriegserlebnisse eines jungen Deutschen*, Munich: Lehmann, 1901）。

② 费尔辛此书是系列丛书"朱利叶斯·洛迈耶的男孩和女孩爱国青年图书馆"（*Julius Lohmeyers Vaterländische Jugendbücherei für Knaben und Mädchen*）的一部分。该系列当时颇为不同寻常，该系列冒险故事明确地针对男孩和女孩。

③ 相反的解释，可参看吕一旭：《德国殖民小说中的中国》，第95、97—99页。

④ 参看奥托·费尔辛：《格特·杨森的中国之行：一个年轻德国人的旅行和战争经历》，第 vi 页。关于"黄祸"（yellow peril）观念更普遍的发展，参看海因茨·格维特泽：《黄祸：口号的历史》，哥廷根：范登霍克与鲁普莱希特出版社，1962（Heinz Gollwitzer, *Die gelbe Gefahr. Geschichte eines Schlagworts*, Göttingen: Vandenhoeck & Ruprecht, 1962）。

强附会"的事件来制造和"印第安故事"一样轰动的情节。①媒介和体裁显然很重要。对于这些不负责任的冒险活动——无论是设定在狂野西部、非洲丛林、公海还是城市地下世界,批评者担心会这使青年读者在追寻永不存在的现实时情绪过激、无视文明。他们将会迷失在充满虚假自由、自私自利的海市蜃楼般的国度。但是,书写中国的作家处于特别不利的地位。有关荒野西部和异域丛林的故事和报告,都利用了保持原有地貌和土著居民的冒险潜力,尽管受到严厉指责,但是仍能吸引读者。书写中国的作家很难完成自己的改编,而固有或永恒混乱的假设也因为中国古老文明和殖民地现代化叙事成为难以置信的命题。

设定在另一个更直接的意义上也很重要。义和团战争在德国国内是一个两极化的议题。除了社会民主党所有的党派都支持军事干涉,但是此事引发了国际范围的媒体讨论,政客们在此基础上展开了激烈的争论。他们争论了议会协商的不足、传教士要对中国人的不满负责、德军在中国的暴行、德皇臭名昭著的"匈奴演讲"在引发德国暴行中所起的作用,以及德国总体的殖民与外交政策。②从左翼讽刺杂志《简单》(*Simplicissimus*)

---

① 参看《书评:费尔辛:〈格特·杨森的中国之行〉》,《青年观察报》1903年第11卷第7期("Beurteilung: Felsing, *Gert Janssens Chinafahrten*", *Jugendschriftenwarte* 11:7, July 1903),第28页。关于对费尔辛作品不同的评论,参看埃米尔·森布里茨基编:《殖民地的朋友:德国殖民地流行文学批判指南》,第39、43、53、72、75、123页;伯恩哈德·海德许斯:《国王图书馆图书目录》,科隆:布罗克兄弟公司,1911(Bernhard Heidhues, *Nachtrag zu dem Verzeichnisse der Schülerbibliothek des Königl. Friedrich-Wilhelms-Gymnasiums in Cöln. Beilage zum Osterprogramm 1911*, Cologne: Gebr. Brocker, 1911),第ii、7页;格奥尔格·埃伦特:《按水平和科学分类的高等学校学生图书馆目录》,第xxvi页;赫尔曼·L. 科斯特:《德国青年文学史》(第2版),汉堡:扬森出版社,1915(Hermann L. Köster, *Geschichte der deutschen Jugendliteratur*, 2nd ed. Hamburg: Janssen, 1915),第311页。

② 有益的概括可参看伯恩德·塞斯曼:《"决不宽恕!":国家审查与舆论宣传中的"匈奴演说"》,罗梅君、余凯思编:《中国的殖民战争:1900—1901年义和团运动的失败》,柏林:林克斯出版社,2007(Bernd Sösemann, "'Pardon wird nicht gegeben!' Staatliche Zensur und Presseöffentlichkeit zur 'Hunnenrede'", in *Kolonialkrieg in China: Die Niederschlagung der Boxerbewegung 1900—1901*, eds. by Mechthild Leutner and Klaus Mühlhahn, Berlin: Links, 2007),第118—123页;乌特·维兰特:《德国帝国议会对义和团战争的辩论》(Ute Wielandt, "Die Reichstagsdebatten über den Boxerkrieg"),罗梅君、余凯思编:《中国的殖民战争:1900—1901年义和团运动的失败》,第164—172页;孔正滔:《宣传与批评:媒体的作用》(Thoralf Klein, "Propaganda und Kritik: Die Rolle der Medien"),罗梅君、余凯思编:《中国的殖民战争:1900—1901年义和团运动的失败》,第173—180页。

1900年封面图片就可以清楚看出,关于中国战争的争议足以使人们质疑其是否适合儿童。这是一幅令人毛骨悚然的图画:五个男孩无情地折磨并杀死了公鸡、狗、一个十几岁的女孩和一个婴儿,婴儿被钉在飘扬着德国国旗的旗杆上,目的是展现德国军官的孩子在中国戏谑地传播普鲁士文化。① 该图片显然在揭露丑闻、批评德国军国主义中发挥了作用,但同时也批评了当时的"垃圾文学"(trashy literature)。其讽刺意味在于允许年轻人玩耍抗击义和团的游戏,最终会使他们变成现代的野蛮人。而这一推动力是其内在天性、德皇的演讲还是媒体报道?这都是模糊不清的。

这些争议使义和团运动成为面向大众市场生产的难题。毕竟生产者通常会避免疏远潜在的消费者,而针对年轻人的生产者必须格外小心,以免违反将年轻人政治化的法令,避免来自改革者和文化保守者的不正式但相当严厉的批评。即使是针对目标读者政治化程度最高的作者,奥托·费尔辛也会小心翼翼地避免意想不到的争议。在解释其写作《格特·杨森的中国之旅》的方法时,费尔辛称其对"真实中国"的描述是对标准的"印第安故事"的改进,认为自己"介绍了中国人的实际生活方式和思想,这些都是众所周知的,其展现也是适合青少年的"②。换句话说,他认为"真实中国"的某些方面是不适合的。在这方面,费尔辛主要受到惊悚文化(sensational culture)的指引,但是对于大多数生产者而言,政治也很重要。他们最多只是倾向于解决政治争论。例如,《青年信使》从未提及描述德国暴行丑闻的士兵信,也从未提及德国传教士应对暴力事件负责的指控。但是,刊印鲁道夫·罗姆的信件以及一些无恶意的士兵书信,很可能是一种微妙的反驳。也许社会主义者是军事行动的最主要评论者,他们本来愿意年轻人参与争论,但是对他们来说有组织地关注青年人仍然为时尚早。③

大多数生产者的目标是广泛的受众,因此他们选择避免任何形式的

---

① 参看《像老人一样唱歌》("Wie die Alten sungen"),《简单》1900年8月21日,第173页。

② 奥托·费尔辛:《格特·杨森的中国之行:一个年轻德国人的旅行和战争经历》,第vi页。

③ 各种社会主义青年组织于1904年开始出现,由此出现了两本刊物,体现了社会主义青年运动内部的竞争。1908年,各青年组织组建了统一的机构,第二年发行《工人—青年》(Arbeiter-Jugend)取代了两份互相竞争的刊物,朝着较少争论和更加公开的商业方向发展。参见杰夫·鲍尔索克斯:《帝国时代中德国人的崛起:德意志青年与殖民文化(1871—1914)》,第153—156页。

争议,即使他们有着政治敏感性。① 以国际知名的勃兰登堡玩具制造商恩斯特·保罗·莱曼(Ernst Paul Lehmann, 1856—1934)为例,他实际上是所有爱国主义协会的热心成员,也明白要实现广泛商业吸引力的关键在于巧妙操纵熟悉的参考物。② 他利用一款没有明显政治内容的有趣的玩具回应了中国战争。《受罚的义和团》(Der bestrafte Boxer)这款玩具里有四名中国人,他们聚在一起将第五名中国人(可能是义和团民)抛向天空(见图3)。玩具利用辫子将义和团边缘化为"坏的中国人"——而辫子正是中国错误的最明显标志(symbol par excellence of what was wrong with China),从字面上压制这一形象(to literally hold the figure down)。莱曼的目标是广泛的国际市场。为了扩大销售,莱曼用五种语言来标注玩具的名字,但是也选择了五名中国人来惩罚义和团,他避免将玩具卷入针对联军士兵行为及其内部对手的讨论。③ 同时,他又用英国、法国、德国和俄国国旗的颜色来绘制"好的中国人"的帽子,显然这是将中国人置于欧洲的监管之下。这款玩具可以帮助我们将市场上的政治干预看作吸引恰当受众的努力,也可以视作那些具有更大野心的人面临的潜在风险。因此,这提醒我们不能削弱商业参与者的政治说服力,而必须寻找青年媒体中控制殖民偏见传播的其他常见而又微妙的动力。

说明:盒盖上不同的名称体现了玩具的国际意义。
图3 游戏《受罚的义和团》中的一个场景:四名中国人身着胜利列强的衣服,将第五个人抛向天空以作"惩罚"。
资料来源:图片由 Planet Diecast 和 Bertoia Auctions 提供。

---

① 大卫·夏尔洛:《广告帝国:德意志帝国中的种族与视觉文化》,第167—168页。作者一个相似的观点是,尤其是在广告方面与中国和义和团产生共鸣。
② 尤尔根·塞斯里克、玛丽安·塞斯里克:《百年锡制玩具:百年 E. P. 莱曼公司》,法兰克福:古腾堡图书协会,1981(Jürgen Cieslik and Marianne Cieslik, *Ein Jahrhundert Blechspielzeug*: *Ein Jahrhundert E. P. Lehmann*, Frankfurt am Main: Büchergilde Gutenberg, 1981),第28页。
③ 尤尔根·塞斯里克、玛丽安·塞斯里克:《百年锡制玩具:百年 E. P. 莱曼公司》,第69页。

双重争议和使中国成为年轻人的冒险环境带来的挑战,有助于解释为什么在义和团遭到镇压后的几年内这场战争在很大程度上已经从青年媒体市场上消失。莱曼制造的玩具《受罚的义和团》在1900年共生产了20000套,如今已经成为收藏家最喜欢的玩具之一。① 在锡制士兵中,义和团只是短暂地取代了他们受欢迎的竞争对手——布尔战争,并完全被其西南非洲的继任者挤出了目录。② 1902年之后,只有少数商人认为义和团战争是符合棋盘游戏、故事图书和青年期刊的主题的。对中国的迷恋并未消失——事实上恰恰相反,但是义和团似乎并没有在德国年轻人中引起共鸣,这本可以使生产者继续创造相关内容。如果读者寄给《忠诚的同志》的图片是一个暗示的话,那么至少在1900年和1901年一些年轻人已经受到启发,以富有想象力的方式成为"我们的殖民防御力量"(驻防军)以抗击中国发生的骚乱。③ 但是,到1904年,义和团已经退出德国年轻人在战争游戏中采用的主角和反派的名单,牛仔和印第安人、英国人和布尔人、德国驻防军和非洲赫雷罗人(Herero)则风靡一时。④

记住义和团

义和团战争之后,德国青年媒体中的中国代表就成为奥托·迈尔所弃置的游戏中预示的"新中国"。许多普遍的刻板印象依旧存在——至少其中一个就是拖着辫子的中国人露出狡黠的笑容,但是其带有的混乱与危

---

① 参看尤尔根·塞斯里克、玛丽安·塞斯里克:《百年锡制玩具:百年 E. P. 莱曼公司》,2000 年,一名收藏家以 33000 元拍得该玩具(包括原来的盒子)。参看《你会花 33000 元购买这件锡制玩具吗?好吧…有人这么做了!》("Would You Pay 33,000 for This Tin Toy? Well… Someone Did!"),《旧玩具世界》(*Old Toy World*),http://oldtoyworld.com/lehmann/530/530.html,访问日期:2015 年 1 月 7 日。

② 参看《柏林维特海姆百货公司时装目录(1903—1904)》,希尔德斯海姆:奥尔姆斯出版社,1988(*Mode-Katalog 1903/1904 Warenhaus A. Wertheim*, Berlin, reprint ed. Hildesheim: Olms, 1988),第 180 页;《E. L. 梅伊尔玩具目录》,希尔德斯海姆:奥尔姆斯出版社,1991(*Spielwarenkatalog E. L. Meyer: Auswahl*, reprint ed. Hildesheim: Olms, 1991),第 80 页。

③ 参看《我们的保护力量》,《忠诚的同志》1900/1901 年第 1 卷第 43 期 ("Unsere Schutztruppe", *Der gute Kamerad* 15:43, 1900/1901),第 688 页。

④ 参看保罗·希尔德布兰特:《孩童生活中的玩具》,柏林:泽尔赫出版社,1904(Paul Hildebrandt, *Das Spielzeug im Leben des Kindes*, Berlin: Soehlke, 1904),第 279 页。

险含义则有所减少。① 相反,在视觉和文本产品上,中国人变成了展现德意志帝国和现代性的驯服且具有创造性的主体。② 青年期刊偶尔报道胶州的殖民进程、中国经济更普遍的发展、异域文化习俗、教育发展以及传教工作的前景。这些文章之所以引人注目,是因为它们创造了一个关于中国的良性形象——不仅发展且依旧充满异国情调。③ 玩具制造商扮演着一个已经过时的中国的形象。勃兰登堡玩具制造商莱曼生产的滑稽玩具"满大人"(Mandarin)描述了一个傲慢的官员拖拽差役的辫子来指使他,而纽伦堡的玩具商雷斯为他的机械玩具人力车做广告,并将其命名为"中国车"(Chinesenwagen),与最现代的欧洲赛车并列。④ 描绘中国劳动

---

① 这种刻板印象的持久性在狂欢节面具和玩具中很明显,相关内容可参考以下的广告:乔治·斯宾德勒:《面具、帽子、卡尼瓦尔和笑话的价目表》(Georg Spindler, "Preisliste über Masken, Mützen,Carnevals-und Scherzartikel",1901,DSS SV 26b);朱尔·贝林:《关于面具和嘉年华物品的插图价目表》(Jul.Bähring, "Illustrierte Preis-Liste über Masken-u. Karnevalsartikel",ca.1904-1910,DSS SV23a);卡尔·约瑟夫·尼克:《面具和嘉年华物品的样品插图目录》(Carl Joseph Nick, "Ill. Musterkatalog f. Masken u. Karnevalsartikel," ca.1910,DSS SV7f/);朱利叶斯·多斯特:"图画书"(Julius Dorst, pattern books,ca.1910, 13,DSS SV447/1)。亦可参看竖排漫画的卡通内容,如《忠诚的同志》1910/1911年第25期(*Der gute Kamerad* 25,1910/1911),第140—142页;《忠诚的同志》1911/1912年第20期(*Der gute Kamerad* 26,1911/1912),第826—827页,或者嘲笑中国宗教仪式的素描,如《致我们亲爱青年的宣教报》1902年第5期(*Missionsblatt für unsere liebe Jugend* 5,1902),第15页。关于将中国人的微笑视为既彬彬有礼又令人不安、难以捉摸的一个标志,参看张震寰(音译):《作为欲望和想象力的中国:1890—1945年德国娱乐文化中的中国形象》,第35—38页。

② 参看大卫·夏尔洛:《广告帝国:德意志帝国中的种族与视觉文化》,第211页。关于德国在中国开化使命的辩论,相关总结可参看罗梅君:《德国对中国和中国人的看法》,郭恒钰编:《从殖民到合作:德中关系史研究》,第420—426页。

③ 也许最富同情心的是卡尔·格肯(Karl Gerken)所作的关于1911年辛亥革命后社会变革的调查,该调查甚至避开了迷信和落后群众的老派支持者,而是强调文盲"劳动大军"的民族意识增强了。卡尔·格肯:《中国》,《五月报》1913/1914年第24卷第20期(Karl Gerken, "China", *Der Mai* 24:20, 1913/1914),第360—361页。

④ 尤尔根·塞斯里克、玛丽安·塞斯里克:《百年锡制玩具:百年E. P. 莱曼公司》,第67页;赫尔穆特·施瓦兹、马里恩·费伯编:《移动时代:恩斯特·保罗·莱曼专利工厂——一家玩具工厂的历史》,纽伦堡:蒂姆尔斯出版社,2003(Helmut Schwarz and Marion Faber, eds., *Bewegte Zeiten: Ernst Paul Lehmann Patentwerk: Geschichte einer Spielwarenfabrik/Moving Times: Ernst Paul Lehmann Patentwerk. History of a Toy Factory*, Nuremberg: Tümmels, 2003),第87页;纽伦堡玩具制造商M.里斯(Nürnberger Spielwaren-Manufactur M. Reiss),第11页。

者的玩具越来越普遍,这暗示了一种将中国有效整合进世界经济体系的方法。①

但是,在绝大多数关于中国的描写中,义和团和义和团战争因其缺席而引人注目,尽管这本来可以支撑"在欧洲的协助下中国从衰落中复兴"的说法。许多权威资料,如地理教科书,本是课堂教学中关于非欧洲世界的基础,但是丝毫没有提及战争。②相反,义和团并未彻底消失。在战争期间,义和团就成为旨在加强爱国主义或者基督信仰的印刷媒体的重要内容。为了追求其偏狭的目标,编辑和作者乐于使用被其他媒体回避的带有争议性的角色,但是他们组织事件的方式也限制了冒险的潜力,而这对于激发德国年轻人的想象力至关重要。

尽管强占胶州和义和团战争之后,德国出版了至少1000部关于中国的作品,但是1902年之后已经很少有人会为了年轻人去虚构、编写这些事件。③相反,事实叙述——适用于年轻人的历史教材、回忆录或者通俗

---

① 例如恩斯特·保罗·莱曼的苦力玩具,相关描述参看《E.L.梅伊尔玩具目录》,第80页。1908年的棋盘游戏《进入德国殖民地》(*In die deutschen Kolonien Into the German Colonies*)由奥托·迈尔工厂生产,苦力角色是玩家穿越德国殖民地时的选择之一,他们的最终目的地是胶州(Kiaochow)。感谢鲁道夫·吕勒(Rudolf Rühle)慷慨地从私人收藏中提供该游戏的复制品。

② 相关教材参看菲力克斯·兰佩编:《阿尔弗雷德·基希霍夫的学校地理·第二部分·初高中》(第14版),哈雷:魏森豪斯出版社,1908(*Erdkunde für Schulen von Alfred Kirchhoff*, ed. by Felix Lampe, *part II*: Mittel-und Oberstufe, 14th edition. Halle an der Saale: Waisenhaus, 1908);W.沃尔肯豪尔编:《H.A.丹尼尔高中地理教科书》(*H. A. Daniels Lehrbuch der Geographie für höhere Unterrichtsanstalten*, ed. W. Wolkenhauer, 83rd edition. Halle an der Saale: Waisenhaus, 1906);A.罗尔曼编:《塞德利茨地理·版本B·小学教材》(第24版),布雷斯劳:赫特出版社,1912(*E. v. Seydlitz: Geographie*, Ausgabe B: *Kleines Lehrbuch*, ed. by A. Rohrmann, 24th edition. Breslau: Hirt, 1912)。值得注意的是,这些教科书有时会忽略其他重要的冲突,包括西南非洲的战争,但中国战争的彻底缺席仍然令人震惊。

③ 最值得注意的是两个例外,一个是马克西米利安·科恩(Maximilian Kern)的《佛眼》(*Das Auge des Fo*, Stuttgart: Union, 1905),该书是20世纪50年代的畅销书;另一个是威廉·冯·贝克(Wilhelm von Beck)的《中国战争历险记》(*Abenteuer und Erlebnisse im Chinakriege*, Berlin: Weichert, 1901),该书在当时似乎并没有取得特别的成功,但是最近还是由萨尔茨瓦瑟·韦拉格(Salzwasser Verlag)重印,这是一家位于帕德博恩市(Paderborn)的以海洋为主题的出版社。关于面向成年人的中国报道的泛滥,参看基索·吉姆:《剧院和远东》,第26—27页。

历史书——是缅怀作为爱国主义活动的义和团战争的主要方式。一些历史教材的编辑对其丛书进行了更新来说明最近的事件,包括占领殖民地和义和团战争。书中描述的各种政治和军事成就,在目的论上促成了德国民族国家的建立及其在世界舞台上的崛起,这些教科书避免了激进的口吻。他们创造性地叙述了事件的过程来彰显德国的伟大,但同时也从士兵和水兵的集体成就和牺牲来讨论战争,士兵和水兵在世界舞台上代表了整个民族。

马克斯·弗兰克(Max Franke)和奥托·施梅尔(Otto Schmeil)的教科书包括了威廉二世的重要事迹——"在中国的斗争",但是他们称这场战争是德国领导的欧洲军队与为谋杀德国公使、围攻使馆负责的中国政府之间的战争。除了将德国的殖民活动置于广泛扩张的海上贸易与运输的一般性评论之外,作者还选择不谈论思想封闭、反基督教情绪或者现代化。他们宁愿关注德国水兵及其领导人的"身经百战",他们救助了未能解救使馆的第一批联军。他们称颂瓦德西元帅的领导能力,带领联军恢复"和平与秩序"。作家还赞扬了小型炮艇"伊尔蒂斯"(Iltis)号,该炮艇在攻占看似坚不可摧的大沽炮台的战斗中损失惨重。①

"伊尔蒂斯"号在大沽炮台冲锋陷阵是义和团战争以来唯一持续引发爱国主义共鸣的事件。当然,这是唯一定期出现在课堂读者中的事件。这些文章通常包含叙述性和爱国主义的大段内容,为的是说明事实教训并激发想象力。而退伍军人和流行作家对"伊尔蒂斯"号的叙述则提供了关于爱国主义牺牲和刚毅的现有模型。例如,施密特和席尔曼(Schill-mann)的读者为柏林学校改编了海军少校威廉·兰斯(Wilhelm Lans,1861—1947)的论述,他在战斗中受了重伤。兰斯在文章中概述了一场历时五个小时的战斗的基本过程,有时会把可怕的损毁细节和船员的坚持与勇气有倾向性地结合起来。兰斯为"伊尔蒂斯"号感到自豪,因为它"光荣地"作为一艘战舰开炮射击。他强调说,即使失去了许多勇敢的战友,但是船员们也能很好地照顾自己。兰斯并未详细说明兵员损失情况,只是强调与他们一起服役是一种荣幸。他还把自己的经历描述为一个不难以忘却的有趣时刻,尤其是因为他遭受了炮击,丧失了双腿,面部被烧伤,

---

① 参看马克斯·弗兰克、奥托·施梅尔编:《弗兰克-施梅尔的真实故事:新教学校版本A》(第3版),莱比锡:托伊布纳出版社,1907(*Franke-Schmeil Realienbuch, Ausgabe A für evangelische Schulen*, eds.by Max Franke and Otto Schmeil,3rd edition. Leipzig: Teubner, 1907),第132—133页。

身上残留了25片炮弹碎片。兰斯的叙述带着冷酷的幽默——"那个小伙子肯定看起来很漂亮!"他继续战斗直到甲板塌陷,就像炮船一样,他成为炮台攻陷的观察者。他一直恪尽职守,当德皇授予他功勋勋章时他感到自己不配。①

"伊尔蒂斯"号的故事是一个失败者的故事,包含勇气、纪律、毅力和对战友、上帝的信仰,因此它在旨在灌输爱国责任感的历史课程中具有明显的价值。②但是,这种爱国主义框架也产生了问题。正如社会主义者批评家奥古斯特·弗里登塔尔(Augusette Friedenthal)在其假设的一场为了沿海无名的军事重镇进行的战役暗示的那样,专注于部队的困境并不能消除主流叙事的明显脱节。将中国人描绘成一个顽固的敌人对于制造探险的紧张感是必要的,但是出于训诫和爱国的目的,毫无疑问有一方注定要获胜。③换句话说,德国人能否同时扮演失败者和在联军中具有明显优势的领导者?弗里登塔尔的故事刊登于社会主义杂志《青年工人》,嘲弄那些支撑爱国主义观点的虚构内容和过度紧张的情绪。文中并未展现联军发动激烈的攻势以夺取坚固的炮台,而是中国守军毫无抵抗就迅速撤退。看着自己将要占领的海岸,士兵们一点也不亢奋,反而充满了"复杂的感情"。相反,为了显示(德国人)坚定的意图,故事的主人公被塑造为正在值夜的烘焙师,出于某些难以理解的原因被迫参战。

当士兵们害怕地等待着义和团和中国官兵发动夜袭的时候,这名巡夜人则在打瞌睡,并梦到义和团民向他射击。他被一阵蹄声惊醒,害怕自己可能会死在异国他乡,于是朝着声音开火,很快就发现自己射中了一头骡子。这是整个战役中唯一一次开火,但是弗里登塔尔希望这不会阻止他们围绕自己的军事行动构建英雄叙事:"谁知道这位勇敢的防守者会不

---

① 参看奥托·F.施密特、赫尔曼·希尔曼:《柏林多级学校新阅读书目·第五部分·第七和第八学年》(第16版),柏林:克林克哈特出版社,1909(Otto F. Schmidt and Hermann Schillman, *Neues Berliner Lesebuch für mehrklassige Schulen. V. Teil. 7. und 8. Schuljahr*, 16th edition. Berlin: Klinkhardt, 1909),第461—462页。

② 最新纪念活动参看沃尔夫冈·内克尔:《70年前的大沽口之战:海军、历史、政治视野》,《海军评论》1970年第67期(Wolfgang Noecker, "Kampf um die Taku-Forts vor 70 Jahren. Eine marine-historisch-politische Betrachtung", *Marine-Rundschau* 67, 1970),第349—361页。

③ 关于义和团战争民族主义描述中的矛盾,参看吕一旭:《德国殖民小说中的中国》,第95—99页。

会在家里或者退伍军人协会之类的地方,把只开了一枪说成开了一百枪,还吹嘘自己勇敢地杀死了许多中国人。"弗里登塔尔将这场战争描述为一场闹剧,令世界上的资本主义大国侵略了弱小而无法自保的中国,揭露了爱国主义的浮夸与空洞。他还指出,一定程度的争议限制了战争作为寓教于乐工具的实用性。①

这些争议似乎无法使作者对于在读者中建立基督教团结的氛围感兴趣。的确,神父瑟布赖特(Sybrecht)在一年之后称战争使传教士对中国的看法向更好的方向转变。②同样重要的是,它使传教士的努力在德国赢得了极大的同情。因此,战争可能是描述基督徒受难的有用的故事背景。③1904年,新教报刊《致我们亲爱青年的宣教报》刊登了一个故事:一位杨(Yang)姓中国教民彰显了自己在巨大灾祸面前的奉献精神。不论是持续的嘲弄还是"成群肆虐的"(raging hordes)凶恶的义和团——他们烧毁了他的教堂,损毁了他的前门,都没能迫使他放弃自己的信仰。最终,上帝保全了他和家人的安全。④对于那些想让读者保持信仰以面对现代唯物主义、商业主义和社会主义的编辑和作家而言,这些故事为衡量基督徒的奉献精神提供了试金石,更不用说鼓励了对宣教工作进行道义和财

---

① 参看奥古斯特·弗里登塔尔:《镜头》,《工人—青年》1909年第1卷第16期(August Friedenthal, "Der Schuß", *Arbeiter-Jugend* 1:16, 1909),第191—192页。

② 并非所有人都同意。地理学家普遍不愿提及义和团战争,而雨果·诺瓦克(Hugo Nowack)的教材则是罕见的例外,值得注意的是,诺瓦克对中国人性格的讽刺评论体现了对中国人仇恨外国人、屠杀传教士的异常激进的反抗情绪。雨果·诺瓦克:《地理:用于学校形式的现实教学的材料》,布雷斯劳:赫特出版社,1904 [Hugo Nowack, *Geographie: Stoffe für den Unterricht in den Realien in schulgemäßer Form*, größere Ausgabe (B), für katholische Schulen, Breslau: Hirt, 1904],第76页。

③ 瑟布赖特:《教会与传教:中国的前景》,《青年信使》1902年第55卷第20期(Sybrecht, "Aus Kirche und Mission: Die Aussichten in China", *Der Jünglings-Bote* 55:20, 1902),第171页。新教青年报纸《前进!》(*Aufwärts*!)上的一篇文章讲述了《泰晤士报》的某位记者(很可能是莫理循)在北京使馆区被围困的经历,从该报道可以判断,即使那些讨厌传教士的人在面对义和团的残酷暴行时也不得不赞美他们的优雅和勇气。参看《对传教士的评价》,《前进!》1911年第14卷第2期[("Ein Urteil über Missionare", *Aufwärts*! 14:2(1911)],第3页。

④ W.M.:《中国人的短暂生活与皈依的故事》,《致我们亲爱青年的宣教报》1904年第7卷第7期(W. M., "Kurze Lebens-und Bekehrungsgeschichte eines Chinesen", *Missionsblatt für unsere liebe Jugend* 7:7, 1904),第28页。

政方面的支持。义和团在这方面有着毫无疑问的效用,有助于维持对冲突的记忆,将其视作一场反对无意识反基督教偏见的战争。

结　语

青年媒体市场在世纪之交的德国没有一个地方可以让人觉得很微妙。为了吸引年轻人,生产者利用了引人注意的外观、简单明了的信息。他们轻易地利用了年轻人对新颖性的普遍兴趣,从可利用、可识别的速记和毫无争议的标识和惯例中为异国主题和时事事件赋予意义。这既放大了事件在全球的共鸣,又有效地通过殖民滤镜利用了流行的刻板印象。正如德国青年媒体所表达的,义和团战争为运用对古代文化遗产和当代衰颓落后的看法来更明确地讨论欧洲和德国的优越性提供了一个机会。尽管争议的污点(taint)和对中国冒险的吸引力缺乏明显的信心,这些尤其限制了对义和团战争的利用,但是青年媒体仍然把中国从一个抵制欧洲现代性、一般具有风险的警告示例,变成了一个德国促成整个殖民地世界发展的实例。

这些现象和表述无疑从小就影响了德国人的世界观,但我们必须谨慎,不要以为年轻人只是内化了玩具和出版物中嵌入的所有信息。年轻人可以混合、匹配基本的刻板印象以符合自己的目的。他们拆开玩具再重新组合,跳过书中无聊的部分。① 从回忆录和当时的叙述中可以得知,儿童和青少年在游戏中寻找机会来独立塑造自我、实施违法行为、思考简单的奇迹与幻想。一个"不文明的"殖民世界充满了奇怪的角色,他们的行事规则与统治古板大都会的人物的规则不同,这为创造那些机会提供了一个富有想象力的国度。②

正如笔者所说,在探寻异域之地时会产生寻找浪漫、叛逆和冒险的倾向。③ 显然,在义和团战争中玩耍的男孩(或女孩)在异域对付残忍野蛮的

---

① 我们可以在奥托·迈尔的《有趣的面部游戏》中找到合适的隐喻,这是一款"面部漫画民族志游戏",其中的乐趣来自混合不同国家和种族的面部特征。参见《目录》,拉芬斯堡:奥托·迈尔出版社,1914(Katalog, Ravensburg: Otto Maier, 1914),第25页。

② 参看杰夫·鲍尔索克斯:《帝国时代中德国人的崛起:德意志青年与殖民文化(1871—1914)》,第45—53页。

③ 参看杰夫·鲍尔索克斯:《帝国时代中德国人的崛起:德意志青年与殖民文化(1871—1914)》,第11页。

敌人时会出现英雄行为的幻想。但是,随着新事物的消退和其他战争获得了公众关注,义和团或者更普遍的中国人能否和更受欢迎的"野蛮人"相竞争?①德国人很容易将美洲和非洲土著想象成居住在不发达的边远地区、没有历史的民族。相比之下,中国有着不可否认的文明,这使批评的重点是处置不当而不是固有的低级(inferiority)。这也使得寻找白板(blank slate)变得复杂,在白板上可以预测混乱和征服、抵抗与屈服。一些作者和生产者有意识地寻找教导年轻人的方法,以消除大多数工业现代性带来的紧张态势,对他们来说,中国也未能促成反现代性的复兴。②

　　作为教育工具,德国人在胶州和中国其他地区的殖民努力有效地说明了通过殖民统治扩大欧美现代性的愿景。在这种情况下,义和团战争持续在成年人尤其是那些致力于向年轻人灌输爱国主义和基督教美德的成年人中引发共鸣。但是作为冒险的理想场所,冲突只能短暂激发了德国年轻人的想象力。当"牛仔和印第安人"或者"德国驻防军和赫雷罗人"出现的时候,谁会去选择勇敢但是遇难的"伊尔蒂斯"号,或者选择成为消极而遭受迫害的在华传教士?不难想象,如果没有国际活动来集中当时的评论,关于义和团和中国的想象就会陷入异域殖民地参考的混沌之中,才会被偶尔利用,比如当孩子从玩具箱中拿出被遗忘的物品在新的游戏中使用它的时候。

---

　　① 这一视觉体系使深色身体和热带景观成为欧洲人富有想象力干预的特有对象,关于这一视觉体系的良好插图,参看《致我们亲爱青年的宣教报》报头。

　　② 仅举一个例子,童子军运动(Scouting movement,德文:*Pfadfinder*)基于以下观点:非洲人和美洲土著可以复兴欧美文明,这一文明已经与自然世界太过疏远。关于童子军运动在德国的情况,参看杰夫·鲍尔索克斯:《帝国时代中德国人的崛起:德意志青年与殖民文化(1871—1914)》,第165—211页。尽管有像斯文·赫定(Sven Hedin)这样的探险家和作家做出了努力,但是德国人对中国的中亚边界并不十分熟悉,以至于他们对年轻时的幻想不屑一顾。

义和团奖品:《神迹千里》的历史

提摩西·巴瑞特(Timothy Barrett)

此历史的简要历史

本文最早写于15年前,是为纪念义和团运动爆发100周年撰写的。当时,学者们主要关注的是事件本身,所以本文一直没有刊印出版。后来学术界更对媒体(media)感兴趣,那些事件通过媒体在当时乃至现在所触及的受众,要比原本参与制造历史的亲历者所触及的人广泛得多,因为那些媒体同样是我们现在所知的历史中制造历史的重要部分。但是,在1900年戏剧性事件后的一百年里,那些来自事件中长久存在的叙述似乎值得研究,而时间的流逝也许仅仅证明了这一研究取径的价值。媒体本身并不是静态的,它存在于自己更广泛的历史中。当然,维持所考察的特定叙述的特定社会实践被证明并非不受历史变迁的影响。但是20世纪后期的一些变化,现在似乎能够通过一种新途径在21世纪支撑起更深远、持久的叙述。本文仅是一个案例研究:尽管叙述也可能采取了其他主题、利用了其他体裁,这些不予考虑,但是也许能展现更长的寿命。[①] 本文的主体内容几乎没有改变,但已扩展涵盖了过去的十五年,尽管这种包含只是暂时和临时的。因为在这种情况下,历史比以往任何时候都真实,所有的历史也都将成为当代史。那么,历史在这里所承担的任务只能标志着起点而非终点。

---

① 这可能有助于未来的研究。例如,笔者注意到中国的庚子事变构成20世纪晚期关于抢劫及其后果的小说的起点,在英国文学中可以追溯到1868年威尔基·柯林斯(Wilkie Collins)的《月亮宝石》(*The Moonstone*),参看桃乐茜·艾登:《龙之时代》,伦敦:霍德和斯陶顿出版社,1975(Dorothy Eden, *The Time of the Dragon*, London: Hodder and Stoughton, 1975)。

书籍的生命

100年以来的义和团运动,最终从参与者记忆中的鲜活事物,变成了只是对记忆的回忆(memory of memories)。不久——尽管我们不知道有多久,仅有它的地位作为历史留存下来。当傅勒铭(Peter Fleming,1907—1971)在1959年出版《北京围困记》(The Siege at Peking)时,他称在围困发生50周年之际,约有30名幸存者在伦敦见面,庆祝他们逃出生天。第二年,他收到了一名87岁的奥地利幸存者的来信,称赞其作品的准确性。[①]为庚子事变100周年而写作的作家们,没有一个获得那样的满足感。

然而,笔者确实记得20世纪60年代中期一位同学称他结识了一位老兵,这位老兵仍能回忆起在他称为"天津"(Tin Sin)的地方的绝望经历。[②]还是本科生的时候,笔者也确实知道一位在动乱中幸存下来的最年轻的传教士——牧师阿尔伯特·F.卢特利(Albert F. Lutley,1900—1975)。卢特利的父母当时在山西省传教,他出生时正值父母一路向南逃避义和团的后期,在逃跑路上姐姐玛丽(Mary)和伊迪丝(Edith)去世,被埋于路边。[③]我们在了解庚子事变亲历者的时候,也应该关注书籍的记忆。

这似乎是一种欺骗:回忆阅读过的一本书是一种经历,这一经历很难与把义和团当作历史来阅读区分开来,尽管有人遵循了柯文(Paul Cohen)

---

① 参看傅勒铭:《北京围困记》,伦敦:哈特-戴维斯出版社,1959(Peter Fleming, *The Siege at Peking*, London: Hart-Davis, 1959),第9页;达夫·哈特-戴维斯:《傅勒铭传》,伦敦:乔纳森·凯普出版社,1974(Duff Hart-Davis, *Peter Fleming: A Biography*, London: Jonathan Cape, 1974),第342—343页。

② 参看大卫·J.西尔贝:《义和团运动与在华大博弈》,纽约:希尔和王出版社,2012(David J. Silbey, *The Boxer Rebellion and the Great Game in China*, New York: Hill & Wang, 2012),第151—156页,尤其是他在第232页的结论:"参与其中的士兵们知道距离有多近。"

③ 参看海思波:《中国内地会殉难教士录》,伦敦:摩根和斯科特出版社,1901(Marshall Broomhall, *Martyred Missionaries of the China Inland Mission with a Record of the Perils and Sufferings of Some Who Escaped*, London: Morgan and Scott, 1901),第67、122页。阿尔伯特·卢特利的事迹见于中国内地会杂志《从中国来》,《亿万华民》(新系列)1901年第9卷["Arrivals from China", *China's Millions* (new series) 9, 1901],第24页,该文称他和父母在1901年1月11日返回英国。

提出的方法,要对构成历史的要素进行细微的分析。①但是首先要说明,我不是在讨论阅读(read)一本书,而是在讨论获得(receive)和拥有(own)一本书——历史学家必须阅读书籍只是一个惯例,尽管它是我们在此处遵循的惯例。其次,书籍也有自己的历史,要么在出版界沉寂消失,要么通过销量来证明自己有一定的活力,然后在某个时候屈服于日益减弱的人气,最终沦为纯粹的"资料"(materials),以待勤奋的历史学家来发掘。只有少数的作品成为"经典"而获得永生,从而使历史学家无法逃脱文学研究的奥林匹斯山。②

"我们"的图书是盖落窪(Archibald Glover, 1859—1954)的《神迹千里:从中国山西的帝国义和团手中得到的上帝在中国的拯救力量的个人记录》(*A Thousand Miles of Miracle in China: A Personal Record of God's Delivering Power in China from the Hands of the Imperial Boxers of Shan-si in China*,以下简称《神迹千里》),此书还没有达到"经典"的地位,但它绝对是记忆的对象,尤其是在中国内地会(China Inland Mission)的继承者当中。例如,他们在1991年庆祝该传教组织成立125周年的时候,在新加坡刊印了此书的一个版本。③笔者从剑桥大学图书馆借得此书第一个版本的那天,希伯来语教授雷基乌斯(Regius)过来问我要研究什么。当笔者提及义和团的时候,他很快就回忆起童年时曾获得关于这一主题的"主日学校奖"(Sunday school prize),与这个很像。笔者指了指手中的书说:它们是同一个作品。但它们不是同一个版本,而且除了图

---

① 参看柯文:《历史三调:作为事件、经历和神话的义和团》,纽约:哥伦比亚大学出版社, 1997 (Paul A. Cohen, *History in Three Keys: The Boxers as Event Experience, and Myth*, New York: Columbia University Press, 1997)。

② 尽管这过于简单,但短暂的"畅销书"与"长销书"(steady-seller)之间的区别并不是新的,参看S.H.斯坦伯格:《印刷的五百年历史》(重印版),哈蒙德沃斯:鹈鹕出版社,1961(S. H. Steinberg, *Five Hundred Years of Printing*, rev. ed., Harmondsworth: Pelican, 1961),第332—348页。

③ 参看阿尔文·奥斯汀:《亿万华民:中国内地会与晚清社会(1832—1905)》,大急流城:厄德曼斯出版社, 2007 (Alvyn Austin, *China's Millions: The China Inland Mission and Late Qing Society, 1832-1905*, Grand Rapids, M.I.: Eerdmans, 2007),第407页注释68。笔者没有见过此版本,似乎是下文讨论的赖恩融(Leslie Lyall)删节版的重印本。2000年的百年纪念版本由海外基督使团赞助,其宣传占了最后的两页纸。该版本也将在下文讨论。

书馆收藏的这一版本和在他家里的那一版本,还有20多个版本。

事实上,本文的部分内容展示了大多数图书馆是如何在"图书生命"(lives of books)上欺骗我们的;甚至大英图书馆目录也表明,馆藏的精选版本数量远远少于我要去重构一本图书的生命历程所需的数量。① 某种程度上,我们也要探究支撑图书生命的环境,因为除非它们达到了奥林匹斯山的永恒高度,那么随着世界的变化,这些图书也会在时间上成为纯粹的记忆,最终成为重构历史的对象。五十多年来,不仅是《神迹千里》在英国和其他地区保存了义和团生动、深刻的形象,那些机构年复一年的再版也为本书带来了新生。当然,这不是在贬低作者:即使牧师盖落窪和同伴们在1900年的生活没有成为下文的重点,他的印刷事业仍然应该成为叙述的起点。

作者的故事

盖落窪出生于1859年,是圣公会牧师理查德·格洛弗(Richard Glover,1827—1919)的第三个儿子,格洛弗自己就出版了许多著作,尤其是反对浸信会(Baptists)的著作。也许是因为还存在更著名的理查德·格洛弗(Richard Glover,1837—1919),他是浸信会的牧师,他的儿子是著名浸信会学者T.R.格洛弗(T. R. Glover,1869—1943)。盖落窪自己开了一个好头,他去了圣保罗学校(St. Paul's School),并在1878年获得宝琳奖学金进入牛津伍斯特学院(Worcester College),两年前他的哥哥珀西(Percy)已成为该学院的学生。但是此后悲痛不断:1881年盖落窪以古典文学考试第三等级毕业,1888年珀西刚进入教会不久就因打曲棍球锁骨破裂,很快就因发烧去世。次年,他们的父亲理查德在纪念刊物上悼念了

---

① 现在像Worldcat这样的在线工具可以提供更全面的信息,但是仍旧不能生成所有版本的全球目录——不过这一参考资料显示了一版中文翻译版的百年纪念版,张玟珊翻译的《神迹千里:纪念庚子事变一百周年》(香港:海外基督使团,2000年),这一版本笔者也没有看过。本文的研究目的不是对盖落窪作品的各种版本进行权威性的文献学研究,这依旧是未来研究的任务。

珀西短暂的一生。①

盖落窪一直在伦敦西南方的圣保罗大教堂担任助理牧师(curate),直到1894年他才在教会宣教协会运动的感召下决定前往中国。盖落窪把这些都记录在了此书的"简介"(Introductory)部分。② 同一年,盖落窪迎娶了弗洛拉·康斯坦斯·凯利(Flora Constance Kelly,1872—1900),她是圣公会牧师J.A.凯利(J. A. Kelly, ?—1900)的第二个女儿。结婚地点位于牧师凯利的教区,靠近什鲁斯伯里(Shrewsbury)的普雷斯顿高巴尔兹(Preston Gobalds)。1896年,盖落窪坐船前往中国并在山西潞安加入了中国内地会;一年后凯利带着两个孩子也来了。③ 此地除了这个小小的家庭,还有他们单身的女性同伴卡罗琳·盖茨(Caroline Gates,1866—1947),她是一名退伍军人,最近一次在华服役始于1895年。他们都在庚

---

① 参看约瑟夫·福斯特:《牛津校友录(1500—1886)》卷2,伦敦:巴克出版公司,1888(Joseph Foster, *Alumni Oxonienses*, *1500—1886*, vol. 2, London: Baker & Co., 1888),第529页;罗伯特·巴洛·加德纳:《圣保罗学校招生简章》,伦敦:乔治·贝尔和桑斯出版社,1884(Robert Barlow Gardiner, *The Admissions Register of St. Paul's School*, Covent Garden, London: George Bell & Sons, 1884),第58页;弗雷德里克·鲍斯:《现代英人传记》卷1,特鲁罗:内特顿和沃斯出版社,1892(Frederic Boase, *Modern English Biography*, vol. 1, Truro: Netterton & Worth, 1892),第115页。关于格洛弗家族和弗洛拉及其家族的更加详细的论述,现在可以在基督焦点出版社的百年纪念版本中看到,该书的后半部分由盖落窪保留的书信组成,这些书信由他的孙子默里·格洛弗(Murray Glover)提供,他说自己还在整理弗洛拉从中国寄回的大量信件。然而,本研究所关注的并非是事件过后很久才出版的手稿,而是存在于公共领域的作者、他遭遇的义和团、他的评论者或者其他任何人。弗洛拉信件的出版将会揭示盖落窪在写书之前的几年中遭遇的更多的私人紧张局势;本文仅处理公开展现的紧张态势。

② 值得注意的是,我们最终了解到盖落窪的观念与其父迥异;如果他两年后表现出的对安立甘会洗礼方法的怀疑在此时已经形成了,那么对盖落窪来说,加入中国内地会这种特殊的安立甘会传教差会相比于加入其他教派差会是不太精明的。

③ 关于弗洛拉的生平,可以参看其姐姐凯瑟琳·A.M.凯利撰写的悼念文章,收录于海思波的《中国内地会殉难教士录》,第64—66页,原文为她的讣告《盖落窪夫人》,《亿万华民》1900年第8期["Mrs. A. E. Glover", *China's Millions* (n.s.) 8, 1900],第203页。

子事变中被迫离开。①

重复他们逃往汉口的叙述似乎没有意义,这构成《神迹千里》的主要内容。正如我们所看到的,此书已经成为公版书,不仅可以广泛地获得二手书,而且此书还在刊印,甚至读者现在还可以免费下载。总之,他们的经历与卢特利夫妇的经历形成对比:他们的孩子贺德理(Hedley,1895—1968?)和霍盼(Hope,1896—1983)——当时年仅四岁和三岁——都幸存下来,但是弗洛拉在汉口生下的第二个女儿费斯·伊迪丝(Faith Edythe),仅仅存活了十一天。弗洛拉在身体明显恢复后转移到了上海,当年10月就去世了,成为那一年最后一位殉道者。

无情可能已从混乱的情绪中退却,但是在那时一定笼罩着所有的中国内地会 传教士,但是我们也应注意到当盖落窪在重建自己和孩子的生活的时候产生了新的期望。作为受教育者,他已经在中国内地会杂志《亿万华民》(*China's Millions*)上发表书信来描述自己的传教工作。但是弗洛拉早于盖落窪发表文章,她一到中国就写了一篇关于撒旦试图阻止新来者的意图的文章。② 父亲理查德发表文章,用适当的情感来纪念去世的珀西;毫无疑问,这让盖落窪觉得自己有责任以类似的方式纪念弗洛拉。

---

① 盖茨小姐于1895年2月12日离开中国,参看《入境与离境》,《亿万华民》(新系列)第3期["Arrivals and Departures", *China's Millions* (n.s.) 3, 1895],第42页。单身女传教士最早出现在该地区也是在这十年间,参看阿尔文·奥斯汀:《亿万华民:中国内地会与晚清社会(1832—1905)》,第239—240页。这符合盖落窪的记载,盖茨小姐已经在中国居住了14年,参看《神迹千里:从中国山西的帝国义和团手中得到的上帝在中国的拯救力量的个人记录》,伦敦:霍德和斯陶顿出版社,1904(Archibald E. Glover, *A Thousand Miles of Miracle in China: A Personal Record of God's Delivering Power in China from the Hands of the Imperial Boxers of Shan-si in China*, London: Hodder and Stoughton, 1904),第312页。事实上,盖茨小姐第一次离开中国是在1887年3月10日,参看《离开中国》,《亿万华民》1887年("Departures for China", *China's Millions*, 1887),第54页。此历史记录中使用的盖落窪图书的版本信息如下文所示;此处的页码是第一版的页码;在第二十二版之前,正文保留了相同的分页。

② 参看盖落窪:《他们说:"他要爆发了"》,《亿万华民》(新系列)1900年第8期[A. E. Glover, "They Said 'He is beside Himself'", *China's Millions* (n. s.) 8, 1900],第66—67页。一份相当乐观的报告介绍了处于灾难边缘的局势,内容明显是基于第68页的一封3月10日的信件——盖落窪夫人:《在中国的第一个星期》,《亿万华民》(新系列)1897年第5期[Mrs. Glover, "First Weeks in China", *China's Millions* (n.s.) 5, 1897],第116页。

但是,盖落窪心有余而力不足。当妻子还在世的时候,8月17日和31日,他足够坚强,以至于给家人写了书信,信里还提及了费斯的夭折。尽管他显然很难整理出他的一些回忆:"我确实记不太清在高坪(Kao-p'ing)的经历。"①他在结尾写道:"即使是现在,我也努力去回忆它。"②但是,他希望能利用自己的经历来阐释上帝的力量。不过在妻子去世后他就无法继续了,而且关于他们旅程的其他早期报告来自盖茨小姐,她在观察了他们冒险经历的一个最新回顾后也遭受了完全的神经衰弱:"无休止的泪水也无法淹没那几周的记忆,她曾经也是坚强的人。"③

　　盖落窪并非一直无法交流自己的经历。1900年12月20日,他和霍盼以及贺德理返回英国,并于3月26日在肯辛顿市政厅(Kensington Town Hall)举行了一次会议。④但是,要完全恢复身体健康似乎要花一段时间;确实,当写书的时候——尽管盖茨小姐已经在1902年9月回到中国,和卢特利夫妇一起工作,他指出健康状况不允许自己以类似的方式回国。⑤根据他的孙子最新版本的回忆录中的记载,他从来没有回去:或许,自从他成为一个要抚养两个孩子的四十岁的中年男人后,这可能是最好的选择。

---

①　海思波:《中国内地会殉难教士录》,第88页。

②　盖落窪:《从山西潞安的逃跑》,《亿万华民》(新系列)1900年第8期[Archibald Glover, "Flight from Lu-gan, Shan-si", *China's Millions* (n. s.) 8, 1900],第181—182、208—211、209页;该文章第一节也同样以编者按的形式结尾:"此时盖落窪不得不放弃书写他所感兴趣的叙述,他已无力承担。"

③　海恒博:《戴德生与中国的开放世纪·第七册:死亡并不是终结》,伦敦:霍德和斯陶顿出版社,1989(A. J. Broomhall, *Hudson Taylor and China's Open Century. Book 7: It Is Not Death to Die!*, London: Hodder and Stoughton, 1989),第400页。这一言论的来源尚不清楚,但是这一事件也记载于《神迹千里》,第361页。

④　参看《中国来客》,《亿万华民》(新系列)1901年第9期["Arrivals from China," *China's Millions* (n. s.) 9, 1901],第24页;《在肯辛顿市政厅会议见面会的报告》,《亿万华民》(新系列)1901年第9期["Report of the Meeting in Kensington Town Hall Yü", *China's Millions* (n. s.) 9, 1901],第65—66页。

⑤　关于盖茨小姐的返回,参看《史蒂文森先生的来信》,《亿万华民》(新系列)1903年第11期["Items for Mr. Stevenson's Letters", *China's Millions* (n. s.) 11, 1903],第8页;《委任》,《亿万华民》(新系列)1903年第11期["Items for Mr. Stevenson's Letters", *China's Millions* (n. s.) 11, 1903],第24页。参看《神迹千里》中第361—362页的脚注,脚注中提及了盖茨小姐的返回以及对他医疗诊断的遗憾。

然而,他的情况使他不能改变自己的故事,以致敬仁慈的上帝或者怀念年轻的妻子。关于对传教士试炼(trials)的最初描述,除了来自《亿万华民》和其他报纸杂志外,还有著名的海思波(Marshall Broomhall,1866—1937)的汇编。关于庚子事变的任何容易获得的记录,中国内地会都不遗余力地以各种便捷可用的形式刊印出版。到1901年4月,他们为《濒死》(*In Deaths Oft*)打广告。该书仅仅6便士,其作者是查尔斯·格林(Charles Green,1866—1958),也是被义和团俘虏后的幸存者。① 直到1902年,盖落窟才再一次向《亿万华民》投稿。② 但是,同一年他还出版了短篇著作《一位牧师的洗礼、自白和见证》,此书他在中国的时候就已完成,当时风暴还没有降临,此书的出版表明长期的混乱使他无法专心于自己的任务。③

在这本鲜为人知的著作里,他披露了在成为圣公会牧师九年后即1896年1月20日他和妻子一起接受了成人洗礼,然后前往中国。尽管他的母亲一开始已经说服他要保持沉默,因为担心会损害到父亲的教职地位。但是盖落窟无法保持沉默,因为他知道必须公开争辩圣公会为新生儿洗礼的教义。④ 在论辩文章结尾,他公开邀请自己的神职同事退出教会,根据他的出版商隶属关系来判断,他(似乎要)转投了浸信会。⑤ 关于老格洛弗的态度只能猜测,但是盖落窟现在丢失了布道站,失去了在圣公会的前途。尽管这枚"重磅炸弹"的出版因为义和团运动推迟了几年,但是并不能帮助他重新生活。

当《神迹千里》最终在1904年出版时,它面对的读者已经对义和团运动有所了解。正如第一版——该书第一版售价高达6先令——评论者所承认的,"我们避免强迫《亿万华民》的读者去购买和阅读此书,仅仅是因

---

① 参看《新出版物》,《亿万华民》(新系列)1901年第9期["New Publications," *China's Millions* (n.s.) 9, 1901],第62页。这一故事的大部分内容收录于海思波的《中国内地会殉难教士录》(第161—180页)。

② 参看《J.R.布鲁斯》,《亿万华民》(新系列)1902年第10期["J. R. Bruce," *China's Millions* (n.s.) 10, 1902],这是一份关于一位同工的讣告。

③ 盖落窟指出是在中国写的。参见盖落窟:《一位牧师的洗礼、自白和见证》,伦敦:帕斯莫尔和阿拉巴斯特出版社,1902(Archibald Glover, *A Clergyman's Baptism, Confession and Testimony*, London: Passmore and Alabaster, 1902),第31页。

④ 参看盖落窟:《一位牧师的洗礼、自白和见证》,第8—9页。

⑤ 参看盖落窟:《一位牧师的洗礼、自白和见证》,第57页。

为我们知道许多人认为自己已经知道得足够多,但是我们还是敦促所有有能力者这样做"①。《教务杂志》在其书评的开头和结尾写道:"我们一开始认为关于义和团运动的书籍已经足够多,但是如果没有盖落窑的贡献,该主题方面的文献会更匮乏[……]尽管部分内容太可怕了,但是我们不知道该如何省略。"②这些引文还顺带证明新标题的活跃性不仅存在于出版商的清单,还出现于体系完备的期刊出版社的书评部分。甚至在19世纪中叶,一位准男爵(baronet)也有可能在回忆录中重提关于中国著作的评论,他大概没有想到带来更多的经济收益。但是,对于盖落窑的出版商而言,情况并非如此,尽管他们可能认为盖落窑的叙述会带来他们所认为的道德提升。③

1904年,《神迹千里》第一版由伦敦霍德和斯陶顿出版社出版。在这一版本中我们发现,随着时间的推移,中国内地会的摄影师得以追随盖落窑的脚步并提供路线插图,这无疑可以帮助盖落窑恢复对相关事件的记忆,正如盖茨小姐提供的帮助。这些都在前言里予以说明。这里,在一个奇怪的反馈情况下,收集视觉资料是有必要的,为的是将来自中国的印刷报告背后的现实情况带回国内,向英国底层支持者展示。这些视觉资料确实有助于叙述文稿出版发行,毕竟有些叙述内容太过痛苦而无法诉诸

---

① 《关于中国的一些新书》,《亿万华民》(新系列)1905年第13期["Some New Books on China", *China's Millions* (n. s.) 13, 1905],第13页。

② 书评参看《教务杂志》1905年第36期(*Chinese Recorder* 36, 1905),第258页。

③ 参看乔治·斯当东:《小斯当东爵士的公共生活重大事件回忆录》,伦敦:布斯出版社,1856(Sir George Staunton, *Memoirs of the Chief Incidents of the Public Life of Sir George Thomas Staunton*, London: L. Booth, 1856),第46—61页。书中再现了其关于清朝典章著作的六条评论,只删除了一条:"这可能被私人友谊的偏见影响。"关于盖落窑生活的粗俗世界,参看下文第3条注释所引的露丝·梅耶尔的著作。当然,正如哲学家大卫·休谟在18世纪所说,一些作品"在出版社就夭折了",参看大卫·休谟:《我的生活》,T.H.格林、T.H.克罗斯编:《道德、政治和文学论文集》(新版)第1卷,伦敦:朗曼和格林出版社,1889("David Hume, My Own Life", in *Essays Moral, Political, and Literary*, eds. by T. H. Green and T. H. Grose, vol. 1, new ed., London: Longmans, Green, & Co., 1889),第2页。

文字。①作者从他父亲从前所属的教区写信,信中承认他的书使他内心挣扎,并描述了他的动机:"在回顾这几页所记载的上帝的神迹的时候,我确实感知到自己处于圣地。关于庄严过去的记忆是如此神圣,以至于我几乎不敢将其公之于众。"

但最后他成功地完成了值得奉献的作品,"为了上帝的荣耀,为了纪念我挚爱的妻子与患难同伴,弗洛拉"②。通过集中意志的努力,盖落窟构建了他所需的个人叙述,以一种固定且易于理解的方式来结束他在1900年的经历。

书籍的历史

盖落窟题词的前面还有两句经文:"他们应当充分地表明你的伟大。""谦卑的人必听见并感到高兴。"③我们很快就发现1906年出版的《亿万华民》提及了该书的一个流行版本,出版社未变,价格已经降到3先令6便士。④对采取流行格式的后续版本(1909年第5版)的考察表明,除了一些少量的页面被裁剪之外,该书几乎没有改变。福克斯通(Folkestone)在第二篇前言中指出此书有了德文翻译版,其影响也超出了基督教圈子。然而,第一篇前言解释了中国内地会摄影师在遭受苦难时得到了虔诚的基督徒同伴沈敏(Sheng-min,音译)的指引。

但是,我们也意识到现存的图书在内容上略有改动。义和团在每个人眼中并不陌生,甚至成为柯文所称的"神话"的一部分,一种叙述(narrative)

---

① 关于幻灯片的失落世界(the lost world of lantern slides)对在华传教工作的支持,参见姜萨拉:《"我们传教士的温布利":中国、当地社区与英国传教士的事业(1901—1924)》,《东亚历史》2006/2007年第32—33期(Sarah Cheang, "'Our Missionary Wembley': China, Local Community and the British Missionary Enterprise, 1901-1924", *East Asian History* 32—33, 2006/2007),第177—198页。有关这些视觉辅助工具在21世纪的持续重要性,请参看最后的脚注。

② 这一题词见于盖落窟《神迹千里》1904年第5版、流行的1909年第5版以及第8版(互联网);皮格林与英格利斯出版社的1918年第9版和第11版都将此题词删去,但是1945年第21版中又再次收入了该题词(第vii页);据笔者所见,此后的版本中再也没有出现过该题词。

③ 在第9版第vi页被标注为《诗篇》145,第7节和34节,第2节。

④ 参看《书讯》,《亿万华民》1906年第14期("Book Notices", *China's Millions* 14, 1906),第180页。

证明基督教徒在中国的持续努力是有道理的,理由是它已经被鲜血证实。①传教士不可能从1900年的事件中得出"他们的劳动是徒劳"的结论;相反,正如冯贵珠(Evangeline French,1872—1960)的朋友们认为:"她已经测试并证明了自己的使命,她知道自己必须做的事情以及要付出的代价。"②相似地,盖落窪的新前言里也写道:

> (……)中国殉道教会(martyr church)所流的鲜血,只为基督的仆人提供了一个更加紧急的理由去加紧行动,在基督爱的约束下,用那光荣的基督福音照亮沉沉暗夜。

总之,盖落窪的个人故事已经成为集体叙述的一部分,这一集体叙述是新教传教士群体为了解大家在1900年的经历构建的。但是,作品持续发行新版本,在某个时候也打破了这一叙述的束缚。到1918年此书已经发行到第九个版本。图书的开本尺寸再次缩小,所以书的体积更小,出版社也更换为位于格拉斯哥(Glasgow)的皮格林与英格利斯出版社。正文保持一致,但是叙述他在昂斯洛广场(Onslow Square)工作的"简介"部分被大大缩短,用于囊括原先前言的内容。中国殉道教会所流的鲜血已经消失,因此那时的欧洲正面临更加骇人的恐怖事物——书中的一段话甚至不得不提醒读者,义和团运动在某种程度上影响了全中国。作者的写作动机也焕然一新:

> 随附的记录……自称是不虚饰、不隐藏地直白事实……其特点是如此独一无二,所以我是用上帝为他的荣耀而托付给我的证据来审视它们。因此,当我失去家园发现自己被禁止公开发表言论的时候,我就萌生了把它写下来的想法……

显然在肯辛顿市政厅的演讲要比他所记录的多得多,这一点已经由新的前言证实,其作者并非盖落窪而是理查德·格洛弗。他的父亲认为《神迹千里》使中国在自己的宗教环境中达到了精神经典的地位。对于先前让孩子们感到失望和悲剧的一切,他现在感到自豪:

> 上帝极大保佑了世界各地的各色人等仔细阅读此书,并且利用它在很大程度上促进了宣教事业的发展。我也许会祝福他在我高龄

---

① 参看柯文:《历史三调:作为事件、经历和神话的义和团》,第211—222页。
② 盖群英、冯贵石:《西行偶记》,伦敦:霍德和斯陶顿出版社,1933(Mildred Cable and Francesca French, *Something Happened*, London: Hodder and Stoughton, 1933),第54页。

的时候让我高兴,因为我看到它在更广泛的实用范围中发行,使它在所有人(甚至最穷的人)都能触及的范围内发挥了作用。

简而言之,他的父亲可能如此说道:"我的第三个儿子在年轻的时候如此绝望,在后来甚至陷入更大的苦恼之中,背弃我的教会,健康状况恶化,妻子死于义和团之手,最后使我成为基督徒作家,而我目睹了这一切。"然而,人们无须阅读这些言论就可以知道从第九版开始——该版本尚存的众多图书数量证明它十分流行,它已经从中国传教经历的经典变成更为普遍的东西。我们现在在第一页找到了一条出自《解经时代》(Expository Times)的引语:"在坚忍与磨难上,个人苦难的叙述是值得与基督教历史长河中任何基督信徒的经历相提并论的。"第二页有二十条书评——不仅来自《主日学校纪事》(Sunday School Chronicle)("一本扣人心弦的书"),还来自国家报纸。评价最高的一条评语——"除了《圣经》,这是对我帮助最大的一本书"——来自一个匿名的"圣经班"成员。盖落窟这样一位失败的学者、叛逆的牧师、无能的丈夫和沮丧的传教士,如此迅速地取代了近两千年基督教历史上最伟大的传教士。本书的最后是为皮格林和英格利斯公司的出版物所作的四页广告,但是没有虎头蛇尾,因为它们的开头相当吸引人:

> 在这个特殊的时刻,当有很多人关注未来时,关于这件事的真相只能从一个可靠的来源中学到,我们高兴地推出了第三版也是认真修订的《耶稣基督启示的最新和最充分的论述和先知纲要》(The Latest and Fullest Exposition of the Revelation of Jesus Christ, and Prophetic Outlines),此书作者是沃尔特·斯科特(Walter Scott),售价5元。

在世界大战和流行病肆虐的黑暗时代,任何传教阵地甚至像中国这样的大阵地,对于盖落窟读者的迫切精神需求都显得微不足道。与霍德和斯陶顿出版社版本的稳妥表现(sedate appearance)相比,皮格林与英格利斯出版社采用了强硬销售的方式。而且它的确这样做了,毫无疑问是因为局势太艰难了。

《神迹千里》第二个主要的版式变化,直到二十五年后发行第二十版时才出现。但是,在这二十五年里并不仅仅是重印,看一下1922年由皮格林与英格利斯出版社出版的第十三个版本,它揭示了这一问题。此时危机感已经过去;爵士时代,盖落窟著作中包含的信息必须大声疾呼以争取关注。在书脊和书的正面,书皮的抛光层为红色和蓝色的中国人物插图所衬托,这些人物大多聚集在传教士布道的砖石高台处。用红色表示的还有"非凡"(Extraordinary)、"生动"(Vivid)和"惊险"(Thrilling)三个词。为了如此奢侈的装帧也做出了一些让步:封面没有了广告,第二页"他人的赞美"也没有了,"圣经班"成员的夸张评语也被删除。最后几页关于皮格林与英格利斯出版物的广告也少了启示性意味,更多的是普通传教士的经历:

> 《在野蛮的中心》(*In the Heart of Savagedom*)所记录的内容激荡于灵魂深处,使人们了解了野生土著的真实特征、开展传教工作的困难,同时也彰显了福音对野蛮或文明、有学问或无学问、团结一致或无拘无束的力量。

尽管第九版已经表明《教务杂志》认为盖落窪的故事有点"恐怖",但是此书显然还是受到了主日学校的关注,学校大概是将其作为最高等级的奖品,同时也奖给校外圣经班的青年人。一本书持续不断地(在这一阶段是每年一次)再版,不仅是要在书店书架上有存货,而是要在特定情景下(如有奖赠予)转移到最终所有者的手中,这一假设已经得到证实。笔者在一本旧书的首页发现了手写的笔记:"贺德理,1923年8月。你要和我同受苦难,好像基督耶稣的精兵。《提摩太后书》2:3。"尽管盖落窪自回国后就为渴望证明自己解脱而感到失落,现在贺德理才20多岁,作为传教的格洛弗(Glover)家族的第三代成员,正依靠自己从事这项活动。

但是盖落窪还活着,他还没有完成此项任务,其落款是最后的证明。落款是沃辛(Worthing),1944年2月1日,并且取代了其父亲的序言,这就是现在的第二十个"重印本"(impression)——笔者已经参看了第二十一个重印本的复制品,落款日期是1945年。书的开头引用了经文"充分表达了对其至善的记忆",这句经文出现在早期书页中,因为皮格林与英格利斯出版社为了遵守战时紧缩规定必须删除无关的材料,保留来自《解经时代》的题词和引文。

此外,虽然没有忽略一般性的精神主题,但这篇文章再次将叙事的意义带回中国,而这个中国如今几乎奇迹般地成为战时的盟友并不断出现在新闻中。"中国的领袖蒋介石和他有才华的妻子都是公开的基督徒,他们现在对传播福音给予了一切鼓励。"盖落窪在1906年写下的文字,大约四十年之后再次将我们带向一个非常相似的结局:"中国的殉道教会所流的鲜血,只为基督的仆人加紧行动提供了一个更加紧急的理由,在基督爱的约束下……"

标题页背面的注释表明,尽管皮格林与英格利斯最初发行了许多版本,但是事实上到1931年出版速度已经放缓到两年一次,此后还有五年的空白期,直到1936年和1937年才刊印,这可能是因为在东亚和离英国较近的地方笼罩着战争的乌云。但是,即使1944年和1945年两次战时的刊印也不意味着结束。到20世纪50年代,作为传教阵地的中国已经从中国内地会的选择中逐渐消失,内地会开始使用"海外基督使团"(Overseas Missionary Fellowship)这一更广泛的名称。最后,1954年1月6日,盖落窪也在坦布里奇韦尔斯(Tunbridge Wells)逝世,享年99岁。《万民》(*Millions*)(《亿万华民》的继承刊物)上只有一篇悼文来纪念他。①

但是,他的证言并未随他一同消失。1957年11月,中国内地会/海外基督使团在伦敦的代理机构路特沃斯出版社(Lutterworth Press)发行了第二十二个版本,售价7先令6便士。该版本经过赖恩融(L. T. Lyall, 1905—1996)删节,添加了蒲乐克(J. C. Pollock, 1924—2012)的序言。② 删节的第一个迹象出现在副标题上,现在副标题的结尾是"帝国的义和团"——山西再一次超出任何传教士的范围。不足为奇的是,我们已经没有急迫的理由前往那里。相反,新序言完全概括了所有问题,尽管比以往皮格林与英格利斯出版社的任何销售方式更具现代感:

格洛弗家族成员都是普通人,但是他们信奉并且赞扬复活的基督。也许待在安宁祥和的格洛斯特郡(Gloucestershire),或者参加圣保罗大教堂高贵平和的聚会,都是容易的……但是现在呢?被剥削、被抢掠、被伤害,面临屈辱性的死亡,更糟糕的是,您的儿子可能被奴役,您的女儿可能被强奸……您还能坚守所信奉的真理吗?

毫无疑问,这些都是尖锐的问题,对青少年来说更是如此。因为这一

---

① 参看《老者的逝世》,《万民》1954年第60期("The Passing of a Veteran", *The Millions* 60, 1954),第23页。

② 赖恩融(Leslie T. Lyall)是一名中国内地会官员,牧师蒲乐克最终出版了传教士葛培理(Billy Graham)的官方传记。新版图书的广告,参看《新的中国内地会书目》,《万民》1957年第64期("New C. I. M. Books", *The Milllions* 64, 1957),第120页。文中引用了三条先前使用过的评论,分别来自《解经时代》、《福音倡导者报》(*Christian Advocate*)、《浸信会》(*The Baptist*)。此外,还有《信仰生活》(*The Life of Faith*)中的评论:"有史以来最奇妙的鼓舞人心的故事之一。"

版本肯定是一份主日学校的奖品,不单单是希伯来语教授雷基乌斯的见证,还是笔者使用的一本图书的权威手迹的见证,上面写着一位13岁女孩的名字和地址。我没有检查过删节版是否删除了任何"可怕的内容",但是删节版将介绍性材料和整个第一章都缩短为九页的序言,可以非常迅速地切入正题。在原书末尾忠实地呈现出的混沌和虚脱也被简单地整理成两页内容。

前言也确实指出了这些变化:"原版内容有些冗长。"爵士乐已经被摇滚乐取代,青少年的关注范围也有所缩窄。甚至最后一页的地图与前版比起来也是敷衍了事的,而作为卷首插图的盖落窪的照片也是从集体照中切下来的。毫无疑问,海外基督使团的中年人员将此版本重印作为第二十三版在新加坡出版的时候,一定会想起自己童年时期对这一版本的回忆。但是,即使其内容仍然忠实于盖落窪的痛苦经历,至少是忠实于他重温回忆之旅的时候,这里的编辑行为却使那种经历重新回到了神话中。

谴责这一删节版为"假的",可能是错误的:这一版本与其他版本一样成为《神迹千里》生命的一部分。但是,如果我们现在整体来考察一本书的生命,则可以从两个互补的视角,第一个是出版者的视角,这是一种出版现象;第二个是阅读者或者拥有者的视角。这是一种文化现象。只有这样才能理解为什么山西的义和团存在于成千上万的英国人的家中,正如他们生存(尽管在含义上不同)于中国。

书籍的销售

笔者无法建构《神迹千里》所有版本的销售情况的总体数据。然而,1945年最后一版未删节版在其标题页宣称,其重印本(impressions)共有六万九千本,这不包括翻译的。这一数量远远不能使其在20世纪初成为关于中国文明的最有影响力的图书,即使这样的销售数字使盖落窪作品的销量超过了那个时代英国最著名的汉学家亚瑟·韦利(Arthur Waley,1889—1966),他作品的销量在这一时期似乎从未突破一万册大关。①

但是,最普遍的读者获取的关于中国的信息,不是来自布鲁姆斯伯里

---

① 参看F.E.约翰斯:《亚瑟·韦利传》(第2版),伦敦和大西洋高地,1988(F. E. Johns, *A Bibliography of Arthur Waley*, 2nd ed., London and Atlantic Heights, 1988),第13—70页。然而,亚瑟·韦利的作品依旧持续地再版印刷。

(Bloomsbury)而是流行小说。不提及流行的萨克森·罗默(Sax Rohmer,1883—1959)及其"傅满洲"系列小说,这个时代的阅读就是不完整的;在英国第一次出版的时候就在当时为他赚取了两百万美元的巨额收入,罗默也因为创造了有史以来关于中国最令人讨厌的刻板印象而获得了持久的声誉。① 甚至那些更受人尊敬的小说家,比如路易斯·乔丹·米恩(Louise Jordan Miln,1864—1933),偶尔在义和团问题上是一位反帝国主义者,可能在20世纪20年代的销量就已超过盖落窪。② 20世纪30年代,关于中国的小说(而非低俗小说)由赛珍珠(Pearl Buck,1892—1973)占据主导地位,她的作品在英国的销量也一定超过了盖落窪,而在全球范围内

---

① 参看罗伯特·格拉夫斯、阿兰·霍奇:《漫长的周末:英国社会史(1918—1939)》哈蒙德斯沃思,1970(Robert Graves and Alan Hodge, *The Long Weekend: A Social History of Great Britain, 1918-1939*, Harmondsworth: Penguin Books, 1970),第46页,其在"阅读事项"一章第一页提及了萨克森·罗默;珍妮·克莱格:《傅满洲与"黄祸":制造种族神话》,斯托克:特伦特姆出版社,1994(Jenny Clegg, *Fu Manchu and the 'Yellow Peril': The Making of a Racist Myth*, Stoke-on-Trent: Trentham Books, 1994),此书是一项开创性研究,致力于阐明问题并解决问题;关于萨克森·罗默以及傅满洲的起源,参看克里斯托夫·弗瑞林:《黄祸:傅满洲与恐华症的兴起》,伦敦:泰晤士和哈德森出版社,2014(Christopher Frayling, *The Yellow Peril: Dr Fu Manchu and the Rise of Chinaphobia*, London: Thames and Hudson, 2014),本书十分重视在报道义和团刻板印象时的推动因素(如第243页)。关于能确保其在20世纪持续存在的机制,重要研究可参看露丝·梅耶尔:《〈傅满洲〉漫画:中国超级反派与黄祸观念的传播》,费城:坦普尔大学出版社,2014(Ruth Mayer, *Serial Fu Manchu: The Chinese Supervillain and the Spread of Yellow Peril Ideology*, Philadelphia, P. A.: Temple University Press, 2014);该书指出,义和团在为黄祸小说创造更大市场方面的作用仅仅是初步的,媒体因素在整个20世纪支撑了这一市场(第30页),尤其要注意书中孔正滔文章第33条注释所引的关于义和团和媒体的作品。

② 关于路易斯·乔丹·米恩,参看柯文:《历史三调:作为事件、经历和神话的义和团》,第364页第46条注释;两次世界大战期间英国关于中国阅读情况的重要信息来源,参看毕可思:《不列颠在中国:社区、文化与殖民主义(1900—1949)》,曼彻斯特:曼彻斯特大学出版社,1999(Robert Bickers, *Britain in China: Community, Culture and Colonialism, 1900-1949*, Manchester: Manchester University Press, 1999),第48—49页。路易斯·乔丹·米恩的一些具有中国背景的作品多次再版。

其销量也是盖落窪的好几倍。①

如果我们限定于非小说类图书,那么《神迹千里》表现得确实不错。也许盖落窪的作品仅次于傅勒铭1933年关于中国和伪满洲国的游记,该游记在绝版前"卖了90000本"②。这可能令人不安,因为在前言之前还有一段"警告读者"的话:"本书作者仅26岁。他只在中国待过七个月。他不会说中文。"③然而,他是伊顿公学的校友,为《泰晤士报》工作。而且,"满洲"在当时一直是头条,这种情况因为中日问题持续到1945年。

20世纪50年代,有一位中国内地会作家的作品销量超过了盖落窪,她就是加拿大人杨宓贵灵(Isobel Kuhn,1901—1957)。杨宓贵灵曾在中国云南和泰国北部传教,1954年返回家乡,1957年去世。她的作品就写于这一时期,回顾了漫长传教事业中的精神斗争,时限超过了四分之一世纪,而非某个特定的时期。到1961年,作品《寻》(*By Searching*)的销量已经达到十万册。④但是,这一作品主要是在北美市场销售,而盖落窪的作品主要是在市场更受限制的爱德华时期的英国发行,尽管皮格林与英格利斯出版社最终从北美的分销中获得了一些利润。⑤

---

① 关于赛珍珠影响的研究主要是在北美地区,但是《大地》(*The Good Earth*)一书被翻译成30多种语言,而且销量达到150万册,参看T.克里斯托弗·詹森:《美国人眼里的中国》(T. Christopher Jensen, *American Images of China*, Stanford, C.A.: Stanford University Press, 1996),第25—26页,第199页注释5。希拉里·斯珀林认为,赛珍珠的著作为亨利·马蒂斯(Henri Matisse)和圣雄甘地(Mahatma Gandhi)等人所知晓;她的传记本身就证明最近人们对她的作品兴趣大增,参看希拉里·斯珀林:《埋骨:赛珍珠在中国》,伦敦,2010(Hilary Spurling, *Burying the Bones*: *Pearl Buck in China*, London: Profile Books, 2010),第11页。

② 达夫·哈特-戴维斯:《傅勒铭传》,第127页。

③ 傅勒铭:《一个人的战役:中国之旅》,纽约:查尔斯·斯克里伯纳父子出版社,1934(Peter Fleming, *One's Company*: *A Journey to China*, New York: Charles Scribner's Sons, 1934),第9页。

④ 前言由其丈夫杨志英(John Kuhn)题写,为了中国内地会或海外基督使团,参看杨宓贵灵:《火石:一位年轻傈僳族妇女的故事》(重印本),伦敦:拉特沃思出版社,1961(*Stones of Fire*: *The Story of a Young Lisu Tribeswoman*, reprint ed., London: Lutterworth Press,1961),第10页。

⑤ 在此感谢汤若杰(Roger Thompson)和韩书瑞(Susan Naquin)提供的他们拥有的《神迹千里》的信息。这些书都是在美国购买的二手书,而且销售地区就是在美国,但是却由皮格林与英格利斯出版社在英国印刷出版。

因此，为了真实地了解他的成就，我们必须回顾一下该书第一版本的时间和地点，并考虑当时的前景。①尽管在维多利亚时期出现了一些畅销书，但是一个作家的书一年能卖到万本，就已经是很大的成功了。②如果我们调查一下那些尝试以写作宗教文学为生的作家(以女性为主)的压抑环境，例如艾玛·马歇尔(Emma Marshall,1830—1899)，她的小说"被认为是理想的主日学校奖品"，其销量偶尔才会达到12000—13000册，在19世纪90年代销售1000册才能赚到30英镑。③一些人很幸运，许多人则是要少得多。④盖落窪的书的第九版(1918年)总共有7000册，他的父亲在前言中讲第八版(1914年)有14000册，然而第十三版则称出售了35000册。显然，霍德和斯陶顿出版社的版本印刷量很小，而皮格林与英格利斯出版社的推销(以及它在英语国家的代理商网络)在一定程度上使适度的成功成为一种现象。但是，霍德和斯陶顿出版社能够在1933—1947年15次刊印《西行偶记》(*Something Happened*)，该书是盖群英(Mildred Cable,1878—1952)和冯贵石(Francesca French)的传教回忆录；而戴金乐婷(Mrs. Howard Taylor,1865—1949)作为中国内地会最多产的作家之一，1920—1931年他的一部作品九次刊印，销售了两万册。《珍珠的秘密》(*Pearl's Secret*)是一本关于传教士儿童的生活、精神成长和早夭的小薄册子，具有主日学校奖品的全部特征。其第十四个版本最晚出现于1958

---

① 因此，正如S.H.斯坦伯格所说，20世纪50年代，意大利的一本畅销书意味着销量在5000册，而美国的一本畅销书意味着销量要达到50万册，参见S.H.斯坦伯格：《印刷的五百年历史》(重印版)，第344页。道里尔·奥尔登：《查尔斯·R.博克瑟》，里斯本：东方基金会，2001(Dauril Alden, *Charles R. Boxer*, Lisbon: Fundação Oriente, 2001)，第267页，文中指出20世纪40年代关于中国的畅销书是项美丽(Emily Hahn)的《我的中国》(*China to Me*)，到1970年该书已经在美国销售70万册，不过直到80年代才在英国出版。

② S.H.斯坦伯格：《印刷的五百年历史》(重印版)，第342页。

③ 尼格尔·克罗斯：《大众作家：19世纪格鲁布街的生活》，剑桥：剑桥大学出版社，1985(Nigel Cross, *The Common Writer: Life in Nineteenth-century Grub Street*, Cambridge: Cambridge University Press, 1985)，第201—202页。

④ 尼格尔·克罗斯：《大众作家：19世纪格鲁布街的生活》，第198、206页。文中提到一位女作家的销量为200万册，但到1899年小说的印刷量仅为1000册，这意味着利润率非常低。

年,售价2先令6便士。①

尽管《神迹千里》的各个版本表明,此书的成功与出色的市场营销有关,但这种成功——尽管比较合格——也是不能否认的。对于不少人来说——如果仅仅是对那些奖品分发者而不是获得者而言,此书都意义非凡。最后,我们必须在文化情景中考察此书,并且追问其原因。

书籍的文化

盖落窪的引言、蒲乐克对其长篇大论的指责都证明,无论是什么使其作品成功,都不可能是他的文学才华。这可能是不公平的:在他认为读者会感兴趣而且特别有说服力的地方,他有点语无伦次;在他应该专注于自己的叙述的时候,又有点啰哩啰嗦。例如,有人指出,黛安娜·普雷斯顿(Diana Preston)在她关于使馆之围一百周年纪念的重述时,选取的是海思波的例子,盖落窪的经历在她的讲述下则成了一个特别令人惊悚的月下奔逃的故事,以代表传教士逃离北京的所有苦难。②

即便如此,还是有一些可辨识的东西使这本书在本质上是一个好的读本,除了那些令人发晕的信仰与恐怖的混合。从戴金乐婷到史景迁(Jonathan Spence)的许多作家,逐渐认为传播中国知识的最好方法是通过传记。"光明传记"(Bright Biographies)、"基督教男女的精彩故事"(stirring life stories of Christian men and women)系列丛书都表明传教士团体已经认识到这一点。然而,如果着眼其中的一本书——《蒙古的景雅各》(James Gilmour of the Mongols),我们就会发现它的主题无疑是令人钦佩的,但是其人物也是相当遥远的。景雅各确实有一位妻子,但是已去世;三个儿子中的两个被送回了苏格兰,最小的儿子由另一对传教士夫妇照料,但夭折

---

① 参看盖群英、冯贵石:《西行偶记》;戴金乐婷:《珍珠的秘密》,伦敦:内地会,1931 (Mrs. Howard Taylor, *Pearl's Secret*, London: The Religious Tract Society, for the China Inland Mission, 1931);亦可参看《为年轻读者准备的中国内地会书目》,《万民》1958年第65期("C. I. M. Books for Younger Readers", *The Millions* 65, 1958),第108页。

② 参看黛安娜·普雷斯顿:《北京之围:义和团运动的故事》,伦敦:康斯特布尔出版社,1999(Diana Preston, *Besieged in Peking: The Story of the 1900 Boxer Uprising*, London: Constable, 1999),第213—214页。虽然在学术上并不成功,但是盖落窪在学校里学会了使用至少一种好的模型来描述长时间穿越敌对地区的情形——在我的记忆中,到20世纪60年代,对英国的学生来说,色诺芬(Xenophon)的《远征记》(*Anabasis*)依旧是学习希腊语的标准书目。

了。"下半辈子景雅各注定是一个无家可归的流浪者,在不信奉基督的民族里高举着十字架布道。"①他为工作心力交瘁,四十八岁就去世了。

"光明传记"丛书的编者试图通过强调传教士生活中的家庭因素来抵消这种英雄般的孤单,为此在丛书中设置了"工作成功的妇女"、"各地的女性传教士"等卷册,但是关于传教士家庭的冒险故事是很稀有的。相反,20世纪两本关于中国的畅销书——赛珍珠的《大地》和张戎的《鸿:三代中国女人的故事》——都是鲜明的家族史诗。②《神迹千里》是一部家庭惊悚片,尽管它只是在一种意义上是关于中国的,那也就是它的标题。如果有人认为收录了景雅各生平的系列丛书也囊括了缅甸的贾德森(Adoniram Judson)、波斯的马丁(Henry Martyn)、乌干达的汉宁顿(James Hannington)和尼日利亚的塞缪尔·阿贾伊·克劳瑟(Samuel Ajay Crowther),显然对于家庭读者来说,重要的是传教经历而非地理位置。

确实,盖落窪没有忽略当地的情况。他的言论总体上是明智和中立的。他不仅向那些尽力保护自己的忠诚的中国教民表达敬意,而且向那些给予小小善意的非教民致以敬意。他在导言中罗列了引发义和团运动的七个原因,第一个就是排外心理,但主要集中在鸦片贸易上,正如反对罗马天主教会那样,他的一些同事认为天主教会应当为所有的问题负责。资本主义势力的入侵也被认为是其所在地区的一个特殊因素,当然整个地区干旱也很严重。相反,除了中国人的执拗顽固,1957年的删节版中只提及了鸦片问题。③

---

① 参看 W.P.奈恩:《蒙古的景雅各》,格拉斯哥:皮格林与英格利斯出版社,出版年份不详(W. P. Nairne, *James Gilmour of the Mongols*, Glasgow: Pickering and Inglis, n. d.),第131页。景雅各(1843—1891)过去乃至现在也是传记作家的热门选题,他的专著——根据在线书商的清单——在20世纪初已经大量再版,在2009年由什罗普郡奥斯沃斯特里(Oswestry, Shropshire)的第五出版社(Quinta Press)再版发行,该出版社隶属于第五独立福音教会(Quinta Independent Evangelical Church)。

② 参看赛珍珠:《大地》(第8版),伦敦:梅休因出版社,1932(*The Good Earth*, 8th ed., London: Methuen & Co., 1932);张戎:《鸿:三代中国女人的故事》(新版),伦敦,2004(Jung Chang, *Wild Swans: Three Daughters of China*, new ed., London: Harper Perennial, 2004)。

③ 提及的原因集中于第2—9页;盖落窪拒绝感谢天主教民,参见第309—310页,1957年的删节版中此事被删除;关于鸦片的问题,参看第15页。Worldcat显示,赖恩融的删节版在1957年由俄亥俄州萨利姆(Salem)的施穆尔出版公司(Schmul Publishing Company)在北美再版发行,1958年芝加哥的穆迪出版社(Moody Press)将其作为第二十三版(重置版"口袋书")发行,1971年海外基督使团将其再版。笔者未曾见过这些版本。

盖落窪夫妇尤其是盖茨小姐对中文很熟练,因此这部作品在某些方面可以作为这一时期的宗教史资料。例如,对于那些对中国求雨感兴趣,尤其是对那些熟悉薛爱华(E. H. Schafer)所做的关于古代中国献祭(寻找替罪羊)的研究的人来说,书中从预定受害者的角度讲述了求雨仪式,这的确很有价值。① 盖落窪认为传教士妇女被专门当作替罪羊的观点,也与柯文对义和团的宗教观念的研究非常吻合。②

即便如此,因为所有吸引着中国内地会成员在中国传播福音的种种迫切的理由,有读者会怀疑盖茨小姐和盖落窪家族遭遇的苦难可能发生在从格陵兰岛冰山到印度珊瑚海岸的任何地方,得到的经验教训也没有丝毫不同。然而,尽管叙述有时会涉及最普遍的苦难和人类境遇,但是在很大程度上它最显著的特点依旧是非常英国式的甚至是维多利亚式的,他的父亲(pater familias)尤其赞赏贺德理是一个坚毅之人,是耶稣基督的真正战士——从哈德利留存下的笔记判断,他长大后又用这一角色来称赞他人。③在言辞上强调阳刚之气,与19世纪末20世纪初英国的强身派基督教(muscular Christianity)有关。即使是该团体的女性成员(包括小霍盼,最终深陷无法控制的尖叫之中)也经受了很多的磨练。

正是在这种特定的文化或亚文化中,《神迹千里》发挥了最大的吸引力。有那么一段时间,没有理由不每年印刷几千本以分发给圣经班和主日学校。确实,正如贺德理的评论所表明的,这本书已经成为文化循环生

---

① 盖落窪在第191—201页的叙述可与以下内容做比较,即薛爱华:《古代中国的公开仪式》,《哈佛亚洲研究杂志》1951年第14期(E. H. Schafer, "Ritual Exposure in Ancient China," *Harvard Journal of Asiatic Studies* 14, 1951),第130—144页;阿尔文·P.柯文:《古代中国人对雨神的支配》,《宗教历史》1978年第17卷第3—4期(Alvin P. Cohen, "Coercing the Rain Deities in Ancient China", *History of Religions* 17, no. 3-4, 1978),第244—265页。

② 盖落窪在第232页的论述可与以下内容做比较,即柯文:《历史三调:作为事件、经历和神话的义和团》,第119—145页。

③ 甚至在义和团运动之前,盖落窪就对贺德理感到骄傲,在书中谈及了未受洗的命运;参看盖落窪:《一位牧师的洗礼、自白和见证》,伦敦:帕斯莫尔和阿拉巴斯特出版社,1902(Archibald Glover, *A Clergyman's Baptism, Confession and Testimony*, London:Passmore and Alabaster, 1902),第31页。该领域最新的研究,可参看斯蒂芬妮·奥尔森:《少年国家:青年、情感与现代英国公民的形成(1889—1914)》,伦敦:布鲁姆什伯里出版社,2014(Stephanie Olsen, *Juvenile Nation: Youth, Emotions and the Making of the Modern British Citizen, 1889-1914*, London: Bloomsbury, 2014)。

产的一部分,考验年轻人去忍受传教阵地中的艰难困苦,如此一来,他们也可能通过写作来考验后代。但是,滋养此类作品不断产生的整个环境本身可能会发生变化。正如理查德·霍加特在《识字的用途》(*The Uses of Literacy*)中指出,这一文化观点体现于大量书籍中,"这些书籍通常是由宗教读物协会(Religious Tract Society)出版并作为奖品分发给主日学校的高年级学生。现在它被新型杂志淘汰。"①在霍加特写作的1957年,主日学校是教会或者教堂生活的一部分,仍旧被社区广泛接受。而且,当年的删节版在成人甚至青少年市场的销量正在减少,这似乎可以看作市场对该书的某种重新定位。②

现在霍加特的整个研究被认为是对迷失的世界的描述。19世纪90年代,有一位典型的"穷酸写手"(hack writer)以编辑儿童杂志为生,包括"'中国传教事业'系列故事"《圣经与子弹》(*The Bible and the Bullet*)。③70年后,不仅传教士离开了中国,而且许多英国的读者无论老少也对中国失去了兴趣。传教差会在刚果和其他地方依旧有殉道者,但是他们的故事没有得到普遍流传,也许现在被认为对孩子们来说太悲惨了。即使主日学校坚持,但是随着对基督苦修崇拜的消亡,以及自身的帝国主义色彩,《神迹千里》丧失了最成功的特色。④

盖落窪作品的版本也清楚地表明了这一变化的事实。2000年,在海外基督使团的推动下,位于罗斯郡费恩(Fearn)的基督教焦点出版社(Christian Focus Publications)出版了其作品,作为福音派基督教经典著作重印系列的一部分。新书还在封面上宣称自己"采用了新材料的百年纪念版,戴继宗(James Hudson Taylor IV)作序",尽管书尾证明此书的主要内容来自赖恩融的删节版;新资料包含了盖落窪的孙子默里·格洛弗

---

① 理查德·霍加特:《识字的用途》(重印版),哈德蒙斯沃思:企鹅出版社,1968 (Richard Hoggart, *The Uses of Literacy*, reprint ed., Harmondsworth: Penguin, 1968),第130页。

② 参看理查德·霍加特:《识字的用途》(重印版),第112页, n. to 112 on 353.

③ 参看尼格尔·克罗斯:《大众作家:19世纪格鲁布街的生活》,第238页。

④ 应注意尼古拉斯·塔克(Nicholas Tucker)编写的《适合儿童?》(*Suitable for Children?*, London: Chatto and Windus, 1976),第116页,因为《殉道教士目录》一书作为维多利亚时代的儿童读物,这在20世纪晚期是无法想象的,并请注意第143页所引的凯瑟琳·斯托尔(Catherine Storr),1958年希尔德·希默尔威特(Hilde Himmelweit)做了关于儿童与电视的调查,受此影响,人们开始重新思考儿童书籍中什么内容是合适的。感谢理查德·夸尔什(Richard Quarshie)提醒我要关注这一问题。

(Murray Glover)编辑的家族通信。①重印丛书进行了大范围的发行,还印制了大量适合儿童的书籍以及为主日学校准备的图书。②但是,盖落窪的作品并不在此类;实际上,在直接询问公司的出版经理后,他明确告诉我盖落窪的作品"不适合儿童"。③

一本百年图书的生命

此次重新出版是否符合赞助者的期望,尚不清楚。尽管盖落窪的孙子提供的新资料中有盖落窪更加私密的照片,但是20世纪初(和50年代)的后帝国主义态度在新的千年是否错位并抑制了它的销量呢?④对于有些人来说,他们仍旧回想也许是怀念丢失的苦修崇拜,新的版本是否取代了他们童年时期丢失的版本?或者说,皮格林与英格利斯出版社发行的版本中所夸耀的故事内容的永恒元素,新的版本是否也通过这些吸引了新的读者呢?新的版本是否招募了新的教士参与传教事业?现在山西已经对外国人完全开放,尽管他们被限制于教授英语或者其他实用技能而不能公开传教。⑤

21世纪我们至少能部分回答这些问题,这都多亏了早期印刷时代还没出现的媒体。此百年纪念版的互联网广告包括消费者的评论,例如在某知名网站上可以浏览到2015年初关于百年版本的评论有6条,2010年只有一条,评论对书的肯定性较低,称:"我认为这本书的作者盖落窪不会是我最喜欢的人之一。"因为家族通信的确展现了(正如其编辑欣然承认

---

① 狄德满(Gary Tiedemann)友好地提醒了笔者这一版本的存在。

② 信息来自其官方网站 www.christianfocus.com,访问日期:2015年1月20日。"开拓者"是其儿童系列丛书之一,包含48册图书,其中就有关于戴德生(Hudson Taylor)和杨宓贵灵等其他来华传教士的。

③ 在此感谢该公司的代表乔纳森·邓巴(Jonathan Dunbar)先生,笔者与他于2001年7月24日进行了有益的电话交谈。

④ 然而,默里·格洛弗确实声称:"档案(archie)完全是令人扫兴的"(重新分页版的第198页);他还删除了许多"说教内容"。

⑤ 参看贾斯汀·希尔:《黄河曲》,伦敦:菲尼克斯书屋,1997(Justin Hill, *A Bend in the Yellow River*, London: Phoenix House, 1997),第208—209页。阿尔文·奥斯汀在文中感谢了安德鲁·T.凯撒的帮助,他是山西基督教发展与援助机构太原地区的主管,这一机构由挪威传教士子女资助建立,参看阿尔文·奥斯汀:《亿万华民:中国内地会与晚清社会(1832—1905)》,第xix页

的)他有时会表现得像个令人讨厌的小家伙。① 最早的网络评论开始于 2000 年,该评论称:"我第一次听到此书是在家庭电台节目中。"这说明此时盖落窪的作品已经超越了阅读世界。最后一条评论来自 2014 年 9 月,却说:"我认为此书已经绝版。"除非这里仅仅说的是百年纪念版,因为该书现在已经是公版书,而且在同一网站上也确实证明这一年除了各种日期的旧版本(以及 2007 年的韩语翻译本)外,至少还有四种版本可以在北美获得。②

尤其是 2014 年的一个重印版,现在在英国既可以买到硬皮版,也可以买到电子版(kindle),这一版确实值得进一步讨论,因为它似乎标志着历史叙述在此时获得了进一步的发展。该版本的内容来自 1911 年的第十一版,但是整体上重新进行了分页,而且更名为《神迹千里(注释版)》[*A Thousand Miles of Miracle in China (Annotated)*],在标题页盖落窪的下面有一个新的名字——"克林特·莫雷(Clint Morey)的注解与问题",该书的出版地为蒙大拿州米苏拉(Missoula)。"注解"包含了一条小引(introductory note),指出"义和团起义"(boxer uprising,原文如此)发生于 1900 年,并称:"尽管世俗历史学家会告诉你这是'传统'中国人和'西方干预者'之间的斗争,但实际上这是针对中国人民灵魂的一场精神斗争。"有三页多的内容都在讨论这一问题。防范迫害(persecution)是相当必要且十分紧迫的,文中为此列举了屠杀埃及科普特人(Copt)和禁锢中国教民的例子,因此这也许意味着新的全球殉道观念的出现。"问题"位于每一章的结尾,但是最后一章没有提出问题,适当地留下了原作者给读者的简单挑战。这些疑问丝毫没有回避难题,比如盖落窪是否应该留下了和教民共患难,很显然这些问题都是针对成人而不是儿童的。③ 此书的最后一页显示其是公版书,

---

① 《神迹千里》2001 年版的消费者评论,参看 http://www.amazon.com/Thousand-Miles-Miracle-E-Glover/dp/1857925114/ref=sr_1_4?s=books&ie=UTF8&qid=1421760123&sr=1-4&keywords=A-Thousand-Miles-Of-Miracle,访问日期:2015 年 1 月 20 日。

② 上述网站中百年纪念版本的高昂价格,表明此书现在北美是不可得到的,然而在英国这似乎是不同的。

③ 关于问题的总结,参看第 137 页(第九章结尾);关于明显针对成人的问题,参看这一版本第 168、257 页。网站(参看下一条注释)提供的出版社信息十分简单,"创造空间独立出版平台"(CreateSpace Independent Publishing Platform),因此将其标记为克林特·莫雷的自发布产品。

可以免费下载,然后清楚地说明其他材料被寄予了在小组研究中发挥更多作用的希望。

一本正经(prig)的作者已经逝去——无疑这是"世俗历史学家"感兴趣的人物,重新归来的则是充满布道说教和长篇大论的早期版本,这些都被永恒的元素(timeless elements)证明,如今再次被注释者的问题所强调。新的版本不再针对主日学校的儿童,该文本的未来发展将会由其他社会环境——成人研究团体——来支持。这是否将标志着该书的历史在未来几十年的发展情况,还有待观察。在和百年纪念版相同的网站上,关于最新版本的七条好评当中,有两个读者建议在互联网上浏览所有陌生的单词,这说明对清代中国日益增强的陌生感现在已经给大众读者带来了不少困惑。①关于"清代中国",赖恩融在1957年版本的注释里已经做了一些解释。似乎盖落窐的故事最终变得遥不可及。或者也许像《天路历程》(Pilgrim's Progress)那样,它会成功地保存其自身的真实而脱离其直接的环境。但有一件事是确定的:这一历史的早期部分所描述的社会环境(circle)并非一成不变。当贺德理在分发父亲的奖品的时候,似乎处于平衡状态的文化生产循环(carousel of cultural production)确实停止了。即使启动了新的周期,而且《神迹千里》在其中再次发挥了作用,它也将不再扮演义和团奖品(Boxer Prize)这一旧角色。在义和团运动过去一百年后,历史和记忆的新阶段终于到来。

---

① 《神迹千里》2014年版的购买者评论说:"因为本书是传教士盖落窐1900年用白话英文写成,所以Kindle字典在清楚表达他们遭遇的苦难上提供了巨大的帮助,而'谷歌图片'也帮助我们更好地理解了一些单词,比如'垃圾'(litter)、'手推车(barrow)等,当然还有义和团运动地图片。"参看http://www.amazon.com/Thousand-Miles-Miracle-China/dp/1499587252/ref=sr_1_2? s=books&ie=UTF8&qid=1421769941&sr=1-2&keywords=A-Thousand-Miles-Of-Miracle,访问日期:2015年1月20日。莫雷作品的基础是第九版,里面包含36张图片,而莫雷扫描了17张;与之形成鲜明对比的是,百年纪念版本只采用了8张。

银幕上的义和团*

——《红灯照》(1919)、《北京惊魂记》(1937)和《北京55日》(1963)比较研究

孔正滔(Thoralf Klein)

关于义和团战争(Boxer War)的第一批"西方"叙述早在战斗实际结束之前就已出现。[①] 虽然这应该告诫我们不要假设从事件到记忆有明确的过渡,但首先是1900年8月14日北京解围,更重要的是1901年9月7日签订的《辛丑条约》(Boxer Protocol)正式结束了战争,使人们得以重述这

---

* 在此感谢比利时布鲁塞尔弗拉芒电影文化服务中心(Vlaamse Dienst voor Filmcultuur)的斯蒂夫·弗兰克(Stef Franck),他提醒笔者注意电影《红灯照》,并慷慨地向笔者提供了该片的拷贝和附卷。感谢德国威斯巴登的弗里德里希·威廉·穆尔瑙基金会(Friedrich Wilhelm Murnau Stiftung),在本研究的不同阶段向笔者借出了电影《北京惊魂记》的VHS和DVD拷贝;感谢玛格丽特·赫里克图书馆(Margaret Herrick Library, Beverly Hills, CA)对本研究的支持。也感谢克里斯蒂娜·蒂尔(Christina Till)对早期草稿的批判性阅读。

① 可以说,第一部涉及外交和军事冲突的长篇小说(虽然不是第一部关于义和团的小说)是朱利安·克罗斯基的《北京传奇》(Julian Croskey, *The S. G. : A Romance of Peking*, Brooklyn, N.Y.: Mason, 1900),该书在围攻使馆区结束之前就已出版。1900年夏秋时节,有四本德语廉价小说连载。参看杰奎琳·杨:《重写义和团运动:朴笛南姆威尔、白克浩司、梅义升的想象力创造》,《维多利亚通讯》2008年第114期(Jacqueline Young, "Rewriting the Boxer Rebellion: Putnam Weale, Edmund Backhouse, and Charles Welsh Mason", *Victorian Newsletter* 114, 2008),第22—26页;迪特琳德·温舍:《来自中国的战地信件:德国士兵对义和团运动的认知与诠释》,柏林:林克斯出版社,2008(Dietlind Wünsche, *Feldpostbriefe aus China: Wahrnehmungs-und Deutungsmuster deutscher Soldaten zur Zeit des Boxeraufstandes 1900/1901*, Berlin: Links, 2008),第295页。

场灾难性的惨痛事件。小说、通俗历史和电影短片将一个经历过的开放和持续的事件重新包装成连贯的情节，从头到尾都很完整。这样一来，它们创造了一种主流叙事，逐渐(并且狭隘地)将义和团战争等同于1900年6月底至8月中旬的北京使馆区被围困事件。① 这有明显的原因：围城不仅为其情节(emplotment)提供了必要的戏剧性成分，即从模糊的危险感到最后一刻的胜利救援。更重要的是，义和团战争被视为印度起义(Indian Uprising)的再版(reincarnation)，其记忆集中在对坎普尔(Kanpur)和勒克瑙(Lakhnau)的围攻上。1900年后，一些小说家干脆用新的、与义和

---

① 笔者无法在此给出完整的参考文献。关于近当代小说的分析，参看陈时伟：《英国儿童小说中的中国形象(1851—1911)》，法纳姆：阿什盖特出版社，2013(Shih-Wen Chen, *Representations of China in British Children's Fiction, 1851-1911*, Farnham: Ashgate, 2013)，尤其是第129—130页；罗斯·G.福尔曼：《北京阴谋：1900年义和团运动的小说化》，《维多利亚文学与文化》1999年第27期(Ross G. Forman, "Peking Plots: Fictionalizing the Boxer Rebellion of 1900", *Victorian Literature and Culture* 27, 1999)，第27—48页；吕一旭：《德国殖民小说中的中国：1900年义和团运动》，《德国生活与文学》2006年第59卷第1期(Yixu Lü, "German Colonial Fiction on China: The Boxer Uprising of 1900", *German Life and Letters* 59, no. 1, 2006)，第78—100页。更多最近的历史小说包括格哈德·塞弗里德的《黄祸与义和团运动》(Gerhard Seyfried, *Gelber Wind oder Der Aufstand der Boxer*, Frankfurt am Main: Eichborn, 2008)和杨瑾伦的《拳民与圣徒》(Gene Luen Yang, *Boxers & Saints*, New York: First Second, 2013)(两卷本的图画小说)。相关通俗历史作品，参看傅勒铭：《北京围困记》(Peter Fleming, *The Siege at Peking*, London: Hart Davis, 1959)；让·马比尔：《北京红色之夏》，巴黎：法亚德出版社，1978(Jean Mabire, *L'été rouge de Pékin*, Paris: Fayard, 1978)；亨利·吉翁－博伊德：《正义和谐之拳：1900年中国义和团运动的历史》，伦敦：利奥·库珀出版社，1991(Henry Keown-Boyd, *The Fists of Righteous Harmony: A History of the Boxer Uprising in China in 1900*, London: Leo Cooper, 1991)。最新的纪录电影是蒂尔曼·雷默的《北京陷落——义和团运动》(Tilman Remme (dir.), *Gefangen in Peking-Aufstand der Boxer*, director: Tilman Remme, production: Uwe Kersken)。该片在2008年由ZDF电视台(德国)和ARTE电视台(德国和法国)播出。相关资料参看互联网电影数据库，https://www.imdb.com/title/tt1247270/，访问日期：2018年7月26日。

团有关的内容来填充"兵变"(Mutiny)的旧情节结构,①这就成了一个持久叙事传统的起点。本文将探讨故事长片(feature films)是如何融入这一传统的,论证它们提供了一个共同主题的变体,具体的结果受到叙事先例和制作时代背景的影响。

本文特意将战时或战后制作的新闻纪录片(newsreels)和电影事件重现片(filmic re-enactments)排除在分析之外,但包括在后来的虚构重述中往往被边缘化的主题,如联军攻占大沽炮台或袭击传教士。② 20世纪前十年至60年代制作的三部故事长片中,有两部最近受到一些关注,这些关

---

① 参看罗斯·G.福尔曼:《中国与维多利亚想象:交织的帝国》,剑桥:剑桥大学出版社,2013(Ross G. Forman, *China in the Victorian Imagination: Empires Entwined*, Cambridge: Cambridge University Press, 2013),第101—102页。

② 参看斯蒂芬·波托莫尔:《摄影、造假与宣传:战争电影的起源(1897—1902)》,博士学位论文,乌特勒支大学,2007(Stephen Bottomore, "Filming, Fake and Propaganda: The Origins of the War Film, 1897-1902", PhD thesis, Utrecht University, 2007);斯蒂夫·弗兰克:《义和团运动的新奇性》,斯蒂夫·弗兰克编:《动人心魄:〈红灯照〉、纳齐默娃与义和团运动》,布鲁塞尔,2012(Stef Franck, "Boxer Rebellion Novelties", in *To Dazzle the Eye and Stir the Heart: The Red Lantern, Nazimova and the Boxer Rebellion*, ed. by Stef Franck, Brussels: Vlaamse Dienst voor Filmcultuur, 2012),第99—122页;弗兰克·格雷:《詹姆斯·威廉姆森的"构图":进攻中国的任务——援救的水兵(1900)》,约翰·富勒顿编:《纪念1895:电影一百周年》,悉尼:利比出版社,1998[Frank Gray, "James Williamson's 'Composed Picture': Attack on a China Mission: Bluejackets to the Rescue (1900)", in *Celebrating 1895: The Centenary of Cinema*, ed. by John Fullerton, Sydney: Libbey, 1998]。

注主要来自电影学者而非中国史学者。① 这三部电影②是:

《红灯照》(The Red Lantern,美国,1919年):导演:阿尔伯特·卡佩拉尼(Albert Capellani, 1874—1931),制片人:理查德·A.罗兰(Richard A. Rowland, 1880—1947)和麦克斯韦·卡格(Maxwell Karger, 1879—1922),编剧:琼·马西斯(June Mathis, 1887—1927),根据伊迪丝·惠瑞(Edith Wherry, 1858—1961)的同名小说③改编。

《北京惊魂记》(Alarm in Peking,德国,1937年):导演:赫伯特·塞尔平(Herbert Selpin, 1904—1942),制片人:爱德华·库巴特(Eduard Kubat, 1891—1976),编剧:沃尔特·泽莱特—奥尔芬纽斯(Walter Zerlett-Olfenius, 1897—1975)与塞尔平合作。

《北京55日》(55 Days at Peking,美国,1963年):导演:尼古拉斯·

---

① 关于《红灯照》,相关论文参看斯蒂夫·弗兰克编:《动人心魄:〈红灯照〉、纳齐默娃与义和团运动》。关于《北京55日》,参看姚斌:《拳民形象在美国:义和团运动的跨国形象》,北京:世界知识出版社,2010,第166—171页;内奥米·格林:《从傅满洲到功夫熊猫:美国电影中的中国形象》,火奴鲁鲁:夏威夷大学出版社,2014(Naomi Greene, From Fu Manchu to Kung Fu Panda: Images of China in American Film, Honolulu, H.I.: University of Hawaii Press, 2014),第120—134页,重点关注冷战背景;对其中一个关键场景的简要分析,可参看何伟亚:《英国的课业:19世纪中国的帝国主义教程》,达勒姆:杜克大学出版社,2003(James L. Hevia, English Lessons: The Pedagogy of Imperialism in Nineteenth-Century China, Durham, N.C.: Duke University Press, 2003),第327—328页。

② 笔者使用的版本是阿尔伯特·卡佩拉尼导演的《红灯照》[Albert Capellani (dir.), The Red Lantern, 1919; Brussels: Vlaamse Dienst voor Filmcultuur, 2012],本版本附录于斯蒂夫·弗兰克编的《动人心魄:〈红灯照〉、纳齐默娃与义和团运动》。赫伯特·塞尔平的《北京惊魂记》[Herbert Selpin (dir.), Alarm in Peking, 1937; Wiesbaden, Germany: Friedrich Wilhelm Murnau Stiftung, 2014, DVD]柏林联邦档案馆电影档案部也有拷贝,我也看过;尼古拉斯·雷导演的《北京55日》[Nicolas Ray (dir.). 55 Tage in Peking, 1963; Dortmund: e-m-s New Media AG, 2002), DVD]带德英音轨。

③ 伊迪丝·惠瑞:《红灯照:红灯照女神故事的形成》,纽约:莱恩出版社,1911(Edith Wherry, The Red Lantern: Being the Story of the Goddess of the Red Lantern Light, New York: Lane, 1911)。

雷（Nicholas Ray,1911—1979），①制片人：塞缪尔·布朗斯顿（Samuel Bronston,1908—1994），编剧：菲利普·约尔丹（Philip Yordan,1914—2003）和伯纳德·戈登（Bernard Gordon,1918—2007）。

这三部电影大体上都符合娜塔莉·泽蒙·戴维斯（Natalie Zemon Davis）对历史电影的定义，因为它们结合了"虚构的情节"（fictional plot）和"行动固有的历史背景"②。因此，它们在形式上不同于单纯的"古装剧"（costume dramas），后者在行动和历史背景之间只表现出微弱的联系。然而，这三部作品都在不同程度上对历史事实进行了自由发挥，而它们将以爱情为中心的个性化"浪漫"（romance）与强调外在力量的"奇观"（spectacle）元素和更广泛的历史背景相结合，形成了相当主流的、明星云集的爱情剧。③在这一点上，不同的国家背景并不重要：就类型而言，20世

---

① 许多镜头不是由雷拍摄的，而是由他的助手安德鲁·马顿（Andrew Marton,1904—1992）拍摄，他还负责对剧本进行了一些实质性的修改，其中一些修改将在后文讨论。参看安德鲁·马顿致保罗·科纳（Paul Kohner）的信，1962年11月17日，收藏于玛格丽特·赫里克图书馆（Margaret Herrick Library,以下简称HML），安德鲁·马顿档案，第6盒第73号；马顿致塞缪尔·布朗斯顿（Samuel Bronston）的信，1963年1月10日，收藏于HML；布朗斯顿致马顿的信，1963年2月9日，收藏于HML；科纳致马顿的信，1963年2月14日，收藏于HML。

② 参看娜塔莉·泽蒙·戴维斯：《"与生者或死者的任何相似之处"：电影与真实性的挑战》，《电影、电台与电视的历史杂志》1988年第9卷第3期[Natalie Zemon Davis, "'Any Resemblance to Persons Living or Dead'. Film and the Challenge of Authenticity", *Historical Journal of Film, Radio and Television* 9, no. 3 (1988)]，第270页。莱杰·格林顿：《过去的阴影：历史虚构电影研究》，费城：坦普尔大学出版社，1994（Leger Grindon, *Shadows on the Past: Studies in the Historical Fiction Film*, Philadelphia, PA: Temple University Press, 1994)，该书将历史电影定义为"与历史事件有意义的关系"和"与历史互动"的电影。参看玛妮·休斯—沃灵顿：《历史遭遇电影：对电影中历史的研究》，伦敦：劳特利奇出版社，2007（Marnie Hughes-Warrington, *History Goes to the Movies: Studying History on Film*, London: Routledge, 2007)，第26页，该书指出历史电影中的非虚构元素和虚构元素往往是重叠的，但她有些误读了戴维斯的定义。

③ 关于"浪漫"和"奇观"的定义，参看莱杰·格林顿：《过去的阴影：历史虚构电影研究》，第10—16页。关于"主流"（mainstream）历史电影的讨论，参看罗伯特·A.罗森斯通：《过去的景象：电影对我们历史观念的挑战》，剑桥：哈佛大学出版社，1995（Robert A. Rosenstone, *Visions of the Past: The Challenge of Film to Our Idea of History*, Cambridge, M.A.: Harvard University Press, 1995)，第29—30、50—61页。

纪30年代的德国电影与好莱坞作品之间存在显著的相似性。①

理论家对历史电影似乎有一个广泛的共识,那就是历史电影更多地是在讲述它们所诞生的社会、政治和文化背景,而不是它们所描述的社会、政治和文化的内容。正如莱杰·格林顿所言,历史电影具有"政治诉求",因为它利用过去来回应当下的社会背景。伊丽莎白·布朗芬(Elisabeth Bronfen)提出了一个更细微的理由,她认为来自电影产业的影像和叙事"根据当下的文化需求重新理解过去……从当下现在的立场重新想象和重新理解历史"②。娜塔莉·泽蒙·戴维斯和罗伯特·罗森斯通以某种规范的方式倡导这样一种电影类型:保留过去的独特性,展现电影和其他历史叙事的建构性,并推进对历史多维度的理解。他们的做法使现有的大多数作品显得不足。③对于他们的批评,一种回应是将电影视为更广泛的社会文化记忆中的一个商业上可行的元素,它涉及不同社会群体之间的协商以如何理解他们共同的过去。④即便如此,仅仅以"现在主义"

---

① 明显的例外是纳粹宣传片以及一些社会主题,如妇女的角色,参看斯蒂芬·布罗克曼:《德国电影批评史》,罗彻斯特:卡姆登书屋,2010(Stephen Brockmann, *A Critical History of German Film*, Rochester, N.Y.:Camden House,2010),第138—140页。

② 伊丽莎白·布朗芬:《战争的幽灵:好莱坞与军事冲突的遭遇》,不伦瑞克:罗格斯大学出版社,2012(Elisabeth Bronfen, *Specters of War: Hollywood's Engagement with Military Conflict*, New Brunswick, N.J.: Rutgers University Press, 2012),第2—3页;莱杰·格林顿:《过去的阴影:历史虚构电影研究》,第2页。也可参看弗兰克·萨奈罗:《扭曲与现实:好莱坞如何把事实变成虚构》,拉纳姆:泰勒贸易公司,2003(Frank Sanello, *Reel vs. Real: How Hollywood Turns Fact into Fiction*, Lanham, M. D.: Taylor Trade Publishing, 2003),第xiii页;皮埃尔·索林:《历史中的电影:再现过去》牛津:布莱克维尔出版社,1980(Pierre Sorlin, *The Film in History: Restaging the Past*, Oxford: Blackwell, 1980),第208页。

③ 参看娜塔莉·泽蒙·戴维斯:《"与生者或死者的任何相似之处"》,第279—282页;罗伯特·A.罗森斯通:《过去的景象》,第10—12,61—64页。

④ 参看保罗·格兰吉:《导言:记忆与流行电影》,保罗·格兰吉编:《记忆与大众电影》曼彻斯特:曼彻斯特大学出版社,2003(Paul Grainge, "Introduction: Memory and Popular Film", in *Memory and Popular Film*, ed. by Paul Grainge, Manchester: Manchester University Press, 2003),第1—3页。罗伯特·伯戈因讨论了近代电影通过揭示历史权力结构来破坏国家历史神话和阐明边缘化群体观点的能力,这同样是一种现在主义的论点,参看罗伯特·伯戈因:《电影国家:从好莱坞看美国历史》,明尼阿波利斯:明尼苏达大学出版社,1997(Robert Burgoyne, *Film Nation: Hollywood Looks at U.S. History*, Minneapolis, M.N.: University of Minnesota Press, 1997),第4—6页。

(presentist)的眼光来理解历史电影也是一种简化论,不足以把握历史电影与其所再现的过去之间的复杂关系。

本文涉及这些复杂的问题,目的是对三部关于义和团战争的电影进行对比性和明确的历时性分析。除了对这三部电影进行仔细解读之外,本文还讨论了这些电影的制作环境和接受程度。更具体地说,本文将探讨这三部电影如何讨论和协商一些重叠和相互关联的要素——文化、种族(及其与性别的结合)以及国家的界限。本文指出了这三部电影之间显著的重叠(overlap)程度,认为它们是多个共同主题的变体。

要把握电影处理历史的复杂性,必须从多个角度来考虑。首先是技术对媒体(meida)表现的影响。[①] 三部义和团电影代表了电影技术发展史上的不同阶段:《红灯照》是默片时代的作品,《北京惊魂记》是有声黑白片,而用全景技术系统(Technirama)拍摄的《北京55日》则代表了20世纪50年代和60年代初极其重要的彩色电影时期。技术上的可能性和局限性决定了电影在某些方面的叙事呈现方式。其次,重要的是电影叙事(cinematic narratives)与历史传承的叙事模式和实践惯例相关联,要将其放到电影制作和其他媒体的脉络中加以理解。理论层面,历史电影与历史小说等有着复杂的历史关系。[②] 在本文中,值得注意的是,三部义和团电影的背景与一些最早的义和团战争小说相似,尽管——除《红灯照》外——没有任何义和团直接影响的记载。它们与文学作品最显著的共同特点,是将行动置于有限且日益收缩的使馆区空间,从而给人一种幽闭恐惧症的感觉,并将威胁在华外国社区的危险具象化。同时,构成其核心的

---

① 相关研究参看皮埃尔·索林:《历史中的电影:再现过去》,第7—9页。关于将技术史与内容分析相结合的电影史,参看大卫·A.库克:《叙事电影的历史》(第5版),纽约:诺顿出版社,2016(David A. Cook, *A History of Narrative Film*, 5th ed. New York: Norton, 2016)。

② 参看杰罗姆·德格鲁特:《消费历史:当代流行文化中的历史家与遗产》,伦敦:劳特利奇出版社,2009(Jerome de Groot, *Consuming History: Historians and Heritage in Contemporary Popular Culture*, London: Routledge, 2009),第217—218页;杰罗姆·德格鲁特:《历史小说》,伦敦:劳特利奇出版社,2010(Jerome De Groot, *The Historical Novel*, London: Routledge, 2010),第1—10页。相关思想评论,参看吕一旭:《当代中德小说中的义和团:莫言与格哈德·塞弗里德》,《比较批评研究》2014年第11卷第1期(Yixu Lü, "The Boxers in Contemporary Chinese and German Fiction: Mo Yan and Gerhard Seyfried", *Comparative Critical Studies* 11, no. 1, 2014),第70—72页。

营救叙事可以追溯到一个成熟的、多元的传统,并在早期的短片中首次应用于义和团战争,詹姆斯·威廉姆森(James Williamson)的《侵华任务——海军营救》(Attack on a China mission-Bluejackets to the Rescue)早在1900年就已拍摄。①

最后,电影对义和团战争的表现借鉴了19世纪确立的东方主义对中国和中国人的刻板偏见(stereotypes),不仅把"落后"中国描绘成"现代"欧洲的对立面,而且也归因于中国人在道德上的种种不足。② 欧洲人对中国(Middle Kingdom)及中国人民的大部分负面刻板印象与艺术中对中国人和其他东亚人的视觉表现惯例密切相关。然而,正如我们将看到的那样,20世纪初出现了一些对中国更积极的评价。最终,每部电影都受到其制作时的特定政治和社会文化背景的影响。《红灯照》在美国上映时正值1882年的《排华法案》(Chinese Exclusion Act)禁止中国劳工进入美国,已经合法入境的中国劳工正面临广泛的种族歧视。更广泛地讲,在日益增长的种族平等要求下,全球白人与非白人之间的"肤色之别"(colour

---

① 参看弗兰克·格雷:《詹姆斯·威廉姆森的援救叙事》,德鲁·希格森编:《年轻与无知?英国电影(1896—1930)》,埃克塞特:埃克塞特大学出版社,2002(Frank Gray, "James Williamson's Rescue Narratives", in *Young and Innocent? The Cinema in Britain 1896-1930*, ed. by Andrew Higson, Exeter: University of Exeter Press, 2002),第29—31页。威廉姆森在随后的电影中又回到了救援叙事。

② 参看科林·麦克拉斯:《西方的中国形象》,香港:哈佛大学出版社,1989(Colin Mackerras, *Western Images of China*, Hong Kong: Oxford University Press, 1989),第43—65页;罗梅君:《德国对中国和中国人的看法》,郭恒钰编:《从殖民到合作:德中关系史研究》,慕尼黑:密涅瓦出版社,1986(Mechthild Leutner, "Deutsche Vorstellungen über China und die Chinesen", in *Von der Kolonialpolitik zur Kooperation. Studien zur Geschichte der deutsch-chinesischen Beziehungen*, ed. by Kuo Heng-Yü, Munich: Minerva Publikation, 1986),第401—442页。关于19世纪刻板印象的持久性,参看莫妮卡·根斯鲍尔:《"在中国他们吃月亮":19—20世纪西方的中国形象》,《亚洲》2011年第121期(Monika Gaenssbauer, "'In China They Eat the Moon': Western Images of China from the 19th to the 21st Century", *Asien*, no. 121, 2011),第119—129页。关于更广泛的背景,参看爱德华·萨义德:《东方主义》(25周年纪念版),纽约,2003(Edward Said, *Orientalism*. 25th anniversary ed. New York: Vintage Books, 2003),尤其是第90、108、251页。也可参看本文中收录的杰夫·鲍尔索克斯(Jeff Bowersox)的文章。

line)在整个英语世界变得越来越鲜明。①《北京惊魂记》是纳粹政权（National Socialist regime）试图通过娱乐来吸引电影观众的典型代表,尽管这些娱乐往往与狂热的种族宣传相结合。在它对文化和种族问题的具体取舍上,它也反映了德国和中华民国政府在20世纪20年代出现的政治伙伴关系,并将持续到影片上映后的1938年。②《北京55日》还属于另一个政治背景:冷战期间,由于建立"自由世界"联盟的需要、对中国难民的人道主义关注,以及公民权利问题的出现,20世纪50年代以来反华移民限制逐渐放松,直到1965年完全放开移民。③考虑到这些因素,我们将有可能评估每个案例中特定的背景和传统元素的具体混合,使三部电影的异同更加具体。

---

① 关于排华时代的概述,参看约翰·罗伯特·森尼奇森:《1882年排华法案》,圣巴巴拉:格林伍德出版社,2011(John Robert Soennichsen, *The Chinese Exclusion Act of 1882*, Santa Barbara, C.A.: Greenwood Press, 2011),第67—90页;埃里卡·李:《在美国的大门口:排外时期的中国形象(1882—1943)》,教堂山:北卡莱罗纳大学出版社,2003(Erika Lee, *At America's Gates: Chinese Immigration during the Exclusion Era, 1882-1943*, Chapel Hill, N.C.: University of North Carolina Press, 2003);更广泛的背景,参看玛丽琳·莱克、亨利·雷诺兹:《绘制全球种族分界线:白人国家与种族平等的国际挑战》,剑桥:剑桥大学出版社,2008(Marilyn Lake and Henry Reynolds, *Drawing the Global Colour Line: White Men's Countries and the International Challenge of Racial Equality*, Cambridge: Cambridge University, 2008),第310—331页。

② 这一时期中德关系的经典研究有:威廉·C.柯比:《德国与中华民国》,斯坦福:斯坦福大学出版社,1984(William C. Kirby, *Germany and Republican China*, Stanford, C.A.: Stanford University Press, 1984)。关于第三帝国时期德国电影中的敌人形象,参看罗尔夫·吉森:《纳粹宣传电影:历史与电影》,杰斐逊:麦克法兰公司,2003(Rolf Giesen, *Nazi Propaganda Films: A History and Filmography*, Jefferson, N.C.: McFarland & Company, 2003),第93—142页;大卫·韦尔奇:《宣传与德国电影(1933—1945)》,牛津:克拉伦登出版社,1983(David Welch, *Propaganda and the German Cinema 1933-1945*, Oxford: Clarendon Press, 1983),第238—306页。

③ 参看徐元音:《好的移民:黄种人如何成为模范少数族裔》,普林斯顿:普林斯顿大学出版社,2015(Madeline Hsu, *The Good Immigrants: How the Yellow Peril Became the Model Minority*, Princeton, N.J.: Princeton University Press, 2015),尤其是第130—235页。

文 化

与中国相关的"西方"艺术和娱乐作品,通常会处理我们称之为文化的那些符号系统和随之而来的实践的差异。三部关于义和团战争的故事片也不例外。在这样做的过程中,它们借鉴了两种不同的传统:第一种源于战争本身,将义和团冲突定格为不同文化——或者用当时更普遍的说法是"文明"——之间的对抗。一位当时的作家甚至将塞缪尔·亨廷顿(Samuel Huntington)"文明的冲突"这一臭名昭著的口号提前了90多年。① 第二种也是更早的一种传统,则把东方想象成一个充满异国情调的仙境,华丽而奢侈地展示了它的财富和文化的精髓。尽管在19世纪帝国主义者的眼里,东方文化的辉煌已被视为掩盖根本制度腐朽的漂亮外衣,但一些原始的魅力仍然存在。② 《红灯照》的制片人在试图利用这种异国情调方面走得最远,超越了影片本身:影片上映后,好莱坞的行业报纸(trade papers)建议电影院老板"在电影院营造一种独特的中国氛围,而且

---

① 参看 J. T. 格蕾西:《中国的文明冲突》,《世界传教评论》1900年第23卷第8期(J. T. Gracey, "The Clash of Civilizations in China", *Missionary Review of the World* 23, no. 8, 1900),第623—626页。

② 关于这一变化,参看约尔格·菲施:《东方童话:重估从马可·波罗到麦考利的传统》,《世纪》1984年第35期(Jörg Fisch, "Der märchenhafte Orient: Die Umwertung einer Tradition von Marco Polo bis Macaulay", *Saeculum* 35, 1984),第246—266页;关于异国情调,参看本杰明·施密特:《发明异国情调:地理,全球主义和欧洲早期的现代世界》,费城:宾夕法尼亚大学出版社,2015(Benjamin Schmidt, *Inventing Exoticism: Geography, Globalism, and Europe's Early Modern World*, Philadelphia, P. A.: University of Pennsylvania Press, 2015)。

是最浓郁的那种",如摆放中国器物,一些电影院也遵循了这一建议。①

这两种传统即文化对抗的传统和异国情调的传统,都需要与中国文化有一定的接触,而这三部电影都试图满足这一要求。理解它们运作方式(modus operandi)的一个很好的出发点是观看片头字幕(opening credits),因为它们通过将图像、音乐和文字结合在一起,创造了一个强大的框架,将行动置于文化术语中。由于《红灯照》只公开了一个修复的DVD版本,不包含原始的片头,我们无法确定制作者是如何介绍中国背景的。不过,对于开场的场景,编剧琼·马西斯建议:"字幕(subtitle)要像中国的庙宇样,在片名旁边加注汉字,以烘托气氛。"②音乐方面更是难以捉摸:由于现场伴奏是默片时代最普遍的背景音乐形式,音乐家(多为钢琴家,大剧院配有完整的管弦乐队)总是可以自由地即兴创作。为了规范伴奏音乐的质量,制作公司编制了由编曲和一些原创作品组成的提示表。③虽然《红灯照》没有原创音乐,但记者和编曲家S.M.伯格(S.M.

---

① 参看《纳齐默娃在〈红灯照〉中的特殊服务部分》,《电影新闻》1919年第19期 ("Special Service Section on Nazimova in 'The Red Lantern'", *Motion Picture News* 19, 1919),第3059—3064页,此处位于第3063页;埃佩斯·温斯洛普·萨金特和沃尔特·K.希尔:《〈红灯照〉明星纳齐默娃:精彩的奇观、改编自伊迪丝·惠瑞的小说、通过向表演者建议宣传方法展现了商业增长的巨大机会》,《电影世界》1919年第40期(Epes Winthrop Sargent and Walter K. Hill, "'The Red Lantern' Stars Nazimova: Wonderful Spectacle, based on Edith Wherry's Novel, Presents Great Opportunity for Business Getting Through Publicity Methods Suggested to Showmen", *Moving Picture World* 40, 1919),第920—922页;《密尔沃基现场开发中上映的纳齐默娃的〈红灯照〉》,《电影放映专业评论》1919年第5期("Nazimova's 'Red Lantern' Presented in Milwaukee with Live Exploitation", *Exhibitor's Trade Review* 5, 1919),第1928、1930页。

② 《红灯照》,编剧琼·马西斯,MHL,特纳/米高梅原稿(Turner/MGM Scripts),制作档案,编号2401-f.R-291,1;亦可参看斯蒂夫·弗兰克、巴特·韦尔斯特:《修复》,斯蒂夫·弗兰克编:《动人心魄:〈红灯照〉、纳齐默娃与义和团运动》,布鲁塞尔,2012(Stef Franck and Bart Versteirt, "The Restoration", in *To Dazzle the Eye and Stir the Heart: The Red Lantern, Nazimova and the Boxer Rebellion*, ed. by Stef Franck, Brussels: Vlaamse Dienst voor Filmcultuur, 2012),第203页。

③ 参看凯瑟琳·卡利纳克:《简明电影音乐》,牛津:牛津大学出版社,2010(Kathryn Kalinak, *Film Music: A Very Short Introduction*, Oxford: Oxford University Press, 2010),第36页;默文·库克:《电影音乐的历史》,剑桥:剑桥大学出版社,2008(Mervyn Cooke, *A History of Film Music*, Cambridge, Cambridge University Press, 2008),第15—18页。

Berg)制作了一份提示表,他强调:

> 由于适合钢琴独奏或任何音乐家合奏的中国音乐很少,所以所提到的选曲并不完全是中国音乐,而是尽可能地接近中国音乐的特点。作品的标题并不总是意味着音乐的特点。
>
> 特别是注意小提琴只在 $3\frac{1}{4}$ 处模仿二胡;中国管弦乐在 $4\frac{1}{2}$ 处。在游行场面中,应大量使用锣鼓演奏以增强必要的特色。①

伯格似乎渴望呈现"正宗"的中国音乐,但他意识到许多被选中的作品只是暗示了一种中国背景。其中一些作品表现出梅嘉乐(Barbara Mittler)所说的"五声浪漫主义"(pentatonic romanticism)风格:将中国的五声音阶旋律插入从19世纪西方浪漫主义音乐中借来的和声框架中。这是西方作曲家和中国作曲家均采用的一种创作手法,前者更多的是模仿而不是借用中国原创曲调。②两部关于义和团的有声电影忠实地证明了这一点。

《北京惊魂记》是三部电影中第一部融入音轨的电影。在空白的屏幕上,一连串的锣鼓声响起。③片头的字幕模仿了典型的中国媒介(medium),是一个展开的卷轴,上面有中国画和人物,还有演员和工作人员的

---

① S.M.伯格:《〈红灯照〉的背景音乐》,《电影放映专业评论》1919年第5期(S. M. Berg, "Musical Setting for 'The Red Lantern'," *Exhibitor's Trade Review* 5, 1919),第1774页;S.M.伯格:《当前发行电影的音乐提示表》,《电影世界》1919年第40期("Music Cue Sheets for Films of Current Release", *Moving Picture World* 40, 1919),第1041页。

② 参看梅嘉乐:《靡靡之音:1949年以来中国的华语音乐政策》,威斯巴登:哈拉索维茨出版社,1997(Barbara Mittler, *Dangerous Tunes*: *The Politics of Chinese Music in Hong Kong, Taiwan, and the People's Republic of China since 1949*, Wiesbaden: Harrassowitz, 1997),第33页;陈子光:《20世纪西方音乐中的中国文化》,法兰克福:彼特·朗出版社,2006(Chen Tzu-Kuang, *Chinesische Kultur in der westlichen Musik des 20. Jahrhunderts: Modelle zur interkulturellen Musikpädagogik*, Frankfurt am Main: Peter Lang, 2006),第51—54页。关于伯格选取的简要特点,参看斯蒂夫·弗兰克:《〈红灯照〉与时代印记》(Stef Franck, "*The Red Lantern* and Contemporary Scores"),斯蒂夫·弗兰克编:《动人心魄:〈红灯照〉、纳齐默娃与义和团运动》,第181—185页。

③ 参看《北京惊魂记》,00:00—02:45。

照片。所有的技术功能和人物名称(虽然不是演员和工作人员的名字)不仅用拉丁文而且同样用汉字展现,显示出一定的语言专业性和真实性。①电影音乐的创作者维尔纳·博克曼(Werner Bochmann,1900—1993)本来是流行乐曲的作曲家,②却突出了文化差异的问题:在三个连续的主题中,第一个主题是一个五声部的"典型的中国"旋律,中间穿插了一个高亢的欧洲风格的小号乐曲。第二个主题是柔和的,同样是"中国式"的主题,等到了第三个主题,就变成了好战的(warlike)欧洲进行曲。整个顺序既凸显了异国情调的背景,也强调了中国人和外国人的不同。

《北京55日》开篇与《北京惊魂记》有许多相似之处,但操作方式却截然不同。③它以屡获殊荣的美籍华裔画家曾景文(Dong Kingman,1911—2000)的水彩画为背景,他以表现现代城市景观而著称,但他当时与电影公司合作,并加入了更多传统的中国题材。④这些色彩丰富的图像融合了西方和中国的绘画技巧,彩色电影的潜力得以发挥。华北平原和北京标志性建筑的远景出现在电影中(开场场景叠加于这些远景的最后一幕),远景包括农夫、牲口和马车以及中国官员,这创造了一种相当和平的印象,可能使义和团和美国士兵等人物轻松地融入其中。迪米特里·迪奥姆金(Dimitri Tiomkin,1894—1979)为这些画面配乐,它在很大程度上并非完全放弃了五声部浪漫主义。它也是由三个主题组成,开场"以柔和的弦

---

① 例如,步罗克(Bu Luoke)代表布洛克(Brock),孔宁汉(Konh Ninghan)代表坎宁安(Cunningham),米克(Mi Ke)代表穆克(Mück),吕德克(Lü Deke)代表吕德克(Lüdecke)。包括现有的中国姓氏,并且与中国音译欧洲名字的方式相当一致。在更有限的范围内,塞缪尔·布朗斯顿制片公司(Samuel Bronston Productions)在宣传《北京55日》时采取了相似的逻辑,比如在宣传材料中加入汉字。"相关宣传材料"(未标日期),藏于MHL,塞缪尔·布朗斯顿档案,第1盒第16号文件夹。

② 关于维尔纳·博克曼,参看康拉德·沃格尔桑:《第三帝国音乐中的电影音乐》(第2版),普法芬韦勒:肯陶洛斯出版社,1993(Konrad Vogelsang, *Filmmusik im Dritten Reich*, 2nd ed. Pfaffenweiler: Centaurus, 1993),第20—21页。

③ 参看《北京55日》,00:00—02:51。

④ 参看纽约威尔顿斯坦画廊(Wildenstein gallery)曾景文作品展公告,1962年4月17日至5月5日。MHL,海达·胡珀(Hedda Hopper)档案,第17盒,阿兰·克鲁斯金:《艺术家的故事》,《曾景文的水彩画》,纽约,1958(Alan Gruskin, "The Story of the Artist", in *The Water Colors of Dong Kingman*, New York: Studio Publications, 1958),第23、39页。在电影《北京55日》中,结尾记述了曾景文的贡献。

乐演奏迪奥姆金最温柔的旋律之一"①,在五音木琴伴奏下精心营造出一种音乐质感,否则只能从欧洲浪漫主义音乐中汲取灵感。第二个主题则是比较好战的,而第三个主题则是由弦乐调出的五声旋律,不容易辨认。在随后的场景中,迪奥姆金创作了更多传统的东方音乐,英国一家报纸称作曲家采用了"可以追溯到忽必烈可汗的罕见中国乐器"②,其中隐隐约约的异国情调得到了回应。然而,影片在一开始强调的并不是文化对比,而是文化融合,这一观点随后在一些关键场景中得到印证。

上文对片头字幕进行了大量的阐述,不仅因为它们显示了视觉和听觉层面如何在创造一个特定的文化环境中相互补充,而且因为它们展示了贯穿所有三部电影的基本张力:尝试的真实性、东方主义对中国的刻板印象和对中国的陈词滥调(clichés)。在每部影片中,场景设置(mise-en-scèn)成为宣扬历史和文化准确性的工具。在《红灯照》中,纳齐默娃制片公司(Nazimova Productions)不仅建造了一条北京风格的街道,还把一栋中国房子内部装饰得富丽堂皇,"再现了著名的'金銮殿'(Dragon Room)——老北京皇帝宝座所在地"③。一家报纸强调这是编剧琼·马西斯和导演阿尔伯特·卡佩拉尼对1900年前后中国环境进行"数周研究"的结果,以确保"银幕上描述的每一次事件、每一种风俗、每一个种族习惯或偏

---

① 克里斯托夫·帕尔默:《好莱坞的作曲家》,伦敦:马里恩·博雅斯出版社,1990(Christopher Palmer, *The Composer in Hollywood*, London: Marion Boyars, 1990),第132页。更有趣的是,在更早的《消失的地平线》[*Lost Horizon*,弗兰克·卡普拉(Frank Capra)导演,1937年]这部电影里,迪奥姆金曾尝试创作非传统的东方音乐,打破传统的欧洲乐句规则。参看克里斯托夫·帕尔默:《好莱坞的作曲家》,第133—136页。

② 《忽必烈可汗的回声》,《伦敦标准晚报》1963年5月8日("Echoes of Kublai Khan", *London Evening Standard*, 8 May 1963),第1页。

③ 《〈红灯照〉中的金銮殿》,《电影新闻》1919年第19期("Dragon Room Shown in 'The Red Lantern'", *Motion Picture News* 19, 1919),第2860页。这里可能指的是位于北京紫禁城的太和殿。凌夫人(Madame Ling)的房子出现在《红灯照》中的4:37—9:32和10:15—16:00。本段的论点参考克里斯汀·R.穆恩:《〈红灯照〉的创作:20世纪初期美国东方主义》(Krystyn R. Moon, "The Creation of the Red Lantern: American Orientalism at the Beginning of the 20th Century"),斯蒂夫·弗兰克编:《动人心魄:〈红灯照〉、纳齐默娃与义和团运动》,第51页。

见都具有绝对的历史学和民族学的真实性印记"①。为了《北京惊魂记》,建筑师布托夫(Bütow)与赫尔曼(Herrmann)在柏林郊区约翰尼斯塔尔(Johannisthal)的托比斯电影制片厂(Tobis Film studios)建造了一座"中国城",该城墙体高达八米,并有一座仿制的哈德门,城里布满了狮子雕像等中国道具,并雇用中国工人进行搭建和装饰。②影片还加入了一位身穿京剧服装的女演员进行武术表演;显然,一些电影观众有可能在前一年观看了随中国代表团参加柏林奥运会的武术团。③在《北京55日》中,布朗斯顿制片公司(Bronston Productions)在马德里附近的一个"五万英亩的牧场"上从头搭建了一个迷你版的北京城(后来又被拆除)。"西班牙著名的中国艺术家"米格尔·张(Miguel Chang)对影片中展示的中国艺术品和书法作品进行了监督和鉴定。④

这三部电影通过雇用中国女演员和临时演员,进一步宣称自己的文化真实性。《红灯照》拍摄战斗场面时,在当地招募了800名中国人,而德国密涅瓦电影公司(Minerva Film)只能用150人。这也是《北京55日》拍摄

---

① 《纳齐默娃在〈红灯照〉中扮演了三重角色》,《亚特兰大宪报》1919年6月19日("Nazimova Has Triple Role in 'Red Lantern'", *Atlanta Constitution*, 19 June 1919),第16页。

② 参看《在约翰尼斯塔尔的夜间拍摄:赫伯特·塞尔平拍摄〈北京惊魂记〉》("Nachtaufnahme in Johannisthal: Herbert Selpin dreht 'Alarm in Peking'"),《北京惊魂记》宣传资料,德国电影院基金会(Stiftung Deutsche Kinemathek),文字档案(Schriftgutarchiv);《桌上的方向:关于导演的四个秘密》("Regie auf dem Tisch: Vier Geheimnisse um einen Spielleiter"),文字档案。《北京惊魂记》中狮子雕像出现在54:03—54:09。

③ 参看《北京惊魂记》,22:45—23:11。关于在柏林的武术队,参看刘玉华:《忆第十一届奥运会中国武术队赴欧表演》,《体育史料》第2辑,北京:人民体育出版社,1980,第29—30页。

④ 参看《改变一个帝国面貌的戏剧性事件:北京被围困五十五天》,《伦敦标准晚报》1963年5月8日("Dramatic Fifty-Five Days That Changed The Face of an Empire: Peking is Under Siege", *London Evening Standard*, 8 May 1963),第1页;《塞缪尔·布朗斯顿展现了北京的五十五天》("Samuel Bronston Presents Fifty Five Days at Peking"),通讯稿,MHL,查尔顿·赫斯顿(Charlton Heston)档案,第7盒第78号文件夹。关于拆除情况,参看詹姆斯·培根:《好莱坞短讯:制片人布朗斯顿为明星们打造的奢华生活区》,《三联市信使报》1964年1月26日(James Bacon, "Hollywood Shorts: Luxurious Living Quarters Produced for Stars by Producer Bronston", *Tri-City Herald*, 26 January 1964),第2页。

地西班牙可用的中国人数量,据说该片制片人"对欧洲的东方餐厅进行了一次大扫除",在总共6500名临时演员中扩充了中国人的队伍,其中大部分似乎来自英国。①《北京惊魂记》和《北京55日》中都有华裔配角:1908年出生在北京的罗莎·荣格(Rosa Jung),中文名雍竹君(Ying Zhujun);林恩·苏·文(Lynne Sue Moon)。这充分说明了当时亚裔在西方电影制作中的地位,但关于这两人的资料却很少。在《红灯照》中,唯一有记录的东亚裔演员是两位日本男性:一位是阿部丰(Abe Yutaka,英文名 Jack Abbe,1895—1977),扮演慈禧太后;另一位是青山幸男(Yukio Ao Yamo),充当一个小角色。②

虽然当时的电影观众可能已经接受了票面价值(face value)上的场景设置,但在真实性的表象上事实上还是有一些瑕疵和不足。这适用于《红灯照》中的一些细节,如战神的雕像看起来更像一尊佛,而不是关公的形象,更适用于《北京55日》最雄心勃勃的真实性尝试,如对北京城市景观关键建筑符号的挪用:在展示的两座象征性建筑中,天坛与中国皇帝的实际居所紫禁城被混为一谈;另一座是前门的箭楼,在影片中直到1914年

---

① 参看伯纳德·艾森施茨:《尼古拉斯·雷传》,伦敦:费伯兄弟出版社,1993(Bernard Eisenschitz, *Nicholas Ray: An American Journey*, trans. by Tom Milne, London: Faber & Faber, 1993),第384页;亦可参看《塞缪尔·布朗斯顿展现了北京的五十五天》;鲍勃·托马斯:《目睹新电影:令人兴奋的东方的西方——〈北京55日〉》,《拉辛时报周日公告》1963年6月9日(Bob Thomas, "Eyeing the New Movies: Exciting Oriental Western-That's '55 Days at Peking'", *Racine Journal-Times Sunday Bulletin*, 9 June 1963),第29页。关于其他两部电影,参看《800名中国人参与了〈红灯照〉》,《电影世界》1919年第40期("800 Chinese Take Part in 'Red Lantern'," *Moving Picture World* 40, 1919),第699页;《北京惊魂记》宣传资料。

② 参看《互联网电影资料库》中林恩·苏·文的条目,http://www.imdb.com/name/nm0600642/?ref_=fn_al_nm_1,访问日期:2018年7月26日。她在1963年至1967年一共参演了四部电影。除了《北京惊魂记》,罗莎·荣格也参演了1938/1939年版的《孟加拉虎》(*Der Tiger von Eschnapur*)和《印度坟墓》(*Das indische Grabmal*),因此她的职业生涯要短于林恩·苏·文。参看互联网电影资料库,http://www.imdb.com/name/nm0432583/bio?ref_=nm_ov_bio_sm,访问日期:2018年7月26日。关于阿部丰的简介,参看https://www.imdb.com/name/nm0007855/bio?ref_=nm_ov_bio_sm,访问日期:2018年7月26。青山幸男的外表,可参看格雷厄姆·拉塞尔·加奥·霍奇斯:《黄柳霜:从洗衣工的女儿到好莱坞传奇》,贝辛斯托克/纽约:麦克米伦出版社,2004(Graham Russell Gao Hodges, *Anna May Wong: From Laundryman's Daughter to Hollywood Legend*, Basingstoke/New York: Palgrave Macmillan, 2004),第23页。

才出现,这是由一位德国建筑师重新设计的。这一切都揭示——根据一位曾经的北京居民的说法——布朗斯顿宣称复制品忠实于他记忆中的北京城只是一个商业噱头。①

然而,电影对中国文化的评价不仅是通过场景设置来要求真实性,还对中国文化的弱点进行了评判。一个关键的因素是迷信,这在《红灯照》中显得尤为重要。这部电影改编自惠瑞小说的情节结构,是唯一一部主要关注中国方面的电影。其叙事的核心是"欧亚"女孩马赫莉(Mahlee)——阿拉·纳齐默娃(Alla Nazimova)饰演——向"红灯照女神"的转变(见图1)。其原型是天津红灯照运动的资深人物林黑儿,她也被称为"黄莲圣母",1900年前后,对她形成了多重且异质化的理解,神化只是其中之一。② 柯文的研究已经明确指出,义和团运动中弥漫着对法术的信仰。然而,《红灯照》不仅省略了当时在中国出现的批判声音,还特别地扭曲了迷信主题:"红灯照女神"是混血的义和团领袖王三(Sam Wang)——小诺亚·贝瑞(Noah Beery Sr.)饰演——阴谋的一部分,目的是招募北京民众加入义和团。③ 但迷信也在个人的生活中起作用,最突出的是在一长镜头中,临终之前凌夫人(Madam Ling)——玛格丽特·麦克韦德(Margaret McWade)饰演——让孙女马赫莉缠足,因为如果女孩的脚不符合中国人的"三寸金莲"的美好理想,老太太就无法面对祖先。④

---

① 参看姚斌:《拳民形象在美国:义和团运动的跨国影响》,第167页;关于前门(Qianmen),参看托尔斯滕·华纳:《德国建筑在中国:建筑的转移》,柏林:恩斯特和佐恩出版社,1994(Torsten Warner, *Deutsche Architektur in China*: *Architekturtransfer*, Berlin: Ernst & Sohn, 1994),第28页;关于中国老外交官的所谓证言,参看《改变一个帝国面貌的戏剧性事件:北京被围困五十五天》,《伦敦标准晚报》1963年5月8日("Dramatic Fifty-Five Days That Changed The Face of an Empire: Peking is Under Siege", *London Evening Standard*, 8 May 1963)。

② 参看柯文:《历史三调:作为事件、经历和神话的义和团》,第125—126页、第368页注释37。关于义和团运动中法术的更广泛的讨论,亦可参看此书第119—145页。伊迪丝·惠瑞小说的副标题是"红灯照女神故事的形成"。关于林黑儿的多重解读,亦可参看路云亭:《义和团的社会表演:1887—1902年间华北地区的戏巫活动》,上海:上海古籍出版社,2014,第309—320页。

③ 参看《红灯照》,46:39—47:43。在复原版电影中的字幕,依据的是从美国国会发现的一套字幕,比琼·马西斯为《红灯照》编剧的第120号建议的更加直白。需要注意的是,这一幕填补了小说刻意留下的空白情节。

④ 参看《红灯照》,10:15—14:55。

说明：歌曲《红灯照》是弗雷德·费舍尔（Fred fisher,1875—1942）为配合电影演出而创作的，歌曲结合了电影中的静止画面，展现了马赫莉（阿拉·纳齐默娃）作为"红灯照女神"的异域风情。

图1　歌曲《红灯照》的封面

资料来源：笔者私人档案。

在《北京55日》中，中国的迷信也很突出，比如皇太后找算命先生算命，更重要的是被围困的外国人设法破坏了主战派首领端郡王主持的宗教仪式，使其名誉扫地。通过展示奢华服装和"野蛮"音乐，这个仪式在美学上构成电影中东方主义的高潮。① 影片中中国人的另一个标志是他们过分残忍：义和团折磨死一个外国传教士；太后不经审讯就将人处死，有时甚至毫无理由。即使是满族高官荣禄（Ronglu②），在整个故事中也是一个明智的参谋者和谨慎的领导者，但他却通过鞭打下属和放血来强化命令。影片也选取了19世纪对中国和中国人最持久的刻板印象来表现中国人的残暴无情。③

---

① 参看《北京55日》,1:41:44—1:51:13。

② 这个名字在《红灯照》中拼写成Jung-Lu，在《北京55日》中拼写并读作Yung-lo。我决定用拼音来翻译他的名字，以指出两部电影指的是同一个历史人物（1836—1903）。

③ 参看《北京55日》,6:10—6:47（荣禄）,12:10—14:20（酷刑）,47:40—48:30（处决）。关于这一散漫的背景，参看科林·麦克拉斯：《西方的中国形象》，第50—51页及书中各处。

《红灯照》和《北京55日》都是强调中国文化的落后,而《北京惊魂记》则采用了完全不同的方式。义和团领袖屠航(Tu-Hang)是一个狡猾的阴谋家,必要时他会使用暴力,甚至谋杀。但他并不过分残忍,正如宣传资料(pressbook)所强调的那样,他与他的"西方"对手一样都是"男人和英雄"。① 更重要的是,在德国的语境中,影片没有提到德国公使被谋杀一事,这一事件在义和团战争的记忆中,尤其是在德国占据着核心地位(因此这事在《北京55日》中也有表现)。屠航死后,一位义和团成员说道:"将军死了,但中国会活下去。"② 这句话将1900年的事件与20世纪20年代末民族主义中国(Nationalist China)的崛起联系在一起。换句话说,义和团被塑造为民族解放战士。他们甚至被塑造成与国家社会主义者(Nationalist Socialists)相似的形象,因为他们也遵守纳粹德国在许多其他影片中渗透的"领袖原则"(principle of leadership),《北京惊魂记》展示了这一点:在被围困的外国士兵设法杀死义和团的威权领袖屠航后,他的起义就像一位"西方"军官所预言得那样崩溃了。③ 总而言之,影片将义和团描绘成充满敌意但又现代的形象,这一点从他们不盘辫子(sporting queues)中得到强调。但是具有讽刺意味的是,和在其他两部影片中一样,他们大多携带着陈旧的武器,因循守旧。④ 即便如此,宣传资料中一篇题目为《辫子已经消失!》的报道,明确强调了一个文化复兴的中国,指出了更广泛的政治影响:

> 新中国已经终结了那一愚蠢和轻率的观念:中国人是我们这个

---

① 参看《在约翰尼斯塔尔的夜间拍摄:赫伯特·塞尔平拍摄〈北京惊魂记〉》,《北京惊魂记》宣传资料,德国电影院基金会,文字档案。

② 《北京惊魂记》,1:23:38—1:23:43。

③ 参看《北京惊魂记》,1:20:34—1:20:36:"如果我们得到他,一切都将结束,义和团运动将属于历史。"关于纳粹时期的领导原则,参看大卫·韦尔奇:《宣传与德国电影(1933—1945)》,第145—185页。

④ 参看《北京惊魂记》,32:56—33:05(长矛和长戟),37:41—37:55(弓箭)和37:40—38:13(现代武器);参见《北京55日》中的几个场景,特别是51:29—52:50。在《红灯照》最后一幕,义和团携带了现代枪械,见1:14:21—1:14:46。这不是完全没有根据的,50年代末,当学者们开始收集义和团物品时,他们捡到的大多是砍刺类(cut-and-thrust)的武器,还有一些旧的鸟铳。不过,这确实忽略了1900年清廷正在部署一支完全现代化的军队。正如姚斌指出,《北京55日》中义和团穿的是军装,因此与清军混为一谈,参看姚斌:《拳民形象在美国:义和团运动的跨国影响》,第170页;其他两部电影也是如此。

星球的低等居民(inferior cohabitant)。如今,没有人再敢轻视这个拥有4亿人口的民族,如果不给予它应有的地位,它可能会使地球失灵。德国通过国家社会主义团结起来,同情中国领导人的民族理念和他们的重建努力……影片展示了义和团运动领导人的真实面目:为祖国而战。他们的狂热、他们的气愤、他们的自我牺牲最终实现没有优等民族(master race)的理想,优等民族曾经否认中国人也有权利为祖国而战,为保护他的人民而战……电影《北京惊魂记》是一个教科书式的例子,说明纳粹的思想和行动如何尊重其他民族的感情和利益,艺术如何以这种方式对齐(aligned in this manner),取得新的更有效的成果。①

考虑到纳粹电影中大量传播敌人形象的影片:反布尔什维克、反犹太人,尤其是反英国人,这样的宣言是令人吃惊的。但这也并非没有先例:从1911年中国辛亥革命后开始,到20世纪20年代,德国旅行作家更强烈地拥护"觉醒"和"战斗"国家的理念。有些人认为,中国的复兴要从内部开始,要以中国几百年的文化和农民的韧性为基础。第三帝国从魏玛共和国继承下来的与国民党政权的政治和经济合作关系,无疑有助于对这个远东盟友进行更积极的描述。②

这些影片对中国文化的判断,影响了它们对西方人和中国人在不同层面接触的表现。就历史政治背景而言,它们并没有回避提及中国的观点。恰恰相反,这是三个版本共同的要素之一,而且可以追溯到最早的西

---

① 《辫子已经消失了!》("Der Zopf ist ab!"),《北京惊魂记》宣传资料,德国电影院基金会,文字档案。

② 参看达格玛·耶－登布斯基:《梦想与现实:中国在魏玛共和国的接受与形象》,罗梅君、达格玛·耶-登布斯基编:《异国情调与现实:17世纪至今的中国游记》,慕尼黑:密涅瓦出版社,1990 (Dagmar Yü-Dembski, "Traum und Wirklichkeit: Rezeption und Darstellung Chinas in der Weimarer Republik", in *Exotik und Wirklichkeit: China in Reisebeschreibungen vom 17. Jahrhundert bis zur Gegenwart*, eds. by Mechthild Leutner and Dagmar Yü-Dembski, Munich: Minerva Publikation, 1990),第53—65页;罗梅君:《"摘掉面具的中国":20世纪20—30年代在中国的研究员、记者和传教士》(Mechthild Leutner, "'China ohne Maske': Forschungsreisende, Berichterstatter und Missionare erschließen China in den 20er und 30er Jahren"),罗梅君、达格玛·耶-登布斯基编:《异国情调与现实:17世纪至今的中国游记》,第75—76页。关于主要敌人的形象,参看大卫·韦尔奇:《宣传与德国电影》,第238—279页。

方义和团小说。①《红灯照》把荣禄——爱德华·J.康纳利(Edward J. Connelly)饰演——描写成一个阴险的人物,是义和团运动的积极支持者,但同样也是一个爱国者。在一个场景中,他指着一张中国地图,这幅地图——尽管是以一种相当幻想的方式——表现了帝国主义对清帝国的侵夺。②相比之下,《北京惊魂记》更不关心政治环境的细节,没有表现任何真正的历史人物,包括"西方"的和中国的。它只包含两个简短的暗示,指出义和团可能是以中国皇帝的名义行事。③相反,它让完全虚构的屠航发表了爱国宣言:"中国是属于中国人的,我们不能阻止欧洲登陆部队进一步推进。但我们可以也能够阻止我们的起义被扼杀在萌芽状态。"④

《北京55日》在解释历史政治背景方面走得最远。它以一种在戏剧上清晰明了但是在历史上又粗略简化的方式,刻画了清廷中主战派与主和派之间的争斗,两派领袖分别是端王和荣禄。影片在塑造端王这个排外的大反派时,将其与亲外的荣禄进行了对比,这些都借鉴了当时作家的解读。⑤太后被认为是在两方之间摇摆不定。在接待英国公使亚瑟·罗宾逊(Arthur Robertson)爵士——大卫·尼文(David Niven)饰演和美国少校刘易斯(Lewis)——查尔顿·赫斯顿(Charlton Heston)饰演时(与中国领导人的名字相反,那些西方参与者的名字在电影中则是被隐藏在几乎不加

---

① 相关讨论参看罗斯·G.福尔曼:《中国与维多利亚想象》,第118—123页。他强调,在这些小说中,中国人和西方人都在维护对方的立场。

② 参看《红灯照》,1:04:40—1:04:55,1:06:01—1:06:11,荣禄指出他的所作所为是"为了中国"。在原剧本中,他更奸诈,太后说他"与洋鬼子友好相处",参看琼·马西斯:《红灯照》剧本,第169号。

③ 参看《北京惊魂记》,32:52—32:54,皇帝坐在龙椅上;《北京惊魂记》,53:45—53:46,二等兵吕德克说:"如果中国皇帝知道的话!"影片制作者提到的是一位男性皇帝,这是非常正确的——慈禧太后(1835—1908年)以光绪皇帝(1875—1908年在位)的名义进行统治,她在1898年有效地软禁了光绪皇帝。《北京惊魂记》完全省略了慈禧,而《北京55日》中则完全没有提及皇帝。

④ 《北京惊魂记》,39:56—40:11。

⑤ 参看姚斌:《拳民形象在美国:义和团运动的跨国影响》,第168页。杰奎琳·杨:《重写义和团运动》,第19—20页,认为特立独行的汉学家和骗子白克浩司(Edmund Backhouse,1873—1944)使油嘴滑舌的荣禄改过自新。关于荣禄的机会主义、西方人对其性格的误解,参看相蓝欣:《义和团战争的起源:一项跨国研究》,伦敦:劳特利奇出版社,2003(Lanxing Xiang, *The Origins of the Boxer War: A Multinational Study*, London: Routledge Curzon, 2003),第181—185页。

掩饰的别名中),太后抱怨"越来越暴力":

> 德国人已经占领了胶州。俄国人占领了旅顺。法国人在云南、广西、广东获得了租界。甚至意大利人也要求租借三门湾。中国十八个省中有十三个省处于外国控制之下。外国军舰占据了我们的港口。外国军队占据了我们的要塞。外国商人管理着我们的银行。外国的神灵扰乱了祖先的神灵。我们的人民被激怒了,这很奇怪吗?……中国是一头葡萄的奶牛!列强不再满足于给它挤奶。现在,他们正拿刀从它身上割肉。①

可能正是这样的片段促使制片人宣称,中国人在影片中被表现为既令人同情又令人不同情。②影片偶尔表现出的对帝国主义的消极观点,部分原因是影片使美国与帝国主义在中国沿海的桥头堡体系保持了距离。但帝国主义存在的理由以及为此付出的代价,却被几个小人物提出来,最有力的是英国公使夫人在儿子被中国枪手击中后提出来的。③毋庸置疑,苦难只表现在西方人身上,中国基督徒方面的苦难较少。然而,随着亚瑟爵士的帝国主义政策因及时赶到的联军而被证明,反帝国主义的批判也最终消失殆尽。说到底,无论是《北京55日》还是它的两部前作,都没有表现出对中国困境的真正同情。

然而,这三部电影都没有将文化接触限制在政治领域。相反,剧情为虚构的西方主人公提供了大量与中国人交流的机会。考虑到制片人对中国人的同情,人们期望《北京惊魂记》能对这种接触采取积极的态度,但事实远非如此。以武术展示为主题的风俗场景(genre scene)被行进中的欧洲士兵的脚步声粗鲁地打断了。几分钟前,当英国军队进入北京时,坎宁安(Cunningham)上尉——彼得·沃斯(Peter Voß)饰演——禁止士兵交

---

① 菲利普·约尔旦:《〈北京55日〉剧本初稿》,1962年5月24日至10月15日,MHL,安德鲁·马顿档案,第5盒第71号文件夹,第60号。影片忠实地再现了这段文字,但是没有提及意大利,参看《北京55天》,46:23—47:08。内奥米·格林将慈禧太后视为实际的反派,并认为反帝国主义的批判因由她发声而变得无效,参看内奥米·格林:《从傅满洲到功夫熊猫:美国电影中的中国形象》,第126—130页。

② 参看《电影内容分析:〈北京55日〉》,1963年4月10日,MHL,美国电影协会(Motion Picture Association of America),制作章程管理记录(Production Code Administration records)。

③ 关于美国公使宣称的"美国不会瓜分中国领土",参看《北京55日》,53:10—53:22;亚瑟爵士和他妻子的对话,参看《北京55日》,1:25:25—1:27:31。

际,命令他们"以矜持而不失友好的态度对待中国人……不要靠近这些小姑娘!"切入这一幕的是李蓉(Yung-Li)(罗莎·荣格饰演)和其他中国女孩的淫荡姿势特写,既指出了男性帝国主义者目光中的欲望,但同样也指出了欧洲士兵的纪律性,他们能够控制住自己的性欲。①

另外,中国人和欧洲人之间的接触也被表现得充满了误解,下面的对话就证明了这一点。

吕德克(LÜDECKE):那你住在哪里?
李蓉:我住那儿。
吕德克:我住那儿。钥匙呢?
……
吕德克:你不好。
李蓉:我好,你不好。
穆克(MÜCK)(进来):吕德克,你在这里做什么?
吕德克:如果你允许,中士,我正在学习中文。
穆克:那么,你学到了什么?
吕德克:是的,中士。我不好。
穆克:那是什么意思?
吕德克:我不知道。
穆克:我想也是
吕德克(抚摸着李蓉的肩膀):你听我说。我不懂。
李蓉:我不要。
吕德克:听……夏夜……②

在这段对话中,《北京惊魂记》将语言障碍作为一个主要障碍。李蓉一开始是一个不检点的女人,但不久后却被描绘成一个相当谨慎的人,随后成为欧洲人的合作者,这是影片戏剧性的矛盾之一,吕德克试图引诱她的拙劣行为也是如此。

相比之下,《红灯照》对文化接触本身采取了不太悲观的态度,尽管这颇有从"西方"文化扩张的意味。作为一部无法传达口语的默片,它无法通过对话来解决语言问题。相反,它将传教学校和"西方"医院至少是潜

---

① 《北京惊魂记》,15:20—15:51。后面的场景参看《北京惊魂记》,22:21—24:10。欧洲人的暴行在这三部电影中都没有出现,这几乎是不言而喻的。
② 《北京惊魂记》,28:48—29:39。

在地定位为欧美文化在中国的视觉桥头堡(visual bridgeheads)。然而,在影片中这些也成为不自觉或故意误导之处。出于真正的无知或不愿承认真相,马赫莉对学生撒谎,否认华人在美国面临种族歧视。而该医院是义和团领袖王三的住所,他在那里"既行医又作奸"。①作为中白混血的"欧亚人",马赫莉和王三都能在两种文化之间进行调解,但由于不同的原因,他们都为自己选择了新的角色。他们没有把两种文化合而为一,而是为了中国人的事业(Chinese cause)来对抗西方人,从而扭曲了西方在中国的文化事业。下文将详细讨论推动他们行动的种族主义因素。不过影片在承认缺陷的同时没有任何地方质疑教育和现代医学的价值,也没有任何地方质疑传递这些价值的传教士。

《北京55日》采用了另一种方式来解决文化(和性)接触的问题。美国海军陆战队进入北京后,与《北京惊魂记》中的英国军队有惊人的相似之处,美国士兵开始与中国女孩调情,但刘易斯少校的一个简短命令让他们恢复了秩序和纪律。然后,他开始对他的士兵进行训话:

刘易斯:我们现在身处北京,中国的首都。这是一个古老而又高度文明的地方。所以,不要因为他们不会说英语就以为你比这些人强。会说几句中文就能走得更远。跟着我说:"yes"的意思是"是"。

士兵(重复):是。

刘易斯:"no"的意思是"不是"。

士兵(重复):不是。

刘易斯:记住,这里和世界上任何地方都是一样的。所有的东西都有一个价格。所以要付钱,不要指望任何免费的东西。

士兵(合说):遵命。②

此外,影片还引入了另一个关键人物——伊万诺夫男爵(Baroness Ivanoff)夫人——艾娃·加德纳(Ava Gardner)饰演,她进入西方酒店的大厅,与一些中国朋友进行对话(用普通话),这一行为更令人反感,因为她

---

① 参看《红灯照》,42:44—42:50。
② 《北京55日》,10:20—11:45;菲利普·约尔旦:《〈北京55日〉剧本初稿》,1962年5月24日至10月15日,MHL,安德鲁·马顿档案,第5盒第71号文件夹,第9—10号,其中有一个相当奇特的中文单词抄写。与初稿相比,最后的版本要短得多,可能是出于实用的考虑而压缩了篇幅。

同时也冷落了她的姐夫——俄国公使。① 随后男爵夫人被揭发与中方亲密交往。因此,在《北京55日》中,无论是中国人还是混血儿,乃至"西方人"都是文化接触的助推器,与前面两部电影相比,消除文化隔阂显然是一个可行的选择。这反映了20世纪三四十年代美国话语中对中国的家长式热情和自由发展主义,这一直持续到1949年中华人民共和国建立,这标志着美国"丢失"了这个远东盟友。②

在评估中国文化以及西方与中国的文化接触时,这三部电影都传播了相当矛盾的信息。它们都宣称自己展现的文化是真实的,但同时又交织着陈词滥调和刻板印象。在描绘中国现代形象方面走得最远的电影《北京惊魂记》,也是对文化接触最悲观的一部。而最乐观的《北京55日》,则是帝国主义计划(project)在中国最有力的捍卫者。和《北京55日》一样,《红灯照》也把中国文化描绘得很落后,但前者把文化交往视作个人的事情,后者则非常强调制度;正是在强调(underwriting)中国现代化中"西方"观念上,两部电影达成了某种一致。

种族与性别

在三部义和团电影中,西方人和中国人之间的接触并不完全是从文化的角度来进行的,同样重要的是种族问题。本文认为某种程度上它们积极地解决了中国人和"西方人"之间的生理差异。将这些差异转化为社会关系,成为情节结构的一个重要组成部分,从而引发或强化了作为行动基础的冲突。在当时关于战争的辩论中,种族问题一直从属于文明与野蛮的文化二元对立。然而,这些问题从来没有完全缺席,最初是以"黄祸"

---

① 参看《北京55日》,16:57—17:45。
② 参看T.克里斯托夫·耶斯珀森:《美国的中国形象(1931—1949)》,斯坦福:斯坦福大学出版社,1996(T. Christopher Jespersen, *American Images of China 1931—1949*, Stanford, CA: Stanford University Press, 1996),第9—10页;奥利弗·特纳:《中国在美国的形象:身份、权力与政策》,阿宾顿:劳特利奇出版社,2014(Oliver Turner, *American Images of China: Identity, Power, Policy*, Abingdon: Routledge, 2014),第81—87页。

言论的形式出现,将东亚视为对西方利益的威胁。①战后最早的小说大多是写给青春期男孩的,其中包含了关于种族和阳刚之气联系的言论。②很有可能是成人小说(最早的一本是惠瑞的《红灯照》)使这一主题有了特有的转折,它将种族、性别、异性恋和跨种族通婚(miscegenation)等问题结合在一起,成为行动的构成要素,挖掘出更广泛的种族话语。随后的电影也将这一主题纳入其情节结构中。

在这三部义和团电影中,和其他许多以东亚为主题的电影一样,种族不仅是情节的中心,而且充斥于全部场景的设置。虽然东亚裔女演员和男演员的选角可能会增强电影的真实性,但重要的中国人角色总是给了西方演员。为了将他们的角色标示为西方人身体上的"他者",所有制片人都依靠"黄脸"的做法:所有出演中国角色的演员,尽管程度不同但都被化妆成符合"黄褐色的肤色、黑色的头发、宽阔的脸、黑色的鼻子、突出的颧骨和狭长的眼眶",这些都被视为中国人身体上的种族特征。③《红灯照》中的恶魔王三和《北京惊魂记》中狡猾的民族主义阴谋家屠航,留着长而稀疏的小胡子,在视觉上被标记为大反派,这是早期电影中经常使用的手法,因此本身并不代表种族主义的污蔑。然而,尤其是在《红灯照》中,它

---

① 参看阿里安·克努塞尔:《"西方文明"对抗"黄种野蛮部落":英国人对义和团运动的认知》,《亚洲研究》2008 年第 62 期(Ariane Knüsel, "'Western Civilisation' against 'Hordes of Yellow Savages': British Perceptions of the Boxer Rebellion", Asiatische Studien 62, 2008),第 57—61 页;孔正滔:《黄祸》,《欧洲历史在线》(European History Online),2015 年 10 月 15 日最新一次修改,参看 http://ieg-ego.eu/en/threads/european-media/European-media-events/thoralf-klein-the-yellow-peril/。

② 参看罗斯·G. 福尔曼:《北京阴谋:杜撰 1900 年的义和团运动》,第 31—33 页。

③ 参看 S. J. 阿代尔·菲茨-杰拉德:《如何"化妆":业余者和初学者实用指南》,伦敦:法语出版社,1901(S. J. Adair Fitz-Gerald, How to "Make-up": A Practical Guide for Amateurs and Beginners, London: French, 1901),第 67 页。关于电影中"黄色面孔"(yellow face)的背景及其从黑色面孔(black face)演变而来的情况,参看卡拉·雷·富勒:《好莱坞中的东方:美国电影中的白人表演》,底特律:韦恩州立大学出版社,2010(Karla Rae Fuller, Hollywood Goes Oriental: CaucAsian Performances in American Film, Detroit, M.I.: Wayne State University Press, 2010),尤其是第 6—10 页;比约恩·A. 施密特:《视觉化的东方:美国电影中的中国移民和种族(20 世纪 10—30 年代)》,科隆:伯劳出版社,2017(Björn A. Schmidt, Visualizing Orientalness: Chinese Immigration and Race in U.S. Motion Pictures, 1910s-1930s, Cologne: Böhlau, 2017),第 39—106 页。

确实让人联想到萨克森·罗默(Sax Rohmer)的《傅满洲》(Fu Manchu)小说的视觉化,其片名封面首次应用了这一标识来划分中国流氓(rogues)。①电影中出现的王三与惠瑞小说中的描述明显不符,小说中对他的描述更多的是他的健壮,而不是他公认的"更像蒙古人而很少欧洲人的特点"。②在《北京55日》这样的彩色电影中,中国人物的黧黑色调甚至是更重要的标志,但电影却大大偏离了傅满洲的传统,无论是端王还是荣禄,都没有被描绘成长着小胡子的恶魔。而且,由于有了更合适的阴影和灯光,英国演员罗伯特·赫尔曼(Robert Helpmann)、里奥·吉恩(Leo Genn)和弗洛拉·罗布森(Flora Robson,饰演太后)的"中国人"特征虽然清晰可见,却没有之前的电影那么明显。由于下文将要解释的原因,《红灯照》女主角马赫莉的脸是最少"修饰"(worked)的脸。不过这三部电影都体现了对中国人的视觉刻板印象,而部分剧情也因此被破坏。

在这三部影片中,种族间的性关系和种族通婚等问题都交织在关于种族的论述中,但处理方式却截然不同。在《北京惊魂记》中,义和团领袖屠航是爱上女主角玛丽·瓦莱娜(Mary Valena)——莉娜·马伦巴赫(Leny Marenbach)饰演——的几个男人中的一个。然而,他是一个非常不情愿的追求者,符合东方人的刻板印象,即压抑自己的感情。本片制片人特别强调,他们为这个角色挑选了一位主业是舞台剧而非电影的演员。伯恩哈德·米内蒂(Bernhard Minetti,1905—1998)扮演的屠航,姿态僵硬,

---

① 这一论点出自克里斯汀·R.穆恩:《红灯照的创作:20世纪初期美国东方主义》,第49页。第一部以小胡子(moustachioed)傅满洲为题材的小说应该是1916年出版的《恶魔博士》(*The Devil Doctor*),美国版为《傅满洲博士归来》(*The Return of Dr. Fu Manchu*))。穆恩的论点虽然不是完全正确,但是也有一定的可信度。关于早期电影中小胡子与反派的关联,参看文森特·J-R.基霍:《影视化妆技术》,纽约,1958(Vincent J-R Kehoe, *The Technique of Film and Television Make-Up*, New York: Communication Arts Books, 1958),第16页。无论是《影视化妆技术》还是更早的《如何"化妆":业余者和初学者实用指南》(第67—68页),都没有将小胡子列为中国人的视觉特征。海伦娜·查尔莫斯指出,小胡子体现了年龄大或者文化程度,参看海伦娜·查尔莫斯:《舞台、银幕与社交的化妆艺术》,纽约:阿普顿出版社,1927(Helena Chalmers, *The Art of Make-up for the Stage, the Screen, and Social Use*, New York: Appleton, 1927),第112—114页,。

② 伊迪丝·惠瑞:《红灯照:红灯照女神故事的形成》,第48—49页;克里斯汀·R.穆恩:《红灯照的创作:20世纪初期美国东方主义》,第49页。

声音单调,"西方"同时代的人认为这很适合用来展现中国人性格中被断言的捉摸不定。①

在与玛丽的最后一次对峙中,屠航尽可能地表达了对她的爱,明确表示他多么想在义和团即将发动的攻击中让她免受伤害,而这次攻击可能会摧毁北京的"国际俱乐部"。他们谈话的坦诚让人不忍直视。

玛丽:你会在这种时刻抛弃你的人民吗?
屠航:不。
玛丽:就像你属于这里,我也属于另一边。你还想扣留我吗?
屠航:我理解并尊重你的立场,你可以走了。②

屠航作为中国隐喻的代表人物,在这里被呈现为一个完全尊重女性的男人。同时,这一幕乃至整部影片都在暗示不同种族的成员只应与自己的民族同胞打成一片。按照纳粹所主张的种族理论,跨种族的爱情和异族通婚似乎是一种隐性的威胁,必须小心翼翼地避免。正如李蓉的案例表明得那样,合作是可能的,但不应该涉及性行为。

《红灯照》中王三的不道德与屠航的克制形成了最大的反差,最终他企图强奸马赫莉,这一对比再合适不过。③但卡佩拉尼影片的重点是其主演阿拉·纳齐默娃(1879—1945),她以双重身份出现在"欧亚"女孩马赫莉和她同父异母的姐姐布兰奇·萨克维尔(Blanche Sackville,英国公使的女儿)的身上,她扮演的后者"技术(!)如此不同,以至于了解事实的观众都

---

① 参看米内蒂著,京特·吕勒编:《演员的回忆》,出版地不详,出版年份不详(Minetti, *Erinnerungen eines Schauspielers*, ed.by Günther Rühle),第147—151页,著名舞台演员在文中确实提到曾在电影中饰演过亚洲人(屠航是他唯一的亚洲人角色);亦可参看《屠航的笑容:背后是什么?》,《北京惊魂记》宣传资料,德国电影院基金会,文字档案。关于演员在扮演中国人时被要求"表达一点感情"的方式,参看凯伦·J.梁:《中国奥秘:赛珍珠、黄柳霜、宋美龄与美国东方主义的转变》,伯克利:加州大学出版社,2005(Karen J. Leong, *The China Mystique: Pearl S. Buck, Anna May Wong, Mayling Soong, and the Transformation of American Orientalism*, Berkeley, C.A.: University of California Press, 2005),第73页。
② 《北京惊魂记》,1:10:04—1:10:33。
③ 参看《红灯照》,54:59—58:30。

没有意识到在一个镜头中面对的两个女人是(!)同一个人"①。事实上,这两个角色的差异和饰演她们的女演员的多变性成为该片媒体报道的一个关键特征。以兄弟姐妹为例来论述种族纯洁与不纯洁的二元对立,当然是一种传统的文学手法。詹姆斯·费尼莫尔·库柏(James Fenimore Cooper, 1789—1851)的《最后的莫希干人》(*The Last of the Mohicans*)中的科拉(Cora)和爱丽丝·芒罗(Alice Munro)立即浮现在笔者的脑海中,因为他们的命运与马赫莉和布兰奇相似。②

在惠瑞的小说中,种族通婚的问题源于不同种类血统的混合,正如王三在某一时刻所说:"东西方不和谐的血统永远在暗中争斗不休。"③在默片中,那些看不见的内心活动(convulsions)必须转化为面部表情和肢体动作,而这正是公认的"千意明星"④(star of a thousand moods)的纳齐默娃表现得淋漓尽致的地方。小说明确将马赫莉强烈的情绪反应归结于她的欧洲血统,而电影也强调了这一观点,免去了她强烈的中国式的面部化

---

① 埃佩斯·W.萨金特:《红灯照:纳齐默娃在真正的义和团运动盛况中的表现》,《电影世界》1919年第40期(Epes W. Sargent, "The Red Lantern: Mme. Nazimova is Seen in a Truly Royal Spectacle of the Boxer Rebellion", *Moving Picture World* 40, 1919),第933页;亦可见《纳齐默娃在〈红灯照〉中的特殊服务部分》,第3062页。

② "……显然,混血儿科拉与白人或印第安人的生殖结合不能由这种说法来承担",参看戴德雷·达拉斯·霍尔:《杰出人物:大卫·盖莫特和〈最后的莫希干人〉中的神秘种族》,《ESQ:美国文艺复兴杂志》2008年第58卷第1期(Deidre Dallas Hall, "Remarkable Particulars: David Gamut and the Alchemy of Race in *The Last of the Mohicans*", *ESQ: A Journal of the American Renaissance* 58, no. 1, 2008),第62页;福雷斯特·G.罗宾逊:《不确定的边界:〈最后的莫希干人〉中的种族、性别与文明》,《亚利桑那季刊》1991年第47卷第1期(Forrest G. Robinson, "Uncertain Borders: Race, Sex, and Civilization in *The Last of the Mohicans*", *Arizona Quarterly* 47, no. 1, 1991),第1—28页。

③ 伊迪丝·惠瑞:《红灯照:红灯照女神故事的形成》,第55—56页。

④ 《纳齐默娃在〈红灯照〉中的特殊服务部分》,第3059页。关于纳齐默娃的表演技巧,参看穆里尔·安德林:《动人心魄:〈红灯照〉中的阿拉·纳齐默娃,"千意之星"》(Muriel Andrin, "To Dazzle the Eye and Stir the Heart: Alla Nazimova, 'Star of a Thousand Moods', in The Red Lantern"),斯蒂夫·弗兰克编:《动人心魄:〈红灯照〉、纳齐默娃与义和团运动》,第15—19页。

妆,并将她的多变与祖母凌夫人表现出的"东方宿命论"进行了对比。①但她的表现力使马赫莉—纳齐默娃不仅有别于她的中国环境(包括混血儿王三),而且也有别于欧美人。布兰奇·萨克维尔,她的基督教名字使她成为白人的化身,她的表情要克制得多。而马赫莉尤其是在后来作为"红灯照女神"出场的时候,她的性变态显得和想强奸她的王三一样,这就说明了两人所谓的种族劣根性。②

纳齐默娃有可能已经意识到或事后才意识到这个问题。在《红灯照》完成两年后的一次采访中,她列举了一些例子,由于不熟悉她所饰演的角色的种族,她"未能在银幕上达到正确的效果",从而"破坏了整个影片的效果"。③在隐晦地提及饰演马赫莉的经历时,她说:

> 在一个故事中,如果描写一个中国女孩经历了某种磨难,比如丈夫的不忠或情人的拒绝,我们有理由认为她的表达方式会和法国女孩在类似情况下的表达方式有所不同。④

默片女演员需要外化的内心挣扎与社会环境的制约相辅相成。白人社会的种族主义是冲突的动力。王三出于对白人的仇恨而成长为义和团领袖,在美国期间经历了反华歧视,意识到作为混血儿马赫莉和自己在白人社会和华人社会都没有地位。在典型的性别视角下,马赫莉承担了一

---

① 参看克里斯汀·R.穆恩:《红灯照的创作:20世纪初期美国东方主义》,第49页,认为纳齐默娃的蓝眼睛没有贴上胶带,在一些场景中睁得过大。配乐来自弗雷德·费舍尔:《红灯照》,纽约:麦卡锡与费舍尔出版社,1919(Fred Fisher, *The Red Lantern*, New York: McCarthy & Fisher, 1919),第2页,将马赫莉的"撒克逊蓝色的眼睛"和"黄色的皮肤"进行了对比。然而,纳齐默娃的眼睛似乎让当时的采访者感到困惑,赫伯特·霍伊:《真正的纳齐默娃》,《电影》1921年第1卷第1期(Herbert Howe, "The Real Nazimova", *The Picture-Goer* 1, no. 1, 1921),第17—20页,本文第19页认为她的双眼具有"东方形态"。另可参看弗雷德里克·詹姆斯·史密斯:《纳齐默娃的眼睛!》,《电影》1918/1919年第9期(Frederick James Smith, "Those Nazimova Eyes!" *Picture-Play* 9, 1918/1919),第103—107页,尤其是第104页。

② 参看克里斯汀·R.穆恩:《红灯照的创作:20世纪初期美国东方主义》,第53页。

③ 《纳齐默娃的种族演绎》,《电影故事》1921年第17卷第423期("Nazimova On Racial Portrayal" *Moving Picture Stories* 17, no. 423, 1921),第25页。

④ 《纳齐默娃的种族演绎》,《电影故事》1921年第17卷第423期("Nazimova On Racial Portrayal", *Moving Picture Stories* 17, no. 423, 1921),第25页。

个公共的甚至是政治的角色——"红灯照女神",不是出于社会的关注,而是个人的关注。她因为对美国传教士夫妇的儿子安德鲁·邓普顿(Andrew Templeton)的单相思而与白人对立。影片中最令人难忘的一幕是对安德鲁和马赫莉的手的特写,他从她的手中抽出他的手,对她的深色皮肤感到震惊。①邓普顿夫人以更大的力度排除了马赫莉与她儿子结婚的任何可能性,这一点与小说明显不同并得到强化。②正是这种拒绝使马赫莉转向"对东方人的仇恨",这显然被解释为一种普遍现象并与"白人的爱情"形成对比。③由于《红灯照》的宣传者出于广告目的创造了这些词语,他们一定认为这种情感上的二元论会引起潜在电影观众的共鸣。

最后的场景在上面的基础上又增加了一些复杂的内容,在马赫莉的生父菲利普·萨克维尔(Philip Sackville)爵士也与她断绝关系后,她吞毒自杀。有三个要素很重要。首先,马赫莉死时成为基督徒,给菲利普爵士发了一张纸条,她在纸条中原谅了他,并宣称:"我要去见我的造物主,在那里没有肤色、出生和信仰。"④在某种程度上,这种重新皈依使她与同父异母的姐姐布兰奇重归于好,后者在早期的场景中脖子上戴着一个十字架。其次,在她与安德鲁(以及萨克维尔一家)的最后一次相遇中,在临死前,马赫莉背诵了吉卜林的《东西谣曲》(Ballad of East and West,1889)的开场白:"哦,东方是东方,西方是西方,尾碰不到头,二合不成一。"就像她在早期场景中所做的那样。⑤这可能暗示了诗中的第二句话:"直到那一刻,天地齐出席,神灵做裁决,寰宇订新契。"因为安德鲁轻轻地亲吻死去的马赫莉的手(又是特写镜头显示的)和他先前拒绝这样做之间存在一

---

① 参看《红灯照》,37:47—38:32。特写镜头出现在 38:00—38:02。在 38:18—38:19,唇语表示马赫莉一边惊恐地看着自己的手一边喃喃说"黧黑"。参看伊迪丝·惠瑞:《红灯照:红灯照女神故事的形成》,第 117 页,此处与影片中一样,安德鲁要亲吻马赫莉的手的时候,却被其"黄色的光芒"吓得浑身发抖。

② 参看《红灯照》,41:19—42:22。在小说中,安德鲁的姓是汉德尔(Handel),而且他也不是邓普顿家的儿子。

③ 参看《纳齐默娃在〈红灯照〉中的特殊服务部分》,第 3062 页。(加粗为笔者所加)

④ 《红灯照》,1:18:38—1:18:45。

⑤ 《红灯照》,1:19:23—1:19:32;《红灯照》,28:06—28:53。同样的一句话出现在伊迪丝·惠瑞《红灯照:红灯照女神故事的形成》的扉页上,作为本小说的题词。除此之外,影片的结尾与小说的结尾有明显的差异。

种不同的对应关系。①影片以煽情的方式暗示不同种族的重逢是可能的,但只有在死亡中才能重逢,影片延续了已有的文学传统,但也发出了关于种族偏见的矛盾信息。

很难说《红灯照》的制作者是否同情马赫莉的困境,尽管有一本行业杂志说:"纳齐默娃把种族冲突描绘得如此生动,以至于她赢得了你对小欧亚人的心,无论她是在异教神的脚下还是在传教士儿子的爱中礼拜。"②然而,好莱坞已经在一些电影中描绘了亚裔白人跨种族结合的危险。因此,在美国各地种族关系紧张的情况下,在许多州生效的反种族通婚法中明确包括了华人,③这可能体现了这样的观念:种族最好为了自己的利益而分开。这个概念后来在《北京惊魂记》中也被提出。

有意思的是,《北京55日》初稿中也有一位混血女子——卡罗琳(Carolyn),"一个英国传教士和一个中国女性的20岁的女儿,"④但最终版本通过两个不同的角色来解决这个主题。男爵夫人娜塔莉·伊万诺夫(Natalie Ivanoff),一个被几个男人追求的女强人,但在跨国的外国社会中

---

① 参看《红灯照》,1:19:44—1:19:48。诗歌全文见鲁德亚德·吉卜林《东西谣曲》(Rudyard Kipling, *The Ballad of East and West*), http://www.kiplingsociety.co.uk/poems_eastwest.htm,访问日期:2018年5月24日。诗歌翻译选自[英]吉卜林《东西谣曲》,黎幺译,北京:人民文学出版社,2018——译者注。

② 《纳齐默娃在〈红灯照〉中的特殊服务部分》,第3062页;但是,请注意,这后面还有一个"东方恨"的段落。

③ 关于种族主义和跨种族通婚法对美国华人的影响,参看佩吉·帕斯科:《自然而然:跨种族通婚法与美国种族的形成》,纽约:哈佛大学出版社,2009(Peggy Pascoe, *What Comes Naturally: Miscegenation Law and the Making of Race in America*, New York: Oxford University Press, 2009),第78—85页;余全毅:《融合身体与文化:解读美国对"东方人"与"白种人"之间性的迷恋》,玛莎·赫德斯编:《性、爱与种族:北美历史中的跨界》,纽约:纽约大学出版社,1999(Henry Yu, "Mixing Bodies and Cultures: The Meaning of America's Fascination with Sex between 'Orientals' and 'Whites'", in *Sex, Love, Race: Crossing Boundaries in North American History*, ed. by Martha Hodes, New York: New York University Press, 1999),第444—450页。关于好莱坞扮演的角色,参看埃里卡·李:《制造亚裔美国的历史》,纽约:西蒙与舒斯特出版社,2015(Erika Lee, *The Making of Asian America: A History*, New York: Simon & Schuster, 2015),第133页。

④ 《北京55日》,1961年10月30日至11月17日,MHL,查尔顿·赫斯顿档案,第7盒第77号文件夹。

又是一个局外人,经常被她的姐夫、俄罗斯公使——库尔特·卡斯兹纳(Kurt Kasznar)饰演——骚扰;还有特蕾莎·马歇尔(Teresa Marshall)——林恩·苏·文饰演,一个12岁的美中混血孤儿。

在男爵夫人与中国朋友的对话中,我们已经认识了她。随着剧情的展开,她与中国方面更多的亲密互动也逐渐显现出来。观众得知她与荣禄有来往,不过是什么性质的来往并没有立即明了。①在与姐夫和美国少校刘易斯的戏剧性对峙中,证明她与这位中国将军有一段情缘,这使得她丈夫自杀。她为自己辩护时指出了种族间性关系中刻画的性别秩序:

娜塔莉:你不能想象自己爱上了一个中国女孩吗?
刘易斯没有回答。
娜塔莉:这不一样,是吗?②

这个消息并没有阻止刘易斯与男爵夫人的恋情,她化身护士和伤兵的安慰者。与中国人的关系,是她超越种族界限的结果,最终证明了她相当传统的毁灭(rather conventional undoing)。她在试图将急需的药品偷运到使馆区时,却被一名中国枪手射杀。

这种对文学惯例的重申——远比《红灯照》中马赫莉的死更明确、更刻板——却被另一个副线故事——特蕾莎·马歇尔的故事抵消。她是美国上尉马歇尔——刘易斯的副指挥官——和一名身份不明的中国女人的女儿,她在中国被当作基督徒抚养,因为用刘易斯的话说,她在伊利诺伊州会被当作"怪胎"。③上尉马歇尔很早就死于战斗中——事实上,影片不论对男性还是女性,在他们跨种族生殖结合的越界行为上都不留情面。然而,他的女儿现在是一个完全的孤儿,被允许拥有一个不同的命运。影片描述了她在美国寻找父亲承诺的"家"的过程,她希望刘易斯能帮她找

---

① 参看《北京55日》,58:03—59:33。根据菲利普·约尔旦:《〈北京55日〉剧本初稿》,1962年5月24日至10月15日,第75页,这一幕包含"荣禄靠墙的近景。他的脸被深深的阴影笼罩着,他正在听娜塔莉和老中国老人的声音"。电影版中的视觉信息突出了剧本中台词的信息。

② 菲利普·约尔旦:《〈北京55日〉剧本初稿》,1962年5月24日至10月15日,第130页,这些话逐字出现在电影《北京55日》的1:33:24—1:38:03的长镜头中。

③ 参看《北京55日》,20:13—20:54;刘易斯和马歇尔的对话是在特蕾莎第二次试图见父亲未果的沉默场景下展开的。

到这个家,尽管他花了很长时间才意识到自己"还得造一个家"。①在她的第一次出场中,我们看到特蕾莎(在一个无声但视觉上很吸引人的场景中)试图穿过美国海军陆战队的行军队伍去见她的父亲,但她发现她的路被堵住,在她能追上父亲之前就被使馆卫兵拦住。②美国人对中国人的敌意这一主题在她父亲去世后与刘易斯的一次长篇对话中得以延续。在这次对话中,少校试图劝阻她不要去美国,因为她可能不喜欢那里——这显然是对1900年情况的暗示,当时《排华法案》仍然有效。与此相反,天主教传教士提出了他的普遍主义观念,即女孩需要"爱","每个男人都是任何一个孩子的父亲"③。

在最后一幕中,刘易斯终于承担了对特蕾莎的责任。在剧本中,这一点描述如下(见图2):

> 他是个骑着大马的高大男人。她静静地望着他。最后,他弯下腰,向她伸出一只手。她伸出两只手握住了他的两只手。然后,好像她轻得像纸一样,他把她甩到了身后。他握住特蕾莎的手放在自己腰间。她受到鼓励,把头伸到刘易斯的胳膊下,对着刘易斯的脸微笑。他很快就做出回应,把胳膊抬到她的头上,轻轻地把她推到身后;几乎作为动作的延续,他向哈利(Harry,一名海军陆战队中士)发出了开始的信号。④

---

① 参看菲利普·约尔旦:《〈北京55日〉剧本初稿》,1962年5月24日至10月15日,第108—109页,《北京五十五天》,查尔顿·赫斯顿档案,第7盒第79号文件夹第274号。

② 参看《北京55日》,15:36—16:26。

③ 《北京55日》,1:15:22—1:21:35。另见菲利普·约尔旦:《〈北京55日〉剧本初稿》,1962年5月24日至10月15日,第106—110页。

④ 菲利普·约尔旦:《〈北京55日〉剧本初稿》,1962年5月24日至10月15日,第219页。另见《北京55日》,2:26:02—2:27:00。唯一说过的话是刘易斯的话:"这里!握住我的手!"这一幕伴随着序曲的第一个主题。

义和团战争 媒体与记忆

说明：《北京55日》最后一幕中特蕾莎·马歇尔（林恩·苏·文饰）视刘易斯少校（查尔顿·赫斯顿饰）为父亲，象征着美籍华人被美国社会接受。角度与电影中的不同。

图2 《北京55日》最后一幕海报

资料来源：玛格丽特·赫瑞克图书馆提供。

特蕾莎被美国社会接纳代表了美国华人的普遍现状。在美国种族关系发生根本性变化的时代，在中国移民终于可以从完全放开的移民法中获益的前几年，①《北京55日》设计了一个改善华人和美国白人关系的方案。表面上看，这似乎与影片中男爵夫人和马歇尔上尉的命运相矛盾。但与俄罗斯主角（也包括《红灯照》中"性欲亢进"②的马赫莉）相比，特蕾莎是友好可爱的，而不是自我的、感性的和潜在的威胁。种族间的关系不再以性行为来定义，而是以家庭关系来定义，白人承担了父母的角色，而华人则承担了（明显的女性）婴儿的角色。③这也确立了中国籍华人（Chinese of China）和美国籍华裔（Chinese Americans）之间的区别，这也是影片与其他两部影片相比

---

① 参看徐元音：《好的移民：黄种人如何成为模范少数族裔》，第213—217页。
② 克里斯汀·R.穆恩：《红灯照的创作：20世纪初期美国东方主义》，第53页。
③ 关于华裔美国人和"家国一体"（nation-as-family）的观念，参看露丝·梅耶尔：《法定公民与生物识别：移民、国籍和归属感：排华时代的美国华人》，瓦妮莎·库内曼、露丝·梅耶尔编：《美国与中国（1880—1950）》，纽约：麦克米伦出版社，2009（Ruth Mayer, "Paper Citizens and Biometrical Identification: Immigration, Nationality and Belonging in Chinese America during the Exclusion Era", in *Trans-Pacific Interactions. The United States and China, 1880−1950*, eds. by Vanessa Künnemann and Ruth Mayer, New York: Palgrave Macmillan, 2009），第85—86页。亦参看内奥米·格林：《从傅满洲到功夫熊猫：美国电影中的中国形象》，第133—136页。

更加矛盾的原因:《北京惊魂记》隐晦地鼓吹种族分离,《红灯照》也不能设想任何种族不同的人在人间的结合,而《北京55日》则重申了对种族违法行为的惩罚,但仍然为至少一个特定的华裔群体提出了补偿的信息。

国　家

　　这个时代的特征就是在殖民地"边缘"帝国主义既有竞争又有合作。在这样一个时代,民族主义对同时代的国际军事干预——义和团战争——意义重大。出于宣传的目的,媒体创造了一个文明国家联合起来对抗孤立的野蛮中国的形象。同时,联军远征队之间的实际紧张关系也同样出现在报纸的专栏中,漫画家们则充满热情地地粉碎了"西方"团结的神话。①

　　这三部电影在不同程度上探讨了这个话题。《红灯照》主要涉及种族问题,对这一问题的处理比较简略(正如它对整个政治背景的处理一样)。重点是一些美国和英国的国民,而不是外国人的国际社区。剧本中本可以让联军外交官更加突出的场景没有进入最终版本。②在高潮的战斗场面,联军穿上了他们不同的制服以区分国籍,但是也很难区分它们,而且某种程度上更让人想起第一次世界大战而不是1900年。③不过,解救使馆是三部电影为数不多的共有主题之一,《红灯照》和《北京55日》再现(imaging)了被围困的外国人获救时的欢欣鼓舞,而《北京惊魂记》中联军进入北京的场景则更具有军事色彩,这个场景一定程度上在《北京55日》中找到了契合点。④

---

　　① 一个有益的讨论,参看格尔德·卡明斯基:《义和团运动:被拆穿的神话》,维也纳:勒科尔出版社,2000(Gerd Kaminski, *Der Boxeraufstand-entlarvter Mythos*, Vienna: Löcker, 2000),第208—211页。当时漫画的国际集锦,参看《剪辫子！中华民族的大事》,柏林:埃斯勒出版社,出版年份不详(*Zopf ab! Die chinesische Affaire in der Caricatur aller Völker*, Berlin: Eysler, n. d.)

　　② 参看琼·马西斯:《红灯照》剧本,第128号。

　　③ 参看《红灯照》,1:12:59—1:15:03;此处的字幕提及了联军。

　　④ 参看《红灯照》,1:15:04—1:15:17、1:17:13—1:17:19和1:17:52—1:17:57(重复的镜头暗示了外国人和中国基督徒之间的和谐)和1:18:22—1:18:53。《北京55日》中漫长而不间断的场景出现在2:19:30—2:22:19,是唯一一个既有印度殖民军又有日军部队的镜头。

德国电影是民族观念占据中心地位的一部电影。编剧沃尔特·泽莱特－奥尔芬纽斯将政治层面的帝国主义竞争转化为德国中尉布洛克（Brock）——古斯塔夫·弗洛里希（Gustav Fröhlich）饰演与英国上尉坎宁安和玛丽·瓦莱娜之间的浪漫三角关系。玛丽·瓦莱娜是影片的关键人物，不仅所有推动剧情发展的关系都集中在她身上（包括中国人屠航，他的文化属性约束他处于三角恋之外），而且她名字的模糊性和她的国籍从未被提及的事实赋予了她跨国特征，针对这些国家的嫉妒行为，他们的态度得到了极大的缓解。① 在北京的德军指挥官布洛克和英国军队高级军官坎宁安都爱上了自我的玛丽。屠航是玛丽哥哥工作的进出口公司的雇员，他以雇主的名义秘密运送现代武器到北京。在帮助他的过程中，玛丽不知不觉地成了屠航的帮凶。这场阴谋制造了悬念，观众一直在了解其展开的过程，而欧洲的主角们却浑然不觉。

布洛克和坎宁安是老朋友，现在却发现他们是情敌。奥地利高级军官、慈父般的司令冯·拉丹（Von Radain）——赫伯特·海纳（Herbert Hübner）饰演——在使馆被围后被任命为最高指挥官，暂时缓解了他们之间的紧张关系。② 然而，拉丹战死后，坎宁安接替了他的职务，而玛丽明显的"叛国"行为也被发现，两位军官的对峙走向高潮。两位军官之间的争吵蔓延到了中士穆克——保罗·韦斯特迈尔（Paul Westermeier）饰演——和中士米基（Micky）——雨果·菲舍尔－科佩（Hugo Fischer-Köppe）饰演——身上，他们扮演着更受上级"欢迎"的密友的角色。在玛丽与屠航的对话中，这位义和团领袖对这场阴谋承担了全部责任，玛丽设法说服坎宁安相信自己是无辜的，而后者则着手营救布洛克，布洛克为了洗刷自己心爱人的罪名而穿过义和团的地盘。屠航和坎宁安的死亡方式也是司空见惯的。随着联军部队成功解救使馆区，恋人最终团聚。

当然，德国人布洛克和英国人坎宁安之间的竞争必须放在20世纪前几十年英德关系的大背景下看待，其中对义和团战争的记忆至少在德国方面发挥了重要作用（见图3）。在卡尔·罗希林（Carl Röchling，1855—1920）的画作中，"德国人上前线"（Germans to the front）的口号最为著名，

---

① 值得注意的是，《关于〈北京惊魂记〉的电影信报插图版》将这个名字改为了德语形式的"Maria"，而在电影中年全部都是"Mary"。

② 这当然反映了爱德华·托曼·冯·蒙塔尔马（Eduard Thomann von Montalmar,？—1900)在1900年6月被任命为驻北京联军最高指挥官，这一事情具有争议性和短暂性。

它意味着在义和团战争期间,英国承认了德国的战斗力从而承认了其世界强国的地位。但在1914年英国参战后,它又有了新的含义。现在在失败的西摩尔远征中挽救了英国人的坚定信念,与德国广泛认为的英国"背叛"形成了一个很好的对比。① 因此,在某种程度上,《北京惊魂记》可以看作对战前英德关系形象的还原。事实上,导演赫伯特·塞尔平早在1934年就拍摄了一部同样关注到德英友谊的可靠性和持久性的影片《德国东非骑兵》(*Die Reiter von Deutsch-Ostafrika*),不过在二战爆发后他又拍摄了一部臭名昭著的反英影片《卡尔·彼得斯》(*Carl Peters*, 1941)。②

说明:这一封面同样借鉴了影片中的视觉素材,既强调了阳刚的同志情谊这一核心主题,又强调了异国情调。

图3 《国际电影速递》(*Internationaler Film-Kurier*)中的《北京惊魂记》封面

资料来源:来自笔者私人档案。

---

① 参看孔正滔:《德国人上前线》,乌尔里希·范德海登、约阿希姆·泽勒编:《德国殖民主义》,爱尔福特:萨顿出版社,2008(Thoralf Klein, "Germans to the Front", in *Kolonialismus hierzulande: Eine Spurensuche in Deutschland*, eds. by Ulrich van der Heyden and Joachim Zeller, Erfurt: Sutton, 2008),第383—385页。

② 关于《德国东非骑兵》的总结,参看约翰·F.凯尔森:《德国控制委员会信息服务部电影档案馆收藏的被禁德国故事短片目录》(新版),特罗布里奇,1996(John F. Kelson, *Catalogue of Forbidden German Feature and Short Film Productions Held in Zonal Film Archives of Film Section, Information Services Division, Control Commission for Germany*, new ed. Trowbridge: Flicks Books, 1996),第80页。另见大卫·韦尔奇:《宣传与德国电影(1933—1945)》,第258、270页。

相比之下,《北京55日》强调的是英美领导的多民族、多语言的外国人社区。相反,它淡化了国家之间的竞争。剧本中民族嫉妒情绪(national jealousies)爆发的场景在最终版本中被删去。① 在那些保留下来的场景,比如公使们投票决定是留在北京还是离开北京,或者最初哪支队伍最需要"贝特西"(Betsey)步枪时的混乱,冲突都比较轻松地解决了,尽管"国际大炮"随后会爆炸,象征性地暴露出"西方"统一战线的裂痕。② 幽默的起床场景也是如此,美军中士哈利用自己的语言向其他国家军队的士兵喊话,除了日本海军陆战队员,其他士兵则用良好的英语回答。③ 但大多数冲突仍然是隐蔽的,紧张的气氛并没有《北京惊魂记》中那样激烈。这就需要看两部电影的氛围,包括对情节、声音、音乐的综合分析,来充实它们对国际合作的不同态度。在这种情况下,音乐是能被故事人物听到的(diegetic),不仅是观众而且角色也可以听到,正如我们将看到的,有评论称之为历史上一部成就鲜明的有声电影。④

《北京惊魂记》确立了两个原则之间的冲突,一个是白人异性间的浪漫爱情,另一个是男性和军人的同志理想(也是白人之间)。虽然两者都是情感的纽带,但爱情却被描绘成非理性的、煽动情绪的、有碍和谐的,它在不同民族的成员之间埋下了不和谐的种子。通过合理的行动,人们可以为追求共同的目标而维持或恢复和谐,在这种情况下义和团带来了外部威胁。无论是无产阶级出身且直言不讳的穆克中士,还是贵族出身且高贵的奥地利指挥官冯·拉丹,作为常识的化身,都反复说明了这一点。⑤ 在国际俱乐部的舞厅里,出现了一个极富象征性的场景,布洛克向他的同

---

① 参看菲利普·约尔旦:《〈北京55日〉剧本初稿》,1962年5月24日至10月15日,第26—27页。

② 参看《北京55日》,52:52—55:16、1:04:54—1:05:47。

③ 参看《北京55日》,1:08:15—1:08:50、1:19:17—1:10:43。

④ 参看默文·库克:《电影音乐的历史》,第9—10页;罗拉·S.布朗:《泛音和底音:阅读电影音乐》,伯克利:加州大学出版社,1994(Royal S. Brown, *Overtones and Undertones: Reading Film Music*, Berkeley, C.A.: University of California Press, 1994),第22页。

⑤ 关于穆克,参见《北京惊魂记》,41:55—42:25、43:31—43:45和47:11—47:12;关于冯·拉丹,参见《北京惊魂记》,42:25—43:25、50:12—51:21、1:03:01—1:03:35。

僚展示了他从各个部队中抽人组建的小乐团,这也是影片对国际合作的乐观态度:

  布洛克:那么,你觉得我的沙龙管弦乐队怎么样?
  拉丹:是你组织起来的吗?
  布洛克:是的。要把他们团结在一面旗帜下,真的不容易。
  坎宁安:嗯,真正的"欧洲音乐会"(European concert)!
  拉丹:我真的希望它顺利。
  布洛克:当然会的,他们都是优秀的音乐家。①

  影片从19世纪"欧洲音乐会"的字面隐喻出发,唤起了人们对大国合作时期的憧憬,强调联军部队之间和谐互助的潜力②。这种乐观的态度在影片结尾一幕中又变得明显起来,影片一开始,联军部队进军北京,所有不同国家的特遣队(contingents)都奏响了同一首曲子。一群外国军民以及一些中国支持者(只有日本人在整部影片中明显缺席),以隐喻的方式展示了对国家、性别甚至种族对抗的克服。当玛丽和布洛克在这个社会中找到自己的位置时,他们表明爱情和同志之间的冲突也得到了解决。联军总司令强调国际团结,承诺永远的同志情谊,最后通过引用战死者的牺牲,甚至设想了一个超越死亡的跨国社区。伴奏音乐强调了超凡脱俗的同志情谊,因为弦乐重唱了弗里德里希·西尔歇(Friedrich Silcher,1789—1860)根据路德维希·乌兰特(Ludwig Uhland,1787—1862)的一首诗谱写的《忠诚的同志》(*Der gute Kamerad*)。这首诗描述了一名士兵的

---

  ① 《北京惊魂记》,25:57—26:36。
  ② 关于这一术语及其历史意义,参看马蒂亚斯·舒尔茨:《规范与实践:作为安全理事会的欧洲大国协同(1815—1860)》,慕尼黑:奥尔登伯格出版社,2009(Matthias Schulz, *Normen und Praxis*: *Das Europäische Konzert der Großmächte als Sicherheitsrat 1815—1860*, München: Oldenbourg, 2009),第36—39页;约翰·洛伊:《欧洲协同:1814—1870年的国际关系》,伦敦:霍德和斯陶顿出版社,1990(John Lowe, *The Concert of Europe*: *International Relations 1814-70*, London: Hodder & Stoughton, 1990),尤其是第37页;沃尔夫拉姆·菩提亚:《欧洲大国协同的文化历史方法》,沃尔夫拉姆·菩提亚编:《欧洲大国协同:从1815年维也纳会议到1853年克里米亚战争的和平与安全政策》,科隆:伯劳出版社,2009(Wolfram Pyta, "Kulturgeschichtliche Annäherungen an das europäische Mächtekonzert", in *Das europäische Mächtekonzert*: *Friedens-und Sicherheitspolitik vom Wiener Kongreß 1815 bis zum Krimkrieg 1853*, ed.by Wolfram Pyta, Köln: Böhlau, 2009),第5—7页。

死亡,传统上被德国军方用作葬礼哀乐。①几小节后,忧郁的曲调让位于伴随着片头的胜利进行曲。正是——几乎是字面意义上的——在这个欢快的音符中,影片结束了。

与《北京惊魂记》中这种刻意的理想主义和为宣传而创造的跨国社区相比,《北京55日》对国际合作和跨国团结的潜力和局限性持温和的怀疑态度。它也以类似德国电影的方式使用音乐,但结果却截然相反。在一些关键的场景中,特定的曲调作为民族特色的标志,因此象征着分裂而不是团结。第一个例子就出现在影片开场。当镜头穿过使馆区时,各使馆纷纷升起国旗,军乐队演奏着各自的国歌,汇成了巨大的嘈杂声。②一个中国旁观者解释说,这在一个被众多外国势力控制的中国是很正常的。

与《北京惊魂记》类似,这一幕也在影片结尾处找到了对应的场景,那就是一场阅兵式,再次将不同的曲调融合成多声部的声音,唯一可以辨认的是《英国近卫兵》(The British Grenadiers),这首曲子一直被凸显,作为"真正具有英国民族音乐特色"的代表作。③对行军部队的高角度拍摄,与亚瑟爵士和刘易斯的视角相对应,他们在上面观看并评论现场:

罗伯逊:听。他们又在演奏不同的曲子了。

---

① 参看乌里·奥托、埃金哈德·柯尼格:《"我有一个同志…":1740—1914年历史政治歌曲中的军事和战争》,雷根斯堡:康布里奥出版社,1999(Uli Otto and Eginhard König, "Ich hatt' einen Kameraden…": Militär und Kriege in historisch-politischen Liedern in den Jahren von 1740 bis 1914, Regensburg: Conbrio, 1999),第272—273页。

② 影片中对国歌的渲染是准确和不合时宜(anachronism)的混合体,它忠实地再现了两首在影片拍摄时已经废弃的国歌,即俄国的《天佑沙皇》(God Save the Tsar)和意大利的《皇家法令进行曲》(Marcia Reale)。为了使剧作清晰,象征德国的国歌没有使用帝国赞歌《在胜利的花环下欢呼》(Heil Dir im Siegerkranz),因为它的旋律与英国的《天佑女王》(God Save the King)相同,而是错误地使用了《德意志之歌》(Deutschlandlied),直到1922年它才成为正式的国歌。后者依据的是约瑟夫·海顿(Joseph Haydn, 1732—1809)的曲谱,在1900年它就成为奥匈帝国的"流行国歌"(popular anthem)。在影片中,西班牙国歌起到了方便的替代作用,既是对影片拍摄地国家的一种示意,也是避免混淆的一种手段。

③ 参看W. 尚佩尔编:《英国民族歌曲集》,伦敦:查普尔出版社,1840(A Collection of National English Airs, Consisting of Ancient Song, Ballad, & Dance Tunes, and Preceded by an Essay on English Minstrelsy, ed. by W. Chappell, London: Chappell, 1840),第57页。因此,这首曲子经常被电影制作者借用来作为英国及其武装部队的音乐参考。

刘易斯：嗯,55天来,我们一直在演奏同一首歌。55天。你把我们团结在一起……你可能已经为此开始做一些事情……也许有一天人们会记得。①

这段对话表明,在进军北京之后,民族利己主义将再次占据上风。是义和团带来的共同威胁和强有力的领导而不是天生的跨国团结,使各民族出于共同原因暂时团结起来。同时,亚瑟爵士和刘易斯也意识到,对"北京55天"的记忆可以成为未来实现更持久统一的有力思想工具。

因此,在某种程度上,两部电影都给出了一个乌托邦式的解决方案。最迟到第二次世界大战爆发,《北京惊魂记》倡导的跨国团结落了空。而一位德国影评人评价称《北京55日》展现了"后来成为核不扩散大国的国家是如何屈服于美国的领导",这话虽有道理但还是没有说到点子上,②因为影片中展示的包括俄罗斯人在内的国际社区,肯定不能反映1963年的冷战现实,即苏联和中国都是自由资本主义"自由世界"(free world)的敌人。相反,它既指向后方,也指向前方——既是对美好日子的回忆,也是对更遥远未来的承诺。

遇见历史,创造历史

将北京使馆区被围事件重新包装成电影叙事,让三部电影的制作者有足够的机会与"真实的"历史相接触。他们在不同程度上利用了这个机会。尽管人们对义和团战争仍然记忆犹新,而且作为影片的历史背景,专业杂志和新闻期刊也经常提及,没有迹象表明纳齐默娃制作公司非常积极地与真实事件建立联系。③对历史背景的了解显然是理所当然的,尽管这是否

---

① 《北京55日》,2:23:46—2:24:45;对话从2:24:29开始。

② 参看恩诺·帕塔拉斯:《北京55日》,《电影评论》1963年第10期(Enno Patalas, "55 Tage in Peking", *Filmkritik*, no. 10, 1963),第494页。

③ 例如,可参看《纳齐默娃自由扮演双重角色:〈红灯照〉中重现的义和团运动场景》,《俄勒冈日报》1919年6月16日("Nazimova Plays Double Role at Liberty: Scenes of Boxer Rebellion Reproduced Upon Screen in 'The Red Lantern'", *Oregon Daily Journal*, 16 June 1919),第10页;梅·蒂尼:《基于义和团运动的电影》,《芝加哥每日论坛报》1919年4月26日(Mae Tinée, "A Vivid Picture Based on the Boxer Rebellion", *Chicago Daily Tribune*, 26 April 1919),第18页。

合理尚不清楚。一位评论家认为,美国公众对义和团运动相当无知,只知道它发生在几年前。他认为,对美国人来说"我是一名拳民(Boxer)"的感叹,更多地是在暗示他是一个职业拳击手(prize fighter)。而且,他建议放映商通过强调"义和团是企图推翻中国现存政府的布尔什维克的高级阶段"来引起人们的注意,这并不能说明作者本人对义和团战争的意义相当熟悉。①

密涅瓦电影公司更注重与1900年的"真实"事件建立联系,也许是因为它们更需要解释,这一点从许多媒体的评论中也可以看出。他们认为有必要在片中插入一个标题,含糊其辞地解释1900年在中国的外国人看到"他们的生命和财产受到威胁",同时他们还努力宣传一场无疑是事先安排好的现场访问,访问对象是阿尔弗雷德·格拉夫·冯·索登(Alfred Graf von Soden,1866—1943),他是一名海军中尉,曾在北京使馆被围困期间指挥德国公使馆卫队。②然而,对历史象征意义最为敏感的是布朗斯顿制片公司。《北京55日》的拍摄始于1962年6月20日,"距离中国义和团开始历史性地围攻11个国家的公使馆正好62年"。而男主角查尔顿·赫斯顿到伦敦参加影片首映式时,还特意邀请了1900年索登的英国同事、当时英国最年长的维多利亚十字勋章(1900年在北京获得)持有者刘易斯·哈利迪(Lewis Halliday,1870—1966)爵士参加活动。③这样的宣传有

---

① 参看《中国奇观中的独特明星:给人留下深刻的印象》,《韦德日报》1919年5月4日("Distinctive Star in Chinese Spectacle. Makes Excellent General Impression", *Wid's Daily*, 4 May 1919),第23页;《具有独特广告角度的明星和巨星应该使这发扬光大》,《韦德日报》1919年5月4日("Star and Magnitude with Peculiar Ad Angles Should Make This Big", *Wid's Daily*, 4 May 1919),第23页。

② 参看《冯·索登伯爵的回忆》,《北京惊魂记》宣传资料,其中还包括一些评论;字幕出现在电影的02:17—02:40。

③ 参看《塞缪尔·布朗斯顿展现在北京的五十五天》("Samuel Bronston presents Fifty Five Days at Peking"),MHL,查尔顿·海斯顿档案,第7盒第78号文件夹;《92岁的将军讲述他在越战中的胜战》,《伦敦标准晚报》1963年5月8日("General, 92, Tells of Battle in Which He Won the VC", *London Evening Standard*, 8 May 1963),第1页;罗伯特·姆斯尔:《老兵遇见"电影男孩"》,《布里奇波特邮报》(Robert Musel, "Old Vet Meets 'Movie Chaps'," *Bridgeport Post*, 7 April 1963),第96页。吉姆·毕晓普:《头脑依旧敏捷》,《每日邮报》(Jim Bishop, "Mind Still Swift", *Daily Mail*, 22 May 1963),第16页,表明《北京55日》的场景依据的是好莱坞相册。

助于将电影扎根在"西方"大众的记忆中。

很难说市民对这些电影的反应。商业上的成功是一个需要谨慎处理的标准,因为它反映了制作成本和票房销售之间的关系。虽然行业杂志报道说人们排长队进入《红灯照》放映场的说法可能会被指责为党派之争,但偶尔有一些地方性的报道表明这部电影确实很受欢迎。①与此相反,一位观察家认为卡佩拉尼在拍摄这部电影和其他电影时"取得了显著的艺术效果,但对公司的资金榨取太多,对股东的经济打击很大",仅《红灯照》就用掉了10万卷胶片。②

同样,《北京惊魂记》作为一部"男人的电影",似乎在当地取得了一定的成功,但更重要的是,它所传达的阳刚、同志情谊和自我牺牲的信息得到了当局的认可。电影审查局不仅允许《北京惊魂记》公开放映,包括向青少年观众放映,还建议"在耶稣受难日、忏悔日和英雄纪念日"放映,使该片成为纳粹努力用英雄自我牺牲的内在精神代替基督教象征主义的一部分。③尽管针对非英语国家采取了国际营销策略,并在电视上播放了一部宣传"制作"纪录片,但《北京55日》在商业上还是失败了。④

---

① 例如,《电影院》,《辛辛那提询问报》1919年6月30日("The Picture Houses", *Cincinnati Enquirer*, 30 June 1919),第16页,描述了一家电影院如何决定将另一部电影推迟一周以支持《红灯照》,满足大众的要求。

② 参看卡尔·约克:《戏剧与演员》,《电影》1919年第15卷第5期(Cal. York, "Plays and Players", *Photoplay* 15, no. 5, 1919),第80—90页,本处在第88页。

③ 《北京惊魂记》许可证,柏林,1937年7月6日,德国电影基金会,文字档案(强调处为原文)。关于"男人电影"的特点,参看《柏林大众报》(*Berliner Volks-Zeitung*)的评论,《〈北京惊魂记〉新闻手册》;几乎所有的评论都强调了这部电影传达的阳刚之气和好战的价值观。关于当地的成功案例,参看《哥廷根日报》(*Göttinger Tageblatt*)、《耶拿大众报》(*Jenaer Volksblatt*)、《柏林插画报(夜间版)》(*Berliner Illustrierte Nachtausgabe*)和《中央德国》(*Der Mitteldeutsche*)的评论,同上。

④ 参看大卫·汤姆森:《完全的综合体:好莱坞的历史》,纽约:克诺夫出版社,2005(David Thomson, *The Whole Equation: A History of Hollywood*, New York: Knopf, 2005),第317页;《发行协议》,《黎巴嫩每日新闻》1963年5月10日("Release Agreements", *Lebanon Daily News*, 10 May 1963),第19页。关于纪录片《西班牙人眼中的北京》(*Peking in Spain*),参看《电视花絮》,《蒂普顿论坛报》1963年6月8日("T-V Highlights", *Tipton Tribune*, 8 June 1963),第6页;里克·杜·布罗:《卡尼展现了失败》,《新闻杂志》1963年6月10日(Rick Du Brow, "Carney Show a Failure", *News-Journal*, 10 June 1963),第19页。

这些电影在评论家那里的表现也不尽相同。总的来说，影评人对《红灯照》热情洋溢，对异国情调的装潢和女主角令人印象深刻的表演都大加赞赏。"想象一下最伟大的明星出现在有史以来最精彩的电影中"，有人写道："那么看到《红灯照》，你的一切期望都将得到满足。"[1]赞美声中也掺杂着一些批评。一位记者称赞纳齐默娃的"精彩演技"，但认为剧本本身"并不特别讨人喜欢"；另一位记者赞扬《红灯照》，但认为剧情结构有问题，抱怨故事的第一部分用了太多的镜头，而且让纳齐默娃扮演双重角色，实际上削弱了影片的悲剧色彩。[2]

由于纳粹德国的文化部门不能容忍任何独立的电影评论，德国报纸对《北京惊魂记》的普遍赞誉只是反映了官方的态度（rubber-stamp）。[3] 相比之下，对《北京55日》的反应则是压倒性的负面评价。少数评论家对影片的视觉奇观印象深刻。[4] 但大多数评论对这部"东方西部片"和它"不断

---

[1] 《在殖民地的下一周》，《雷丁时报》("Next Week at the Colonial", *Reading Times*, 18 September 1919)，第13页；更多例子参看 T. E. 奥利芬特：《〈红灯照〉是纳齐默娃的最好电影》，《温斯顿－塞勒姆日报》1919年8月3日(T. E. Oliphant, "'The Red Lantern' is Nazimova's Best Picture", *Winston-Salem Journal*, 3 August 1919)，第18页；《在神秘中国演出的阿拉·纳齐默娃是评委会的明星》，《亚特兰大宪报》1919年6月15日("Alla Nazimova in Play of Mysterious China is Star at the Criterion", *Atlanta Constitution*, 15 June 1919)，第8页。

[2] 参看《纳齐默娃自由扮演双重角色：〈红灯照〉中重现的义和团运动场景》，《俄勒冈日报》1919年6月16日("Nazimova Plays Double Role at Liberty: Scenes of Boxer Rebellion Reproduced Upon Screen in 'The Red Lantern'", *Oregon Daily Journal*, 16 June 1919)；《中国奇观中的独特明星：给人留下深刻的印象》，《韦德日报》1919年5月4日("Distinctive Star in Chinese Spectacle. Makes Excellent General Impression," *Wid's Daily*, 4 May 1919)。

[3] 除了新闻手册，另可参看奥托·斯罗卡：《〈北京惊魂记〉：在柏林动物园乌法电影宫观看泰拉电影公司拍摄的电影》，《十字报》1937年8月24日(Otto Sroka, "'Alarm in Peking': Ein Terra-Film im Ufa-Palast am Zoo," *Kreuz-Zeitung*, 24 August 1937)；关于纳粹德国对电影批评的打压，参看斯蒂芬·布罗克曼：《德国电影批评史》，第135—136页。

[4] 参看乔治·赫兹伯格：《北京55日》，《电影回音/电影制作》1963年9月25日(Georg Herzberg, "55 Tage in Peking", *Film-echo/Filmwoche*, 25 September 1963)，第8—9页，本处在第9页；鲍勃·托马斯：《目睹新电影：令人兴奋的东方的西方——〈北京55日〉》，《拉辛时报周日公告》1963年6月9日。

的吹嘘"（trumpeted dumdeedumdeedumdeedum）提出异议。① 还有人指出剧情前后矛盾和肤浅，人物和冲突的模式化和陈词滥调，缺乏原创性、实质性和深层意义，以及对影片传达的图像过度依赖，这促使一位评论家建议"应该防止儿童受到这种（视觉的）过度刺激"。一些作者认为《北京55日》表明了电影制作或至少是史诗类型影片的普遍危机。② 这种批评尽管可能是毁灭性的，但它针对的是影片的美学，而不是其政治或社会信息。一位英国影评人是唯一一个人如此宣称道："我在道义上一直站在中国人一边。"③

还有一种方式，就是历史赶上了电影，而且程度也大不相同。影响最为显著的是，1919年《红灯照》上映，义和团战争被用来作为历史类比。埃及革命的爆发似乎与义和团的"叛乱"（rebellion）一样是由西方的文化傲慢引起的，但中国也成为焦点：在巴黎和会上，中国政府要求（并实现了）归还1901年作为战利品被运往德国的北京天文台的天文仪器。然

---

① 参看《没有人吃老鼠》，《新闻周刊》1963年6月3日（"Nobody Eats Rats", *Newsweek*, 3 June 1963），第84页。西方的类比在很多评论中都有，甚至在鲍勃·托马斯的《目睹新电影：令人兴奋的东方的西方——〈北京55日〉》中也有善意的类比。另可参看吉恩（Gene）：《〈北京55日〉评论》，MHL，美国电影协会，制作章程管理档案；莫伊拉·沃尔什：《〈北京55日〉评论》，1963年7月6日报纸剪报，同上。

② 参看《北京55日》，《福音电影评论》1963年第10期（"55 Tage in Peking", *Evangelischer Filmbeobachter* 16, 1963），第490—491页，本处在第491页。有各种不同的方法：讽刺性——《洋鬼子回家》，《时报》1963年5月21日（"Foreign Devils Go Home", *Time*, 21 May 1963），第80页；学术性——让-路易斯·科莫利：《完成分离》，《电影手册》1963年第146期（Jean-Louis Comolli, "Le divorce accompli", *Cahiers du Cinéma* 146, 1963），第50—54页；印象化——福：《完美场面》，《威斯特伐利亚新闻报》1972年9月16日（Th. Fü., "Ein perfektes Spektakel", *Westfälische Nachrichten*, 16 September 1972）。关于电影制作的总体批评，参看莫伊拉·沃尔什：《〈北京55日〉评论》；宝琳·凯尔：《电影会分崩离析吗？》，《亚特兰大月刊》1964年第214卷第6期（Pauline Kael, "Are Movies Going to Pieces?" *Atlantic Monthly* 214, no. 6, 1964），第61—81页；克劳斯·赫贝克尔：《1963年电影院》，《电影电报》1963年第51卷第2期（Klaus Hebecker, "1963 im Kino", *Film-Telegramm*, nos. 51-2, 1963），第10—11页。

③ 彼得·贝克：《北京55日》，《电影与摄影》1963年第6期（Peter Baker, "55 Days at Peking", *Films and filming*, no. 6, 1963），第28页。在某种程度上，这一点在吉恩的《〈北京55日〉评论》中也得到了回应，他声称：《北京55日》站在了帝国主义的一边，这可能在世界其他地方令人不安。"

而，更重要的是，《凡尔赛条约》未能将德国对山东省的权益交还给中国，引发了一波公众抗议活动，这就是载入史册的"五四运动"，但在当时许多人看来这就像一场披上新装的义和团运动。①

正是在这种情况下，三位中国知识分子分别代表美国的一个华人社团给《华盛顿邮报》(Washington Post)的编辑写信，他们在信中谴责《红灯照》是对中国政治和文化的严重歪曲。需要指出的是，这三位都不是严格意义上的美籍华裔。其中一位是江亢虎(Jiang Kanghu，或江绍铨 Jiang Shaoquan，别名 S.C.Kiang，1883—1954)，是加州大学伯克利分校中文系助理教授，1916年曾将自己的家族图书馆捐献给该校。另外两位是陈达(Chen Da，1892—1975)和张国辉(C. K. Cavour Chang，1893—1968)，他们是进修生，同年早些时候与蒋一起签署了反对日本接管山东的公开

---

① 参看威廉姆·T.伊尔斯：《牢牢掌握埃及》，《华盛顿邮报》1919年6月1日(William T. Ellis, "Egypt in Firm Grasp", *Washington Post*, 1 June 1919)，该文多次出现在报纸上，例如《英国效率在埃及迅速占上风》，《亚特兰大宪报》("British Efficiency Quickly Gets Upper Hand in Egypt", *Atlanta Constitution*, magazine section)，第6页；《中国政府追索战利品：义和团运动期间被洋人偷走的仪器》，《华盛顿先驱报》1919年1月2日("Chinese Government Wants Loot Returned: Instruments Stolen by Hun During Boxer Rebellion", *Washington Herald*, 2 January 1919)；《中国在和谈中要求归还义和团期间被当作战利品的无价仪器》，《韦恩堡哨兵报》1919年2月11日("China Asks at Peace Table for Return of Priceless Instruments Taken as Loot During Boxer Rebellion", *Fort Wayne Sentinel*, 11 February 1919)，第14页；《中国的麻烦：对另一场类似于义和团运动的普遍骚乱的恐惧》，《旧金山纪事报》1919年6月14日("Trouble in China: Fear of Another General Uprising Similar to the Boxer Rebellion", *San Francisco Chronicle*, 14 June 1919)，第20页；《中国对山东主权丧失的愤怒》，《太阳报》("China Seething Over Shantung", *The Sun*, 16 July 1919)，第16页。相关背景参看埃雷兹·曼尼拉：《威尔逊时刻：民族自决与反殖民民族主义的国际起源》，纽约：牛津大学出版社，2007(Erez Manela, *The Wilsonian Moment: Self-Determination and the International Origins of Anticolonial Nationalism*, New York: Oxford University Press, 2007)。

宣言。①

　　三位作者在他们的文章中认为是西方帝国主义和在中国的领土扩张而不是种族仇恨，造成了"爱国但方向错误"的义和团运动；义和团和一般中国人对种族平等问题不感兴趣。他们还抱怨电影中对中国基督徒的歪曲描述，他们指出中国基督徒和西方传教士一样，在义和团手中遭受了很多苦难。他们特别愤怒的角色是王三，一个和他们一样的知识分子。把一个归国的中国学生想象成领导暴民暴力活动的人，这"不仅是一种错误，而且是一种侮辱"。而实际上在国外待过的官员，如许景澄（1845—1900），在身处险境时曾坚定不移地反对义和团。最后，他们对场面残酷的缠足以及所谓的宫刑都嗤之以鼻，认为这与中国的文化现实相去甚远。江、陈、张看到的是一个在中美之间挑拨离间的险恶阴谋。②他们对《红灯照》的批评在当时无疑是少数人的观点。然而，稍后的行业杂志《电影世界》(Moving Picture World)的版面上却出现了想法类似的报道。1921年5月，一位从中国军队退役的军人鲁丁格·德·罗登·柯（Rudinger de Rodyen Ko）少校认为，美国电影中对中国人的丑化不仅对中国不公正，而且还造成了好莱坞作品与条约口岸以外的中国市场的隔绝，而德国人和日本人却在推广他们的作品，并取得了巨大成功。③罗登·柯呼吁的不是美

---

①　参看《中国人反对条约》，《纽约时报》1919年7月31日（"Chinese Protest Treaty", *New York Times*, 31 July 1919），第3页。关于江，参看包华德编：《民国名人传记辞典》第1卷，纽约：哥伦比亚大学出版社，1967(*Biographical Dictionary of Republican China*, vol. 1, ed. by Howard L. Boorman, New York: Columbia University Press, 1967)，第338—339页，又名Chiang, K'ang-hu；关于关于陈、张的早期生涯，参看《中国名人录》（第5版），上海：密勒氏评论报社，1936(*Who's Who in China*, 5th ed. Shanghai: The China Weekly Review, 1936)，第11，33—34页。

②　参看江亢虎、陈达、张国辉：《虚假中国的戏剧：华盛顿的中国人抗议银幕上被扭曲的中国形象》，《华盛顿邮报》1919年7月20日(S. C. Kiang, Ta Chen and S. K. Chang, "Plays on China False: Washington Chinese Protest Against Screen Portrayals", *Washington Post*, 20 July 1919)，第14页。

③　参看鲁丁格·德·罗登·柯：《美国电影对中国不公，中国是潜在的巨大电影市场》，《电影世界》1921年第50期(S. P. Rudinger de Rodyen Ko, "American Pictures Are Unjust to China, Which Is Potentially Great Film Market", *Moving Picture World* 50, 1921)，第263—264页。作者给出的职业身份是少校，"中国军队，退役"。这说明他可能是中美混血儿。

国人的正义感,而是美国的商业利益。

《北京惊魂记》遭到了中国知识分子的类似抗议,但也遭到了政治层面的抗议。中国驻柏林大使程天放(1899—1967)让德国外交部和政府各部参与进来,试图阻止影片放映。官员们表示相当理解,宣传部长约瑟夫·戈培尔(Joseph Goebbels,1897—1945)考虑了可能的删减,并重复了之前向大使提出的一起看电影的提议。显然,抗议的矛头并不是针对实际的电影本身,因为大使并没有看过,而是针对义和团战争电影的看法。看来,德国官员提出的论据——或者说,如果电影私下放映的话——使中方相信这部电影从正面展示了中国;我们能说的是,目前未发现进一步的抗议记录在案。当这部影片最终在1937年7月16日首映时,它遇到了一个奇怪的情况,因为中日战争在九天前就已经爆发——这也是一些评论家所强调的。二战后,它遭到盟国的敌视。[①] 1950年,审查机关将《北京惊魂记》列入纳粹国家委托的宣传片的禁止放映名单,尽管可能为时已晚;[②]它的公众影响因此被终止,至今只能在获得特别许可的情况下放映。相比之下,中国人对《北京55日》的抗议活动一无所知;但在冷战的框架下,无论是北京还是台北,可能都没有任何意愿去夸大一件小事。

结论:主题和变化

这三部关于义和团战争的西方故事片最好理解为一个共同主题的变体;不仅因为它们表现的是同一个历史事件,而且因为它们集中在北京之围这一事件上,在大众的记忆中,它已经成为整个事件的象征。在这个特定的有利位置上,这些电影继承了一个已经确立的叙事传统。所有的电影都或多或少地将对历史事件的隐晦引用与浪漫的故事情节结合起来,

---

① 参看冯·麦肯森(Von Mackensen)致冯·施米登(von Schmieden),柏林,1937年6月24日;齐格弗里德(Siegfried),档案说明,1937年6月24日;冯·麦肯森致冯·施米登,柏林,1937年6月24日,均收录于外交部政治档案,编号R61123。相关背景和另一位留德学生陶鹏飞(Tao Pengfei)的批判性德语评论,参看西蒙·普雷克:《中华民国在纳粹德国的公共外交(1936—1941)》,博士学位论文,汉堡大学,2018(Simon Preker, "Republican Chinese Public Diplomacy in Nazi Germany, 1936-41", Diss. phil., University of Hamburg, 2018),第218—219页。

② 参看约翰·F.凯尔森:《德国控制委员会信息服务部电影档案馆收藏的被禁德国故事短片目录》,第182—184页。

正是这种故事情节使它们能够解决一些类似的问题,例外的是《红灯照》没有涉及国家(民族)问题。

这三部电影表现出的显著相似性,主要归结于对叙事传统和既定电影制作实践的坚持。这三部电影都在相当程度上虚假地宣称自己是中国文化的真实写照;同时,它们都依靠"黄色肤色"的做法来支持电影中充斥的关于中国的陈词滥调和刻板印象,尽管程度各有不同。迷信、残忍或压抑感情等特征,都有助于东方主义将中国人视为"西方"文化的典型他者。它们也确保了中国人的立场被表达出来,但从未被认真对待。最后,他们还排除了异族间爱情的可能性,《北京惊魂记》否定了它的存在,而在另外两部作品中,死亡是越轨不可避免的后果。只有《北京55日》提供了关于现世(this-worldly)的救赎,这里的关系不是平等的恋人关系,而是美国"父亲"和中国"女儿"的关系——暗含着一种家长式的、等级制的关系,"西方"一方对顺从的"东方"一方负责。

三部电影之间的一些差异源于制作时的技术状况,这影响了一部电影如何尽其所能(can say it does)。最明显的例子是《红灯照》无法解决语言多样性的问题,这也是两部有声电影所利用的主题。毫不奇怪的是,制作时的政治和社会环境是产生不同信息的更强的因素。虽然《北京55日》对混血儿的积极解决方案值得商榷,但与《红灯照》相比,还是相差甚大。毫无疑问,这反映了美国政治和社会内部朝着更加包容的态度发展。那么,另一方面,这种影响也有些随机。《北京惊魂记》排除了任何欧洲人和中国人之间的种族联合,并对跨文化接触持怀疑态度,然而在向德国与中国的联盟致敬的同时,它将义和团运动描绘成一场现代民族主义运动,减轻了一些明显和隐含的种族主义。在《北京55日》中,这些元素大体上是相反的,但结果是相似的:虽然中国被展示为反现代的,但至少展示出至少有一种形式的种族间联合是可能的,而且文化分歧有时被成功弥合。布朗斯顿的影片同样提到了一种联盟,但这种联盟早在1949年就已经"遗失":到20世纪60年代初,对20世纪三四十年代中美合作关系的反思无疑带有怀旧的印记。两部影片最不同的地方在于对民族主义和国际主义的态度:《北京惊魂记》以一种单纯且得意的手法公开宣传庆祝国际联合;《北京55日》则表现出更强烈的怀疑态度,同时也预见到了保卫使馆区潜在的遗产。

由于这三部电影都传递出复杂而矛盾的政治、社会和文化信息——

即使是三部电影中最连贯的《红灯照》，在种族问题上也有些含糊不清，令人惊讶的是，影评人很少注意到这一点。实际上，美国和欧洲的评论家将他们的反对意见限制在情节结构和美学上。中国学者、知识分子或外交官提出了根本性的批评。总而言之，这三部电影牢牢扎根于义和团战争的主流大众记忆，改变了现有的叙事传统以及东方主义的刻板印象。

档案中的义和团战争:军事档案的比较研究*

古苏珊(Susanne Kuss)

作为对1900年义和团与清政府结成联盟的回应,八个帝国主义国家(德、法、英、美、意、奥匈、俄、日)联合出兵"平定"华北。这次行动是一项庞大的军事和后勤工程,需要一个官僚机构的支持,并留下了大量的档案记录。然而,由于没有任何形式的国际机构可以与国际联盟相媲美,这意味着缺乏任何中央档案馆或资料库来储存与该事件有关的文件。因此,研究这一事件的历史学家不仅要查阅参与这一事件的八个独立国家的军事档案,还要查阅中国大陆和台湾地区的一些档案。① 尽管有必要,但是西方学者的研究工作也很少以这些档案资料为基础,而更愿意依靠"镇压

---

* 本文最早版本由安德鲁·史密斯(Andrew Smith)从德语翻译过来,最新版本已由孔正滔修订。

① 参看威廉·C.卡比:《20世纪中国的档案与历史》,弗朗西斯·X.布劳、威廉·G.罗森伯格编:《社会记忆的档案、卷宗与机构:索耶研讨会论文集》,安娜堡:密歇根大学出版社,2007 (William C. Kirby, "Archives and History in Twentieth-Century China," in *Archives, Documentation and Institutions of Social memory: Essays from the Sawyer Seminar*, eds.by Francis X. Blouin and William G. Rosenberg, Ann Arbor, MI: University of Michigan Press, 2007),第436—442页。

义和团起义"的华丽官方描述或军官和战地记者的回忆录。[①] 此外，大多数研究并没有把战争的过程作为一个军事事件来关注，而是把重点放在义和团运动的起因、北京使馆区被围困以及战争对中国政治、社会、文化

[①] 参看黛安娜·普雷斯顿:《北京之围:义和团运动的故事》,伦敦:康斯特布尔出版社,1999(Diana Preston, *Besieged in Peking: The Story of the Boxer Rebellion*, London: Constable, 1999);孔正滔:《以文明之名的惩罚远征:中国的义和团战争(1900—1901)》,孔正滔、弗兰克·舒马赫编:《殖民战争:帝国主义的军事暴力研究》,(Thoralf Klein, "Straffeldzug im Namen der Zivilisation: Der 'Boxerkrieg' in China (1900-1901)," in *Kolonialkriege: Studien zur militärischen Gewalt im Zeichen des Imperialismus*, ed. Thoralf Klein and Frank Schumacher (Hamburg: Hamburger Edition, 2006),第145—181页;罗梅君、余凯思编:《在中国的殖民战争:1900—1901年义和团运动的失败》,柏林:林克斯出版社,2007(Mechthild Leutner and Klaus Mühlhahn eds., *Kolonialkrieg in China: Kolonialkrieg in China: Die Niederschlagung der Boxerbewegung 1900—1901*, Berlin: Links, 2007);毕可思、狄德满编:《义和团·中国与世界》,拉纳姆:罗曼和利特菲尔德出版社,2007(Robert Bickers and R. G. Tiedemann, eds., *The Boxers, China, and the World*, Lanham, MD: Rowman & Littlefield, 2007);雷蒙德·布热里、皮埃尔·莱索夫:《义和团战争(1900—1901):慈禧避免了最坏的情况》,巴黎:经济出版社,1998(Raymond Bourgerie and Pierre Lesouef, *La guerre des Boxers: Tseu-Hi évite le pire*, Paris: Economica, 1998);甄爱廖:《有人为了文明,有人为了国家:重审义和团战争》,香港:香港中文大学出版社,2002(Jane E. Elliott, *Some Did It for Civilisation, Some Did It for Their Country: A Revised View of the Boxer War*, Hong Kong: Chinese University Press, 2002)。一个例外是相蓝欣的《义和团战争的起源:跨国研究》(Lanxin Xiang, *The Origins of the Boxer War: A Multinational Study*, London: Routledge Curzon, 2003),该书广泛使用了所有参与国的档案材料,但它侧重于外交而非军事方面。关于德国战地记者,参看梅勒·齐格尔:《亚洲和非洲德国殖民战争中的战地记者:目击者、煽动者、同谋者?》,基尔:索里瓦格斯出版社,2016(Merle Zeigerer, *Kriegsberichterstatter in den deutschen Kolonialkriegen in Asien und Afrika: Augenzeugen, Anstifter, Komplizen?* Kiel: Solivagus, 2016),尤其是第309—363页。

和军事发展的影响上。①

  英美学者对作为军事事件的义和团战争进行了一些研究。最著名的论述来自美国历史学家何伟亚（James L. Hevia），他通过调查1856—1860年第二次鸦片战争和1900—1901年义和团战争中英美部署军队的行为，对19世纪帝国主义进行了功能分析。②中国的战争也仍然处于法国史学界兴趣的边缘。法国史学家发表的文章仅限于发表于《陆军历史评论》（*Revue historique des Armées*）——该杂志在国防历史服务局（Service historique de la défense）的主持下出版——的少数文章，这些文章只提供

---

 ① 两种经典的说法，参看周锡瑞：《义和团运动的起源》，伯克利：加州大学出版社，1987(Joseph Esherick, *The Origins of the Boxer Uprising*, Berkeley, CA: University of California Press, 1987)；柯文：《历史三调：作为事件、经历和神话的义和团》，纽约：哥伦比亚大学出版社，1997(Paul Cohen, *History in Three Keys: The Boxers as Event, Experience, and Myth*, New York: Columbia University Press, 1997)。前者主要利用中国口述历史调查，后者主要利用中国出版的资料汇编以及一些主要来自传教士档案的档案材料。

 ② 参看何伟亚：《英国的课业：19世纪中国的帝国主义教程》，达勒姆：杜克大学出版社，2003(James L. Hevia, *English Lessons: The Pedagogy of Imperialism in Nineteenth-Century China*, Durham, N.C.: Duke University Press, 2003)；甄爱廖：《有人为了文明，有人为了国家：重审义和团战争》；汤若杰：《山西"义和团运动"的军事维度（1898—1901）》，方德万编：《中国历史中的战争》，莱顿：博睿出版社，2002(Roger R. Thompson, "Military Dimensions of the 'Boxer Uprising' in Shanxi, 1898-1901", in *Warfare in Chinese History*, ed. by Hans van de Ven, Leiden: Brill, 2002)，第288—320页，侧重于中国一方；布鲁斯·A.埃勒曼：《现代中国战争（1795—1989）》，伦敦：劳特利奇出版社，2001(Bruce A. Elleman, *Modern Chinese Warfare, 1795-1989*, London: Routledge, 2001)，第116—137页，没有引用任何原始资料；肯尼斯·M.斯沃普编：《1600年以来的对华战争》，奥尔德肖特：阿什盖特出版社，2005(Kenneth Swope, ed., *Warfare in China since 1600*, Aldershot: Ashgate, 2005)，没有用任何篇幅介绍义和团战争。最近的趋势是将义和团战争解释为联盟战争和反叛乱行动，参看埃里克·奥莱特：《多国镇压：1900—1901年西方对义和团运动的干涉》，《小型战争与叛乱》2009年第20期(Eric Ouellet, "Multinational Counterinsurgency: The Western Intervention in the Boxer Rebellion 1900-1901", *Small Wars and Insurgencies* 20, 2009)，第507—527页。

了法国的战争活动的一般描述。^①德国学术界对义和团战争的兴趣则走了一条完全不同的道路。德国学者在对中国战争过程进行描述的同时,近来把重点放在了德国分遣队(contingent)表现出对中国平民实施大量军事暴力的极高意愿上。在确定了这一点之后,许多研究接着提出了一个问题,即从德国在这场冲突中的军事行为到20世纪初德国进行的若干次殖民战争,再到第一次世界大战甚至第二次世界大战,它们之间有什么连续性。因此,作为年轻的德国自1871年统一以来的第一场战争,义和团战争被许多德国历史学家视为一个出发点,从这个出发点去研究德国军事暴力假定的结构连续性。[②]

因此,以往学术界对义和团战争的研究方法形成了以英、法、美学者为一方,以德国学者为另一方的两派。尽管方法不同,但这两派同样没有对各自国家军事档案中保存的相关文献进行系统的考察,[③]也忽视了探究这些保存文献对义和团战争研究可能存在的价值。本文将首先探讨档案排序原则与使用者从档案中提取的义和团战争资料之间的关系,[④]然后探

---

① 参看M.布尔莱、A.-A.英奇姆伯特:《远征军:进化与变异》,《陆军历史评论》2001年第222期(E.g. M. Bourlet and A.-A. Inquimbert, "Le corps expéditionnaire, évolution et mutations", *Revue Historique des Armées* 222, 2001),第35—46页;J.-P.戈马纳:《应对义和团和围攻使馆的国际远征(1900年6—8月)》,《陆军历史评论》2003年第230期(J.-P. Gomane, "L'expédition internationale contre les Boxers et le siège des légations (juin-août 1900)", *Revue Historique des Armées* 230, 2003),第11—18页;让-弗朗索瓦·布伦:《对中国的武装干预:1900—1901年的国际远征》,《陆军历史评论》2010年第258期(Jean-François Brun, "Intervention armée en Chine: L'expédition internationale de 1900-1901", *Revue Historique des Armées* 258, 2010),第14—45页。

② 对这些立场的总结与批评,参看古苏珊:《德国殖民战争与军事暴力的背景》,剑桥:剑桥大学出版社,2017(Susanne Kuss, *German Colonial Wars and the Context of Military Violence*, Cambridge, M.A.: Harvard University Press, 2017),第28—36页。

③ 关于美国的一个例外是特雷弗·K.普兰特的《义和团运动中的美国海军》,《序言杂志》1999年第31卷第4期(Trevor K. Plante, "U.S. Marines in the Boxer Rebellion", *Prologue Magazine* 31:4, 1999), http://www.archives.gov/publications/prologue/1999/winter/boxer-rebellion-1.html,访问日期:2016年7月14日。

④ 沃尔夫冈·恩斯特:《媒介与福柯:关于档案、考古、古迹与媒体的魏玛讲座》,魏玛,2000(Wolfgang Ernst, *M.edium F.oucault: Weimarer Vorlesungen über Archive, Archäologie, Monumente und Medien*, Weimar, 2000),第87页。

讨随之而来的问题,即不仅义和团战争的档案而且档案本身在多大程度上成为预设战争叙述的媒介(medium)。

档案和军事档案

档案是过去知识的储存库,如果以正确的方式处理,可以转化为关于过去的知识。这一转化过程主要由米歇尔·福柯(Michel Foucault)和雅克·德里达(Jacques Derrida)从理论上进行了阐述。① 他们的方法不是提出在什么地方发生了什么的问题,而是着重于对历史事件本身进行强调、评价和分类的具体过程如何成为可能。福柯并不打算重建一个名为历史的人工世界,其中的空白和间隙是通过建立有意义的背景来填补的。他还想摆脱那些自诩为历史中自然的、直接的、普遍单位所构成的价值体系。② 相反,他的目标是将历史描述为一个话语(discursive)事件。因此,根据福柯的观点,档案并不是一种文化或保存它们的机构的所有可用文本的总和;相反,它是一个规范陈述外观(appearance)的系统。换句话说,档案作为一个历史框架,既塑造了陈述,也限制了陈述。它的存在解释了为什么某些声明从来没有被提出,而另一些声明仍然模糊不清。福柯式

---

① 参看米歇尔·福柯:《知识考古学》,伦敦:塔维斯托克出版社,1972(Michel Foucault, *The Archaeology of Knowledge*, London: Tavistock, 1972);雅克·德里达:《档案热:一个弗洛伊德主义的印象》,芝加哥:芝加哥大学出版社,1996(Jacques Derrida, *Archive Fever: A Freudian Impression*, Chicago, I.L.: University of Chicago Press, 1996),第12、19页。德里达提及了"档案驱动"(archive drive)和"档案热"(archive fever)。将档案固定为"一切开端的源头",被视为对"死亡威胁"的反应,并作为反对侵略和(自我)毁灭的灵丹妙药来追求。首推皮埃尔·诺拉的《记忆之场》(3卷)(Pierre Nora, *Realms of Memory*, 3 vols, New York: Columbia University Press, 1996-1998),新史学(nouvelle histoire)确定了历史和其他记忆来源之间的日益分裂。因此,国家主导的官方历史学不再被视为能够代表国家的记忆;亦可参看沃尔夫冈·恩斯特:《档案中的谣言:无序中的有序》(Wolfgang Ernst, *Das Rumoren der Archive: Ordnung aus der Unordnung*, Berlin: Merve-Verlag, 2002),第9页;阿莱特·法尔热:《档案的诱惑》,纽黑文:耶鲁大学出版社,2013(Arlette Farge, *The Allure of the Archives*, New Haven, C.T.: Yale University Press, 2013)。

② "必须抛弃的第一个幻想,是最终的真实性叙事。历史叙事是一种建构,而不是可以验证所有观点的真理性论述。这种叙事必须将学术研究与能够引入真实性和可信性标准的论证结合起来。"(阿莱特·法尔热:《档案的诱惑》,第95页)

考古学取代了传统意义上的历史,它位于话语和非话语要素之间的接口(interface)上。

档案是想象(imagination)和实物(materiality)并存的场所。它们首先是想象性的场所,因为它们提供了无法直接转化为文字的数据。在阅览室里提供档案资料是一种行动,它总是被进一步的解释所重叠、支撑和包围。现有的唯一选择是通过叙述的方式,将各种形式的数据联系起来。因此,档案远远没有奠定一个真实性、证据和证词的基础,叙事可以建立在这个基础上。同时,它们也是实物性的场所,因为它们保存和存储数据(大多以书面文本的形式)并根据出处或背景对数据进行分类,使其可以检索。archive的词源是拉丁文 *archivum*(档案)和希腊文 *arché*(始基)。德里达曾指出,没有对档案的控制,就没有政治权力。① 谁控制了相关的文件,通过为此而设立的机构管理行政档案的储存,并在适用的情况下管理行政档案的出版并制定相关的规则,谁也就掌握了对历史的解释,从而掌握了政治合法性的最重要来源之一。档案馆和(国家)图书馆的规章制度以及架构反映了权力的等级。② 作为一个机构,档案馆决定了什么是知识以及谁来控制知识。档案馆所产生的知识秩序提出了问题,创造了显而易见的"真理"并改变了意义。

根据德国文化人类学家阿莱达·阿斯曼(Aleida Assmann)的说法,档案馆致力于"收集、保存和展示主要是独特或稀有的书面材料(以及越来越多的照片、海报和个人物品)"③,它与图书馆、展览馆和博物馆等其他记

---

① 参看雅克·德里达:《档案热:一个弗洛伊德主义的印象》,第2—3页。

② 在法国,档案是指整体上的国家文化遗产,这反过来又对法国的档案系统产生影响;参看尼科尔·萨拉特、伊曼纽尔·佩尼考特:《防御工事档案的存档(1660—1940)》,巴黎:档案与文化出版社,2009(Nicole Salat and Emmanuel Pénicaut, *Le dépôt des fortifications et ses archives 1660-1940*, Paris: Archives & Culture, 2009)。

③ 阿尔弗·吕德克:《档案与感性:对阿尔莱特·法尔热"档案鉴赏"的思考》,阿尔莱特·法尔热:《档案鉴赏》,哥廷根:沃勒斯坦出版社,2011(Alf Lüdtke, "Archive- und Sinnlichkeit?" in Arlette Farge, *Der Geschmack des Archivs*, Göttingen: Wallstein, 2011),第105—106页。

忆机构结合在一起,成为我们文化记忆的一部分。①另外,借鉴福柯对统一原则和解释的怀疑,②把档案馆仅仅看作是书面或非书面交流的实物储存空间更有意义。在履行这一角色的过程中,档案馆绝不是一个沉默的、固定的、被动的库房,因为在收集和储存的过程中创造了连贯的文件资料库,③它本身就是一个媒体的介质(a medium for media)。档案不再仅仅是过去的见证者,而是作为当代解释话语的参与者,具有重要意义。因此,"档案转向"(archival turn)使档案从"来源"(source)变成了"主体"(subject)。④由于档案有了自己的生命,档案的结构被认为是由其持有的资料形成的,同时也对资料本身产生影响。因此档案馆应该被看作是认识论的实验(epistemological experiments),而不仅仅是储存文件的地方。⑤正如历史学家安·劳拉·斯托勒(Ann Laura Stoler)所说:"我们不再是在研究事物,而是在研究事物的产生(making)。"⑥这种做法无异于完全和最终拒绝了历史主义支持者对基于档案、历史学的真理主张和实证价值的

---

① 参看埃莱达·阿斯曼:《改变媒体历史的档案》,克努特·埃贝林和斯特凡·京策尔编:《档案学:哲学,媒体和艺术档案学的理论》,柏林:卡德莫斯出版社,2009(Aleida Assmann, "Archive im Wandel der Mediengeschichte", in *Archivologie*: *Theorien des Archivs in Philosophie*, *Medien und Künsten*, eds. by Knut Ebeling and Stephan Günzel, Berlin: Kulturverlag Kadmos, 2009),第170页。

② 参看米歇尔·福柯:《知识考古学》,第21—22页。

③ 参看米歇尔·福柯:《知识考古学》,第10页。

④ 安·劳拉·斯托勒:《档案的纹理:认知焦虑与殖民常识》,普林斯顿:普林斯顿大学出版社,2009(Stoler, *Along the Archival Grain*: *Epistemic Anxieties and Colonial Common Sense*, Princeton, NJ: Princeton University Press, 2009),第44页。关于大量文献的指南,参看塞巴斯蒂安·乔布斯、阿尔弗·吕德克:《混乱的历史:导言》,塞巴斯蒂安·乔布斯、阿尔弗·吕德克编:《混乱的历史:历史学的存档与叙述》,法兰克福:坎普斯出版社,2010(Sebastian Jobs and Alf Lüdtke, "Unsettling History: Introduction", in *Unsettling History*: *Archiving and Narrating in Historiography*, eds. by Sebastian Jobs und Alf Lüdtke, Frankfurt am Main: Campus, 2010),第14页。

⑤ 安·劳拉·斯托勒:《殖民档案与治理艺术:形式上的内容》(Ann Laura Stoler, "Colonial Archives and the Arts of Governance. On the Content in the Form"),弗朗西斯·X.布劳、威廉·G.罗森伯格:《社会记忆的档案、卷宗与机构:索耶研讨会论文集》,第267页。

⑥ 安·劳拉·斯托勒:《殖民档案与治理艺术:形式上的内容》,弗朗西斯·X.布劳、威廉·G.罗森伯格:《社会记忆的档案、卷宗与机构:索耶研讨会论文集》,第268页。

信任。

安·劳拉·斯托勒和阿莱特·法尔热(Arlette Farge)的著作普遍表明,档案是具有特定性质的场所和阵列(arrays)。在各种档案中,殖民档案是一个特殊的现象,因为它是殖民(或更广泛的帝国主义)统治的一个组成部分。在这里储存文件,是为了展示被殖民者的传统实践,从而使殖民者的统治合法化。在对荷兰殖民档案的研究中,斯托勒甚至要求那些旨在反击霸权主义期望的历史学家"顺着档案的纹理"(along the archival grain)来解读这些文件。① 殖民档案的案例异常清晰地展示了档案是一个怎样的系统,在对材料进行存储和分类的过程中,各种制度是如何重叠的:在收到文件后,就会决定什么是重要的、有意义的。例如,传统行政思维(administrative mind)认为高层人士特别是国家元首的报告和相互之间的交流以及所有的国家事务笼统来说都是相关的。但是,正如档案不能被设想为"独立知识的地点",档案所掌握的"源头"本身并不是"真正意义的源泉",也不是殖民地真理的"铭文"(fonts)。② 事实上,文件归档的前提是基于先入为主的决策。与任何其他类型的历史材料一样,档案是研究者与他们希望研究的过去之间的媒介。

虽然义和团战争无疑具有殖民色彩,但有关文件并没有存放在专门的殖民档案中,而是存放在为储存各国军队产生的文件而建立的军事档案中。这是因为义和团战争不是在正式的殖民统治下的领土上进行的。一般来说,军事档案是国家档案的一部分。因此,本文研究的四种档案(或者说是档案组)的一个共同特点是,它们是档案的一部分但并不描述

---

① 参看安·劳拉·斯托勒:《档案的纹理:认知焦虑与殖民常识》。另可参看托马斯·理查兹:《帝国档案:帝国的知识与幻想》,伦敦:沃索出版社,1993(Thomas Richards, *The Imperial Archive: Knowledge and the Fantasy of Empire*, London: Verso, 1993);罗伯托·冈萨雷斯·埃奇瓦里亚:《神话与档案:拉丁美洲的理论》,剑桥:剑桥大学出版社,1990(Roberto Gonzalez Echevarria, *Myth and Archive: A Theory of Latin America*, Cambridge: Cambridge University Press, 1990)。

② 参看克雷格·邓宁:《威廉·古奇之死:人类学的历史》,火奴鲁鲁:夏威夷大学出版社,1995(Greg Dening, *The Death of William Gooch: A History's Anthropology*, Honolulu: University of Hawaii Press, 1995),第54页。关于"来源"(source)一词,参看米夏埃尔·齐默尔曼:《作为隐喻的资料:对史学不言而喻历史化的思考》,《历史人类学》1997年第5期(Michael Zimmermann, "Quelle als Metapher: Überlegungen zur Historisierung einer historiographischen Selbstverständlichkeit", *Historische Anthropologie* 5, 1997),第268—287页。

殖民秩序,而是描述国家这一项伟大工程(project)。因此,关于义和团战争的文件内容(deposition)反映的不是对现场统治的理解,而是对置身于国家的和欧美的背景的理解。

在有关义和团战争的文件成为各自国家档案的正式组成部分之前,它们都经历了一个大体上类似的复杂过程,这是任何档案馆的典型工作方式。首先是挑选文件,档案所保存的实质内容。经过筛选后,对文件进行评估,并决定接受还是拒绝这些文件。文献中对决定这一过程结果的因素没有达成共识——有些人强调档案管理员在做出这些决定时的代理权,另一些人则认为这些决定受到他们所服务的机构的能力、特点和政策的限制,甚至是预先决定的。档案馆的架构、规模和内部政策,以及馆内采用的档案系统设计,都经常被认为是制约这些决定的因素。一旦被档案馆采用,新的档案就会被编号并记录在清单中。这种决定和其他决定从来都不是价值中立的;这些对历史的编码行为使人们无法将档案馆视为被动的、无定形的记忆库。[①]

此外,欧洲(和美国)军队的论述框架尽管存在国家差异,但非常相似,这也是所有关于义和团战争的军事文件的基础。军事组织和编队通常从不编纂最关键的讨论和会议记录,或者即使编纂了也只是零散的记录。在这种情况下,个人回忆录——它们本身就具有高度的选择性和个人性——往往是这些事件的唯一信息来源。此外,许多军事文件如战争日记(最近被德国学者"发现"为义和团战争的资料来源)都是按照严格的规定编纂的。[②] 这些文件往往涉及适用于个别部队的组织问题,重点是列出远征军团的确切兵力和组成、战术记载和对具体行动过程的详细描

---

① 参看埃莱达·阿斯曼:《改变媒体历史的档案》,克努特·埃贝林和斯特凡·京策尔编:《档案学:哲学,媒体和艺术档案学的理论》,第173页;沃尔夫冈·恩斯特:《作为记忆场所的档案》,克努特·埃贝林和斯特凡·京策尔编:《档案学:哲学,媒体和艺术档案学的理论》,第181页。

② 关于战争日记的相关性,参看伊尼亚齐奥·丹多洛:《一次现代的远征:意大利在华远征队指挥官加里奥尼上校的官方日记(1900—1901)》,《法国远东学院学报》1991年第78期(Ignazio Dandolo, "A Modern Anabasis: The Official Diary of Colonel Garioni, the Commander of the Italian Contingent in China (1900-1901)", *Bulletin de l'École française d'Extrême-Orient* 78, 1991),第317—335页。本文从意大利的视角出发。

述。①战争日记和其他官方文件也倾向于排除战争中的敏感问题,特别是针对当地中国民众的身体暴力。除了这种真实的暴力外,这种缺乏文献资料的情况也构成一种认知(epistemic)上的暴力。

士兵是一个社会群体,他们通过共同的训练、执行共同的任务和表现出对彼此和国家的忠诚而团结在一起,他们往往容易对敏感问题保持沉默。因此,后来的学者在研究他们执行的军事行动时,应设法将官方记录与非正式资料和未记录的信息进行对比。此外,在处理后者时历史学家应始终寻求其"不成文性"的原因。作者是否没有认识到他们认为是"常识"的事项的重要性?是否由于作者无力阐明这些问题而在报告中被遗漏?更重要的是,这种遗漏是否是出于需要而保持沉默的默契?②

除了这些资料带来的共同的基本困难之外,研究像八国联军侵华这样的多国军事行动,还因为各参与国在建立、配备、整理和讨论其档案方面表现出的不同国家传统而变得更加复杂。③必须指出的问题是与义和团战争有关的材料的性质,以及这些材料在交战国档案中的储存方式,这里研究的是德国、法国、英国和美国。此外,这种研究还应该考虑到这些因素对参与国的军事史和国家(民族)史对这场战争的评估和重视程度的影响。本文试图对德国各军事档案馆、法国国防历史处(Historical Service of Defence)、英国公共档案局(Public Record Office)、大英图书馆(British Library)、美国国家档案馆(National Archives)和记录管理局(Record Administration)的馆藏情况进行简要概述。笔者感兴趣的是每一个档案馆的历史、其材料持有的重点、其展示的形式和方法。最后,本文将评估上述因素至今给义和团战争的历史编纂学(historiography)带来的困难,并就如何利用这些因素提出一些建议。

---

① 由于每位军官在撰写战争日记时确定的优先事项各不相同,因此可以通过比较参与同一行动的每个部队的条目来规避这些文件的正式性质。这些资料也可以通过日记和备忘录来补充。

② 类似的考虑也适用于殖民地档案。参看安·劳拉·斯托勒:《档案的纹理:认知焦虑与殖民常识》,第44页。

③ 参看马蒂亚斯·米德尔:《文化转移与档案》,米歇尔·埃斯帕涅、卡瑟琳娜·米德尔、马蒂亚斯·米德尔编:《档案与记忆:跨文化史研究》,莱比锡:莱比锡大学出版社,2000(Matthias Middell, "Kulturtransfer und Archiv", in *Archiv und Gedächtnis: Studien zur interkulturellen Überlieferung*, eds. by Michel Espagne, Katharina Middell and Matthias Middell, Leipzig: Leipziger Universitätsverlag, 2000),尤其是第19页。

德国：联邦档案馆的军事档案部、慕尼黑、斯图加特和德累斯顿的军事档案馆

根据德意志帝国和1945年后德国的联邦结构及其军事机构的分散性，有关德国军队参与义和团战争的记录分布在四个不同的档案馆，分别是位于弗莱堡（Freiburg）的联邦档案馆军事档案部（Military Archives Department of the Federal Archives）以及保存在慕尼黑（Munich）、斯图加特（Stuttgart）和德累斯顿（Dresden）的战争档案。新帝国借鉴了德意志神圣罗马帝国的传统，将国防责任下放给帝国的若干邦国。因此，德意志帝国没有为军事文件建立单一的中央档案馆。①

这个联邦最大的军事力量是由普鲁士王国（Kingdom of Prussia）提供的，它包含其他国家的大部分军队。只有巴伐利亚（Bavaria）、萨克森（Saxony）和符腾堡（Württemberg）三个王国各自保留了一支独立的军队，只有在发生战争时才由最高军事统帅德意志皇帝（普鲁士国王）指挥。普鲁士军队及其组织归普鲁士战争部（Ministry of War）管辖，而普鲁士军队大总参谋部（Great General Staff）则负责战时规划和动员。

虽然普鲁士总参谋部编制的文件由德国总参谋部军史科（military historical section）管理（该科本身也进行一些历史研究），但帝国宪法规定的军事架构预见到的情况是，军事文件由负责编制的邦国存档。帝国没有采取任何行动来建立类似于中央军事档案馆的机构。根据1919年魏玛宪法建立了单一的、统一的武装力量，为建立这样的档案馆采取了第一个具体步骤，其结果是1919年10月1日在波茨坦（Potsdam）建立了国家

---

① 参看格哈德·格兰尼尔：《联邦档案馆军事档案：功能－历史－存档》，波恩：德国联邦国防部，1989（Gerhard Granier, *Das Bundesarchiv-Militärarchiv*: *Funktion-Geschichte-Bestände*, Bonn: Bundesministerium der Verteidigung, 1989）；安德烈亚斯·昆兹：《弗莱堡联邦档案馆军事档案馆：1864年至今德国军事史资料》，《军事史：历史教育杂志》2008年第4期（Andreas Kunz, "Das Bundesarchiv-Militärarchiv in Freiburg: Quellen deutscher Militärgeschichte von 1864 bis heute", *Militärgeschichte*: *Zeitschrift für historische Bildung* 4, 2008），第14—17页；斯文·乌韦·德万蒂尔：《波茨坦陆军档案馆：联邦档案馆军事档案部的存档》，《档案管理》2008年第1期（Sven Uwe Devantier, "Das Heeresarchiv Potsdam: Bestandsaufnahme in der Abteilung Militärarchiv des Bundesarchivs", *Der Archivar* 61, 2008），第361—369页。

档案馆(Reich Archives)。虽然在形式上隶属于内政部,但却受国防军部(Ministry of the Reichswehr)的控制。在此之前,帝国海军一直是威廉德国(Wilhelmine Germany)内部唯一由中央管理的军事机构。早在1916年,海军部就成立了一个战争研究科,负责整理所有作战文件,包括所有航海日志和战争日记。1918年君主制崩溃后,其持有的资料被转移到新成立的海军档案馆的战争研究科。1936年,陆军终于成立了独立的陆军档案馆,从国家档案馆中分出。由于这些档案在1945年4月14日的一次空袭中被摧毁,所有尚未在这一天被安全转移的陆军档案,绝大多数都已经消失在后人的视野中,只剩下一些与普鲁士陆军有关的零星文件。①

弗莱堡的军事档案部目前持有的资料反映了这段历史的复杂性。联邦政府于1950年动议在科布伦茨(Koblenz)建立联邦档案馆,作为内务部中最高级别的联邦机构。1955年,其军事档案部成立,1968年迁至弗莱堡。后者是帝国陆军档案馆(Reich Army Archives)的延续,负责储藏、保存和处理1867年北德意志联邦(North German Confederation)成立以来产生的所有军事文件。②

---

① 参看约瑟夫·亨克:《战争与战后的德国历史命运》,《当代历史季刊》1982年第30期(Josef Henke, "Das Schicksal deutscher zeitgeschichtlicher Quellen in Kriegs- und Nachkriegszeit: Beschlagnahme-Rückführung-Vergleich", *Vierteljahrshefte für Zeitgeschichte* 30, 1982),第560页;格哈德·施密特:《第二次世界大战期间前帝国档案的流失》,国家档案局内部事务秘书处编:《档案学家和历史学家:档案和历史研究——海因里希·奥托·迈斯纳65岁生日纪念文集》,柏林:国家档案馆,1956(Gerhard Schmidt, Gerhard, "Die Verluste in den Beständen des ehemaligen Reichsarchivs im Zweiten Weltkrieg", in *Archivar und Historiker: Studien zur Archiv-und Geschichtswissenschaft. Zum 65. Geburtstag von Heinrich Otto Meisner*, eds. by Staatliche Archivverwaltung im Staatssekretariat für Innere Angelegenheiten, Berlin: Staatliche Archivverwaltung, 1956),第176—207页。

② 德意志民主共和国于1964年在波茨坦成立了类似的机构——德意志民主共和国国家人民军军事档案馆(Militärarchiv der Nationalen Volksarmee der DDR)。1990年,随着两德统一,位于德意志民主共和国中央档案馆和位于波茨坦的军事档案馆全部并入联邦档案馆。后者的军事档案局现在管理的军队档案包括普鲁士军队、北德意志联邦军队、帝国陆海军、卫戍军、自由军(Freikorps)、国防军(Reichswehr, Wehrmacht)、纳粹党卫军(Waffen-SS)、为盟国服务的德国军队、民主德国国家人民军、民主德国边防部队和联邦德国国防军的档案。此外,馆内还收藏了一些涉及军事历史的资料和1864年以来一些德国士兵的文件。

由于战时的损失,没有任何与义和团战争有关的文件以PH(德国对普鲁士军队的简称)的署名存档。因此,对这场冲突的任何重建都必须以帝国海军的文件为基础,这些文件在第二次世界大战中完好无损地保存下来。它们分别收藏于帝国海军内阁(Kaiserliches Marinekabinett, RM 2)和帝国海军陆战队(Landstreitkräfte der Kaiserlichen Marine, RM 121)。帝国卫戍军(Kaiserliche Schutztruppen)和其他德国海外陆军的档案也存放在军事档案馆,编号为RW 51,仅包括一些帝国殖民办公室移交的个别文件,如命令或法规的副本。

仅仅根据海军文件来重建德国在义和团战争中的参与,对历史学术研究来说是一个明显很大的限制。德国海军在义和团战争中的部署主要局限于早期阶段——1900年8月的救援使馆区。这意味着对战争的后续阶段的记录,特别是德国陆军元帅瓦德西(Alfred von Waldersee, 1832—1904)担任(尽管是名义上的)联军总司令时期,提供的信息很少。这些文件很少透露德国对中国北方城市北京、天津和保定管理的细节。这种档案匮乏情况的标志是发现了一份用简单的中文撰写的调查表,德国人在一次调查中使用了该调查表来收集该地区的信息。该问卷没有作为官方文件的一部分存放,而是在一位参与战役的军官的私人文件中被发现。① 除了参战部队的战争日记外,弗莱堡的档案还集中于德国驻中国总部与柏林的指挥中心——总参谋部、海军参谋部、战争部以及外交部殖民地司之间的电报。② 这些电报虽然提供了作战报告、对当前形势的估计以及对德国在中国和柏林建立的军事-行政等级制度的良好概述,但对德国与其他联军特遣队、中国当局和中国民众的沟通却没有提供什么深入的见解。

对这一专题的研究由于1945年初军队登记册丢失而受到阻碍,这一登记册是德国战争公墓办公室(German War Graves Office)在第一次世

---

① 德-中调查问卷中的一页重印于古苏珊:《义和团战争中的德国惩罚性远征》,余凯思、罗梅君编:《在中国的殖民战争:1900—1901年义和团运动的失败》,伦敦:林克斯出版社,2007(Susanne Kuss, "Deutsche Strafexpeditionen im Boxerkrieg," in *Kolonialkrieg in China: Die Niederschlagung der Boxerbewegung 1900-1901*, eds. by Mechthild Leutner and Klaus Mühlhahn, Berlin: Links, 2007),第145页。该调查问卷现收藏于联邦档案馆军事档案室(Bundesarchiv-Militärarchiv,下文简称BA/MA),N 38/31。

② 只有1907年成立了帝国殖民地办事处(Reichskolonialamt)。

界大战期间编制的。此外,设在柏林的中央军事部门所持有的相当一部分战时遗失的资料,只能部分重建1900年被派往中国的官兵的个人资料。更令人遗憾的是,军法科的所有记录都已丢失,从而无法全面了解记录在案的德军所犯的罪行和对犯罪者的惩罚。弗莱堡的军事档案部仅有三起诉讼的案件记录。研究也未能找到任何德国远征军成员撰写的"匈奴书信"的原件,并寄给大都会地区的收信人。然而,报纸报道和其他侵略部队的档案材料构成了一个丰富的来源基础,可据此核实一些社会民主党出版物上刊登的暴行报道的可靠性。①

在非普鲁士军事档案中,只有巴伐利亚、符腾堡和萨克森的档案中有与义和团战争有关的文件。巴伐利亚军队和萨克森远征军特遣队的文字记录于1919年,分别存放在慕尼黑的巴伐利亚州档案馆(Bavarian State Archives)和德累斯顿的萨克森州中心档案馆(Saxon Central State Archives)的战争部门。②斯图加特的原符腾堡州战争档案馆保存的资料,如今在斯图加特州中心档案馆(Central State Archives Stuttgart)可以找到,第十三军团总部及其编队的文件也在其中。③

这三家档案馆所提供的主要资料与义和团战争的志愿兵招募有关。除了军官、军医和士兵的理想招募条件——例如,萨克森战争部曾考虑是否要求精通英语、法语和俄语④,档案还提供了涉及广泛事项的信息,包括武器和弹药、远征军的兵员补充以及有关其组成的规定、海军服役条例、

---

① 参看古苏珊:《德国殖民战争与军事暴力的背景》,第236—247页。

② 萨克森军队在1867年编入北德联邦,成为第12兵团;帝国建立后仍保留了这一番号。萨克森军事档案馆(Saxon Military Archives)建立于1897年,在1919更名后成为帝国档案馆的分支。

③ 斯图加特军事档案馆是符腾堡州陆军部的一部分,在第一次世界大战期间被赋予了文献中心的功能。1921年,它作为帝国档案馆的一个分支成立,1937年更名为斯图加特军事档案馆,并由陆军参谋长监管。1945年后,其保存的档案被中央国家档案馆接管,1969年,中央国家档案馆成立了军事档案馆,以保存其军事文件。参看费舍尔·约阿希姆:《斯图加特档案馆军事档案(1871—1922)概述(1945)》,斯图加特:科尔哈默出版社,1974 [Joachim Fischer, *Übersicht über die Bestände des Hauptstaatsarchivs Stuttgart, Militärarchiv: M-Bestände 1871-1922 (1945)*, Stuttgart: Kohlhammer, 1974],第11—18页。

④ 参看萨克森陆军部致第19军团总部的电报,1900年8月6日,德累斯顿萨克森州档案馆(Sächsisches Hauptstaatsarchiv Dresden),编号11351/814。

伤亡名单、复员条例、撤军的指导方针和占领部队的指导原则。①与符腾堡和萨克森的情况不同,巴伐利亚决定派出一支自成一体的部队——第四东亚步兵团第二营(the Second Battalion of the Fourth East Asian Infantry Regiment)。②

正如这一简要概述所表明得那样,普鲁士主要军事档案馆在战争时期遭受的损失,使它们原来拥有的与义和团战争有关的资料基础变得非常零碎和不完整。由于海军文件和三个非普鲁士军事档案馆的内容无法完全弥补这种损失,除了一般适用于档案文件的所有意外情况,从事这项工作的历史学家不得不在有限的文件基础上工作。

法国:国防历史处

与德国的情况不同,法国的军事档案从一开始就实行集中管理。法国第一个军事档案馆由红衣主教黎塞留(Richelieu,1585—1642)于17世纪建立。1680年,战争部(State Secretariat of War)得到补充,建立了战争档案馆(War Depot),其任务是收集、整理和分类一些文件和地图。1789年法国大革命后,新的档案管理时代来临。法国国民议会最早的要求之一(1789年提出)是建立一个库房,以储存自己的议事记录,并作为保存

---

① 参看科德·埃贝施佩歇尔:《德国长江巡逻军:1900—1914年德意志帝国炮艇政策》,波鸿:温克勒出版社,2004(Cord Eberspächer, *Die deutsche Yangtse-Patrouille: Deutsche Kanonenbootpolitik in China im Zeitalter des Imperialismus 1900-1914*, Bochum: Winkler, 2004),第23—32页。

② 参看埃里希·格斯特滕鲍尔:《部署巴伐利亚士兵作为远征军的一部分以镇压1900—1901年中国的义和团运动》,《巴伐利亚历史杂志》1994年第57期(Erich Gstettenbauer, "Der Einsatz bayrischer Soldaten im Rahmen des Expeditionskorps zur Niederschlagung des Boxeraufstandes in China 1900/1901", *Zeitschrift für bayrische Landesgeschichte* 57,1994),第787—814页。虽然这支部队的战争日记被保存在巴伐利亚州中心档案馆的战争档案中,但其他战争日记已经在弗莱堡军事档案馆存档。另见本书中迪特琳德·温舍的文章。

国家财产清册和即将废除的封建权利相关文件的库房。① 该机构于1794年6月25日在巴黎成立，1800年改名为国家档案馆（National Archives）。② 战争档案馆仍然独立于国家档案馆，这一地位一直保持到今天。唯一的改革是按地区进行重组。③ 1885年进行了进一步的改革，将其分为历史和地理两个部分（后者在1941年改名为国家地理研究所）。1919年成立了陆军历史处（Army Historical Service），从战争档案馆历史科（Historical Section of the Depot）抽调出来，由一名隶属法国陆军总参谋部第二办公室的军官控制。今天，它位于巴黎附近的文森堡（Château de Vincennes），负责编辑1945年创办的《陆军历史评论》。④

一个具有类似历史的机构是海军历史服务处（Navy Historical

---

① 参看马塞尔·斯皮瓦克：《法国陆军历史服务处：传统与演变》，罗宾·D.海厄姆编：《官方军事历史办公室和资料·卷1：欧洲，非洲，中东和印度》，韦斯特波特：格林伍德出版社，2000（Marcel Spivak, "Service Historique de l'Armée de la Terre (The French Army Historical Service): Tradition and Evolution", in *Official Military Historical Offices and Sources. Vol. 1: Europe, Africa, the Middle East, and India*, edited by Robin D. Higham, Westport, C.T.: Greenwood Press, 2000），第62页。

② 参看詹姆斯·乔治·布拉德什、米歇尔·F.帕西菲科：《档案管理历史》，詹姆斯·乔治·布拉德什编：《档案管理与档案机构》，伦敦：曼塞尔出版社，1988（James Gregory Bradsher and Michele F. Pacifico, "History of Archives Administration", in *Managing Archives and Archival Institutions*, ed. by James Gregory Bradsher, London: Mansell, 1988），第25页；马蒂亚斯·米德尔：《文化转移与档案》，米歇尔·埃斯帕涅、卡瑟琳娜·米德尔、马蒂亚斯·米德尔编：《档案与记忆：跨文化史研究》，第21页。相关介绍参看露西·法维耶、雷内·雷蒙德：《国家记忆：国家档案馆的历史》，巴黎：法亚德出版社，2004（Lucie Favier and and Réné Rémond, *La mémoire de l'État: Histoire des Archives nationales*, Paris: Fayard, 2004）。

③ 参看让-克劳德·德沃斯、玛丽-安妮·科维西耶·德·维莱尔：《图书馆与档案馆指南》，文森堡：陆军历史处，2001（Jean-Claude Devos and Marie-Anne Corvisier de Villèle, *Guide des Archives et de la Bibliothèque*, Château de Vincennes: Ministère de la défense, État-major de l'Armée de terre, Service historique, 2001），第25—26页。

④ 让-克劳德·德沃斯：《陆军档案馆》，法国档案协会编：《档案手册：法国公共档案馆的理论与实践》，巴黎：S.E.V.P.E.N，1970（Jean-Claude Devos, "Les Archives de l'Armée de Terre" in *Manuel d'Archivistique: Théorie et pratique des Archives publiques en France*, Association des archivistes français, Paris: S.E.V.P.E.N., 1970），第92页。

Service)。1660年,负责海军事务的国务秘书让-巴普蒂斯特·柯尔贝尔(Jean-Baptiste Colbert,1619—1683)为储存他的信件做了安排,无意中为航运档案馆打下了基础。1699年,该档案馆的职责范围扩大到包括整理所有海军文件。由于这些文件主要收藏在巴黎,整个18世纪所有港口城市建立了更多的档案馆和图书馆,负责收集相关文件。第二共和国时期,这些档案被移交给国家档案馆,并于1974年存放在文森堡。2005年,这些文件与陆军文件合并,成立了国防历史局。①

由于法国在海外进行的所有军事行动都要服从海军部的领导,海军部的档案中也有一些与义和团战争有关的文件。由于1894年之前没有专门的殖民地部,所有的殖民地公文在这之前都存放在海军档案中。如今,原殖民地部的档案存放在1966年于普罗旺斯首府艾克斯(Aix-en-Provence)成立的国家海外档案馆(National Overseas Archives)。② 由于在义和团战争中部署的法国海军陆战队和海军炮兵向殖民部报告,国家海外档案馆也保存了一些与这场冲突有关的文件。不过,法国远征军所产生的大部分文件都能在陆军历史处找到。

储存在那里的文件并不是按照产生这些文件的各个办公室和部委来排列的,而是按照法国中央集权主义(centralism)原则存放在一个单一的"海外部门"。这包括从入侵阿尔及利亚到法国非殖民化时期的军事行动。其中一个藏品涵盖了1881—1912年派往突尼斯、马达加斯加、东京(今越南的一部分)、中国和摩洛哥的五大远征队。在这些藏品中,与义和团战争及随后占领中国有关的文件构成一个特别的部分,③其中包括1901—1914年驻扎在中国的占领军和1914—1945年驻扎在中国的陆军军团的记录。将法国义和团战争的文件与19世纪和20世纪所有军事战役的文件统一收藏的决定,使这场冲突在现有的解释上具有连续性。

---

① 参看让·凯斯勒:《法国海军历史服务处》[Jean Kessler,"Le Service Historique de la Marine(The French Navy Historical Service)"],罗宾·D.海厄姆编:《官方军事历史办公室和资料·卷一:欧洲,非洲,中东和印度》,第72页;J.奥杜伊:《海军军事档案》(J. Audouy,"Les Archives de la Marine militaire"),法国档案协会编:《档案手册:法国公共档案馆的理论与实践》,第93页。

② 参看国家海外档案馆:《介绍—历史》,http://www.archivesnationales.culture.gouv.fr/anom/fr/Presentation/Historique.html,访问日期:2018年7月10日。

③ 参看让-弗朗索瓦·布伦:《对中国的武装干预:1900—1901年的国际远征》,《陆军历史评论》2010年第258期,第23页。

陆军历史服务处在1996年编制的相关索引也可在网上查阅,该索引将与中国有关的文件描述为"特别关注"(especial interest)的一类,因此有理由进行详细登记。① 尽管没有阐明"特别关注"的含义,但很明显,与其他馆藏文献相比,目录说明(inventory specifications)提供了更多的细节,从而便于在馆藏中特别快速、方便地确定位置。与远征军有关的文件存放在45个纸盒中,又分为卷宗和更多的文件夹。除战争日记和人事记录外,所藏文件还包括任命将军埃米尔·瓦隆(Émile Voyron,1838—1921)为法国远征军司令的相关文件;法国驻华总指挥部(headquarters)与分布在全国各地的驻地(station)之间的综合通信;与瓦德西元帅的通信;联军指挥官会议记录和天津临时政府委员会会议记录。此外,还包括有关供应和后勤、建筑、部队运输和铁路、从印度支那抽调的后备队、外国远征军、死亡、军事审判以及法国军事管理部门建立医疗服务等问题。②

法国的文件不仅能让人了解远征军的结构及其指挥系统,而且与德国掌握的文件相比,还能全面了解法国的占领政策。特别值得关注的是,它们提供了有关法军与中国民众之间沟通的信息。其中包括天主教传教士的重要性等问题,法国传统上一直宣称自己是他们的保护者,以及法国军队试图与当地行政部门建立联系的努力。法国军队甚至从当地的中国官员那里索取到良好生活证明书(certificats de bien vivre),以证明他们试图描绘的法国占领军的模范行为。法国档案还记录了联军决策者在组织和技术问题上的主导地位,特别是在反复讨论利用中国复杂的河流系统作为运输方式的可行性方面。这些文件还包括一个比较的因素;为了从以前的远征中吸取经验教训并消除任何可能的批评,法国的计划制订者尽了一切努力,例如降低1897—1899年马达加斯加战役中的高因病死亡率。

法国有关义和团战争的档案没有受到第二次世界大战的影响,不仅更全面,而且比德国的档案更详细,特别是有关占领时期的档案。这些文

---

① 参看让·尼科特等编:《H系列资料,9—14:印度、印度支那、中国、太平洋、加勒比等海外军事事务总部》[Jean Nicot et al., *Inventaire de la série H, sous-séries 9 à 14 H: Inde, Indochine (supplément), Chine, Pacifique, Antilles, Administration centrale des affaires militaries d'outre-mer*, Château de Vincennes: Service historique de l'armée de terre, 1996, unpaginated foreword "avertissement"], https://francearchives.fr/fr/file/be7c9625e8edaad61d8931c6c193337de1fa929d/FRSHD_PUB_00000205.pdf.,访问日期:2018年7月10日。

② 战争日记也存放在部门档案中。

件的编排方式将义和团战争描述为19世纪和20世纪法国一系列军事行动中的一次行动。

英国：大英图书馆和公共档案局

根据1838年的一项议会法案成立的公共档案局被赋予集中储存国家文件和记录的任务。①虽然起草计划的目的是集中整理第一类文件，而排除第二类文件，但最后法案的内容涵盖了中央政府办公室和所有其他国家机构的文件。因此，公共档案局最终包括了陆军部（War Office）和海军部（Admiralty）的记录。②

尽管有这样的行政安排，但保存在伦敦的大部分有关义和团战争的历史文件，并不藏于2003年建立的邱园（Kew Gardens）国家档案馆（National Archives）——公共档案局是它的一个组成部分，而是在大英图书馆。大英图书馆最初是大英博物馆的一部分，1973年独立。维多利亚时代的管理者认为大英图书馆履行着"帝国档案馆"的职能，即收集和展示整个世界的知识。这种关注反映了帝国主义整体概念的发展，认为大英帝国的任务不仅是管理和统治海外领土，还包括象征性地控制与这些领土有关的知识。③

---

① 参看詹姆斯·乔治·布拉德什、米歇尔·F.帕西菲科：《档案管理历史》，第26页。英国人还在1891年成立了帝国记录部，即印度国家档案馆的前身；参看大卫·布鲁姆菲尔德：《邱园的故事：花园、村庄与国家档案馆》（第4版），里奇蒙德：利伯恩出版社，2003（David Blomfield, *The Story of Kew: The Gardens. The Village. The National Archives*, 4th ed. Richmond: Leybourne, 2003），第42—43页；约翰·D.坎特维尔：《公共档案室（1838—1958）》，伦敦：皇家文书局，1991（John D. Cantwell, *The Public Record Office, 1838-1958*, London: Her Majesty's Stationery Office, 1991），第1—12页。

② 参看帕特里克·卡德尔：《一个国家，两种传统：英国档案馆》，布鲁诺·德尔马斯、克里斯蒂娜·努加雷编：《19世纪欧洲的档案馆与国家》，巴黎：文献学校，2004（Patrick Cadell, "Un pays, deux traditions: Les Archives du Royaume-Uni", in *Archives et Nations dans l'Europe du XIXe siècle*, eds.by Bruno Delmas and Christine Nougaret, Paris: École des chartes, 2004），第23—32页。

③ 参看托马斯·理查兹：《档案与乌托邦》，《声明》1992年第37期（Thomas Richards, "Archive and Utopia", *Representations* 37, 1992），第104—135页；托马斯·理查兹：《帝国档案：帝国的知识与幻想》。

中国战争属于陆军部的职权范围，但由于该机构正忙于在南非持续进行的战争，陆军大臣将中国远征的行政责任交给了印度事务部（India Office）。① 这也解释了大英图书馆馆藏中存在义和团战争文件的原因。另外两个因素也可能是决定的关键：印度在地缘战略上与中国的接近以及英属印度军队获得自身威望的机会。② 1947年印度独立后，印度事务部的文件先是转移到英联邦关系部（Commonwealth Relations Office），然后在1982年转移到大英图书馆。③ 大英图书馆的亚洲、太平洋和非洲馆藏收藏了印度事务部从1600年东印度公司成立到1947年独立和分治期间的资料。④ 大英图书馆的网站将英国参与义和团战争的历史定位在中英关系的长河中，包括1840—1842年的第一次中国战争、1857—1860年的第二次中国战争（合称两次鸦片战争）以及1900年英国第三次军事远征中国（义和团战争）。⑤ 和法国档案一样，对义和团的战争被列为"军事远征"。这忽略了义和团的英属印度及国际性质，英国参与义和团战争只是英国在漫长的19世纪众多战役中的一个插曲。

除了官方报告和私人文件外，大英图书馆收藏的与义和团战争有关的资料还包括一些信件、日记、回忆录和照片，主要来自印度事务部的军

---

① 相关信件保存在英国国家档案馆（National Archives, Kew），编号 WO 32/6144；亦见阿诺德·P.卡明斯基:《印度事务部（1880—1910）》，韦斯特波特:格林伍德出版社，1986（Arnold P. Kaminsky, *The India Office, 1880-1910*, Westport, C.T.: Greenwood Press, 1986），第110页。

② 迄今还没有关于在华英属印度军队的研究。关于一个英属印度士兵的自我形象，参见杨雅楠:《庶民眼中的义和团运动：一位印度士兵对中国与世界的记录（1900—1901）》，毕可思、狄德满编:《义和团：中国与世界》，第43—64页。

③ 参看马丁·莫伊尔:《印度事务部档案指南》，伦敦：大英图书馆，1988（Martin Moir, *A General Guide to the India Office Records*, London: British Library, 1988），第xiv页；安东尼·法林顿:《印度事务部军事部门记录指南》，伦敦：印度事务部图书档案部，1982（Anthony Farrington, *Guide to the Records of the India Office Military Department*, 10R L/MIL & L/WS, London: India Office Library and Records, 1982）。

④ 大英图书馆,《研究者指南——印度殖民部档案和私人文件》，http://www.bl.uk/reshelp/findhelpregion/asia/india/indiaofficerecords/indiaofficehub.html，访问日期:2016年7月14日。

⑤ 大英图书馆,《研究者指南——印度殖民部档案和私人文件》，http://www.bl.uk/reshelp/findhelpregion/asia/china/guidesources/index.html，访问日期:2016年7月14日。

事部门。藏品中还包括一些报告,重点介绍了其他列强的远征军,以及英国与中国人的接触和招募中国"苦力"(coolies)作为劳动力的做法。这些记录显示,英国人对日军的特质和表现有浓厚的兴趣。此外,这些记录还包括大量由陆军部情报司(War Office Intelligence Division)撰写的行动报告和备忘录。①

与义和团战争有关的记录也可以在公共档案局的档案中找到,现在保存在国家档案馆。1855(原文如此——译者注)年受雇于总登记处的人认为,陆军部将交出所有与义和团战争有关的重要记录。然而,由于许多陆军师保留了"内部"或机密记录,这意味着这些记录是在很久以后才被收集起来,并被整理在未登记的文件夹中,并非所有记录都得以保存下来。②许多与义和团战争有关的文件,按照"出处原则"存放在登记档案的一般系列中(编号WO32)。其中包括詹姆斯·格里森(James Grierson, 1859—1914)上校详细的参谋日记,还包括一些概述英国士兵在攻打大沽防御工事时武器装备的文件,一些描述天津和北京救援情况的报告,以及英国对华远征军指挥官阿尔弗雷德·盖斯利(Alfred Gaselee, 1844—1918)中将关于1900—1901年冬季部署部队的一些报告。收集的资料中还包括大量有关部署在中国的英军抚恤金权利的资料。

公共档案局还保存着军官团的私人文件,按照他们参加的战争和战役记录在一本手册中。清单从奥地利王位继承战争(1742—1748)开始,接着是七年战争(1756—1763)、美国独立战争(1776—1783)和英法战争(1793—1815)。包括"小型战争和战役"(Small Wars and Campaigns)(1815—1854)和克里米亚战争(1854—1856),该目录以第二部分"小型战

---

① 参看安东尼·法林顿:《英国关于中国和义和团运动的军事情报(1880—1930)》(微缩胶片),莱顿:IDC出版社,2004(Anthony Farrington, *British Military Intelligence on China, and the Boxer Rising c. 1888-1930: Remarkable Series of Secret Gazetteers of the Provinces of China, Confidential Print and Intelligence Reports*, microfiche collection, Leiden: IDC Publishers, 2004);马丁·莫伊尔:《印度事务部档案指南》,第181—183页。

② 参看迈克尔·罗珀:《陆军部及相关部门的记录(1660—1964)》,裘园:公共记录办公室,1998(Michael Roper, *The Records of the War Office and related departments, 1660-1964*, Kew: Public Record Office, 1998),第116—117页。

争和战役"(1856—1900)结束。① 后一节还包括著名的基奇纳(Kitchener)档案,涉及苏丹战役(1882—1899)、盖斯利将军遗留的文件(编号 WO 28/302)。档案管理员选择不像南非战争档案那样,为义和团战争建立一个单独的收藏。②

相反,军事行动和情报局(Directorate of Military Operations and Intelligence)的通讯和档案(编号 WO 106),建立了一个小型的中国收藏部,其收藏集中在部队登陆方面。海军收藏的文件也有类似的重点,包括概述印度军队向中国运输的记录(编号 MT 23/117—118)。同样重要的是外交部收藏的有关中国远征的电报(编号 FO 881/8643X)。

仅仅是义和团战争产生的英国文件的分类就表明了大英帝国的全球领地范围。由于大部分文件存放在印度事务部(大英图书馆内)的馆藏中,它们与19世纪英国在中国进行的其他战争的记录一起存放。这样的呈现方式表明了对义和团战争的相对不重视。公共档案局的相应藏品则存放在"小型战争和战役"项下。为南非战争而不是义和团战争建立了单独的收藏,这表明了对每场冲突不同的重视程度。

美国:国家档案馆和记录管理局

美国的档案系统由国家档案馆、州档案馆、各图书馆的手稿部门和由志愿者管理和经营的历史协会四大支柱组成。③ 政府层面,直到20世纪保存每一份文件的任务才被委托给各个部委。直到1934年国会才开始着手建立国家档案馆,作为部委文件的中央存放处;1949年,档案馆被纳入总务管理局(General Services Administration),1985年档案馆被确立为一

---

① 关于当时的不对称战争理论,参看查尔斯·爱德华·卡维尔:《小型战争:原则与实践》(第3版),伦敦:皇家文书局,1906(Charles Edward Callwell, *Small Wars: Their Principles & Practice*, 3rd ed. London: His Majesty's Stationery Office, 1906)。

② 参看迈克尔·罗珀:《陆军部及相关部门的记录(1660—1964)》,第262页。

③ 参看威尔弗里德·赖因豪斯:《美国档案与历史文化:1999年和2002年的观察与印象》,《档案管理》2003年第56期(Wilfried Reininghaus, "Archive und Geschichtskultur in Amerika: Beobachtungen und Eindrücke aus den Jahren 1999 und 2002", *Der Archivar* 56, 2003),第124页。

个独立的机构。①国家档案馆的馆藏被细分为记录组(Record Groups),对应着产生这些资料的政府部门。②其中一个记录组是前战争部(Department of War),1947年改名为陆军部(Department of the Army);另一个是海军部(Department of the Navy)。这两个部门在1949年合并为国防部(Department of Defense)。然而,有一些档案收藏不符合这一模式。

其中一件收藏品(编号 RG 395)涉及1898—1942年的海外远征活动。这套档案收藏还包括一些第二次世界大战期间的行动记录。③从官方的编年框架来看,令人惊讶的是这套档案收藏中的大多数文件都涉及美国在墨西哥(1846)和阿拉斯加(1846年和1867年)的战争,以及美洲大陆以外的第一次重大军事行动——1898年美西战争。这一年,美国还组建了7个军团以应对古巴冲突,并向菲律宾派遣了第8军团。与义和团战争有关的记录包括了部署步兵、海军、骑兵和炮兵,组成"中国救援远征军"(China Relief Expedition)。这组记录还包括20世纪20年代中期组建的另一支中国远征军的文件以及海外的师(divisions)、班组(units)、区(districts)和下属陆军哨所的相关记录。

涵盖中国救援远征军的档案包括1900—1905年的文件(包括冲突结束后驻扎在北京的美国使馆卫队的记录)。除信件和电报外,第一部分名为"总部——一般记录"(编号896—920),还包括一些其他项目如战役报告和海军报告,但也有关于美国军官火化的记录和其他联军的记录。与

---

① 《国家档案馆历史》,美国国家档案馆网站,http://www.archives.gov/about/history,访问日期:2016年7月14日。

② 《美国国家档案馆指南》,华盛顿:国家档案和记录局,1974(*Guide to the National Archives of the United States*, Washington, D.C.: National Archives and Records Service, General Services Administration, 1974);威尔弗里德·赖因豪斯:《美国档案与历史文化:1999年和2002年的观察与印象》,《档案管理》,第125—126页。

③ 以下讨论所依据的是维奥莱特·亚历山大等编:《美国军队海外行动与指挥记录(1898—1942)初步清册》[Violet Alexander et al. (comp.), "Preliminary Inventory of the Records of the U.S. Army Overseas Operations and Commands, 1898-1942," National Archives (Washington), NM 94]。更多最新的列表,参看美国国家档案馆:《美国军队海外行动与指挥记录,1898—1942(档案组 395 号)》[Records of United States Army Overseas Operations and Commands, 1898-1942 (Record Group 395)], https://www.archives.gov/research/guide-fed-records/groups/395.html, 2016年7月14日访问。另参看《美国国家档案馆指南》,第276页。只有参加第一次世界大战的美国远征军的档案没有归档入这一组。

义和团战争

媒体与记忆

英国人一样,美国军官对他们的日本盟友表现出特别浓厚的兴趣。特别有价值的是1900年12月成立的城市委员会(the city council)的德文会议记录。事实上,在欧洲任何一个档案馆都还没有找到类似的记录。其他部分还包括《总部和参谋人员名单》(编号921—925)、《军需官记录》(编号937—939)和分为旅和营的《战地组织记录》(编号940—973)。最引人注目的档案是《军事审判》(编号926—936),它对美国军事法庭上通过的判决有独特的见解。这一档案资料是其他国家无法比拟的,它还记录了对强奸和擅离职守(desertion)等罪行的调查,而这些罪行在当时通常较少引起官方的注意。包括地图和计划在内的制图和视听材料存放在其他地方。[1]

与中国救援远征军有关的文件与概述美国在中国行动的基本资料一并存放。[2] 海军的行动由海军上将路易斯·肯普夫(Louis Kempff,1841—1920)指挥,中国救援远征军由1900年6月26日任命的将军阿德纳·查飞(Adna Chaffee,1842—1914)指挥。随着第九步兵军离开马尼拉前往中国北方海岸的大沽,6月27日第一批部队的调动有了记录。查飞将军奉命动用他的部队保护美国公民的生命和财产,并与联军中的其他国家的部队联合行动。7月14日,一支国际特遣队——包括上校爱默生·H.里斯库姆(Emerson H. Liscum,1842—1900)指挥的美军——占领了天津。8月,一支混合部队——包括2500名美国人以及从日本、俄国、英国和法国特遣队抽调的其他部队——从天津出发前往北京。8月14日,美军抵达北京,率先登上了城墙。下面的叙述突出了德军在攻占北京后发动的惩罚性远征中的优势。

> 攻占中国首都后,外国列强多次对义和团和杀害外国人的社区进行惩罚性的远征,其中大部分是由德国人实施的,少数是由混合部队实施的,只有一次是由美军实施的。[3]

1901年5月,中国救援远征军正式解散,查飞将军被调往菲律宾。这一简短的叙述涵盖了美国义和团战争的核心内容,将其描述为与

---

① 参看《美国国家档案馆指南》,第276页。
② 参看维奥莱特·亚历山大等编:《美国军队海外行动与指挥记录(1898—1942)初步清册》,第114页。
③ 维奥莱特·亚历山大等编:《美国军队海外行动与指挥记录(1898—1942)初步清册》,第114页。

同时发生的但更为持久的美菲战争(1899—1902)相形见绌的插曲,①并强调了作者所认为的美国军队在攻入北京的过程中所发挥的关键作用。不过,该叙述也反复强调了干预的国际性质,并着重介绍了德国在1900年底1901年初进行的惩罚性远征中的特殊作用。

海军部(1798年成立)的档案中也保存了大量与中国远征有关的资料,反映了海军在义和团战争中最初发挥的作用。②这些主要包括海军部长与该地区各舰艇之间的电报通信。与海军陆战队行动有关的文件存放在一个单独的文件组中(编号RG 127/26)。

与德国、法国和英国的档案情况大相径庭的是,美国军方被迫在陆军部和海军部年度报告的框架内对其行动进行说明。提交给众议院并最终出版的材料——包括一般命令和指令——是当时唯一向读者公开的有关义和团战争的材料。③四个帝国主义列强中,美国在档案透明度方面的表现堪称典范。

---

① 美菲战争的时间通常被认为是1899—1902年,但是直到1913年,最后的抵抗力量才被镇压。在档案组395号,关于美菲战争的记录,微缩胶卷长4000英尺(大部分记录的1899—1917年的内容),而关于中国远征军的记录只有23英尺,关于使馆卫队的只有1英尺;参看美国国家档案馆:《美国军队海外行动与指挥的记录(1898—1942)》。

② 美国国家档案馆微缩胶卷出版物,第625号(海军档案合集),盘号381—383,记录时间1900年7月16日至8月15日。亦可参看特雷弗·K.普兰特:《义和团运动中的美国海军》。

③ 例如,《1900年11月30日至1901年5月19日美国阿德纳·R.查飞少将在中国的行动报告》,《战争部1900财政年度(结束于1901年3月19日)报告:中将指挥官和部门指挥官的报告,第一卷第四部分》,华盛顿:政府印刷局,1901("Report of Operations in China from November 30, 1900, to May 19, 1901, by Maj. Gen. Adna R. Chaffee, U. S. A.", in *Annual Reports of the War Department for the Fiscal Year Ended June 30, 1901. Report of the Lieutenant-General Commanding the Army and Department Commanders*, vol. 1, part 4, Washington: Government Printing Office, 1901),第498—505页。报告中包含为审理一些轻罪和重罪案件而召集的军事法庭做出的判决的摘要。查飞报告说,他自己的部队纪律涣散,但对其他特遣队的军官却给予了良好的评价。另可参看《中国救援远征军发布的一般命令和通告》(*General Orders and Circulars Issued by the China Relief Expedition*),《战争部1900财政年度(结束于1901年3月19日)报告:中将指挥官和部门指挥官的报告,第一卷第四部分》,第516—546页。

结 论

德国、法国、英国和美国的军事档案馆在组织上都有某些形式上的差异。德国军事档案部虽然是联邦档案馆的一部分，是联邦政府下属的一个文职机构，但直接向国防部报告。在法国，国防历史处享有完全的独立性，并与《陆军历史评论》一起，保有自己的机关，专门出版和讨论战争史的研究。而英国和美国的军事档案则由其国家中央档案馆保管。由于英国特遣队内部部署的部队性质（从印度军队中抽调），因此英国与义和团战争有关的所有文件都由大英图书馆保管。由于位于邱园的国家档案馆只保存补充记录，因此英国存在着国家档案馆和国家图书馆这两个机构重叠的存储系统。

在陆军和海军所持文件的划分方面，四国的归档做法当然呈现出一定程度的相似性。就德国而言，由于大部分陆军档案被销毁，这意味着惩罚性远征时期（即1900年底1901年初）文献记载的不足，无论是现有的海军文献，还是非普鲁士军事档案中侧重于义和团战争准备工作的文献，都无法弥补这一空白。德国对义和团战争的独特解释——与法国、英国和美国的历史编纂相比，以及对它所涉及的暴力事件得出的结论，可能受到了分散在几个不同档案收藏中的记录的影响。

就文件的排序而言，值得注意的是，在本文研究的四个例子中，德国所持有的与义和团战争有关的文件是独一无二的，因为它们是按照产生文件的部门来组织的。相比之下，法国、英国和美国的档案馆都有涵盖这次远征的专门的跨部收藏。这些文件被标注为与远征军团（法国）、军事远征或战役（英国）和海外远征（美国）有关的文件。每份档案收藏的组织和展示方法显示了三个国家的传统对这一事件的相对重视情况，而这一事件只是众多事件中的一个。国家焦点方面，四国档案资料的呈现方式与义和团战争的大部分史料相似。德国特殊的排序系统、缺乏对义和团战争的界定，使得对四套档案收藏（或至少是其中的一部分）的比较变得困难，特别是当比较的目的是解决战争的具体方面时。不过，这也并非一项先验的、不可能的任务。

参与国的历史编纂均没有认识到义和团战争的独特性质。国际联合不是进行吞并或殖民战争，而是带着一系列有限的短期目标发起的，重点是执行西方规定的全球行为规则。历史学家在大多数情况下都把这八国单独的远征说成是严格的国家行动。在这样做的时候,他们忽略或者至少是淡化了这一事件的国际和跨国性质,从他们自己国家的叙事角度来看待这一事件,从而创造了一个扭曲的形象。①这种特征并没有反映在与战争有关的文献资料中,从这些文献资料中——如果以开放的心态去看——就会发现,中国民众和其他国家的每个军事特遣队都扮演了相当重要的角色。正是因为如此,忽视对档案资料的处理起到了最负面的作用。

对记录义和团战争的德、法、英、美等国档案的审阅表明,文件的储存和编排及其历史学评估都是平行进行的,导致了一个解释的死胡同(culdesac)。把这场战争看作联军进行的第一次帝国主义军事干预,将为我们提供一个全新的机会,从一个全新的角度来探讨这个传统的话题,以修订或至少补充现有的、高度民族化的对义和团战争的解释。由于有可能有助于重新评估原本熟悉的第一次世界大战前的历史,这样的方法可以追求四条新的探索路线。毋庸置疑,管理好资料来源的语言多样性,即使是八国联军中只有四个国家的资料,也是进行全面研究的先决条件。

关于义和团战争军事方面的书面资料被保存在军事或国家档案中,因此无一例外地构成了这些媒介的表达和解释系统的一部分。因此,关于义和团战争文献的保管不仅反映了作为媒介的文件在形式上的局限性,而且也反映了档案媒介(medium archive)解释自身的局限性。克服这两种局限性的唯一办法就是从"顺着"(along)和"逆着"(against)的方向来解读这些材料,以变通安·劳拉·斯托勒的方法。②

首先,有必要将各套(国家)档案中关于义和团战争的资料从各国的表述系统中抽离出来,并对其进行补充解读——这不仅是为了填补各国文献中的空白,更重要的是这是一种调查在华北平原相遇的各国特遣队之间可能的信息传递和模仿的方法。这种方法可以完全着眼于装备和战术等实际方面,但也包括更抽象的问题,如战略、法律和道德方面的考虑,特别是针对中国民众的人身暴力,也包括不同国家的特遣队之间的人身暴力。如果这种研究确定这种转移确实发生过,那么就应该把重点放在效仿的原因以及由此产生的变化上。这就需要"顺着纹理"阅读四套档案中的材料,更加关注每个特遣队获得和表达的对各自盟友的印象。对这种印象的研究不应集中在其真实性或其他方面,而应集中在当代军事概

---

① 例外情况可参看相蓝欣的《义和团战争的起源:一项跨国研究》和孔正滔的《以文明为名的惩罚性远征:中国义和团运动(1900—1901)》。

② 参看安·劳拉·斯托勒:《档案的纹理:认知焦虑与殖民常识》,第44页。

念的性质和共同态度的程度上。另一个很有希望的研究方向是确定在这次战役中收集的知识在多大程度上产生了长期影响。

其次,对各国档案材料进行比较,还应该探讨不同国家特遣队的主要思维模式,以确定他们行动的明确和隐含原则。这可能会导致了解在中国开会的士兵如何以及在多大程度上集中了他们的专业知识,从而建立了一种跨国军事知识共同体,进而影响了殖民行动的实施。对这些发现进行比较,将能进一步了解帝国战争的运作方式。由于军事档案和大英图书馆的资料储存和排序没有考虑到国际或跨国方面的因素,研究者将不得不"逆向阅读文件",尤其是英属印度军队在中国的部署情况。大英图书馆中有关这方面的文件反映了无论是军事人员还是档案记录方面的一种特殊的情况。

最后,解读与义和团战争有关的文件,也可以从其中包含的信息了解中国民众对外国军队存在的反应。在解决这个基本上被西方学者忽视的问题时,如果能更好地理解中国人的一系列反应——从游击战到欺骗、逃跑、协作与合作,甚至到利用"西方"军事存在来达到当地人的目的,将有助于修正西方将中国视为西方帝国主义的被动受害者的传统理解,承认当时的中国人也能在战争中发挥主动作用。

参考文献

一、未刊资料

Australian National University, Giles Pickford Collection (available online).

Bayrisches Hauptstadtsarchiv (BayHstA), HS2314: Maps and military log of Carl von Wallmenich.

Bayrisches Hauptstadtsarchiv (BayHstA), HS2344: Letter-diary, letters, and postcards by Carl von Wallmenich.

Bayrisches Hauptstadtsarchiv (BayHstA), HS3163: Letters from the papers of Werner Freiherr Schenk von Stauffenberg.

Bundesarchiv/Militärarchiv (BA/MA), N38/3: Postcards and letters (partly in the form of a diary) by Arnold Lequis, 11 July 1900 to 8 August 1901.

Bundesarchiv/Militärarchiv (BA/MA), N151/2: Personal diary of Theodor Richelot from China, July 1900 to June 1901.

Deutsches Spielzeugmuseum Sonneberg (DSS), SV2a: Louis Lindner & Söhne, pattern book, ca. 1850.

Deutsches Spielzeugmuseum Sonneberg (DSS), SV7f/2: Carl Joseph Nick, "Ill. Musterkatalog f. Masken u. Karnevalsartikel", ca. 1910.

Deutsches Spielzeugmuseum Sonneberg (DSS), SV23a: Jul. Bähring, "Illustrierte Preis-Liste über Masken-u. Karnevalsartikel", ca. 1904-1910.

Deutsches Spielzeugmuseum Sonneberg (DSS), SV26b: Georg Spindler, "Preisliste über Masken, Mützen, Carnevals-und Scherzartikel," 1901.

Deutsches Spielzeugmuseum Sonneberg (DSS), SV83: Nürnberger Spielwaren-Manufactur M. Reiss, prospect, ca. 1902.

Deutsches Spielzeugmuseum Sonneberg (DSS), SV447/1: Julius Dorst, pattern books, ca. 1910.

Dieter Mensenkamp collection, Die Eroberung von Peking und die Befreiung der Gesandten, Gesellschaftsspiel (Leipzig: Hartmann & Wolf, 1900).

Friedrich Wilhelm Murnau Stiftung, Wiesbaden, Germany, *Alarm in Peking*, directed by Herbert Selpin (1937; Wiesbaden, Germany: Friedrich Wilhelm Murnau Stiftung, 2014), DVD.

Margaret Herrick Library, Academy of Motion Picture Arts and Sciences, Bev-erly Hills, CA, USA,

Margaret Herrick Library, Academy of Motion Picture Arts and Sciences, Bev-erly Hills, CA, USA, Samuel Bronston papers.

Margaret Herrick Library, Academy of Motion Picture Arts and Sciences, Beverly Hills, CA, USA, Charlton Heston papers.

Margaret Herrick Library, Academy of Motion Picture Arts and Sciences, Beverly Hills, CA, USA, Hedda Hopper papers.

Margaret Herrick Library, Academy of Motion Picture Arts and Sciences, Beverly Hills, CA, USA, Andrew Marton papers.

Margaret Herrick Library, Academy of Motion Picture Arts and Sciences, Beverly Hills, CA, USA, Motion Picture Association of America, Production Code Administration records.

Margaret Herrick Library, Academy of Motion Picture Arts and Sciences, Beverly Hills, CA, USA, The Red Lantern. Screenplay by June Mathis.

National Archives, Kew, WO 32/6144: War Office-OVERSEAS: China Expedition, 1900; Appointment of Lieut General Gaselee to command Expedition; instructions concerning maintenance and control of the Force.

National Archives, Washington, D.C., Microfilm Publications 625: Naval Records Collection.

National Archives, Washington, D.C., NM-94: Alexander, Violet et al. (comp.), "Preliminary Inventory of the Records of the U. S. Army Overseas Operations and Commands, 1898—1942" (1971).

Politisches Archiv des Auswärtigen Amtes, Berlin, R61123: Deutsche Kulturpolitik im Auslande allgemein, vol. 1.Private collections,

Private collections: In die deutschen Kolonien. Board game (Otto Maier)

Private collections:Letter diary of Karl Friedrich Pistorius.

Private collections:Unpublished curriculum vitae of Arnold Reinbrecht concern-ing his employment as Chief Surgeon of the East Asian Field Hospital No. 1 in China, 27 July 1900 to 8 September 1901.

Ravensburger Archive: Neues China-Spiel von M. Mila (Ravensburg: Otto Mai-er, c. 1900).

Sächsisches Hauptstaatsarchiv, *Dresden*-11351: Generalkommando, 2. K. S. Armeekorps

Stiftung Deutsche Kinemathek, Berlin, Schriftgutarchiv: Pressbook for *Alarm in Peking*.

Stiftung Deutsche Kinemathek, Berlin, Schriftgutarchiv: Licensing card for *Alarm in Peking*.

二、期刊报纸

Atlanta Constitution. 1919.

Arbeiter-Jugend 1 (1909).

Aufwärts! 14 (1902)

Bridgeport Post. 1963

Cahiers du Cinéma 146 (1963).

Chicago Daily Tribune. 1900-1919.

China's Millions. 1887.

China's Millions (new series) 5 (1897)-14 (1906).

Chinese Recorder 36 (1905).

Cincinnati Enquirer. 1919.

Daily Mail (Hagerstown, MD). 1963.

Deutsch-Asiatische Warte. 1900.

Efeuranken 10 (1899/1900)-11 (1900/01).

Evangelischer Filmbeobachter 16 (1963).
The Exhibitor's Trade Review 5 (1919).
Film-echo/Filmwoche. 1963.
Filmkritik. 1963.
Films and filming. 1963.
Film-Telegramm. 1963.
Fort Wayne Sentinel. 1919.
Le Gaulois. 1900.
Der gute Kamerad 14 (1899/1900)-26 (1911/12).
Illustrierter Film-Kurier, no. 2666 (1937).
Illustrirte Zeitung. 1900.
Der Jünglings-Bote 41 (1887) -55(1911).
Jugendschriftenwarte 11 (1903).
Die katholischen Missionen. Beilage für die Jugend 17 (1889) -26 (1897).
Das Kränzchen 2 (1889/1890)-11 (1898/1899).
Lebanon Daily News (Lebanon, PA). 1963.
London Evening Standard. 1963.
Der Mai 24 (1913/14).
The Millions 60 (1954)-65 (1958).
Missionsblatt für unsere liebe Jugend. 1904.
Motion Picture News 19 (1919).
Moving Picture Stories 17 (1919).
Moving Picture World 40 (1919)-50(1921).
Los Angeles Times. 1900.
The Millions 60 (1954)-64 (1957).
New York Times. 1900.
News-Journal. 1963.
Newsweek. 1963.
Oregon Daily Journal. 1919.
Photoplay 15 (1919).
The Picture-Goer 1 (1921).
Picture Play 9 (1918/19).

Racine Journal-Times Sunday Bulletin. 1963.

Reading Times（Reading，PA）. 1919.

San Francisco Chronicle. 1919.

Simplicissimus. 1900.

The Sun（New York）.1919.

Le Temps. 1900.

Time. 1963.

The Times（London）. 1900.

Tipton Tribune. 1963.

Tri-City Herald. 1964.

Washington Herald. 1919.

Washington Post. 1919.

Westfälische Nachrichten. 1972.

Wid's Daily. 1919.

Winston-Salem Journal. 1919.

Die Woche. 1900.

三、电影

Capellani, Albert（dir）. *The Red Lantern*. DVD. Brussels：Vlaamse Dienst voor Filmcultuur，2012.

Ray, Nicolas（dir.）. *55 Tage in Peking*. DVD with German and English audio tracks. Dortmund：e-m-s New Media AG，2002.

Selpin, Herbert（dir.）. *Alarm in Peking*. DVD. Wiesbaden：Friedrich Wilhelm Murnau Stiftung，2014.

四、网络资源

Archives nationales d'outre-mer.

"Presentation-Historique"，http://www. archivesnationales. culture. gouv.fr/anom/fr/Presentation/Historique.html，accessed July 9，2018.

British Library."Help for Researchers-China：Sources in the India Office Records"，http://www.bl.uk/reshelp/findhelpregion/asia/china/guide-sources/index.html，accessed July14, 2016.

British Library. "Help for Researchers-India Office Records and

Private Papers", http://www.bl.uk/reshelp/findhelpregion/asia/india/indiaofficerecords/indiaofficehub.html, accessed on July 14, 2016.

Customer review of "A Thousand Miles of Miracles", 2001 edition, http://www.amazon.com/Thousand-Miles-Miracle-E-Glover/dp/1857925114/ref=sr_1_4?s=books&ie=UTF8&qid=1421760123&sr=1-4&keywords=A-Thousand-Miles-Of-Miracle, accessed anuary 20, 2015.

Customer review of "A Thousand Miles of Miracles", 2014 edition. http://www.amazon.com/Thousand-Miles-Miracle-E-Glover/dp/1857925114/ref=sr_1_4? s=books&ie=UTF8&qid=1421760123&sr=1－4&keywords=A-Thousand-Miles-Of-Miracle, accessed January 20, 2015.

Internet Movie Database, http://www.imdb.com, accessed on July 26, 2018.

Thoralf Klein, "The Yellow Peril", European History Online, last modefied 15 October 2015, http://ieg-ego.eu/en/threads/european-media/european-media-events/thoralf-klein-the-yellow-peril/.

Miles, Alfred, ed., *Successful Recitations*, http://www.gutenberg.org/files/17378/17378-8.txt. First published in 1901. Accessed 31 August 2017.

Nicot, Jean, et al., *Inventaire de la série H, sous-séries 9 à 14 H: Inde, Indochine (supplément), Chine, Pacifique, Antilles, Administration centrale des affaires militaries d' outre-mer*. Château de Vincennes: Service historique de l'armée de terre, 1996), https://francearchives.fr/fr/file/be7c9625e8edaad61d8931c6c193337de1fa929d/FRSHD_PUB_00000205.pdf, accessed July 10, 2018.

National Archives, "National Archives History", http://www.archives.gov/about/history, accessed July 14, 2016.

National Archives, "Records of United States Army Overseas Operations and Commands, 1898－1942 (Record Group 395)", https://www.archives.gov/research/guide-fed-records/groups/395.html, accessed on July 14, 2016.

Trevor K Plante, "U.S. Marines in the Boxer Rebellion", *Prologue Magazine* 31: 4, 1999), https://www.archives.gov/publications/prologue/1999/winter/boxer-rebellion-1.html,accessed on July 14, 2016.

"Would You Pay $33,000 for This Tin Toy? Well…Someone Did!" Old Toy World", http://oldtoyworld.com/lehmann/530/530.html, accessed on January 7,2015.

五、研究论著

(一)中文论著

陈振江、程歗:《义和团文献辑注与研究》,天津:天津人民出版社, 1985。

狄德满:《西方义和团文献资料汇编》,济南:山东大学出版社,2016。

中国社会科学院近代史研究所《近代史资料》编辑室主编:《庚子记事》,北京:中华书局,1978。

孔正滔:《批评八国联军侵华:德国与法国左翼报纸(1900-1901)》,中国义和团研究会编:《义和团运动110周年国际讨论会论文集》,济南:山东大学出版社,2012。

顾廷龙、叶亚廉主编:《李鸿章全集》卷3,上海:上海人民出版社, 1987。

刘玉华:《忆第十一届奥运会中国武术队赴欧表演》,《体育史料》第2辑,北京:中国体育大学出版社,1980。

路遥编:《山东大学义和团调查资料汇编》,济南:山东大学出版社, 2000。

路云亭:《义和团的社会表演:1887—1902年间华北地区的戏巫活动》,上海:上海古籍出版社,2014。

邵雍、王惠怡:《〈申报〉对义和团运动的舆论导向》,中国义和团研究编:《义和团运动110周年国际学术讨论会论文集》,济南:山东大学出版社,2013。

王火选辑:《义和团杂记》,中国社会科学院近代史研究所《近代史资料》组编:《近代史资料》(1957年第1期,总12号),北京:中华书局,1978。

姚斌:《拳民形象在美国:义和团运动的跨国影响》,北京:世界知识出版社,2010。

中国新史学研究会主编:《义和团》(4册),上海:神州国光社,1951。

国家档案局明清档案馆:《义和团档案史料》,北京:中华书局,1959。

中国社会科学院近代史研究所《近代史资料》编辑组编:《义和团史

料》,北京:中国社会科学出版社,1982。

杨家骆:《义和团文献汇编》,台北:鼎文书局,1973。

张玫珊译:《神迹千里:纪念庚子事变一百周年》(Archibald Glover, *A Thousand Miles of Miracles in China*),香港:海外基督使团,2000。

张鸣:《华北农村的巫觋风习与义和团运动》,《清史研究》1998年第4期。

张守常:《再说〈神助拳,义和团〉揭帖》,苏位智、刘天路主编:《义和团运动一百周年国际学术讨论会论文集》上册,济南:山东大学出版社,2002。

(二)外文论著

Ageron, Charles-Robert, ed., *L'anticolonialisme en France de 1871 à 1914*, Paris: Presses Universitaires de France, 1973.

Alden, Dauril, *Charles R. Boxer*, Lisbon: Fundacāo Oriente, 2001.

Andrin, Muriel, "To Dazzle the Eye and Stir the Heart: Alla Nazimova, 'Star of a Thousand Moods', in The Red Lantern", in *To Dazzle the Eye and Stir the Heart: The Red Lantern, Nazimova and the Boxer Rebellion*, edited by Stef Franck, Brussels: Vlaamse Dienst voor Filmcultuur, 2012.

Annual Reports of the Navy Department for the Year 1900, Washington, D.C.: Government Printing Office, 1900.

Annual Reports of the War Department for the Fiscal Year Ended June 30, 1901. Report of the Lieutenant-General Commanding the Army and Department Commanders. Vol. 1, part 4. Washington, D.C.: Government Printing Office, 1901.

Assmann, Aleida, "Archive im Wandel der Mediengeschichte", in *Archivologie: Theorien des Archivs in Philosophie, Medien und Künsten*, edited by Knut Ebeling and Stephan Günzel, Berlin: Kulturverlag Kadmos, 2009.

Audouy, J., "Les Archives de la Marine militaire", in *Manuel d'Archivistique: Théorie et pratique des Archives publiques en France*, edited by Association des archivistes français, 93, Paris: S.E.V.P.E.N., 1970.

Ball, Charles, *The History of the Indian Mutiny: Giving a Detailed Account of the Sepoy Insurrection in India: and a Concise History of the Great Military Events which Have Tended to Consolidate British Empire in Hindostan*. 2 vols, London: Printing and Publishing Company, 1858.

Barcelo, Laurent, *Paul d'Estournelles de Constant (Prix Nobel de la Paix 1909): L'expression d'une idée européenne*, Paris: L'Harmattan, 1995.

Bartrum, Katherine, A *Widow's Reminiscences of the Siege of Lucknow*, London: Nisbet & Co., 1858.

Bayly, C. A. *The Birth of the Modern World 1780-1914*, Malden, M.A.: Blackwell, 2004.

Bayly, C. A., "The Boxer Uprising and India. Globalizing Myths", in *The Boxers, China, and the World*, eds. by Robert Bickers and R. G. Tiedemann, Lanham, M.D.: Rowman and Littlefield, 2007.

Beck, Wilhelm von., *Abenteuer und Erlebnisse im Chinakriege*, Berlin: Weichert, 1901.

Belke, Horst, *Literarische Gebrauchsformen*, Düsseldorf: Bertelsmann Universitäts-Verlag, 1973.

Belsky, Richard, "Placing the Hundred Days: Native-Place Ties and Urban Space", in Rebecca E. Karl and Peter Zarrow, eds., *Rethinking the 1898 Reform Period: Political and Cultural Change in Late-Qing China*, Cambridge, M.A.: Harvard University Asia Center, 2002.

Berenson, Edward, "Fashoda, Dreyfus, and the Myth of Jean-Baptiste Marchand", *Yale French Studies* 111 (2007).

Berghahn, Volker, *Der Tirpitz-Plan: Genesis und Verfall einer innenpolitischen Krisenstrategie unter Wilhelm II*, Düsseldorf: Droste, 1971.

Bickers, Robert, "Introduction", in *The Boxers, China and the World*, edited by Robert Bickers and R. G. Tiedemann, xi-xxviii. Lanham, M.D.: Rowman & Littlefield, 2007.

Bickers, Robert, *Britain in China: Community, Culture and Colonialism, 1900-1949*, Manchester: Manchester University Press, 1999.

Bickers, Robert, and R. G. Tiedemann, eds., *The Boxers, China, and the World*, Lanham, M.D.: Rowman & Littlefield, 2007.

Biefang, Andreas, "Der Reichstag als Symbol der politischen Nation: Parlament und Öffentlichkeit 1867-1890", in *Regierung, Parlament und Öffentlichkeit im Zeitalter Bismarcks*, ed. by Lothar Gall, Paderborn:

Schöningh, 2003.

Biefang, Andreas, Die andere Seite der Macht: Reichstag und Öffentlichkeit im System Bismarck 1871-1890, Düsseldorf: Droste, 2009.

Biographical Dictionary of Republican China, ed. by Howard L. Boorman. Vol. 1, New York: Columbia University Press, 1967.

Blomfield, David, *The Story of Kew: The Gardens. The Village. The National Archives*. 4th ed., Richmond: Leybourne, 2003.

Boase, Frederic, *Modern English Biography*, Vol.1, Truro: Netterton & Worth, 1892.

Bösch, Frank, "Grenzen des Obrigkeitsstaates? Medien, Politik und Skandale im Kaiserreich", in *Das deutsche Kaiserreich in der Kontroverse*, edited by Sven Oliver Müller and Cornelius Torp, Göttingen: Vandenhoeck & Ruprecht, 2008.

Bösch, Frank, "Ereignisse, Performanz und Medien in historischer Perspektive", in *Medialisierte Ereignisse: Performanz, Inszenierung und Medien seit dem 18. Jahrhundert*, eds. by Frank Bösch and Patrick Schmidt, Frankfurt am Main: Campus, 2010.

Bottomore, Stephen, "Filming, fake and propaganda: The origins of the war film, 1897-1902", PhD thesis, Utrecht University, 2007.

Boucicault, Dion [= Dionysius Lardner Boursiquot]. *Jessie Brown; or, The Relief of Lucknow: A Drama in Three Acts (Founded on an Episode in the Indian Rebellion)*, New York: French, n.d.

Bourgerie, Raymond, and Pierre Lesouef, *La guerre des Boxers (1900-1901): Tseu-Hi évite le pire*, Paris: Economica, 1998.

Bourgon, Jérôme, "Obscene Vignettes of Truth: Construing Photographs of Chinese Executions as Historical Documents", in *Visualising China, 1845-1965: Moving and Still Images in Historical Narratives*, edited by Christian Henriot and Wen-hsin Yeh, Leiden: Brill, 2013.

Bourlet, M., and A.-A. Inquimbert, "Le corps expéditionnaire, évolution et mutations", *Revue Historique des Armées* 222 (2001): 35—46.

Bowersox, Jeff, *Raising Germans in the Age of Empire: Youth and Colonial Culture in Germany, 1871-1914*, Oxford: Oxford University Press, 2013.

Bradsher, James Gregory, and Michele F. Pacifico, "History of Archives Administration," in *Managing Archives and Archival Institutions*, edited by James Gregory Bradsher, London: Mansell, 1988.

British documents on foreign affairs: Reports and papers from the Foreign Office Confidential Print. Part I: From the mid-nineteenth century to the First World War. Series E: Asia, 1860-1914. Vol. 24, ed. by Ian H. Nish. Frederick, M.D.: University Press of America, 1994.

Brockmann, Stephen, *A Critical History of German Film*, Rochester, NY: Camden House, 2010.

Broomhall, Marshall, *Martyred Missionaries of the China Inland Mission with a Record of the Perils and Sufferings of Some Who Escaped*, London: Morgan and Scott, 1901.

Brown, Royal S., *Overtones and Undertones: Reading Film Music*, Berkeley, C.A.: University of California Press, 1994.

Brun, Jean-François, "Intervention armée en Chine: L'expédition internationale de 1900-1901", *Revue Historique des Armées* 258 (2010).

Burgoyne, Robert, *Film Nation: Hollywood Looks at U.S. History*, Minneapolis, M.N.: University of Minnesota Press, 1997.

Bury, John P. T., *Gambetta and the Making of the Third Republic*, London: Longman, 1973.

Cable, Mildred, and Francesca French, *Something Happened*, London: Hodder and Stoughton, 1933.

Cadell, Patrick, "Un pays, deux traditions: Les Archives du Royaume-Uni", in *Archives et Nations dans l'Europe du XIXe siècle*, eds. by Bruno Delmas and Christine Nougaret, Paris: École des chartes, 2004.

Callwell, Charles Edward, *Small Wars: Their Principles & Practice*. 3rd ed., London: His Majesty's Stationery Office, 1906.

Canis, Konrad, *Von Bismarck zur Weltpolitik: Deutsche Außenpolitik 1890-1902*, Berlin: Akademie-Verlag, 1997.

Cantwell, John D., *The Public Record Office, 1838—1958*, London: Her Majesty's Stationery Office, 1991.

Carroll, Malcolm E., *French Public Opinion and Foreign Affairs, 1870-1914*, New York: The Century Co., 1931.

Chakravarty, Gautam, *The Indian Mutiny and the British Imagination*, Cambridge: Cambridge University Press, 2005.

Chalmers, Helena, *The Art of Make-up for the Stage, the Screen, and Social Use*, New York: Appleton, 1927.

Chang, Jung, *Wild Swans: Three Daughters of China*, New ed, London: Harper Perennial, 2004 (first published in 1991).

Cheang, Sarah, "'Our Missionary Wembley': China, Local Community and the British Missionary Enterprise, 1901-1924", *East Asian History* 32-33 (2006/2007).

Chen Shih-Wen, *Representations of China in British Children's Fiction, 1851-1911*, Farnham: Ashgate, 2013.

Chen Tzu-Kuang, *Chinesische Kultur in der westlichen Musik des 20. Jahrhunderts: Modelle zur interkulturellen Musikpädagogik*, Frankfurt am Main: Peter Lang, 2006.

Ciarlo, David, *Advertising Empire: Race and Visual Culture in Imperial Germany*, Cambridge, M.A.: Harvard University Press, 2011.

Cieslik, Jürgen, and Marianne Cieslik. *Ein Jahrhundert Blechspielzeug: Ein Jahrhundert E. P. Lehmann*. Frankfurt am Main: Büchergilde Gutenberg, 1981.

Clark, Christopher M., *Kaiser Wilhelm II*, Harlow: Pearson Education, 2000.

Clegg, Jenny, *Fu Manchu and the 'Yellow Peril': The Making of a Racist Myth*, Stoke-on-Trent: Trentham Books, 1994.

Cohen, Alvin P., "Coercing the Rain Deities in Ancient China", *History of Religions* 17, no. 3-4 (1978).

Cohen, Paul A., *History in Three Keys: The Boxers as Event, Experience, and Myth*, New York: Columbia University Press, 1997.

A Collection of National English Airs, Consisting of Ancient Song, Ballad, & Dance Tunes, and Preceded by an Essay on English Minstrelsy, ed. by W. Chappell. London: Chappell, 1840.

Confino, Alon, *The Nation as a Local Metaphor: Württemberg, Imperial Germany, and National Memory, 1871-1918*, Chapel Hill: University of North Carolina Press, 1997.

Cook, David A, *A History of Narrative Film*. 5th ed. New York: Norton, 2016.

Cooke, Mervyn, *A History of Film Music*, Cambridge: Cambridge University Press, 2008.

Corniot, Christine, "La guerre des Boxers d'après la presse française", *Études chinoises* 6, no. 2 (1987).

Crivellari, Fabio, Kay Kirchmann, Marcus Sandl and Rudolf Schlögl, "Einleitung: Die Medialität der Geschichte und die Historizität der Medien", in *Die Medien der Geschichte: Historizität und Medialität in interdisziplinärer Perspektive*, edited by Fabio Crivellari, Kay Kirchmann, Marcus Sandl and Rudolf Schlögl, Konstanz: UVK, 2004.

Croskey, Julian [pseudonym of Charles Welsh Mason], *The S. G.: A Romance of Peking*, Brooklyn, N.Y.: Mason, 1900.

Cross, Nigel, *The Common Writer: Life in nineteenth-century Grub Street*, Cambridge: Cambridge University Press, 1985.

Crossley, Pamela Kyle, *Orphan Warriors: Three Manchu Generations and the End of the Qing World*, Princeton, N.J.: Princeton University Press, 1990.

Crossley, Pamela Kyle, *The Manchus*, Oxford: Blackwell, 2002. First published in 1997.

Dale, Stephen F., *The Garden of the Eight Paradises: Babur and the Culture of Empire in Central Asia, Afghanistan and India (1483-1530)*, Leiden: Brill, 2004.

Dalrymple, William, *The Last Mughal: The Fall of Delhi, 1857*, London: Bloomsbury, 2006.

Dandolo, Ignazio, "A Modern Anabasis: The Official Diary of Colonel Garioni, the Commander of the Italian Contingent in China (1900-1901)", *Bulletin de l'Ecole française d'Extrême-Orient* 78 (1991).

Davis, Natalie Zemon, "'Any Resemblance to Persons Living or Dead'. Film and the Challenge of Authenticity", *Historical Journal of Film, Radio and Television* 9, no. 3 (1988).

De Groot, Jerome, *Consuming History: Historians and Heritage in Contempo-rary Popular Culture*, London: Routledge, 2009.

De Groot, Jerome, *The Historical Novel*, London: Routledge, 2010.

Derrida, Jacques, *Archive Fever: A Freudian Impression*, Chicago, I.L.: Univer-sity of Chicago Press, 1996.

Devantier, Sven Uwe, "Das Heeresarchiv Potsdam: Bestandsaufnahme in der Abteilung Militärarchiv des Bundesarchivs,"*Der Archivar* 61 (2008).

Devos, Jean-Claude, "Les Archives de l'Armée de Terre", in *Manuel d'Archivistique: Théorie et pratique des Archives publiques en France*, Association des archivistes français, Paris: S.E.V.P.E.N., 1970.

Devos, Jean-Claude. and Marie-Anne Corvisier de Villèle, *Guide des Archives et de la Bibliothèque*, Château de Vincennes: Ministère de la défense, État-major de l'Armée de terre, Service historique, 2001.

E. v. Seydlitz' sche Geographie. Ausgabe B: Kleine Schul-Geographie, ed. by E. Oehlmann. 21st ed. Breslau: Hirt, 1892.

E. v. Seydlitz: Geographie. Ausgabe B: Kleines Lehrbuch, ed. A. Rohrmann. 24th edition (Breslau: Hirt, 1912).

Eberspächer, Cord, *Die deutsche Yangtse-Patrouille: Deutsche Kanonenboot-politik in China im Zeitalter des Imperialismus 1900-1914*, Bochum: Winkler, 2004.

Echevarria, Roberto Gonzalez, *Myth and Archive: A Theory of Latin America*, Cambridge: Cambridge University Press, 1990.

Eden, Dorothy, *The Time of the Dragon*. London: Hodder and Stoughton, 1975.

Eisenschitz, Bernard, *Nicholas Ray: An American Journey*, trans.by Tom Milne, London: Faber & Faber, 1993. First published in French in 1990.

Elleman, Bruce A., *Modern Chinese Warfare, 1795-1989*, London: Routledge 2001.

Ellendt, Georg, *Katalog für die Schülerbibliotheken höherer Lehranstalten nach Stufen und nach Wissenschaften geordnet*. 4th ed. Halle: Waisenhaus, 1905.

Elliott, Jane E., *Some Did It for Civilisation, Some Did It for Their Country: A Revised View of the Boxer War*, Hong Kong: Chinese University Press, 2002.

Entzberg, Eugen von., *Drachenbrut*. Berlin: Dünnhaupt, 1901.

Erdkunde für Schulen von Alfred Kirchhoff, edited by Felix Lampe. Part II, *Mittel- und Oberstufe*. 14th edition, Halle an der Saale: Waisenhaus, 1908.

Erll, Astrid, *Prämediation-Remediation: Repräsentationen des indischen Aufst-ands in kolonialen und post-kolonialen Medienkulturen (von 1857 bis zur Gegenwart)*, Trier: Wissenschaftlicher Verlag, 2005.

Erll, Astrid, "Remembering across Time, Space, and Cultures: Premediation,

Remediation and the 'Indian Mutiny'", in *Mediation, Remediation, and the Dynamics of Cultural Memory*, eds. by Astrid Erll and Ann Rigney, Berlin: de Gruyter, 2009.

Ernst, Wolfgang, *M.edium F.oucault: Weimarer Vorlesungen über Archive, Archäologie, Monumente und Medien*, Weimar: Verlag und Datenbank für Geisteswissenschaften, 2000.

Ernst, Wolfgang, *Das Rumoren der Archive: Ordnung aus der Unordnung*, Berlin: Merve-Verlag, 2002.

Ernst, Wolfgang, "Das Archiv als Gedächtnisort." In *Archivologie: Theorien des Archivs in Philosophie, Medien und Künsten*, eds. by Knut Ebeling and Stephan Günzel, Berlin: Kulturverlag Kadmos, 2009.

Esherick, Joseph W., *The Origins of the Boxer Uprising*, Berkeley, C.A.: University of California Press, 1987.

Fang, Weigui, *Das Chinabild in der deutschen Literatur, 1871-1933: Ein Beitrag zur komparatistischen Imagologie*, Frankfurt am Main: Lang, 1992.

Farge, Arlette, *The Allure of the Archives*, New Haven, C.T.: Yale University Press, 2013 (first published in French in 1989).

Farooqui, Mahmood, ed., *Besieged: Voices from Delhi 1857*, London: Penguin, 2012. First published in 2010.

Farrington, Anthony, *Guide to the records of the India Office Military Department, 10R L/MIL & L/WS*, London: India Office Library and Records, 1982.

Farrington, Anthony, *British Military Intelligence on China, and the Boxer Rising c. 1888-1930: Remarkable series of secret gazetteers of the provinces of China, confidential print and intelligence reports*, Microfiche collection. Leiden: IDC Publishers, 2004.

Favier, Lucie, and René Rémond. *La mémoire de l'État: Histoire des Archives nationales*. Paris: Fayard, 2004.

Fehl, Gerhard, and Renate Fehl, eds., *The Germans to the Front? Mit einer Batterie schwerer Haubitzen im Boxerkrieg: Ein Tagebuch der Deutschen Expedition nach China 1900-1902 von Julius Fehl*, Hamburg: Kovač, 2002.

Felsing, Otto, *Gert Janssens China-Fahrten: Reise und Kriegserlebnisse eines jungen Deutschen*, Munich: Lehmann, 1901.

Fisch, Jörg, "Der märchenhafte Orient: Die Umwertung einer Tradition von Marco Polo bis Macaulay", *Saeculum* 35 (1984).

Fischer, Joachim, *Übersicht über die Bestände des Hauptstaatsarchivs Stuttgart, Militärarchiv: M-Bestände 1871-1922 (1945)*, Stuttgart: Kohlhammer, 1974.

Fisher, Fred, *The Red Lantern*, New York: McCarthy & Fisher, 1919.

Fitz-Gerald, S. J. Adair., *How to "Make-up": A Practical Guide for Amateurs and Beginners*, London: French, 1901.

Fleming, Peter, *One's Company: A Journey to China*, New York: Charles Scribner's Sons, 1934.

Fleming, Peter, *The Siege at Peking*, London: Hart Davis, 1959.

Forman, Ross G., "Peking Plots: Fictionalizing the Boxer Rebellion of 1900", *Victorian Literature and Culture* 27 (1999).

Forman, Ross G., *China and the Victorian Imagination: Empires Entwined*, Cambridge: Cambridge University Press, 2013.

Foster, Joseph. *Alumni Oxonienses, 1500-1886*. Vol. 2. London: Baker & Co., 1888.

Foucault, Michel, *The Archaeology of Knowledge*, trans. by Alan Sheridan Smith, London: Tavistock, 1972. First published in French in 1969.

Franck, Stef, ed., *To Dazzle the Eye and Stir the Heart: The Red Lantern, Nazimova and the Boxer Rebellion*, Brussels: Vlaamse Dienst voor Filmcultuur, 2012.

Franck, Stef, "Boxer Rebellion Novelties", in *To Dazzle the Eye and Stir the Heart: The Red Lantern, Nazimova and the Boxer Rebellion*, edited by Stef Franck, Brussels: Vlaamse Dienst voor Filmcultuur, 2012.

Franck, Stef, and Bart Versteirt, "The Restoration", in *To Dazzle the Eye and Stir the Heart: The Red Lantern, Nazimova and the Boxer Rebellion*, edited by Stef Franck, Brussels: Vlaamse Dienst voor Filmcultuur, 2012.

Franke-Schmeil Realienbuch, Ausgabe A für evangelische Schulen, edited by Max Franke and Otto Schmeil. 3rd edition. Leipzig: Teubner, 1907.

Frayling, Christopher, *The Yellow Peril: Dr Fu Manchu and the Rise of Chinaphobia*, London: Thames and Hudson, 2014.

Frick, Heike, "Die Boxer und die kaiserlichen Armeen der Qing-Regierung", in *Kolonialkrieg in China: Die Niederschlagung der Boxerbewegung 1900-1901*, edited by Mechthild Leutner and Klaus Mühlhahn, Berlin: Links, 2007.

Friederici, Georg, *Berittene Infanterie in China und andere Feldzugs-Erinnerun-gen*, Berlin: Reimer, 1904.

Fuller, Karla Rae, *Hollywood Goes Oriental: CaucAsian Performances in American Film*, Detroit, M.I.: Wayne State University Press, 2010.

Furneaux, Rupert, *The Breakfast War*, New York: Crowell, 1958.

Ganaway, Bryan, *Toys, Consumption, and Middle-class Childhood in Imperial Germany, 1871-1918*, Frankfurt am Main: Lang, 2009.

Gardiner, Robert Barlow, *The Admissions Register of St. Paul's School*. Covent Garden, London: George Bell & Sons, 1884.

Gerteis, Klaus, ed., *Abenteuerlust, Fernweh und koloniale Träume in deutschen Kinderzimmern: Zinnfiguren aus zwei Jahrhunderten (ergänzt durch populäre Abenteuerliteratur)*, Trier: GM-Press, 1989.

Giehrl, Rudolf, *China-Fahrt: Erlebnisse und Eindrücke von der Expedition 1900/01*, Munich: Lindauer, 1903.

Giesen, Rolf, *Nazi Propaganda Films: A History and Filmography*, Jefferson, N.C.: McFarland & Company, 2003.

Giles, Lancelot, *The Siege of the Peking Legations: A Diary*, ed.by Leslie R. Marchant, Perth: University of Western Australia Press, 1970.

Girardet, Raoul, *L'idée coloniale en France de 1871 à 1962*, Paris: Table Ronde, 1972.

Glover, Archibald, *A Clergyman's Baptism, Confession and Testimony*, London: Passmore and Alabaster, 1902.

Glover, Archibald, *A Thousand Miles of Miracle in China: A Personal Record of God's Delivering Power in China from the Hands of the Imperial Boxers of Shan-si in China*, London: Hodder and Stoughton, 1904.

Goldmann, Paul, *Ein Sommer in China: Reisebilder*, Frankfurt am Main: Rütten & Loening, 1899.

Gomane, J.-P., "L'expédition internationale contre les Boxers et le siège des légations (juin-août 1900)", *Revue Historique des Armées* 230 (2003): 11-18.

Gooch, John, ed., *The Boer War: Direction, Experience and Image*, London: Routledge, 2013.

Gracey, J. T., "The Clash of Civilizations in China", *Missionary Review of the World* 23, No. 8 (1900).

Grainge, Paul, "Introduction: Memory and Popular Film", in *Memory and Popular Film*, ed. by Paul Grainge, Manchester: Manchester University Press, 2003.

Granier, Gerhard, *Das Bundesarchiv-Militärarchiv:Funktion-Geschichte-Best-ände*, Bonn: Bundesministerium der Verteidigung, 1989.

Graves, Robert, and Alan Hodge. *The Long Weekend: A Social History of Great Britain, 1918-1939*. Harmondsworth: Penguin Books, 1970.

Gray, Frank, "James Williamson's 'Composed Picture': Attack on a China Mission-Bluejackets to the Rescue (1900)", in *Celebrating 1895: The Centenary of Cinema*, ed. by John Fullerton, Sydney: Libbey, 1998.

Gray, Frank, "James Williamson's Rescue Narratives", in *Young and Innocent? The Cinema in Britain 1896-1930*, ed. by Andrew Higson, Exeter: University of Exeter Press, 2002.

Greene, Naomi, *From Fu Manchu to Kung Fu Panda: Images of China in American Film*, Honolulu, H.I.: University of Hawai'i Press, 2014.

Gregg, Hilda, "The Indian Mutiny in Fiction", *Blackwood's Edinburgh Magazine* 161 (1897): 218-231.

Grévy, Jérôme, *La République des opportunistes: 1870-1885*, Paris: Perrin, 1998.

Grindon, Leger, *Shadows on the Past: Studies in the Historical Fiction Film*, Philadelphia, P.A.: Temple University Press, 1994.

Gruskin, Alan, "The Story of the Artist", in *The Water Colors of Dong Kingman*, New York: Studio Publications, 1958.

Gstettenbauer, Erich, "Der Einsatz bayrischer Soldaten im Rahmen des Expeditionskorps zur Niederschlagung des Boxeraufstandes in China 1900/1901", *Zeitschrift für bayrische Landesgeschichte* 57 (1994).

Guha, Ranajit, "The Proses of Counter-insurgency", in *Culture, Power, History: A Reader in Contemporary Social Theory*, eds. by Geoff Eley, Nicholas B. Dirks, and Sherry B. Ortner, Princeton, N.J.: Princeton University Press, 1994.

Guide to the National Archives of the United States, Washington, D.C.: National Archives and Records Service, General Services Administration, 1974.

Günther, Christiane C., *Aufbruch nach Asien: Kulturelle Fremde in der deutschen Literatur um 1900*, Munich: Iudicium, 1988.

H. A. Daniels Lehrbuch der Geographie für höhere Unterrichtsanstalten, edited by W. Wolkenhauer. 83rd edition, Halle an der Saale: Waisenhaus, 1906.

Habermas, Jürgen, *The Structual Transformation of the Public Sphere: An Inquiry into a Category of Bourgeois Society*, trans. by Thomas Burger, Cambridge, M.A.: MIT Press, 1991. First published in German in 1962.

Haddad, John R., "The Wild West Turns East: Audience, Ritual, and Regeneration in Buffalo Bill's Boxer Uprising", *American Studies* 49, Nos. 3-4 (2008).

Hall, Deidre Dallas, "Remarkable Particulars: David Gamut and the Alchemy of Race in The Last of the Mohicans", *ESQ: A Journal of the American Renaissance* 58, no. 1 (2008).

Hall, Michael R., "Journalism", in *The Encylopedia of the Spanish-American and Philippine-American Wars: A Political, Social, and Military History*, Vol. 1, edited by Spencer C. Tucker, Santa Barbara, C.A.: ABC Clio, 2009.

Hamlin, David D., *Work and Play: The Production and Consumption of Toys in Germany, 1870-1914*, Ann Arbor, M.I.: University of Michigan Press, 2007.

Harder, Agnes, *Wider den Gelben Drachen*, Bielefeld: Velhagen & Klasing, 1900.

Harrington, Peter, *Peking 1900: The Boxer Rebellion*, Botley: Osprey Publishing, 2001.

Harrington, Peter, "Pictorial Journalism and the Boer War: The Illustrated London Weeklies", in *The Boer War: Direction, Experience and Image*, ed. by John Gooch, London: Routledge, 2013.

Harris, Ruth, *Dreyfus: Politics, Emotion, and the Scandal of the Century*, New York: Metropolitan Books, 2010.

Hart-Davis, Duff, *Peter Fleming: A Biography*, London: Jonathan Cape, 1974.

Heidhues, Bernhard, *Nachtrag zu dem Verzeichnisse der Schülerbibliothek des Königl. Friedrich-Wilhelms-Gymnasiums in Cöln. Beilage zum Osterprogramm 1911*, Cologne: Gebr. Brocker, 1911.

Henke, Josef, "Das Schicksal deutscher zeitgeschichtlicher Quellen in Kriegs-und Nachkriegszeit: Beschlagnahme-Rückführung-Vergleich", *Vierteljahrshefte für Zeitgeschichte* 30 (1982).

Herbert, Christopher, *War of No Pity: The Indian Mutiny and Victorian Trauma*, Princeton, N.J.: Princeton University Press, 2008.

Hevia, James L., *English Lessons: The Pedagogy of Imperialism in*

Nineteenth-Century China, Durham, N.C.: Duke University Press, 2003.

Hevia, James L., "Monument and Memory: The Oberlin College Boxer Memorial as a Contested Site", in *Dong-ya Jidujiao zai quansi*, edited by Tao Feiya and Philip Yuan-sang Leung, Hong Kong: Xianggang Zhongwen Daxue Chong Ji Xueyuan and Zhongguo Shehui Yanjiu Zhongxin, 2004.

Hevia, James L., "Krieg als Expedition: Die alliierten Truppen unter Alfred Graf von Waldersee", in *Kolonialkrieg in China: Die Niederschlagung der Boxerbewegung 1900-1901*, eds. by Mechthild Leutner and Klaus Mühlhahn, Berlin: Links, 2007.

Hevia, James L., "The Photography Complex: Exposing Boxer-Era China (1900-1901)", in *Photographies East: The Camera and Its Histories in East and Southeast Asia*, ed. by Rosalind C. Morris, Durham: Duke University Press, 2009.

Hewitt, James, ed., *Eye-Witnesses to the Indian Mutiny*, Reading: Osprey, 1972.

Hewlett, William Meyrick, *Diary of the Siege of the Peking Legations, June to August 1900*, N. p.: Editors of the Harrovian, 1900.

Hewlett, William Meyrick, *Forty Years in China*, London: Macmillan, 1943.

Hildebrandt, Paul, *Das Spielzeug im Leben des Kindes*, Berlin: Soehlke, 1904.

Hill, Justin, *A Bend in the Yellow River*, London: Phoenix House, 1997.

Hodges, Graham Russell Gao, *Anna May Wong: From Laundryman's Daughter to Hollywood Legend*, Basingstoke: Palgrave Macmillan, 2004.

Hoe, Susanna, *Women at the Siege: Peking 1900*, Oxford: Women's History Press, 2000.

Hoffmann, Heike, "Erziehung zur Moderne: Ein Branchenportrait der deutschen Spielwarenindustrie in der entstehenden Massenkonsumgesellschaft", Doctoral thesis, Eberhard-Karls-Universität Tübingen, 1998.

Hoffmeister, Eduard von, *Aus Ost und Süd: Wanderungen und Stim-*

mungen, Heidelberg: Winter, 1907.

Hoggart, Richard, *The Uses of Literacy*. Reprint ed. Harmondsworth: Penguin, 1968 (first published in 1958).

Holmes, T. R. E., *A History of the Indian Mutiny, and of the Disturbances which Accompanied it among the Civil Population*. 5th ed. London: Macmillan & Co., 1898.

Hooker, Mary, *Behind the Scenes in Peking*, London: John Murray, 1911.

Hsu, Madeline, *The Good Immigrants: How the Yellow Peril Became the Model Minority*, Princeton, N.J.: Princeton University Press, 2015.

Hu Bin, "Contradictions and Conflicts among the Imperialist Powers at the Time of the Boxer Movement," *Chinese Studies in History* 20: 3/4 (1987).

Hull, Isabel V., "Persönliches Regiment", in Der Ort Kaiser Wilhelms II. in der deutschen Geschichte, edited by John C. G. Röhl, Munich: Oldenbourg, 1991.

Hume, David, "My Own Life", in *Essays Moral, Political, and Literary*, eds. by T. H. Green and T. H. Grose, vol. 1, new ed. (London: Longmans, Green, & Co., 1889). First published in 1776.

Jespersen, T. Christopher, *American Images of China 1931-1949*, Stanford, C.A.: Stanford University Press, 1996.

Jobs, Sebastian, and Alf Lüdtke: "Unsettling History: Introduction," in *Unsettling History: Archiving and Narrating in Historiography*, eds. by Sebastian Jobs and Alf Lüdtke, Frankfurt am Main: Campus, 2010.

Joly, Bertrand, *Dictionnaire biographique et géographique du nationalisme français (1880-1900)*, Paris: Champion, 1998.

Jones, Andrew F., "Portable Monuments: Architectural Photography and the 'Forms' of Empire in Modern China," *Positions* 18, no. 3 (2010).

Journal officiel de la République française, 7e législature: Débats parle-mentaires-Chambre des députés, Paris: Imprimerie du Journal officiel, 1900-1901.

Kalinak, Kathryn, *Film Music: A Very Short Introduction*, Oxford: Oxford University Press, 2010.

Kaminski, Gerd, *Der Boxeraufstand-entlarvter Mythos*, Vienna: Löcker, 2000.

Kaminsky, Arnold P., *The India Office, 1880-1910*, Westport, C.T.: Greenwood Press, 1986.

Katalog, Ravensburg: Otto Maier, 1914.

Kaye's and Malleson's History of the Indian Mutiny of 1857-8. 6 vols. Reprint of the 1897-1898. Westport, C.T.: Greenwood Press, 1971. First published in 1888-1889.

Kehoe, Vincent J-R., *The Technique of Film and Television Make-Up*, New York: Communication Arts Books, 1958.

Keller, Ulrich, *The Ultimate Spectacle: A Visual History of the Crimean War*, New ed. New York: Routledge, 2013. First published in 2001.

Kelly, John S., *A Forgotten Conference: The Negotiations at Peking 1900-1901*, Geneva: Droz, 1962.

Kelson, John F., *Catalogue of forbidden German Feature and Short Film Productions Held in Zonal Film Archives of Film Section, Information Services Division, Control Commission for Germany*. New edition. Trowbridge: Flicks Books, 1996. Original typescript compiled in 1951.

Keown-Boyd, Henry, *The Fists of Righteous Harmony: A History of the Boxer Uprising in China in 1900*, London: Leo Cooper, 1991.

Kern, Maximilian, *Das Auge des Fo*, Stuttgart: Union, 1905.

Kessler, Jean, "Le Service Historique de la Marine (The French Navy Historical Service)", in *Official Military Historical Offices and Sources. Vol.1: Europe, Africa, the Middle East, and India*, edited by Robin D. Higham, Westport, C.T.: Greenwood Press, 2000.

Kim, Kisôn, *Theater und Ferner Osten*, Frankfurt am Main: Lang, 1982.

Kirby, William C., *Germany and Republican China*, Stanford, C.A.: Stanford University Press, 1984.

Kirby, William C., "Archives and History in Twentieth-Century China", in *Archives, Documentation and Institutions of Social Memory: Essays from the Sawyer Seminar*, edited by Francis X. Blouin and William G. Rosenberg, Ann Arbor, M.I.: University of Michigan Press, 2007.

Kirchhoff, Alfred, *Erdkunde für Schulen nach den für Preußen gültigen Lehrzielen*, II, Teil: Mittel-und Oberstufe. Halle an der Saale: Waisenhaus, 1893.

Klaver, Claudia, "Domesticity under Siege: British Women and Imperial Crisis at the Siege of Lucknow, 1857", *Women's Writing* 8, no. 1 (2001).

Klein, Thoralf, "Straffeldzug im Namen der Zivilisation: Der 'Boxerkrieg' in China (1900-1901)", in *Kolonialkriege: Studien zur militärischen Gewalt im Zeichen des Imperialismus*, edited by Thoralf Klein and Frank Schumacher, Hamburg: Hamburger Edition, 2006.

Klein, Thoralf, "Propaganda und Kritik: Die Rolle der Medien", in *Kolonialkrieg in China: Die Niederschlagung der Boxerbewegung 1900-1901*, eds. by Mechthild Leutner and Klaus Mühlhahn, Berlin: Links, 2007.

Klein, Thoralf, "Germans to the Front", in *Kolonialismus hierzulande: Eine Spurensuche in Deutschland*, eds. by Ulrich van der Heyden and Joachim Zeller, Erfurt: Sutton, 2008.

Klein, Thoralf, "Insecurities of Imperialism: The Siege of Peking and its Aftermath in the 'Western' Press, Summer 1900", in Reader for the Conference *Helpless Imperialists: Imperial Failure, Radicalization, and Violence*, Freiburg, Germany, 14 to 16 January 2010 (unpublished).

Klein, Thoralf, "Media Events and Missionary Periodicals: The Case of the Boxer War", *Church History* 82 (2013).

Klein, Thoralf, "Protestant Missionary Periodicals Debate the Boxer War: Martyrdom, Solidarity and Justification", in *Missions and Media: The Politics of Missionary Periodicals in the Long Nineteenth Century*, eds. by Felicity Jensz and Hanna Acke, Stuttgart: Steiner, 2013.

Klein, Thoralf, "Die Hunnenrede (1900)", in *Kein Platz an der Sonne: Erinnerungsorte der deutschen Kolonialgeschichte*, edited by

Jürgen Zimmerer, Frankfurt am Main: Campus, 2013.

Klein, Thoralf, "The Missionary as Devil: Anti-missionary Demonology in China, 1860-1930", in *Europe as the Other: External Perspectives on European Christianity*, edited by Judith Becker and Brian Stanley, Göttingen: Vandenhoeck & Ruprecht, 2014.

Knüsel, Ariane, "'Western Civilisation' against 'Hordes of Yellow Savages': British Perceptions of the Boxer Rebellion", *Asiatische Studien* 62 (2008).

Köster, Hermann L., *Geschichte der deutschen Jugendliteratur*. 2nd ed. Hamburg: Janssen, 1915.

Kolonialgeschichte im Kinderzimmer. Ein Gang durch die Geschichte des 19. Jahrhunderts im Rahmen der Wechselausstellung des Zinnfiguren Museums Zürich von September 1994 bis August 1995. Zürich: Zinnfiguren Museum, 1994.

Koselleck, Reinhart, *Futures Past: On the Semantics of Historical Time*, trans. by Keith Tribe, New York: Columbia University Press, 2005. First published in German in 1979.

Kuhn, Isobel, *Stones of Fire: The Story of a Young Lisu Tribeswoman*. Reprint ed. London: Lutterworth Press, 1961.

Kunz, Andreas, "Das Bundesarchiv-Militärarchiv in Freiburg: Quellen deutscher Militärgeschichte von 1864 bis heute", *Militärgeschichte: Zeitschrift für historische Bildung* 4 (2008).

Kuss, Susanne, *German Colonial Wars and the Context of Military Violence*, trans. by Andrew Smith, Cambridge, M.A.: Harvard University Press, 2017. First published in German in 2009.

Lambert, David, "Reflections on the Concept of Imperial Biographies: The British Case", *Geschichte und Gesellschaft* 40 (2014).

Lambert, David. and Alan Lester, eds., *Colonial Lives across the British Empire: Imperial Careering in the Long Nineteenth Century*, Cambridge: Cambridge University Press, 2006.

Lee, Erika, *At America's Gates: Chinese Immigration during the Exclusion Era, 1882-1943*, Chapel Hill, N.C.: University of North Carolina Press, 2003.

Lee, Erika, *The Making of Asian America: A History.* New York: Simon & Schuster, 2015.

Lefebvre, Denis, *Marcel Sembat: Le socialisme maçonnique d'avant 1914*, Paris: Edition maçonniques de France, 2001.

Lehner, Georg, and Monika Lehner, *Österreich-Ungarn und der "Boxeraufst-And" in China*, Innsbruck: Studienverlag, 2002.

Lehrbuch der Geographie für höhere Unterrichtsanstalten von Prof. Dr. H. A. Daniel, edited by Alfred Kirchhoff. 36th ed. Halle an der Saale: Waisenhaus, 1873.

Leisner, Georg, "Aus dem Tagebuch des Leutnant Georg Leisner der 8. Kompagnie 4. ostasiatisches Infanterieregiment", *Darstellungen aus der Bayerischen Kriegs-und Heeresgeschichte* 11(1902).

Leong, Karen J., *The China Mystique: Pearl S. Buck, Anna May Wong, Mayling Soong, and the Transformation of American Orientalism*, Berkeley, C.A.: University of California Press, 2005.

Lepsius, Johannes, Albrecht Mendelssohn Bartholdy and Friedrich Thimme, eds., *Die Große Politik der europäischen Kabinette, 1871-1914: Sammlung der diplomatischen Akten des Auswärtigen Amtes*, Vol. 16, Berlin: Deutsche Verlags-Gesellschaft für Politik und Geschichte, 1924.

Leutner, Mechthild, "Deutsche Vorstellungen über China und die Chinesen", in *Von der Kolonialpolitik zur Kooperation. Studien zur Geschichte der deutsch-chinesischen Beziehungen*, edited by Kuo Heng-Yü, Munich: Minerva Publikation, 1986.

Leutner, Mechthild, "'China ohne Maske': Forschungsreisende, Berichterstatter und Missionare erschließen China in den 20er und 30er Jahren", in *Exotik und Wirklichkeit: China in Reisebeschreibungen vom 17. Jahrhundert bis zur Gegenwart*, edited by Mechthild Leutner and Dagmar Yü-Dembski, Munich: Minerva Publikation, 1990.

Leutner, Mechthild, "'Bezopfte Heiden': Zeitgenössische Bilder von Boxern und Chinesen", in *Kolonialkrieg in China: Die Niederschlagung der Boxerbewegung 1900-1901*, edited by Klaus Mühlhahn and Mechthild Leutner, Berlin: Links, 2007.

Leutner, Mechthild, and Klaus Mühlhahn, eds., *"Musterkolonie Kiautschou": Die Expansion des Deutschen Reiches in China: Deutsch-chinesische Beziehungen 1897 bis 1914-Eine Quellensammlung*, Berlin: Akademie-Verlag, 1997.

Leutner, Mechthild, and Klaus Mühlhahn, eds., *Kolonialkrieg in China: Die Niederschlagung der Boxerbewegung 1900-1901*. Berlin: Links, 2007.

Li, Changke, *Der China-Roman in der deutschen Literatur 1890-1930: Tendenzen und Aspekte*, Regensburg: Roderer, 1992.

Lindenberg, Paul, *Fritz Vogelsang: Abenteuer eines deutschen Schiffsjungen in Kiautschou*, Berlin: Dümmler, 1899.

Lindenberg, Paul, *Fritz Vogelsangs Kriegsabenteuer in China 1900*, Berlin: Dümmler, 1901.

Lipusček, Uros, "Interpretations of the Chinese Boxer Rebellion in the Slovenian Press at the Beginning of the 20th Century", *Asian Studies* 1, no. 2 (2013).

Löffler, Klara, *Aufgehoben-Soldatenbriefe aus dem Zweiten Weltkrieg: Eine Studie zur subjektiven Wirklichkeit des Krieges*, Bamberg: WVB, 1992.

Lowe, John, *The Concert of Europe: International Relations 1814-70*, London: Hodder & Stoughton, 1990.

Lü Yixu, "German Colonial Fiction on China: The Boxer Uprising of 1900", *German Life and Letters* 59 (2006).

Lü Yixu, "Germany's War in China: Media Coverage and Political Myth", German Life and Letters 61 (2008).

Lü Yixu, "The War That Scarcely Was: The 'Berliner Morgenpost' and the Boxer Uprising", in *German Colonialism and National Identity*, eds. by Michel Perraudin and Jürgen Zimmerer, New York: Routledge, 2011.

Lü Yixu, "The Boxers in Contemporary Chinese and German Fiction: Mo Yan and Gerhard Seyfried", *Comparative Critical Studies* 11, No. 1 (2014).

Lü Yixu, "Germans and the Death-Throes of the Qing: Mo Yan's

The Sandalwood Torture", in *German Colonialism Revisited: African, Asian, and Oceanic Experiences*, eds. by Nina Berman, Klaus Mühlhahn, and Patrice Nganang, Ann Arbor, MI: University of Michigan Press, 2014.

Lüdtke, Alf, "Archive-und Sinnlichkeit? Nachgedanken zu Arlette Farge, 'Der Geschmack des Archivs'", in Arlette Farge, *Der Geschmack des Archivs*, trans.by Jörn Etzold, Göttingen: Wallstein, 2011.

Lux, Hanns Maria, *Felix und die Gesellschaft der Roten Laternen. Eine Jungengeschichte aus den Tagen des Boxeraufstandes 1900*, Reutlingen: Ensslin & Laiblin, 1942.

Maase, Kaspar, and Wolfgang Kaschuba, eds., *Schund und Schönheit: Populäre Kultur um 1900*, Cologne: Böhlau, 2001.

Mabire, Jean, *L'été rouge de Pékin*, Paris: Fayard, 1978.

Mackerras, Colin, *Western Images of China*. Revised ed. Oxford: Oxford University Press, 1999. First published in 1989.

Malleson, G. B., *The Mutiny of the Bengal Army: An Historical Narrative. By One Who Has Served under Sir Charles Napier*, London: Bosworth and Harrison, 1858.

Malleson, G. B., *The Indian Mutiny of 1857*, London: Seeley & Co., 1891.

Manela, Erez, *The Wilsonian Moment: Self-Determination and the International Origins of Anticolonial Nationalism*, New York: Oxford University Press, 2007.

Martin, Bernd, "Die Ermordung des deutschen Gesandten Clemens von Ketteler am 20. Juni 1900 in Peking und die Eskalation des Boxerkrieges", in *Das deutsche Reich und der Boxeraufstand*, eds. by Susanne Kuß and Bernd Martin, Munich: Iudicium, 2002.

Martin, Bernd, "Soldatische Radikalisierung und Massaker. Das deutsche Erste und Zweite Seebataillon im Einsatz im 'Boxerkrieg' in China 1900", *Militärgeschichtliche Zeitschrift* 69 (2010).

Martin, W. A. P., "The Siege in Peking: Its Causes and Consequences", *Bulletin of the American Geographical Society* 33, No. 1 (1901).

Mateer, Ada Haven, *Siege Days. Personal Experiences of American*

Women and Children During the Peking Siege, New York: Revell, 1903.

Mayer, Ruth, *Serial Fu Manchu: The Chinese Supervillain and the Spread of Yellow Peril Ideology*, Philadelphia, P.A.: Temple University Press, 2014.

Metcalf, Thomas R., *Ideologies of the Raj*, Cambridge: Cambridge University Press, 1994.

Methfessel, Christian, "'Oxident gegen Orient': Europabilder in der Berliner Morgenpost während des Boxerkriegs", *Themenportal Europäische Geschichte*, available at https://www.europa.clio-online.de/essay/id/artikel-3563, 1 January 2009.

Middell, Matthias. "Kulturtransfer und Archiv", in *Archiv und Gedächtnis: Studien zur interkulturellen Überlieferung*, eds. by Michel Espagne, Katharina Middell, and Matthias Middell, Leipzig: Leipziger Universitätsverlag, 2000.

Moir, Martin, *A General Guide to the India Office Records*, London: British Library, 1988.

Mittler, Barbara, *Dangerous Tunes: The Politics of Chinese Music in Hong Kong, Taiwan, and the People's Republic of China since 1949*, Wiesbaden: Harrassowitz, 1997.

Mode-Katalog 1903/1904 Warenhaus A. Wertheim, Berlin. Reprint ed. Hildesheim: Olms, 1988.

Mombauer, Annika. "Wilhelm, Waldersee, and the Boxer Rebellion", in *The Kaiser: New Research on Wilhelm II's Role in Imperial Germany*, eds. by Annika Mombauer and Wilhelm Deist, Cambridge: Cambridge University Press, 2003.

Moon, Krystyn R., "The Creation of the Red Lantern: American Orientalism at the Beginning of the 20th Century", in *To Dazzle the Eye and Stir the Heart: The Red Lantern, Nazimova and the Boxer Rebellion*, ed. by Stef Franck, Brussels: Vlaamse Dienst voor Filmcultuur, 2012.

Morse, Hosea Ballou, *The International Relations of the Chinese Empire*. 3 vols. London: Longmans, Green and Co., 1918.

Mühlenfels, von, *Die Erlebnisse des II. Bataillons 1. Ostasiatischen Infanterie-Regiments in China*, Shanghai: Deutsche Druck-und Verlags-

Anstalt, 1902.

Mühlhahn, Klaus, *Herrschaft und Widerstand in der "Musterkolonie," Kiautschou. Interaktionen zwischen China und Deutschland, 1897—1914*, Munich: Oldenbourg, 2000.

Mühlhahn, Klaus, "Zwischen Sühne und nationaler Schande: Die Sühnebestimmungen des Boxerprotokolls 1901 und der Aufstieg des chinesischen Nationalismus", in *Das Deutsche Reich und der Boxeraufstand*, edited by Susanne Kuß and Bernd Martin, Munich: Iudicium, 2002.

Müller, Alfred von, *Die Wirren in China und die Kämpfe der verbündeten Truppen*, Berlin: Verlag der Liebelschen Buchhandlung, 1902.

Müller, Philipp, "Ranke in the Lobby of the Archive: Metaphors and Conditions of Historical Research", in *Unsettling History: Archiving and Narrating in Historiography*, eds. by Sebastian Jobs and Alf Lüdtke, Frankfurt am Main: Campus, 2010.

Mukharji, Projit Bihari, "Jessie's Dream at Lucknow: Popular Memorializations of Dissent, Ambiguity and Class in the Heart of Empire", *Studies in History* 24 (2008).

Mukherjee, Rudrangshu, *Spectre of Violence: The 1857 Kanpur Massacres*, New Delhi: Penguin, 1998.

Nairne, W. P., *James Gilmour of the Mongols*, Glasgow: Pickering and Inglis, n.d.

Nipperdey, Thomas, *Deutsche Geschichte 1866-1918*, vol. 2, *Machtstaat vor der Demokratie*. Munich: Beck, 1992.

Noecker, Wolfgang, "Kampf um die Taku-Forts vor 70 Jahren. Eine marine-historisch-politische Betrachtung", *Marine-Rundschau* 67 (1970).

Nora, Pierre, *Realms of Memory*. 3 vols. New York: Columbia University Press, 1996-1998.

Nowack, Hugo, *Geographie: Stoffe für den Unterricht in den Realien in schulgemäßer Form*, Größere Ausgabe (B), für katholische Schulen. Breslau: Hirt, 1904.

Nowak, Dominik, "Der Tod des deutschen Gesandten Clemens von Ketteler," in *Kolonialkrieg in China: Die Niederschlagung der Boxerbewegung 1900-1901*, eds. by Mechthild Leutner and Klaus Mühlhahn, Berlin:

Links, 2007.

Obst, Michael A. *"Einer nur ist Herr im Reiche"*: *Kaiser Wilhelm II. als politischer Redner*, Paderborn: Schöningh, 2010.

Obst, Michael A., *Die politischen Reden Kaiser Wilhelms II.*: *Eine Auswahl*, Paderborn: Schöningh, 2011.

Olsen, Stephanie, *Juvenile Nation*: *Youth, Emotions and the Making of the Modern British Citizen, 1889-1914*, London: Bloomsbury, 2014.

Osterhammel, Jürgen, *The Transformation of the World*: *A Global History of the Nineteenth Century*, Princeton, N.J.: Princeton University Press, 2014. First published in German in 2009.

Otto Maier Verlag, *Katalog*, Ravensburg: Otto Maier, 1914.

Otto, Uli, and Eginhard König, *"Ich hatt' einen Kameraden…"*: *Militär und Kriege in historisch-politischen Liedern in den Jahren von 1740 bis 1914*, Regensburg: Conbrio, 1999.

Ouellet, Eric, "Multinational counterinsurgency: The Western intervention in the Boxer Rebellion 1900-1901," *Small Wars and Insurgencies* 20 (2009).

Palmer, Christopher, *The Composer in Hollywood*, London: Marion Boyars, 1990.

Pascoe, Peggy, *What Comes Naturally*: *Miscegenation Law and the Making of Race in America*, New York: Oxford University Press, 2009.

Petersson, Niels P., "Das Boxerprotokoll als Abschluß einer imperialistischen Intervention", in *Das Deutsche Reich und der Boxeraufstand*, eds. by Susanne Kuss and Bernd Martin, Munich: Iudicium, 2002.

Pollitz, Andreas, *1883-1993*: *Hundert Jahre Otto Maier Verlag Ravensburg*, Ravensburg: Otto Maier, 1983.

Preker, Simon, "Republican Chinese Public Diplomacy in Nazi Germany, 1936-1941", Diss. phil., University of Hamburg, 2018.

Preston, Diana, *Besieged in Peking*: *The Story of the Boxer Rebellion*, London: Constable, 1999.

Putnam Weale, B. L., *Indiscreet Letters from Peking*, New York: Dodd, Mead, and Company, 1910.

Pyta, Wolfram, "Kulturgeschichtliche Annäherungen an das europäische Mächtekonzert", in *Das europäische Mächtekonzert: Friedens- und Sicherheitspolitik vom Wiener Kongreß 1815 bis zum Krimkrieg 1853*, edited by Wolfram Pyta, Köln: Böhlau, 2009.

Randall, Don, "Autumn 1857: The Making of the Indian 'Mutiny'," *Victorian Literature and Culture* 31, No. 1 (2003).

Rebérioux, Madeleine, *La République radicale? 1898-1914*, Paris: Seuil, 1975.

Reininghaus, Wilfried, "Archive und Geschichtskultur in Amerika: Beobachtungen und Eindrücke aus den Jahren 1999 und 2002," *Der Archivar* 56 (2003)

Requate, Jörg, *Journalismus als Beruf: Entstehung und Entwicklung des Journalistenberufs im 19. Jahrhundert. Deutschland im internationalen Vergleich*, Göttingen: Vandenhoeck & Ruprecht, 1995.

Richards, D. S., *Cawnpore and Lucknow: A Tale of Two Sieges*, Barnsley: Pen & Sword Military, 2007.

Richards, Thomas, "Archive and Utopia", *Representations* 37 (1992).

Richards, Thomas, *The Imperial Archive: Knowledge and the Fantasy of Empire*, London: Verso, 1993.

Riemenschnitter, Andrea, "A Gun Is Not A Woman: Gender, Violence and Local Subjectivity in Mo Yan's Novel Tanxiang xing", *Frontiers of Literary Studies in China* 7, No. 4 (2013).

Riemenschnitter, Andrea, "Staging Local History Between Local Empires: Shandong Boxer Resistance as Maoqiang Opera", in *Broken Narratives: Post-Cold War History and Identity in Europe and East Asia*, ed.by Susanne Weigelin-Schwied-rzik, Leiden: Brill, 2014.

Robertson, Craig, "Introduction: Thinking about Archives, Writing about History", in *Media History and the Archive*, ed. by Craig Robertson, Abingdon: Routledge, 2011.

Robinson, Forrest G., "Uncertain Borders: Race, Sex, and Civilization in The Last of the Mohicans", *Arizona Quarterly* 47, No. 1 (1991).

Roper, Michael, *The Records of the War Office and related depart-

ments, 1660-1964, Kew: Public Record Office, 1998.

Rosenstock, Martin, "China Past, China Present: The Boxer Rebellion in Gerhard Seyfried's Yellow Wind (2008)", in *Beyond Alterity. German Encounters with Modern East Asia*, eds. by Qinna Shen and Martin Rosenstock, New York: Berghahn, 2014.

Rosenstone, Robert A., *Visions of the Past: The Challenge of Film to Our Idea of History*, Cambridge, M.A.: Harvard University Press, 1995.

Ross, Corey, *Media and the Making of Modern Germany: Mass Communications, Society, and Politics from the Empire to the Third Reich*, Oxford: Oxford University Press, 2008.

Rossetti, Christina Georgina, *The Poetical Works of Christina Georgina Rossetti*, eds. by William Michael Rossetti. London: Macmillan & Co., 1904.

Rundel, Otto, et al. *Otto-Maier-Verlag Ravensburg 1883-1983. Hundert Jahre Verlagsarbeit*, Ravensburg: Otto Maier, 1983.

Said, Edward, *Orientalism*. 25th anniversary ed. New York: Vintage Books, 2003. First published in 1978.

Salat, Nicole, and Emmanuel Pénicaut, *Le dépôt des fortifications et ses archives 1660-1940*. Paris: Archives & Culture, 2009.

Sanello, Frank. *Reel vs. Real: How Hollywood Turns Fact into Fiction*, Lanham, M.D.: Taylor Trade Publishing, 2003.

Schafer, E. H., "Ritual Exposure in Ancient China", *Harvard Journal of Asiatic Studies* 14 (1951).

Schlieper, Paul, *Meine Kriegserlebnisse in China: Die Expedition Seymour*, Minden: Köhler, 1902.

Schmidt, Björn A., *Visualizing Orientalness: Chinese Immigration and Race in U.S. Motion Pictures, 1910s-1930s*, Cologne: Böhlau, 2017.

Schmidt, Gerhard, "Die Verluste in den Beständen des ehemaligen Reichsarchivs im Zweiten Weltkrieg", in *Archivar und Historiker: Studien zur Archiv-und Geschichtswissenschaft. Zum 65. Geburtstag von Heinrich Otto Meisner*, ed. by Staatliche Archivverwaltung im Staatssekretariat für Innere Angelegenheiten, Berlin: Staatliche Archivverwaltung, 1956.

Schmidt, Otto F., and Hermann Schillman, *Neues Berliner Lesebuch für mehrklassige Schulen*. Part V: *7. und 8. Schuljahr*. 16th ed. Berlin: Klinkhardt, 1909.

Schraudolph, Erhard, "Tagesthemen aus der Spanschachtel-Zinnfiguren und Zeitgeschichte", in *Paradestücke: Zinnfiguren aus Nürnberg und Fürth*, edited by Helmut Schwarz, Nuremberg: Tümmels, 2000.

Schulz, Matthias, *Normen und Praxis: Das Europäische Konzert der Großmächte als Sicherheitsrat 1815-1860*, München: Oldenbourg, 2009.

Schuster, Ingrid, *China und Japan in der deutschen Literatur 1890-1925*, Bern: Francke, 1977.

Schuster, Ingrid, *Vorbilder und Zerrbilder: China und Japan im Spiegel der deutschen Literatur 1773-1890*, Bern: Lang, 1988.

Schwarz, Helmut, ed., *Paradestücke: Zinnfiguren aus Nürnberg und Fürth*, Nuremberg: Tümmels, 2000.

Schwarz, Helmut, and Marion Faber, eds., *Die Spielmacher: J. W. Spear & Söhne-Geschichte einer Spielefabrik*, Nuremberg: Tümmel, 1997.

Schwarz, Helmut, and Marion Faber, eds., *Bewegte Zeiten: Ernst Paul Lehmann Patentwerk: Geschichte einer Spielwarenfabrik / Moving Times: Ernst Paul Lehmann Patentwerk. History of a Toy Factory*, Nuremberg: Tümmel, 2003.

Sembritzki, Emil, ed., *Der Kolonialfreund. Kritischer Führer durch die volkstümliche deutsche Kolonial-Literatur*, Berlin: "Kolonie und Heimat" Verlagsgesellschaft, 1912.

Seyfried, Gerhard, *Gelber Wind oder Der Aufstand der Boxer*, Frankfurt am Main: Eichborn, 2008.

Sharf, Frederic A., and Peter Harrington, eds., *China 1900: The Eyewitnesses Speak*, London: Greenhill Books, 2000.

Sharpe, Jenny, *Allegories of Empire: The Figure of Woman in the Colonial Text*, Minneapolis, M.N.: University of Minnesota Press, 1993.

Short, John Phillip. *Magic Lantern Empire. Colonialism and Society in Germany*. Ithaca, NY: Cornell University Press, 2012.

Silbey, David, *The Boxer Rebellion and the Great Game in China*, New York: Hill & Wang, 2012.

Soennichsen, John Robert, *The Chinese Exclusion Act of 1882*, Santa Barbara, C.A.: Greenwood Press, 2011.

Sösemann, Bernd, "Die sog. Hunnenrede Wilhelms II: Textkritische und interpretatorische Bemerkungen zur Ansprache des Kaisers vom 27. Juli 1900 in Bremerhaven", *Historische Zeitschrift* 222 (1976).

Sösemann, Bernd, "'Pardon wird nicht gegeben!' Staatliche Zensur und Presseöffentlichkeit zur 'Hunnenrede'", in *Kolonialkrieg in China: Die Niederschlagung der Boxerbewegung 1900-1901*, eds. by Mechthild Leutner and Klaus Mühlhahn, Berlin: Links, 2007.

Sonnevend, Julia, *Stories Without Borders: The Berlin Wall and the Making of a Global Iconic Event*, Oxford: Oxford University Press, 2016.

Sorlin, Pierre, *The Film in History: Restaging the Past*. Oxford: Blackwell, 1980.

Spielwarenkatalog E. L. Meyer: Auswahl. Reprint ed. Hildesheim: Olms, 1991.

Spivak, Marcel, "Service Historique de l'Armée de la Terre (The French Army Historical Service): Tradition and Evolution", in *Official Military Historical Offices and Sources. Vol. 1: Europe, Africa, the Middle East, and India*, ed. by Robin D. Higham, Westport, C.T.: Greenwood Press, 2000.

Spurling, Hilary, *Burying the Bones: Pearl Buck in China*, London: Profile Books, 2010.

Staunton, Sir George, *Memoirs of the Chief Incidents of the Public Life of Sir George Thomas Staunton*, London: L. Booth, 1856.

Steinmetz, George, *The Devil's Handwriting: Precoloniality and the German Colonial State in Qingdao, Samoa, and Southwest Africa*, Chicago: University of Chicago Press, 2007.

Stenographische Berichte über die Verhandlungen des Reichstags, X. Legislaturperiode, II. Session 1900/1902. 20 vols. Berlin: Norddeutsche Verlagsanstalt, 1901.

Stoler, Ann Laura, "Colonial Archives and the Arts of Governance: On the Content in the Form", in *Archives, Documentation and Institutions of Social memory: Essays from the Sawyer Seminar*, eds. by Francis X. Blouin and William G. Rosenberg, Ann Arbor, M.I.: University of Michigan Press, 2007.

Stoler, Ann Laura, *Along the Archival Grain: Epistemic Anxieties and Colonial Common Sense*, Princeton, N. J.: Princeton University Press, 2009.

Swope, Kenneth M., ed. *Warfare in China since 1600*. Aldershot: Ashgate, 2005.

Szarota, Thomas, *Der deutsche Michel: Zur Geschichte eines nationalen Symbols und Autostereotyps*, Osnabrück: Fibre, 1998.

Taithe, Bertrand, *The Killer Trail: A Colonial Scandal in the Heart of Africa*, Oxford: Oxford University Press, 2009.

Tanera, Karl, *Aus der Prima nach Tientsin*, Leipzig: Hirt, 1902.

Taylor, Mrs. Howard, *Pearl's Secret*, London: The Religious Tract Society, 1931.

Tennyson, Alfred Lord, *The Complete Poetical Works of Tennyson*, Boston: Houghton Mifflin, 1898.

The Siege of the Peking Embassy 1900, London: The Stationery Office, 2000.

Thompson, Roger R., "Military Dimensions of the 'Boxer Uprising' in Shanxi, 1898-1901," in *Warfare in Chinese History*, edited by Hans van de Ven, Leiden: Brill, 2002.

Thompson, Roger R., "The Lessons of Defeat: Transforming the Qing State after the Boxer War," *Modern Asian Studies* 37 (2004).

Thomson, David, *The Whole Equation: A History of Hollywood*, New York: Knopf, 2005.

Thomson, Mowbray, *The Story of Cawnpore*, London: Bentley, 1859.

Trevelyan, Sir George, *Cawnpore*. 4th ed. London: Macmillan & Co., 1894. First published in 1865.

Tucker, Nicholas, ed., *Suitable for Children?* London: Chatto and Windus, 1976.

Turner, Oliver, *American Images of China: Identity, Power, Policy*, Abingdon: Routledge, 2014.

Ulrich, Bernd, *Augenzeugen: Deutsche Feldpostbriefe in Kriegs-und Nachkriegszeit 1914-1933*, Essen: Klartext, 1997.

Vaughan, H. B., *St. George and the Chinese Dragon*, Edgware: Alexius, 2000. First published in 1902.

Vogelsang, Konrad, *Filmmusik im Dritten Reich*. 2nd ed. Pfaffenweiler: Centaurus, 1993. First published in 1990.

Warner, Torsten, *Deutsche Architektur in China: Architekturtransfer*, Berlin: Ernst & Sohn, 1994.

Wehler, Hans-Ulrich, *Deutsche Gesellschaftsgeschichte*, Vol. 3, *Von der "Deutsche*

Doppelrevolution" bis zum Beginn des Ersten Weltkrieges, 1849-1914, Munich: Beck, 1995.

Welch, David, *Propaganda and the German Cinema 1933-1945*, Oxford: Clarendon Press, 1983.

Wendorff, Jean-Jacques, "Der Einsatz der deutschen und französischen Expeditionskorps in Chinawährend des Boxeraufstandes 1900-1901: Eine vergleichende Studie deutscher und französischer Akteure und Wahrnehmungen," Diss. phil. FernUniversität Hagen, 2014.

Wendorff, Jean-Jacques, *Der Boxeraufstand in China 1900/01 als deutscher und französischer Erinnerungsort: Ein Vergleich anhand ausgewählter Quellentypen*. Frankfurt am Main: Lang, 2016.

Wherry, Edith, *The Red Lantern: Being the Story of the Goddess of the Red Lantern Light*, New York: Lane, 1911.

Who's Who in China, 5th ed. Shanghai: The China Weekly Review, 1936.

Wielandt, Ute, and Michael Kaschner, "Die Reichstagsdebatten über dendeuts-chen Kriegseinsatz in China: August Bebel und die 'Hunnenbriefe'", in *Das Deutsche Reich und der Boxeraufstand*, eds. by Susanne Kuss and Bernd Martin, Munich: Iudicium, 2002.

Wild, Reiner, ed., *Geschichte der deutschen Kinder-und Jugendliteratur*, Stuttgart: Metzler, 1990.

Winseck, Dwayne R., and Robert M. Pike, *Communication and Empire: Media, Markets, and Globalization, 1860-1930*, Durham, N.C.:

Duke University, 2007.

Wünsche, Dietlind, "Feldpostbriefe aus China: 'Jeden [sic!] Zehnten mindestens den Kopf ab in den aufrührerischen Gegenden…'", in *Kolonialkrieg in China: Die Niederschlagung der Boxerbewegung 1900-1901*, edited by Mechthild Leutner and Klaus Mühlhahn, Berlin: Links, 2007.

Wünsche, Dietlind, *Feldpostbriefe aus China: Wahrnehmungs-und Deutungs-muster deutscher Soldaten zur Zeit des Boxeraufstandes 1900/1901*. Berlin: Links, 2008.

Xiang, Lanxin, *The Crigins of the Boxer War: A Multinational Study*, London: Routledge Curzon, 2003.

Yang, Anand A., "(A) Subaltern's Boxers: An Indian Soldier's Account of China and the World in 1900-1901", in *The Boxers, China, and the World*, eds. by Robert Bickers and R. G. Tiedemann, Lanham, M. D.: Rowman & Littlefield, 2007.

Yang, Gene Luen, *Boxers & Saints*. 2 vols. New York: First Second, 2013.

Young, Jacqueline, "Rewriting the Boxer Rebellion: The Imaginative Creations
of Putnam Weale, Edmund Backhouse, and Charles Welsh Mason", *Victorian Newsletter* 114 (2008).

Ytreberg, Espen, "The 1911 South Pole Conquest as Historical Event and Media Ensemble", *Media History* 20, no. 2 (2014): 167-181.

Yu, Henry, "Mixing Bodies and Cultures: The Meaning of America's Fascina-tion with Sex between 'Orientals' and 'Whites'", in *Sex, Love, Race: Crossing Boundaries in North American History*, edited by Martha Hodes, New York: New York University Press, 1999.

Yü-Dembski, Dagmar, "Traum und Wirklichkeit: Rezeption und Darstellung Ch-inas in der Weimarer Republik", in *Exotik und Wirklichkeit: China in Reisebeschreibungen vom 17. Jahrhundert bis zur Gegenwart*, eds. by Mechthild Leutner and Dagmar Yü-Dembski, Munich: Minerva Publikation, 1990.

Zeigerer, Merle, *Kriegsberichterstatter in den deutschen Kolonialkrie-*

gen in As-ien und Afrika: Augenzeugen, Anstifter, Komplizen?* Kiel: Solivagus, 2016.

Zhang, Zhenhuan, *China als Wunsch und Vorstellung. Eine Untersuchung der China-und Chinesenbilder in der deutschen Unterhaltungsliteratur 1890-1945*, Regensburg: Roderer, 1993.

Zimmermann, Michael, "Quelle als Metapher: Überlegungen zur Historisierungeiner historiographischen Selbstverständlichkeit", *Historische Anthropologie* 5 (1997).

Zopf ab! Die chinesische Affaire in der Caricatur aller Völker. Berlin: Eysler, n. d.

作者简介

孔正滔(Thoralf Klein),英国拉夫堡大学教授,专长中国近代史与全球史,研究内容涉及基督宗教史、帝国主义和(后)殖民主义、跨文化研究、媒体史、中国在西方的表现以及德中关系史。学术著作有 *Geschichte Chinas von 1800 bis zur Gegenwart* (*A History of China From 1800 to the Present*)(2009)等。

孙立新,山东大学历史学院教授,主要研究方向为世界近现代史、德国史和中德关系史。学术著作有《近代中德关系史论》(北京:商务印书馆,2014)《德国通史》第二卷(南京:江苏人民出版社,2019)等。

伊内斯·埃本·冯·拉克尼茨(Ines Eben von Racknitz),柏林自由大学教授,研究领域是19世纪和20世纪的中国历史,研究课题包括1860年洗劫圆明园的事件、中国制图史以及清末满族的历史。学术专著有 *Die Plünderung des Yuanming yuan. Imperiale Beutenahme im britisch-französischen Chinafeldzug von 1860*(2012)等。

迪特琳德·温舍(Dietlind Wünsche),德国学者,学术著作有 *Feldpostbriefe aus China: Wahrnehmungs-und Deutungsmuster deutscher Soldaten zur Zeit des Boxeraufstandes 1900/1901*(2008)。

丹尼尔·莫伦豪尔(Daniel Mollenhauer),任教于慕尼黑路德维希-马克西米利安大学历史与艺术学院,研究内容以近代法国政治史为主。发表的作品有"Portalez, Christophe: Alfred Naquet et ses amis politiques. Patronage, corruption et scandale en République (1870-1898)"(274 S., PUR, Rennes 2018)等。

杰夫·鲍尔索克斯(Jeff Bowersox),伦敦大学学院副教授,研究重点是将德国人和欧洲人与19世纪末20世纪初的全球化世界联系在一起。代表作有 *Raising Germans in the Age of Empire: Youth and Colonial*

Culture, *1871-1914*(2013)等。

提摩西·巴瑞特(Timothy Barrett),爱荷华大学图书中心和图书馆与信息科学学院名誉教授。主要研究方向是日本造纸术、欧洲早期造纸技术、明胶在纸张持久性中的作用以及手工纸的美学。学术著作有 *Paper through Time*: *Nondestructive Analysis of 14th-through 19th-Century Papers*(2012)。

古苏珊(Susanne Kuss),伯尔尼大学教授,专长近代德国史,研究领域以殖民主义和殖民战争为主。学术著作有 *German Colonial Wars and the Context of Military Violence*(2017)等。